연산군

일러두기

이 책에서 사용한 조선왕조실록의 전거는, 특별한 경우를 제외하고는, 본문에서 괄호 안에 표기했다. 예컨대 '성종13.8.11정미'는 성종 13년 8월 11일(정미)의 실록 기사라는 뜻이다. 모두 왕호를 밝혔지만, 이 책에서 가장 많이 인용한 『연산군일기』는 번거로움을 피하기 위해 왕호를 생략했다.

연산군
그 인간과 시대의 내면

| 김범 지음 |

글항아리

머리말

　모든 말과 글은 사실과 의견의 조합으로 이뤄져 있다. 대체로 의견은 여러 사실을 집적한 토대 위에서 형성되고, 그래야만 합리성과 신뢰성을 획득한다. 때로는 놀라운 직관이 담긴 섬광 같은 경구(警句)도 있지만, 그것은 오히려 더욱 많은 사실의 정수를 추출해 극도로 압축한 형태일 것이다.
　모든 사람이 가장 관심을 갖는 일의 하나는 다른 사람이 자신을 두고 내리는 이런저런 평가다. 그것이 긍정적인 내용일 때 평가의 대상은 감사하거나 과분한 찬사에 겸손해하지만, 부정적인 비판일 경우는 대부분 서운해하며 분노하기도 한다. 그러니 평가는 의견 중에서도 특히 민감한 영역이다. 이 책의 주제가 된 인물은 전근대의 왕정에서 국왕이라는 독존의 존재이기에 일반적인 자연인과는 근본적인 차이가 있지만,

한 개인의 일생을 다루는 평전에 가까운 이 책을 쓰면서 그런 민감성을 자주 생각했다.

이 책은 크게 두 가지 목표에서 씌어졌다. 하나는 연산군과 그의 시대를 될 수 있는 대로 촘촘하고 실증적으로 탐구하는 것이고, 다른 하나는 그런 과정에서 한국사의 주요한 통설인 '훈구-사림' 문제를 부분적으로 재검토해보는 것이다. 이 책의 대체적인 얼개는 박사논문과 그것을 수정해 출간한 책에 담겨 있다. 여기서는 그때 충분히 공부하지 못해서 부분적으로만 이해하고 서술했던 부분을 좀더 깊이 살펴보고 풍부하게 써보려고 노력했다.

어느 분야나 거장과 그가 남긴 중요한 업적이 있다. 이 주제와 관련해서 내겐 고故 에드워드 W. 와그너Edward Willett Wagner(1924~2001) 선생님과 그의 주저 The Literati Purges(1974)가 그러했다. 석사 과정 때 처음 읽게 된 그 책은 커다란 지적 충격을 주었다. 신중하고 깊이 있는 시각과 분석을 섬세하고 유려한 문체로 구성한 그 책은, 긴 분량이 아니었지만, 그래서 읽고 이해하기가 무척 어려웠고 결국 서툴게 초역해 여러 번 읽고 나서야 그 대체를 파악할 수 있었다.

주석에서 밝혔지만, 이 책의 주요한 목표 중 하나인 '훈구-사림' 문제와 관련된 시각은 그 분의 견해에서 큰 계발을 받았다. 와그너 선생님은 그 책에서 사화를 비롯한 이 시기의 주요한 정치적 사건을 '훈구-사림'의 구도가 아니라 삼사라는 관직의 역할이 확대되는 과정에서 일어난 갈등과 충돌로 파악했다. 그 연구 이후 그는 평생의 지기인 고 송준호宋俊浩(1922~2003) 선생님과 함께 문과방목文科榜目의 합격자를 분석하는 데 거의 모든 학문적 열정을 바치셨다.

어떤 기회로 송준호 선생님을 연구실로 찾아뵌 적이 있었다. 전주의 복잡한 시장 한구석의 낡은 건물에 있던 그 방에는 문과방목에 실린 1만 5000여 명의 인적 사항과 혈연관계, 그리고 그 정오를 수많은 다른 자료와 비교해 철저히 정리한 방대한 카드가 쌓여 있었다. 두 분의 뛰어난 학자가 40여 년에 걸쳐 작성한 그 자료를 잠깐이나마 들여다보면서 진정한 실증적 학문이 어떤 것인가를 감동적으로 느낄 수 있었다.

개인적인 추측일 뿐이지만, 와그너 선생님이 사화의 연구를 마친 뒤 전혀 새로운 분야로 관심을 돌린 까닭은 새로운 지배 세력인 '사림'의 등장으로 사화가 촉발되고 그 과정을 거치면서 기존의 '훈구'를 극복해 대체하는 방식으로 조선의 역사가 전개된 것이 아니며, 변화의 본질을 정확히 파악하기 위해서는 긴밀하고 방대한 혈연관계로 짜인 당시 지배 세력의 구조를 좀더 근본적으로 연구해야 한다고 판단하셨기 때문이 아닐까 생각한다. 늦었지만, 삼가 두 선학의 명복을 빈다.

좋은 글은 사실과 의견이 또렷이 구분된 것이라고 한 뛰어난 작가는 정의했다. 그런 글을 써보려고 노력했지만, 더욱 많은 공부가 필요하다는 사실을 절감했다. 좀더 많이 읽고 폭넓게 생각하면서 신중하게 조금씩 쓸 수 있는 시간이 지금보다 많이 허락되었으면 정말 좋겠다.

오랜 지인들에게 감사한다. 유정인과 자주 만나 술잔을 기울이며 많은 이야기를 나눴고 이런저런 신세도 많이 졌다. 그와 그의 가정에 더욱 좋은 일들이 많이 찾아오기를 기원한다. 긴 유학을 마치고 돌아온 김성중이 더욱 큰 학문적 업적을 쌓기를 기대한다. 그가 돌아왔으니 이제 예전처럼 셋이 만나 즐거운 시간을 가질 수 있어 행복하다. 김중식 형이 격무에도 늘 건강하기를 바란다. 그가 썼던 글을 이따금씩 읽으며, 그가 새로운 글을 다시 쓰기를 기다리고 있다.

    끝으로 가족들께 감사드린다. 부모님은 두 분 모두 30년이 넘는 직장생활을 하셨지만, 그 뒤에도 여유롭게 쉬지 못하고 손자들을 돌보고 계신다. 하루가 다르게 커가는 그 녀석들을 키우는 것보다 보람 있는 일이 어디 있겠냐고 하시고 그것이 그분들의 진심이겠지만, 사십이 넘어서까지 부모님의 그런 헌신에 감사드리는 자식은 송구스러울 뿐이다. 그분들께 더 큰 기쁨을 드릴 수 있는 날이 어서 왔으면 좋겠다. 먼 거리를 오가시며 역시 아이들과 집안을 돌봐주시는 장인 장모님께도 머리 숙여 감사드린다. 네 분이 오래도록 건강하고 행복하시기를 기도한다. 바쁘고 복잡한 생활에도 늘 밝고 건강한 모습으로 곁에 있는 아내에게 사랑과 고마움을 전한다. 그녀의 보살핌으로 무럭무럭 자라고 있는 두 아이에게도 같은 마음을 보낸다. 그들과 함께 있어 이 계절이 더욱 싱그럽다.

2010년 8월
김범

차례

머리말 _ 005
연산군 계보 _ 012
연표 _ 014

책을 시작하며 _ 022
전근대 신분제도와 왕정의 원리 | 이 책의 시각과 내용

【제1장】 성종대의 정치적 유산

01 | 성종대의 정치 구조 _ 030
  삼사의 위상 제고와 정치적 정립 구도의 형성 | '훈구-사림' 문제의 이해

02 | 모후의 사사 _ 035
  폐비 윤씨의 가계 | 성종의 비빈들 | 입궁과 왕비 책봉 | 폐비 사건의 전말 1-폐비와 별거 | 폐비 사건의 전말 2-폐서인과 출궁 | 폐비 사건의 전말 3-사사 | 폐비 사건의 원인과 결과

【제2장】 갈등의 시작과 무오사화 (연산군 1~4년)

01 | 기초적 사항의 검토 _ 068
『연산군일기』의 자료적 성격 | 문학과 영상의 형상화 | 세자 시절의 자질 | 문리의 불통

02 | 즉위와 갈등의 시작 _ 094
수륙재 논쟁과 유생의 처벌 | 외척의 임용과 포상 | 내시와 봉보부인에 대한 탄핵 | 폐모의 추숭 | 대신과 삼사의 대립 | 노사신과 삼사의 충돌 | 성종의 정치적 유산 | 국왕과 삼사의 갈등

03 | 무오사화의 발발과 전개 _ 144
사화의 시작 | 사화의 전개 1-김일손의 사초 | 사화의 전개 2-붕당의 단초 | 사화의 전개 3-「조의제문」의 발견과 해석 | 신문과 진술 | 삼사의 연루 | 연루자들의 처벌 | 사화의 분석

【제3장】 왕권의 일탈과 갑자사화 (연산군 5~10년)

01 | 왕권의 자의적 행사 _ 176
삼사의 위축 | 사치의 증가 | 사냥에의 탐닉 | 응방의 확대 | 연회와 음행 | 접근의 차단 | 민가의 철거 | 발언의 통제

02 | 정치적 지형의 재편 _ 202
재개되는 삼사의 발언 | 국왕과 삼사의 충돌 | 대신들의 간언 | 대신과 삼사의 협력

03 | 갑자사화의 폭발과 전개 _ 221
고조되는 국왕의 불만 | 이세좌의 실수 | 사화의 발발-홍귀달 사건 | 폐모 사건의 보복 | 피화인의 분석 | 재산의 몰수 | 숙청의 일단락

【제4장】 폭정과 폐위 (연산군 11~12년)

01 | 일상화된 폭정 _252
제압된 신하들 | 왕권의 절대화 | 경직되는 태도 | 제도의 변개 | 발언의 봉쇄 | 토목공사의 확대 | 민가 철거의 재개 | 금표의 확장 | 사냥에의 몰두 | 황음의 만연 | 추문의 확대 | 재정 지출의 급증 | 정무의 태만

02 | 폭정의 종결 _309
불안해하는 폭군 | 반정과 폐위, 그리고 사망

03 | 개인적 사항들 _316
비빈과 자녀들 | 부왕과 대비에 대한 증오 | 편집증적 심리와 행동

책을 마치며 _331

주註 _335
갑자사화 피화인 명단 _374
참고문헌 _382
찾아보기 _388

연산군 계보

성종成宗
(1457~1494)

├─ 공혜왕후恭惠王后 ──────────── 자손 없음
│ (1456~1474, 한명회, 청주)
│
├─ 폐비 윤씨廢妃尹氏 ──────────── 1남   연산군燕山君
│ (?~1482, 윤기견, 함안)
│
├─ 정현왕후貞顯王后 ──────────── 1남   중종
│ (1462~1530, 윤호, 파평)   4녀
│
├─ 숙의 하씨淑儀河氏
│
├─ 귀인 정씨貴人鄭氏
│ (?~1504, 정인석, 초계)
│
├─ 숙의 홍씨淑儀洪氏
│ (1457~1510, 홍일동, 남양)
│
├─ 숙용 심씨淑容沈氏
│ (심말동, 청송)
│
├─ 숙원 권씨淑媛權氏
│ (권수, 안동)
│
├─ 명빈 김씨明嬪金氏
│ (김작, 안동)
│
├─ 귀인 엄씨貴人嚴氏
│ (?~1504, 엄산수, 영월)
│
├─ 숙의 권씨淑儀權氏
│
├─ 숙원 윤씨淑媛尹氏
│
└─ 후궁 남씨
   (남흔, 의령)

• 비빈 아래 괄호의 내용은 (생몰년, 부친, 본관)이다.

연산군燕山君
(1476~1506)

폐비 신씨廢妃 愼氏
(?~1537, 신승선愼承善, 거창)

- 남 — 일찍 사망(1494~1494)
- 1남 — 폐세자 이황李黃(1497~1506)
- 2남 — 이인李仁(창녕대군昌寧大君, ?~1506)
- 3남 — 이영수李榮壽(?~1503)
- 4남 — 이총수李聰壽(?~1503)
- 5남 — 이인수李仁壽(1501~?)
- 1녀 — 이억수李億壽(휘순공주徽順公主)
  구문경具文璟(본관 능성綾城)

숙의 이씨淑儀李氏
(이공李拱, 양성)

- 1남 — 이성李誠(양평군陽平君, ?~1506)

숙원 장씨淑媛張氏
(?~1506, 장한필張漢弼, 미상)

- 1녀 — 이영수李靈壽(1502~?)
  권한權鷴

후궁 정금後宮鄭今

- 1녀 — 이함금李咸今

숙원 전씨淑媛田氏

- 1녀

숙의 윤씨淑儀尹氏
(윤훤尹萱, 해평)

숙의 곽씨淑儀郭氏
(곽린郭璘, 현풍)

숙의 권씨淑儀權氏
(권령權齡, 안동)

숙의 민씨淑儀閔氏
(민효손閔孝孫, 여흥)

숙원 최씨淑媛崔氏

숙원 김씨淑媛金氏

?

- 1남 — 이돈수李敦壽(?~1506)

?

- 1녀

?

- 1녀 — 이복억李福億(1499~?)

?

- 1녀 — 이복합李福合(1501~?)

연표

1469년(성종 즉위년)

11.28 성종이 즉위하다.
12.8 정희왕후의 수렴청정이 시작되다.

1473년(성종 4)

3.19 연산군의 친모 윤씨가 숙의로 책봉되다.

1474년(성종 5)

5.4 공혜왕후가 사망하다.

1476년(성종 7)

5.1 원상제가 폐지되다.
7.13 정희왕후의 수렴청정이 끝나고 성종이 친정을 시작하다.
8.9 윤씨가 왕비로 책봉되다.

11.7 연산군이 태어나다.

1477년(성종 8)

3.28 중전 윤씨가 비상을 숨겨두었다가 발각되다.
3.30 윤씨가 빈으로 강등되어 자수궁으로 거처를 옮기다.

1479년(성종 10)

6.2 윤씨가 서인으로 폐출되다.

1480년(성종 11)

11.8 정현왕후가 계비로 책봉되다.

1482년(성종 13)

8.16 윤씨가 사사되다.
8.17 윤씨의 어머니 신씨와 형제들이 유배되다.

1483년(성종 14)

2.6 연산군이 세자로 책봉되다.
2.20 세자가 서연을 시작하다.

1484년(성종 15)

8.1 연산군이 『소학』 강독을 마치다.

1485년(성종 16)

1.1 『경국대전』이 최종적으로 완성되다(을사대전).

1487년(성종 18)

2.29 세자가 입학하다.
11.14 한명회(1415~1487)가 사망하다.

1489년(성종 20)

2.6 세자가 신승선의 딸과 가례를 올리다.

1492년(성종 23)

8.19 김종직(1431~1492)이 사망하다.

1494년(성종 25)

2.23 원손이 태어나다.
3.29 원손이 사망하다.
12.24 성종이 대조전에서 붕어하다.
12.25 수륙재와 관련된 논쟁이 벌어지다.
12.29 연산군이 즉위하다.

1495년(연산군 1)

1.15 선왕의 묘호를 성종으로 결정하다.
1.26 수륙재에 반대한 유생 조유형 등 21명을 정거시키고 정희량·이목 등을 외방에 부처하다.
3.16 성종의 묘지문을 읽고 모후가 폐비되어 사사된 사실을 알다. 그날 수라를

	거르다.
7.7	영의정 노사신이 수륙재와 관련해 대간을 하옥시키라는 왕명을 '영주英主의 위엄 있는 결단'이라고 칭송하다.
8.14	폐비 윤씨의 기일에 소찬을 들이게 하다.
9.15	노사신이 영의정에서 교체되다.
10.14	신승선이 영의정에 제수되다.

1496년(연산군 2)

윤3.3	정문형을 우의정에 제수하려고 했으나 대간의 반대로 철회하다.
윤3.14	폐비의 묘가 일부 무너졌다는 보고를 받자 성종의 삼년상이 끝난 뒤 천장케 하다.
5.13	암수 말이 교접하는 것을 내정에서 구경하다.

1497년(연산군 3)

1.4	인가가 후원을 내려다본다며 도총부에서 화약고까지 담장을 높이 쌓게 하다.
1.25	장령 이수공이 삼정승을 "사람답지 않다"고 탄핵하다.
2.14	사간 최부가 삼정승을 포함한 주요 대신을 강력히 탄핵하다.
4.9	폐비 윤씨의 사당을 '효사'로, 묘소는 '회묘'라고 이름하다.
4.24	공신 적장자에게 가자한 문제로 대간이 계속 사직하다.
5.18	궁궐 담 100자 안의 민가를 철거케 하다.
6.28	임사홍에게 준 가자를 대간의 반대로 회수하다.
7.21	정언 조순이 "노사신의 고기를 먹고 싶다"는 극한적인 발언을 제기하다.
12.9	윤기견과 신씨 내외의 족친을 조사해 성명을 모두 기록해 보고하라고 지시하다.
12.18	1남 이황이 탄생하다.

1498년(연산군 4)

- 7.11 무오사화가 발발하다. 김일손의 사초를 모두 들여오게 하자 이극돈이 반대하며 요약해 올리겠다고 하다.
- 7.12 김일손이 압송되어 국문이 시작되다.
- 7.15 유자광이 국왕에게 「조의제문」을 해석하다.
- 7.27 김종직을 부관참시하고 김일손·권경유 등을 처형하다.
- 9.6 노사신(1427~1498)이 사망하다.
- 11.30 유생들이 '걸주의 세상'이라고 비판하는 발언을 했다가 발각되다.
- 윤11.2 검열 하계증이 하사주를 마시지 않았다는 이유로 하옥·국문되다.
- 12.23 안순왕후가 붕어하다.

1499년(연산군 5)

- 1.10 유자광이 함경도에 갔을 때 사사로이 생 전복과 굴을 채취해 헌상한 일로 대간의 탄핵을 받다.
- 2.23 유자광이 대간의 탄핵으로 경연 특진관과 오위도총부 도총관에서 물러나다.
- 3.10 『성종실록』이 완성되다.
- 5.9 야인 50여 인이 침범해 노략질하자 정벌하기로 결정하다.
- 10.26 세입(20만5584석 14두)보다 세출(20만8522석 1두)이 많아지다.

1500년(연산군 6)

- 1.22 야인 정벌을 중지하다.
- 3.26 의정부에서 국왕이 절약할 것을 간언하다.
- 9.26 폐비 윤씨의 형제들을 특별히 승진시키다.
- 11.5 "다른 개가 어미를 물자 강아지가 그 개에게 덤벼들었는데, 그냥 그런 것인지 정이 있어서 그런 것인지 모르겠다"고 묻다.

1501년(연산군 7)

5.6 영의정 한치형 등이 토목공사의 축소 및 사냥개를 키우는 문제를 거론하다.
7.17 진상의 규모를 급증시킨 '신유공안'이 시행되다.
8.14 유자광을 겸오위도총관에 복직시키다.
9.23 강경서·이수공·정승조 등 무오사화에 연루되어 유배된 사람들을 방면하다.

1502년(연산군 8)

2.5 폐비할 때 죽음을 각오하고 간언하는 것이 옳았겠는지 목숨을 아껴 순종함이 옳았겠는지를 묻다. 조회 때 사냥개들이 내정을 뛰어다니다.
3.25 삼정승 한치형·성준·이극균이 시폐時弊 10조를 올리다.
5.29 신승선(1436~1502)이 사망하다.
6.21 박원종을 강원도 관찰사에 제수하자 대간이 반대하다.
6.28 소혜왕후가 대신들에게 국왕에 대한 간언을 독려하다.
9.15 1남 이황을 세자로 책봉하다.
11.29 정인인이 시 두 편에 서문까지 지어 바치자 남과 다른 사람을 미워한다며 국문케 하다.

1503년(연산군 9)

1.21 임사홍을 서용하라고 지시하다.
2.12 대궐 안 동산에 심을 기이한 화초를 바치게 하다.
6.13 정업원에서 여승을 겁탈하다.
9.11 인정전 양로연에서 이세좌가 하사주를 엎질러 국왕의 옷을 적시다.
9.19 이세좌를 외방에 부치다.
10.17 사냥을 제대로 준비하지 못하면 판서라도 용서치 않겠다고 경고하다.
12.24 숙원 장씨(장녹수)를 숙용에 책봉하다.

1504년(연산군 10)

1.11	이세좌를 석방하다.
3.3	이세좌가 궁궐에 도착해 사은하다.
3.11	경기도 관찰사 홍귀달의 손녀가 입궁하지 않음으로써 갑자사화가 시작되다.
3.13	승명패를 사용하다.
3.20	성종 후궁 엄씨와 정씨가 장살杖殺되다.
3.25	폐비 윤씨를 제헌왕후로 추증하다.
3.30	이세좌를 사사하다.
4.27	소혜왕후가 승하하다.
윤4.12	이극균을 사사하다.
윤4.13	윤필상을 사사하다.
6.16	홍귀달을 사사하다.
7.10	성균관을 원각사로 옮기다.
7.19	언문으로 씌어진 익명서가 나타나자 언문 사용을 금지하다.
11.3	장흥부부인 신씨가 사망하다.
12.22	흥청 · 운평 등을 신설하다.
12.27	홍문관을 혁파하다.

1505년(연산군 11)

1.13	사간원 정언과 사헌부 지평을 폐지하다.
2.18	경연을 폐지하다.
4.1	김처선을 처형하다.
4.12	조정 관원들의 아내를 간음하다.
5.28	숭례문에서 망원정까지 도로를 넓히고 금표를 세우다.
6.16	이계동과 임숭재에게 미녀를 징발케 하다.
10.25	허한패를 사용하다.
11.18	궁궐 근처의 민가 수만 호를 헐다.

1506년(연산군 12)

- 1.21   서총대를 신축하다.
- 2.2   금표가 도성에서 사방 100리까지 확대되다.
- 2.10   재정 부족으로 동서반의 불필요한 관직을 없애라고 명령하다.
- 2.30   문신·대간·유생에게 어가를 메게 하다.
- 4.1   경회루 옆에 만세산을 만들어 황룡배를 띄우다.
- 4.25   사간원을 혁파하다.
- 5.25   조관의 사모에 '충성'이라는 글자를 앞뒤로 새기게 하다.
- 8.15   폐비 윤씨의 기일이었지만 음행하다.
- 9.2   반정이 일어나 폐위되어 강화도 교동에 안치되다.
          중종이 추대되어 즉위하다.
- 9.5   폐세자 이황 등 4남이 유배되다.
- 9.24   폐세자 이황 등 4남이 사사되다.
- 11.6   연산군이 강화도 교동에서 역질로 세상을 떠나다.

1509년(중종 4)

- 9.12   『연산군일기』가 완성되다.

1512년(중종 7)

- 12.12   연산군을 양주에서 해촌으로 이장하다.

1521년(중종 16)

- 11.15   연산군의 부인 신씨에게 안처겸의 집을 하사하다.

1537년(중종 32)

- 4.8   부인 신씨가 세상을 떠나다.

책을 시작하며

전근대 신분제도와 왕정의 원리

어떤 사안이나 대상의 독특함은 그것에 투여되는 관심의 크기와 밀접한 관련을 갖고 있지만 그것의 가치와 직결되지는 않을 것이다. 현실과 역사 모두 평이하고 일상적인 사건이나 인물보다는 남다르고 특이한 사건이나 인물이 좀더 많은 흥미와 눈길을 끌지만, '평범한 진리'라는 표현이 알려주듯이, 후자의 가치가 전자보다 반드시 크다고 말할 수는 없다.

어떤 인물이나 사건의 중요성은 대체로 그 개인이 차지한 지위와 그 사건이 발생한 시점이나 지역 같은 여러 조건에 따라 결정된다. 논의의 주제를 전근대의 개인으로 좁히면, 그의 현실적인 영향력을 결정하는 가장 일차적인 조건은 신분身分이라고 말할 수 있다. 신분은 전근대와 근대를 가르는 가장 핵심적인 기준의 하나다. 말 그대로 '몸의 구분'을 뜻하는 신분은 그러므로 지배 신분과 피지배 신분이 본원적으로 다른 존재며, 그렇게 태생적으로 결정된 차이는 혈통이라는 물리적 조건을 바꾸지 않는 한 영속적으로 유지된다는 엄중한 선언을 담고 있었다.

신분제도의 좀더 중요한 측면은 이런 외형적이며 형식적인 '차이'가 내면적이며 실질적인 '차별'로 이어졌으며, 그런 차별을 대단히 합법적인 가치로 인정하고 적극적으로 보호했다는 것이다. 신분제도가 사회의 보편적인 작동 원리로 기능하던 전근대에 신분은 그 밖의 거의 모든 가치를 포괄적으로 귀속시켰다. 즉 당시를 지배하던 '고귀한' 신분 집단의 구성원들은 정치적 권력과 경제적 재화, 사회적 지위, 문화적 향유 같은 탐스러운 세속적 가치를 배타적으로 독점한 것이었다.[1]

이처럼 신분이 일차적으로 결정한 가치의 독점은 다시 그 안에서 이차적인 독점으로 이어졌다. 그 이차적인 독점을 결정한 변수는 정치적 권력이었다. 이런 측면은 지금도 상당히 비슷하지만, 전근대의 사회에서 정치적 권력의 영향력은, 그 상위 원리인 신분의 일원적이며 포괄적인 영향력과 흡사하게, 좀더 거대했다. 한국사의 전근대, 특히 이 책이 다루려는 조선시대의 지배 신분을 가리키는 가장 대표적인 용어인 '양반兩班'이 지닌 여러 특징을 생각해보면 이런 설명은 좀더 쉽게 이해될 것이다.

세계사의 여러 측면에 걸쳐 정교하고 깊이 있는 연구가 이미 이루어졌지만, 전근대의 보편적인 정체政體가 왕정王政이었던 까닭은 그 시대의 기본적인 사회 조직의 원리가 신분제도였다는 사실과 밀접한 연관을 갖고 있다. 다시 말해서 왕정은 신분제도의 세습성과 배타성과 일원성을 최고 수준에서 집약한 체제였다. 신분제도에서 지배 신분은 그래도 복수複數였지만, 왕정 체제에서 지배자는, 적어도 이론상으로는 오직 국왕뿐이었다. 국왕의 혈통적인 세습성과 가치의 독점력은 양반의 그것을 훌쩍 뛰어넘었다. 신분제도 안에서 거의 모든 가치를 배타적으로 향유하던 지배 신분은 왕정 체제 아래서는 그것의 유일한 통치자인 국왕에게 충성을 바쳐야 하는 '신민臣民'으로 격하되는 것이었다.

인간의 보편적인 욕망에는 신분제도를 만든 차별의 욕망도 있지만, 그런 차별의 간격을 좁히거나 없애려는 평등의 욕망도 있다. 전자의 욕망이 발동할 때 대부분의 사람들은 차별의 권리를 행사하는 우월한 세력에 편입되고 싶어하지만, 그런 경쟁에서 도태되어 차별받는 대상으로 전락했을 때는 후자의 욕망을 적극적으로 실행하거나 적어도 심정적으로 동의할 것이다. 그러므로 모든 제도가 그러하듯이, 신분제도는 매우 견고했지만 그 안에 갈등과 균열의 요소를 내포한 것이었다.

신분을 상승시키려는 욕망과 그것을 저지하려는 의지는 서로 소극적으로 마찰할 경우 다양한 시혜적 조처와 사회적 완충장치 안에서 해소되기도 했지만, 그렇지 않을 때 두 힘은 거세게 충돌했다. 그런 충돌은 견고한 제도에 균열을 만들었다. 균열이 크지 않을 때 그 제도는 보완되어 유지되었지만, 충돌의 강도와 빈도가 증폭되어 균열이 커지면 결국 해체되어 새로운 체제로 이행되었다.

신분제도를 포함한 모든 제도에 항존하는 이런 타협과 조정, 긴장과 갈등의 원리는 전근대 최고의 지배 체계인 왕정에서도 동일하게 작동했다. 앞서 말했듯이, 왕정에서 지배와 피지배 관계를 형성한 두 축은 국왕과 신민이었다. 그러나 '신민' 중에서 백성[民]은 양반이나 귀족이 절대 다수였던 신하[臣]의 통치를 받는 피지배 신분이었으므로 왕정의 고도한 운영 체계에 참여하기는 사실상 불가능했다. 그러므로 왕정에서 타협과 조정, 긴장과 갈등의 관계를 형성한 두 대척적 세력은 국왕과 신하로 좁혀진다.

이처럼 국왕과 신하는 기본적으로 엄격한 상하관계에 놓여 있었지만, 상당한 긴장관계를 유지하면서 국정을 협의하고 운영했다. 두 세력의 상호관계가 팽팽하되 부드럽게 유지될 경우 대체로 국정은 발전하는 방향으로 나아갔지만, 반목과 충돌과 폭력적 억압이 빈발했을 때 정국은 혼란으로 빠져들었다.

이 책의 주제인 조선의 제10대 국왕 연산군燕山君(재위 1495~1506)이 통치한 시대는 그 두 세력의 갈등과 충돌이, 적어도 조선시대에서는, 가장 격렬하게 표출된 기간이었다. 이 책은 그런 과정을 실증적으로 추적하면서 그 원인과 결과와 의미 등을 포괄적으로 살펴보려는 목적을 갖고 있다.

이 책의 시각과 내용

연산군이라는 국왕과 그의 시대는, 그 당부當否를 논의하기에 앞서, 대단히 독특하고 흥미로운 주제다. 첫머리에서도 말했듯이, 그 때문에 지금까지 많은 관심이 투여되었으며 그 결과 역사학·문학·영상 등 다양한 분야에서 많은 연구와 작품이 발표되었다.[2] 이 책은 그런 선행 업적들을 충실히 참고하면서 연산군과 그의 시대를 될 수 있는 대로 세밀하고 실증적으로 살펴보려는 목표를 갖고 있다.

이 책의 중심 주제는 정치사지만, 당시의 경제·사회·문화 등 여러 양상을 포괄하려고 노력했다. 또한 미시적 주제(예컨대 연산군 개인의 성격이나 병력病歷 등)들도 주의 깊게 살펴보면서, 그것이 거시적 사안들과 직간접적으로 관련된 측면도 검토했다. 없을 수는 없겠지만 평가나 추정 같은 주관적 판단은 되도록 삼갔으며, 시도하는 경우에도 구체적인 자료에 의거하려고 노력했다.

이 책의 내용은 크게 네 부분으로 구성되었다. 우선 제1장에서는 연산군의 부왕父王인 성종成宗(재위 1470~1494)의 치세에 형성된 정치적 지형과 연산군에게 매우 중요한 사건인 폐비 문제를 살펴보았다. 삼사三司의 위상이 제고됨으로써 국왕·대신·삼사의 정치적 정립鼎立 구도가 형성된 것으로 요약할 수 있는 성종대의 정치적 유산과 폐비 사건은 이후 연산군대의 여러 사건들이 배양된 지반地盤이었다.

제2장에서는 치세 초반부터 연산군이 이런 정치적 유산을 본격적으로 처리하는 과정과 그 일차적인 결과로 발발한 최초의 사화인 무오사화戊午士禍(연산군 4, 1498)에 대해 서술했다. 특히 무오사화와 관련해서는 그 원인과 전개 과정, 결과를 면밀히 검토함으로써 그 실체에 접근하려고 노력했다.

제3장은 무오사화 이후부터 더욱 거대한 참화인 갑자사화甲子士禍(연산군 10, 1504)가 폭발하는 기간을 다뤘다. 무오사화의 충격을 경험한 이후 국왕·대신·삼사의 관계는 주목할 만한 변화를 나타냈다. 또한 연회·사냥·음행 같은 개인적 유흥과 능상의 척결로 대표되는 국왕의 자의적

恣意的 왕권 행사도 더욱 심각해졌다. 이런 혼란과 갈등의 결과로 발생한 갑자사화는 앞선 무오사화와 명칭은 같지만 그 양상은 판이했다.

제4장에서는 그 뒤 연산군이 광기 어린 폭정을 자행하다가 반정反正으로 폐위되고 곧 사망하는 마지막 과정을 담았으며, 마지막으로 연산군과 그 시대의 역사적 의미를 종합적으로 판단해보았다.

제5대 문종文宗(재위 1451~1452)과 제6대 단종端宗(재위 1453~1455)에 이어 적장자로 왕위를 계승한 세 번째 국왕인 연산군은 자신에게 주어진 순조로운 조건과는 달리 극도로 혼란스러운 정치를 운영하다가 최초의 반정으로 12년 만에 치세를 강제 종결당했고, 그 직후 30세의 젊은 나이로 세상을 떠났다. 그 과정이 격동적이며 이례적이었던 만큼 그것을 복원하고 분석하는 데는 침착한 시각과 서술이 더욱 필요할 것이다. 성공했는지는 자신할 수 없지만, 이 책을 쓰면서 이런 원칙을 지키려고 노력했다.

제1장

성종대의 정치적 유산

1. 성종대의 정치 구조

삼사의 위상 제고와 정치적 정립 구도의 형성

첫머리에서도 말했지만, 조선의 중앙 정치는 국왕과 신하가 협력과 긴장관계를 유지하면서 이끌었다. 두 세력의 상하관계는 왕정의 원리와 유교의 윤리에 입각한 부동不動의 엄격성을 지닌 것이었지만, 조선의 국왕이 가진 실질적 권력은 상대적으로 취약했다.[1] 특히 '천자天子'라는 종교적·세속적 영향력을 겸비한 엄청난 호칭이 가장 잘 상징하는 중국의 황제皇帝가 지닌 절대적 전제권력에 비교하면, 적어도 형식적으로는 그런 황제의 책봉을 받는 제후諸侯였다는 까닭도 일부 작용했겠지만, 조선의 왕권은 그런 절대성이 상대적으로 부족했다(뒤에서 보듯이 연산군의 궁극적 목표는 자신의 왕권을 황제의 수준으로 확장하려는 것이었다. 그가 신하

들과 빚은 수많은 충돌과 엽기적인 패행은 그런 목표를 현실화하는 과정에서 일어났다).²

조선왕조가 건국된 뒤 처음으로 한 세기를 통과한 성종의 치세는 그동안 다양한 실험과 모색을 거듭하면서 구축한 여러 제도가 일단 완결되었다는 중요한 전환을 이룬 기간이었다. 그런 전환의 가장 대표적인 상징은 『경국대전經國大典』의 최종적 완성이었지만(성종 16, 1485), 정치제도의 측면에서 나타난 핵심적인 변화는 삼사의 기능이 급격히 제고되었다는 사실이었다.

삼사는 사헌부司憲府, 사간원司諫院, 홍문관弘文館이다. 이 세 관서는 관원에 대한 감찰과 국왕에 대한 간언, 그리고 여러 사안에 대한 자문을 각각 주요한 임무로 삼았다. 그러나 그들은 점차 서로의 임무를 넘나들면서 활동했고, 그 결과 '삼사'라는 하나의 명칭으로 동질성을 인정받게 되었다. 포괄적으로 말해서 그들의 임무는 국왕과 신하의 여러 활동, 즉 국정 전반에 건의와 비판을 제기하는 언론활동이었다.

성종은 세조대世祖代 이후 팽창해온 훈구대신勳舊大臣들의 영향력을 제어하기 위해서 그들의 견제 세력으로 삼사를 육성했고, 그런 왕권의 작용에 힘입어 성종 중반 이후 삼사의 활동은 매우 활발해졌다. 그 결과 조선의 중앙 정치는 기존의 국왕과 대신에 삼사가 참여함으로써 세 세력이 견제와 균형의 정립 구도를 이루는 중요한 발전을 이루게 된 것이었다.³

이런 정치 구조를 이해할 때 두 가지 유의해야 할 사항이 있다. 하나는 관원 개인의 정치적·사상적 성향보다는 해당 관서의 기본적인 임무가 그 관원의 활동을 일차적으로 규정했다는 측면이고, 다른 하나는 신하들의 관직은 늘 순환한다는 상식적인 사실이다. 우선 전자와 관련해서 각 관서의 임무는 상징적이든 구체적이든 『경국대전』에 규정되었으며,[4] 그것은 소속 관원의 활동을 일차적으로 규정했다는 것을 유념할 필요가 있다.

의정부議政府와 육조六曹의 임무는 정부의 상위에서 국정을 포괄적으로 심의하고 운영하는 것이었다. 그런 기능에 충실하려면 지나치게 원칙적인 태도를 고수하기보다는 현실의 다양한 조건에 대응하는 유연한 자세가 필요했다. 그리고 그들 대부분은 그런 고위직에 오르기까지 여러 관서를 거치면서 풍부한 경험을 쌓은 원숙한 나이의 관원이었다. 그들이 대체로 현실적이고 보수적인 태도를 나타낸 데는, 개인의 독자적인 여러 성향보다는 이런 객관적 조건들이 좀더 우선적으로 작용했다고 생각된다.

그러나 삼사의 조건들은 전혀 달랐다. 우선 그들의 기본 임무는 국왕과 관원에 대한 간쟁과 탄핵이었다. 이런 비판적 임무는 현실의 여러 변수를 너그러이 고려하기보다는 원칙과 논리에 입각한 엄격하고 견결한 태도를 요구했다. 그리고 상대적으로 적은 그들의 나이와 품계도 그런 태도를 형성하는 데 무관하지는 않았을 것이다.

그러나 중요하게 기억해야 할 사실은, 이처럼 대신과 삼사의 임무는 매우 달랐고 고정적이었지만 그 구성원은 언제나 유동적이었다는 자연스러운 상식이다. 지금도 그렇지만, 당시도 유망한 관원들은 대체로 비슷한 경로를 거쳐 고위직으로 승진했다. 그 핵심적 경로는, 청요직淸要職이라는 이름이 알려주듯이, 삼사였다. 실제로 성종~중종대 의정부·육조의 대신 중 50~90퍼센트는 삼사의 장관을 거친 인물들이었다(삼사의

하위 관원까지 계산하면 그 수치는 더욱 높아질 것이다).[5]

'훈구-사림' 문제의 이해

이런 측면은 이 시기는 물론 조선시대 정치사를 설명하는 중요한 통설인 '훈구-사림' 문제와 관련해서도 깊이 고려해야 할 부분이라고 생각한다. 1970년대 이후 본격적으로 제기된 그 통설은 대부분의 측면에서 서로 이질적인 두 세력의 갈등과 대립으로 이 시기의 역사상을 설명하면서, 후자가 여러 난관을 이겨내고 전자를 극복함으로써 역사의 발전을 이룩했다는 논리를 제시했다. 그 뒤 커다란 지지와 학문적 영향력을 얻어온 이 이론은 지배 세력의 교체와 역사의 발전을 정합시켜 설명함으로써 조선시대사의 전개 과정을 논리적으로 파악하는 데 크게 기여했다. 특히 그것은 일제강점기 이후 번져간 식민사학(특히 당파성론黨派性論과 정체성론停滯性論)을 학문적 차원에서 극복함으로써 발전적이고 체계적인 한국사상韓國史像을 수립하는 데 중요하게 공헌했다.

이런 사학사적 의의를 적극적으로 인정하지만, 그러나 이제 그 통설은 몇 가지 측면을 수정·보완함으로써 그 실증성과 설득력을 높일 시점이 되었다는 의견도 제기하고 싶다. 재검토가 필요한 주요한 사항으로는 '훈구-사림 세력'의 여러 특징을 다소 도식적으로 대비對比시켰고, 그 결과 복잡하고 강고하게 짜인 조선시대 지배 세력의 혈연 및 친족관계를 충분히 고려하지 않았으며, 전체적으로 도덕적 포폄褒貶에 입각한 관점에서 접근했다는 것이다.

이 책과 관련된 문제로 논의를 좁히면, 기존의 주류적 견해에서는 대체로 훈구 세력을 대신과 연결시키고 사림 세력을 삼사와 동일시해 이 시기의 여러 양상을 해석해왔다. 그러나 앞서 지적한 대로 대신과 삼사는 그 임무가 본원적으로 달랐고, 그런 차이는 해당 관원의 개인적 성향이나 조건보다 일차적인 규정력을 갖고 있었으며, 그 관직은 매우 신속하고 복잡하게 변동했지만 긴밀한 인적人的 연속성을 갖고 있었다. 그러므로 훈구와 사림이라는 고정된 세력의 갈등으로 당시의 문제를 해석하기보다는 임무의 규정성과 관직의 가변성을 충분히 고려한다면 좀더 합리적인 이해와 설명을 제시할 수 있다고 생각한다.[6] 이 책은 이런 판단을 검증하는 하나의 작은 실험이기도 하다.

지금까지 서술했듯이 연산군에게 상속된 성종의 유산에서 가장 핵심적인 내용은 삼사의 위상이 제고됨으로써 정치적 정립 구도가 형성되었다는 것이었다. 다시 말하면, 그것은 왕권의 제약을 의미하는 정치 구조였다. 유산은 상속과 함께 처분할 권리도 주어진다. 연산군은 자신의 유산을 그리 탐탁해하지 않았고, 즉시 적극적인 처분과 강제적인 변형을 시도했다. 아울러 그에게는 이런 공식적이며 정치적인 유산과 함께 분노할 만한 개인적 원한도 물려졌다. 그것은 모후母后의 사사賜死였다. 이 두 사안은 서로 별개였지만, 그 뒤 연산군은 둘을 밀접하게 연관시켜 해석하고 처리했고 그런 중대한 판단 착오는 거대한 정치적 혼란과 파국을 야기했다.

2. 모후의 사사

폐비 윤씨의 가계

폐비 윤씨(?~1482, 성종 13)는 본관이 함안咸安으로 아버지는 판봉상시사判奉常寺事 윤기견尹起畎(?~?)이고 어머니는 고령高靈 신씨申氏다.[7] 먼저 윤씨의 집안은 상당히 가난했던 것으로 보인다. 그 뒤 윤씨가 사사되기 직전 대사헌 채수蔡壽의 증언에 따르면 그녀의 집은 매우 퇴락했고, 그녀는 어릴 때부터 베를 짜서 팔아 어머니를 봉양해야 할 정도로 경제적 환경이 좋지 못했다고 한다(아울러 마을 사람들은 그녀의 이런 효성 덕분에 입궁의 행운이 찾아왔다고 얘기했다[성종13.8.11정미]. 그녀는 가난했지만, 생활력이 강했고 효심도 있는 여성이었던 것 같다).[8]

아버지 윤기견은, 이런 집안 환경과 생몰년이 분명치 않다는 사실에서도 유추할 수 있듯이, 그렇게 두드러진 족적을 남긴 인물은 아니었다(그의 몰년은 성종 4년[1473] 윤씨가 숙의淑儀에 책봉될 때 이미 사망했다는 기록[성종4.3.19기유]에 따라 그 이전 어느 시점으로 판단할 수 있다).[9] 그의 증조부는 윤희尹禧, 조부는 윤득룡尹得龍, 아버지는 윤응尹應이며 장인은 신평申枰이었다. 직계의 3조는 모두 급제하지 못했으며, 교하交河현감을 지낸 윤응을 제외하면 별다른 관직을 갖지 못한 것으로 조사되었다(신평은 후술하겠다).

윤기견은 세종世宗 21년(1439) 문과에 급제하면서 관직에 나왔다. 그는 11명의 합격자 중 10등의 성적이었는데, 특기할 만한 사실은 그때 3등으로 급제한 사람이 조선전기의 가장 대표적인 문신의 한 사람인 신숙주申叔舟(1417~1475)였다는 것이다(이때 신숙주는 22세였다. 같은 기수의 합격자同榜끼리는 많아도 10세 이상 차이 나지 않았을 것으로 보면, 윤기견의 생년을 어림할 수 있을 것이다).[10]

그 뒤 윤기견의 관력과 활동은 간헐적으로 기록에 나타난다. 그는 문종 때는 집현전集賢殿에서 부수찬副修撰(종6품), 부교리副校理(종5품) 등을 지내면서 『고려사』, 『고려사절요』, 『세종실록』 등의 편찬에 참여했고, 단종 때는 사헌부 지평持平(정5품)으로 재직했다. 세조 1년(1455)에는 원종2등공신에 책봉되고 예천군수醴泉郡守와 김해金海군수로 근무했는데, 그가 오른 최고 관직으로 국가의 제사와 시호諡號에 관련된 사무를 맡은 관청인 봉상시奉常寺의 판사判事(종1품)에 임명된 시점은 분명치 않다.

이런 그의 이력은 한 사람의 관원으로서 한미했다고 말할 수는 없지만 현달했다고 평가하기도 어려울 것이다. 그러나 그가 가장 중요한 외척인 국구國舅(국왕의 장인)였다는 점을 감안하면 앞쪽에 좀더 가깝다고 판단된다. 물론 전근대의 왕정 체제에서 국구라는 자리는 그 밖의 모든 현실적 경력과 지위보다 중요하고 영광스러운 성취였을 수도 있다. 지금도 결혼에는 개인의 애정 외에도 여러 조건이 복잡하게 작용하는데, 전근대 신분사회에서 그것도 왕실과의 혼인은 당연히 막중한 의미를 지니고 있었다. 일반적으로 그들은 오랫동안 쌓아온 가문의 지위와 개인적인 능력에 힘입어 국구에 선발되며, 그 뒤에는 그런 지위를 이용해 현실적인 출세를 더욱 화려하게 구가했다.

그러나 윤기견은 이런 두 측면 모두에서 충분한 수준에 도달하지 못했다. 이런 판단은 그와 함께 성종의 국구였던 인물들과 비교해보면 더욱 수긍할 만하다. 성종의 첫 정비인 공혜왕후恭惠王后 한씨(본관 청주)는 당대 최고의 권신權臣인 한명회韓明澮(1415~1487)의 딸이었으며, 윤씨가 폐출된 뒤 계비에 오른 정현貞顯왕후 윤씨(본관 파평坡平)도 병조참판과 영돈녕부사를 지낸 윤호尹壕(1424~1496)의 소생이었기 때문이다.[11]

윤기견은 두 번 결혼해서 모두 4남 1녀를 두었다.[12] 첫 부인은 양성陽城 이씨로 그녀와의 사이에서 윤우尹遇・윤해尹邂・윤후尹逅 등 아들 셋을 두었다. 장인 이온李蒕은 태안泰安 이씨와 혼인해 3남 6녀를 두었으며, 과거에 급제하지도 벼슬에 나아가지도 않은 한미한 인물이었다. 그러나 주목할 만한 사실은 둘째 아들이 유명한 문신인 이승소李承召(1422~1484)라는 것이다. 이승소는 세종 29년(1447)에 장원 급제한 뒤 세조~성종대에 예조・이조・형조판서를 거쳐 우・좌참찬에 오르고 좌리佐理4등공신과 양성군陽城君에 책봉되는 출중한 경력을 쌓았다. 이온은 현달한 아들 덕분에 의정부 좌찬성 적성군赤城君에 추증되었다.

사별 때문으로 여겨지는데, 윤기견은 고령 신씨와 재혼해서 남매를 두었고 그 딸이 바로 연산군의 어머니인 폐비 윤씨다(오빠는 윤구尹遘). 두 번째 처가의 가문 배경은 좀더 주목할 필요가 있다. 장인 신평은 세종 16년(1434)에 문과에 급제한 뒤 사간원 정언正言(정6품)을 지낸 평범한 관원이었지만, 그의 본가와 처가는 상당히 화려했다. 먼저 그의 형은 대제학까지 오른 신장申檣인데, 그의 셋째 아들이 신숙주다. 그러니까 윤기견은, 앞서 말한 대로 신숙주와 동방이라는 사회적 인연뿐만 아니라 상당히 밀접한 혈연적 유대도 맺었던 것이다.[13]

신평의 처가가 누린 명망도 작지 않았다. 장인 마천목馬天牧(1358~1431, 본관 장흥長興)은 제1·2차 왕자의 난에서 태종을 도운 핵심적인 무장으로서 태종 1년(1401) 좌명佐命3등공신에 녹훈되고 태종대부터 세종 초반까지 판우군도총제부사判右軍都摠制府事 등 주요 군직을 두루 거친 뒤 장흥부원군長興府院君에 책봉된 인물이었다. 신평은 장흥 마씨와의 사이에서 3남 3녀를 두었는데, 그중 셋째 딸이 윤기견과 혼인한 것이었다.[14]

이런 사항들을 종합해보면, 폐비 윤씨의 가문은 조선전기의 주요한 인물인 이승소·신숙주·마천목 등과 혈연적 관계를 맺으면서 일정한 지위를 유지했다고 평가할 수 있다. 그러나 전체적으로 이런 가격家格은, 넉넉지 못한 경제적 상황이나 아버지 윤기견의 경력에서 판단할 수 있듯이, 왕비를 배출한 집안에 흡족한 것은 아니었다. 윤씨가 조선왕조의 왕비로서 처음으로 폐위되고 사사까지 되는 비극적인 운명을 겪은 데는, 물론 그녀의 실제적인 행동과 성종·대비들의 처결이 가장 중요한 원인으로 작용했겠지만, 이처럼 충분치 못한 현실적 배경도 간접적으로 영향을 주었다고 추정된다.

이제 보듯이 입궁부터 사사까지 10년도 되지 않는 기간 동안 그녀를 둘러싸고 일어난 사건들은 그 뒤 연산군대의 역사에 지대한 영향을 주었다.

성종의 비빈들

성종은 25년 동안 재위하면서 세 왕비와 10명의 후궁을 두었고, 거기서 대군 2명, 공주 2명, 왕자군王子君 14명, 옹주翁主 11명 등 모두 29명의 많은 자녀를 얻었다(이밖에도 일찍 사망해 계보에 기록되지 못한 4남 3녀가 더 있었다).[15] 폐비 윤씨는 성종의 두 번째 왕비였으며, 연산군은 29명 중 첫 번째 자녀였다.

성종의 비빈과 자녀는 그 앞뒤의 국왕들과 비교해서도 분명히 많은 숫자지만,[16] 그 통치의 성패를 판단하는 데 의미 있는 변수는 아니라고 여겨진다(호색 같은 개인적인 성향을 판단하는 데는 일정한 근거가 될 수 있겠지만, 국왕은 비빈 같은 공식적인 대상이 아니더라도 자신의 욕망을 해소하는 데 현실적 제약을 거의 받지 않았을 것이다. 그러므로 현재의 관점에서 이런 사항을 통치력이나 도덕성과 연관시키는 것은 적절치 않다고 생각한다).[17]

성종의 첫 정비는 공혜왕후 한씨(1456~1474)였다. 세조 13년(1467) 1월 12일(기묘) 11세의 잘산군乼山君은 자신보다 한 살 위였던 한씨와 가례를 올렸다.[18] 앞서도 말했듯이, 한씨의 아버지는 당대 최고의 권신인 한명회였다. 그는 공혜왕후의 간택뿐만 아니라 성종의 즉위에도 중요한 영향을 주었다.

한명회의 삶은 한 개인이 누릴 수 있는 권력과 재력의 극대치를 보

〈표 1〉 성종의 비빈妃嬪과 그 관련 사항[19]

번호	명호	생몰년	아버지(본관)	외조부	자녀	비고
1	공혜왕후	1456~1474	한명회 (청주)	민대생閔大生 (여흥)	-	예종1.11.29왕비
2	폐비 윤씨	?~1482	윤기견 (함안)	신평 (고령)	1남(연산군)	성종4.3.19숙의 성종7.8.9왕비
3	정현왕후	1462~1530	윤호 (파평)	전좌명田佐命 (담양)	1남(중종) 4녀	성종4.6.14숙의 성종11.11.8왕비
4	숙의 하씨	-	-	-	1남	갑자사화 피화
5	귀인 정씨	?~1504	정인석鄭仁碩 (초계)	-	2남 1녀	-
6	숙의 홍씨	1457~1510	홍일동洪逸童 (남양)	문유질文由質 (남평)	7남 3녀	-
7	숙용 심씨	-	심말동沈末同 (청송)	-	2남 2녀	-
8	숙원 권씨	1471~1500	권수權壽 (안동)	한가구韓可久 (청주)	1남 1녀	성종10.9.28숙의
9	명빈 김씨	-	김작金碏 (안동)	정자순鄭自順 (동래)	3남 3녀	-
10	귀인 엄씨	?~1504	엄산수嚴山壽 (영월)	남양(-)	1녀	갑자사화 피화
11	숙의 권씨	-	-	-	1녀	-
12	숙원 윤씨	?~1533	-	-	-	-
13	후궁 남씨	-	남흔南忻 (의령)	이래李徠 (전주)	-	-

여주었다고 말할 만하다. 그는 그 두 가치를 쟁취해 확대시키고 유지하는 방법을 대단히 정확하게 알고 효과적으로 실천했다. 그런 측면은 입지전적立志傳的 성취라고 표현할 만한 그의 경력에서 명확하게 드러난다. 한명회는 문종 1년(1451) 37세의 늦은 나이에, 그것도 과거가 아니라 문음門蔭으로 개경開京에 있던 조선 태조의 잠저인 경덕궁敬德宮을 지키는 궁지기[宮直]로 출사했다(그 명칭에서도 짐작할 수 있지만, 궁지기는『경국대전』에도 나와 있지 않은 말직이었다).

그러나 그는 2년 뒤인 단종 1년(1453) 10월 10일(계사) 계유정난癸酉靖難을 일으키고 다시 1년 반 뒤 세조를 왕위에 추대하는 정치적 격변을 주도해 성공시킴으로써 자신의 불우한 처지뿐만 아니라 조선왕조의 운명을 일거에 뒤바꿨다. 이후 그는 성종 18년(1487) 73세로 사망하기까지 이조·병조판서를 거쳐 좌의정과 영의정을 두 번씩 역임하고 원상院相으로 재직했으며, 네 번의 공신 책봉(정난靖難·좌익佐翼·익대翊戴·좌리佐理)에서 모두 1등공신으로 선정되는 유례없는 경력을 달성했다.

이런 성취와 함께 권력에 대한 그의 생각이 얼마나 치밀하고 집요했는가 하는 측면을 보여주는 또 하나의 증거는 그가 예종과 성종의 국구였다는 사실일 것이다. 벼슬과 공신 책봉은 그래도 객관적 지표에 근거한 다소 건조하고 공식적인 보상이라면, 왕실과의 혼인은 그야말로 혈연으로 맺어지는 끈끈한 관계가 되는 것이어서 그 의미가 더욱 클 수 있었다. 한명회는 1남 4녀를 두었는데, 그중 셋째 딸과 넷째 딸을 각각 예종비 장순왕후章順王后(1445~1461)와 성종비 공혜왕후로 들여보냈다(장녀는 신숙주의 맏아들 신주申澍에게, 차녀는 세종의 부마인 영천위鈴川尉 윤사로尹師路의 아들 윤반尹磻에게 시집보냄으로써 역시 든든한 배경을 형성했다).

그러나 결론적으로 이런 치밀한 그의 투자는 운명 앞에서 파산되어 버렸다. 세조 4년(1458) 4월 11일(무진) 왕세자(뒷날의 예종)와 가례를 올린 셋째 딸은 세조 7년 11월 30일(병인) 아들을 낳았지만 닷새 만인 12월 5일(신미) 16세의 어린 나이로 사망하고 만 것이다(이때 태어난 원손도 세조 9년 10월 24일(기유)에 세상을 떠났다). 그러니까 장순왕후는 사후死後에 추증되었을 뿐 현실에서는 왕후의 지위를 누리지 못한 것이었다. 한명회가 심혈을 기울여 형성한 왕실과의 혼맥은 딸과 외손 모두 일찍 세상을 떠남으로써 끊기는 듯했다.

그러나 그는 단념하지 않았다. 그리고 앞서와 달리 이번에는 예기치 않은 놀라운 행운이 찾아왔다. 세조 13년(1467) 1월 12일(기묘) 한명회는 자신의 넷째 딸을 잘산군과 혼인시켰는데, 예종이 재위 14개월 만에 갑자기 붕어하면서 바로 그 잘산군이 왕위에 추대된 것이었다. 잘산군은 세조의 맏아들이었지만 세조 3년(1457) 19세로 요절한 의경세자懿敬世子(그 뒤 성종 6년 2월 덕종德宗으로 추존되었다)의 둘째 아들로 당시 12세의 어린 나이였고, 특히 세 살 위의 형 월산군月山君이 있었기 때문에 그의 승계는 예상 밖의 일이었다.

그 결정은 당시 왕실의 가장 어른인 세조비 정희왕후貞熹王后가 내린 것이었다. 정희왕후는 예종의 맏아들 제안대군齊安大君이 세 살밖에 되지 않았고 월산군은 질병이 많다고 지적했으며, 신숙주·한명회·구치관具致寬·최항崔恒·홍윤성洪允成·조석문曹錫文·윤자운尹子雲·김국광金國光 등 배석했던 당시의 주요 대신들은 그 의견에 즉각 찬성했다. 그러나 짐작할 수 있듯이, 이처럼 중요한 결정이 전격적으로 내려진 데는 잘산군의 장인이 한명회라는 사실이 핵심적인 요인으로 작용했다.[20]

잘산군의 놀라움과 행복감이 가장 컸겠지만, 장인 한명회도 이런 예기치 않은 행운에 감격했을 것이다. 그러나 순조롭고 화려했던 개인적 성취와는 달리, 그는 왕실과의 혼맥을 유지할 수 있는 운명은 아니었다. 장순왕후와 비슷하게 공혜왕후도 성종 5년(1474) 4월 15일(기사)에 18세로 조졸早卒했으며 자녀도 두지 못했기 때문이다. 결국 한명회는 두 번에 걸쳐 국구가 되는 유례없는 기록을 남겼지만, 그런 인위적인 노력은 운명 앞에서 무산된 것이었다.

갑작스러운 사고는 그 당사자에게는 물론 커다란 불행이지만, 그와 경쟁관계에 있는 사람들에게는 예상치 못한 행운인 경우가 적지 않다. 공혜왕후의 사망으로 생긴 궐위闕位가 윤씨에게는 그러했을 것이다. 그러나 뒤에서 보듯이 이 행운은 1년여 만에 불행으로 바뀌었고, 결국은 거대한 참화로 이어졌다.

입궁과 왕비 책봉

윤씨의 공식적인 생애는 성종 4년(1473) 3월 19일(기유) 숙의(종2품)로 간택되면서 시작되었다. 그녀는 성종의 첫 후궁이었다. 그 석 달 뒤 나중에 정현왕후로 책봉되는 파평 윤씨가 역시 숙의로 들어왔다(〈표 1〉 참조). 방금 말했듯이 윤씨가 입궁하고 1년이 조금 지났을 때 공혜왕후가 세상을 떠나 곤위坤闈는 비어 있는 상태였다. 계비가 확정되는 데는 약간 시간이 걸렸다.

세조가 붕어한 뒤 전개된 조선의 정치 상황은 위기로 이어질 가능성이 농후한 것이었다. 마치 문종부터 단종까지의 상황을 재현한 듯한 예종의 짧은 재위와 붕어, 그리고 연소한 성종의 예상치 못한 사위嗣位는 그런 불길한 가능성의 핵심적 요소들이었다. 그러나 앞서 흡사한 상황이 조성한 위기를 민첩하게 포착해 집권했던 당시의 주요 인물들은 자신들의 경험을 현명하게 사용해 이때의 잠재적 위기를 효과적으로 진정시켰다.

거기에 사용된 제도는 수렴청정垂簾聽政과 원상제院相制였다. 왕실의 가장 어른으로 상당히 뛰어난 정치력을 갖고 있던 정희왕후와 신숙주·한명회 등 세조대 이래의 주요한 훈구대신들은 상보적 관계에서 어린 국왕을 보호하고 보좌하면서 성종 초반의 국정을 이끌었다. 두 제도는 궁극적으로는 왕권을 제약하는 것이었지만, 이 시기의 특수한 상황에서 그것은 대체로 우호적이며 유익한 제약이었다.

만 19세로 성년이 된 재위 7년(1476) 1월 수렴청정이 중지되고 같은 해 5월 원상제가 혁파됨으로써 성종은 자신의 진정한 치세를 시작할 수 있었다. 그 직후인 7월 11일(임자)에 그동안 비어 있던 중궁을 확정한 것은 이런 새로운 출발에 맞추어 왕실의 공백을 정비한다는 의미도 컸다고 생각된다.

수렴청정의 경험과 사안의 성격상 정희왕후가 중궁을 발표하는 것은 자연스러웠다. 그녀는 숙의 윤씨를 중궁으로 선택한다는 사실을 전·현직 의정부와 육조참판 이상의 대신과 대간에게 공포했다.

숙의 윤씨는 주상께서 소중히 여기시며, 나도 적당한 사람이라고 생각한다. 윤씨는 평소 허름한 옷을 입고 검소함을 숭상하며 일마다 정성과 조심을 다하니 큰일을 맡길 만하다. 윤씨는 이런 내 뜻을 알고서 "저는 본래 부덕하고 과부의 집에서 자라서 보고들은 것이 없으므로 사전四殿에서 선택하신 뜻을 저버리고 주상의 성명聖明한 덕을 더럽힐까 두렵습니다"라고 했는데, 그 말을 들으니 더욱 현숙한 사람이라고 생각되었다(성종7.7.11임자).[21]

정희왕후가 윤씨를 간택한 이유로 든 사항은 우선 성종이 그녀를 총애하며, 자신도 그녀의 검소함과 현숙함을 높이 평가한다는 것이었다. 나중에 연산군이 되는 왕자가 그해 11월 7일(정미)에 태어나는 것으로 볼 때 당시 성종은 그녀를 매우 사랑했으며, 이런 회임懷妊은 간택의 중요한 요인이 되었다고 판단된다. 그리고 현숙한 품성 외에도, 앞서 본 대로 후궁 중에서 윤씨의 서열이 가장 높았던 것도 하나의 요인으로 작용했을 것이다(정희왕후의 전교(성종8.3.28을미 참조). 윤씨는 한 달 뒤인 8월 9일(기묘)에 왕비로 책봉되었고, 같은 날 성종은 대단히 기뻐하면서 사면령을 발표했다.

그러나 윤씨의 행운은 곧 흔들리게 되었다. 왕비에 책봉된 지 여덟 달 만에, 그리고 왕자를 출산하는 경사가 있은 지 넉 달 만인 성종 8년(1477) 3월 그녀에게는 결국 비극으로 끝날 운명이 찾아왔다.

폐비 사건의 전말 1 - 폐비와 별거(성종 8년 3월)

윤씨의 비극은 폐비와 별거, 폐서인과 출궁(성종10.6)을 거쳐 사사(성종

13.8)에 이르는 세 단계로 진행되었다. 중궁에 책봉하고 왕자를 낳을 정도로 화목했던 성종과 윤씨 사이에 문제가 생긴 것은 성종 8년 3월 말이었다. 그 달 28일(을미) 윤씨가 자신의 처소에 비상砒霜과 방양서方禳書(굿하는 방법을 적은 책)를 숨겨둔 사실이 발각된 것이었다. 정희왕후는 즉시 엄한 의지懿旨(대비의 전교)를 내렸다. "중궁은 숙의였을 때는 지나친 행동이 없어 주상과 세 대비 모두 소중하게 여겼고 빈嬪 중에서 서열이 가장 높았기 때문에 중궁으로 삼았는데, 정위正位에 오른 뒤부터 잘못된 행동을 많이 저질렀다."

의지에서 밝힌 사건의 전말은 다음과 같았다. 그 달 20일(정해) 사헌부 감찰로 사칭한 사람이 숙의 권씨(덕종의 후궁)의 집에 언문 편지를 보냈는데, 소용 정씨와 숙의 엄씨가 중궁과 원자를 해치려고 한다는 내용이었다. 당시 소용 정씨는 임신 중이었으므로 해산한 뒤에 국문하기로 미뤘지만, 중궁의 거처에서 비상과 방양서가 발견되면서 문제는 커졌.

중궁은 "친잠親蠶할 때 계집종 삼월三月이 바친 것"이라면서 책임을 전가했고, 국문을 받은 삼월은 아래와 같이 자백했다.

> 방양서는 전 곡성현감谷城縣監 이길분李吉芬의 첩의 집에서 얻어 사비四非에게 베끼도록 한 것입니다. 언문 편지 중 큰 글씨로 된 것은 제가 내용을 생각해 윤구(윤씨의 오빠-인용자)의 처가 썼으며, 작은 글씨로 된 것은 사비가 썼습니다. 비상은 대부인大夫人(윤씨의 어머니 신씨-인용자)이 주셨으며, 언문 편지와 함께 작은 버드나무 상자에 담아 석동石同에게 감찰이 보낸 심부름꾼이라고 사칭하면서 권숙의權淑儀 댁에 던지게 했습니다. 이 일들은 모두 제가 꾸몄습니다(성종8.3.29병신).[22]

사비도 동일하게 자백했지만, 윤구의 처는 언문을 모른다고 부인했다. 심문을 마치자 사고四鼓(새벽 1~3시)가 되었을 정도로 이 사안은 급박하고 철저하게 처리되었다(성종8.3.29병신).[23]

정희왕후는 일단 이 사건이 성종을 가해하려는 것이 아니라 후궁들을 제거하려는 목적이었다고 판단했지만, "후환이 없도록 하라"면서 윤씨를 폐출하려는 엄벌의 의지를 보였다. 성종도 "이 문제는 투기만이 아니며, 비상은 나를 해치려는 것은 아니었다고 해도 국모의 의범儀範을 크게 잃은 것"이라면서 강경한 태도를 나타냈다. 그러나 영의정 정창손과 예조판서 허종許琮 등 대신들과 삼사를 포함한 거의 모든 신하들은 "중궁이 실덕失德했지만 종사宗社에 관련된 것이 아니라 투기에서 나왔으며, 무엇보다도 원자를 생각해서 용서해야 한다"면서 폐출하는 대신 빈으로 강등시켜 별궁에 거처시키자고 주청했다.

결국 윤씨의 처벌은 신하들의 반대를 수용해 빈으로 강등시키고 자수궁慈壽宮에 거처시키는 것으로 결정되었다(성종8.3.30정유).[24] 아울러 연루된 사람들 중에서 윤구의 처와 이길분의 첩은 혐의가 없는 것으로 밝혀져 방면되었지만, 대부인 신씨는 작첩을 박탈하고 삼월은 교형絞刑에 처했으며 사비는 장杖 100대를 때려 변방의 노비로 보냈다(성종8.4.1무술).

그러나 이때 윤씨에게 내려진 처결이 온전히 집행되지는 않은 것 같다. 『성종실록』에서는 빈으로 강등된 윤씨의 칭호를 그 뒤에도 계속 왕비나 중궁으로 표현하고 있기 때문이다.[25] 나아가 성종과 윤씨의 관계는 빠르게 회복된 것으로 판단된다. 이듬해인 재위 9년 1월 1일(갑자) 성종은 중궁이 편찮으니 회례연을 중지하라고 전교했으며, 이틀 뒤에는 중궁이 회복되었다면서 종친, 의정부, 공신, 중추부中樞府 2품 이상과 육조, 한성부, 대사헌, 대사간 등 주요 신하들에게 잔치를 베풀라고 충훈부忠勳府에 지시할 정도였기 때문이다. 또한 같은 해 12월 27일(갑인)에는 대부인 신씨의 직첩職牒을 돌려주도록 이조에 지시했다. 무엇보다도 화해를 보여주는 중요한 증거는, 정확한 시점은 알 수 없지만, 이즈음 두 번째 왕자를 출산했다는 사실이다.

이처럼 두 사람의 사이가 다시 가까워진 데는 이전의 사건이 성종을 직접 모해하려는 것은 아니었다는 판단과 윤씨의 거처가 그래도 인접한 별궁이었다는 사실 등이 중요한 요인으로 작용했던 듯하다. 그러나 무엇보다도 핵심적인 동기는 그들 사이에는, 아직 세자로 책봉되지는 않았지만(연산군은 윤씨가 사사된 직후인 성종 14년 2월 6일[기사]에 세자로 책봉되었다) 소중하고 그때까지는 유일한 왕자가 있기 때문이었을 것이다.[26]

그러나 이번의 화해도 오래가지는 못했다. 별거가 시행된 지 2년 3개월 만에 좀더 심각한 파국이 다시 찾아온 것이다.

폐비 사건의 전말 2 - 폐서인과 출궁(성종 10년 6월)

성종 10년(1479) 6월 1일(병술)은 중궁의 탄일이었다(이때도 실록에서는 중궁이라고 표기했다). 그러나 이날은 하례賀禮를 정지하고 표리表裏(겉옷과 속옷의 옷감)만 올렸다. 작년에는 그러지 않았음을 암시하는 이런 조처는 중궁과 관련해 어떤 이변이 일어날 것을 예고하는 전조였다.[27]

과연 이날 야대夜對를 끝낸 성종은 승지를 급히 불러 정승들에게 내일 아침 일찍 입궐하도록 지시했다. 그 지시에 따라 다음 날 동틀 무렵 영의정 정창손, 상당부원군上黨府院君 한명회, 청송靑松부원군 심회沈澮, 광산光山부원군 김국광金國光, 우의정 윤필상 등 중신들과 승지·주서注書·사관史官들이 모두 입시했다. 성종은 이른 시간부터 주요 신하들을 대거 부른 이유는 윤씨 때문이라고 설명했다.

> 지금 중궁의 행동은 길게 말하기가 어려울 지경이다. 내가 일전에 내간內間에 있는 시첩侍妾의 방에 들었을 때[28] 중궁이 아무 까닭도 없이 들어왔으니 어찌 이런 일이 있을 수 있는가. 전에도 중궁의 실덕이 매우 커서 폐출하려고 했지만, 경들이 모두 반대하고 나 또한 그가 뉘우쳐 깨닫기를 바랐다. 그러나 지금까지도 고치지 않았으며 오히려 나를 능멸하는 데까지 이르렀다. (…) 예법에 칠거지악七去之惡이 있지만 중궁의 경우는 자식이 없어 쫓아내는 경우가 아니라 말이 많거나 순종치 않거나 질투해서 쫓아내는 사례다. 이제 그를 서인으로 폐출하려는데 경들은 어떻게 생각하는가(성종10.6.2 정해).[29]

흥분한 감정이 느껴지는 성종의 전교에서 지적한 윤씨의 죄목은 이번에도 질투였다. 그러나 후궁들에게 겨눠졌던 지난번과 달리 이번의 질투는 성종을 직접 겨냥한 것이었다. 정창손을 비롯해 입시한 신하들은 대부분 폐서인에 반대하면서 계속 별궁에 유폐시키는 정도로 그쳐야 한다고 주청했다. 그러나 성종의 태도는 대단히 강경했다. 그는 "이미 두 번이나 대비께 아뢰었더니 '주상께 화가 미칠까 늘 걱정했는데, 이제 이렇게 되니 마음이 편안하다'고 대답하셨다"면서 중궁을 폐출하는 교서를 내리고 그 사실을 종묘에 아뢰도록 했다. 이것은 그 조처를 움직일 수 없는 결정으로 확정하는 의례였다.

사흘 뒤인 6월 5일(경인) 성종은 폐비시키는 데 반대했던 의정부, 육조, 대간에게 연유를 설명했다. 성종은 2년 전 윤씨의 행위를 근본적으로 다시 의심했으며, 그동안 자신에게 저지른 그녀의 패행을 열거했다.

경들은 모두 내가 큰일을 가볍게 처리했다고 하지만 어찌 쉽게 폐비했겠는가. (…) 지난 정유년(성종 8, 1477-인용자)에 윤씨가 몰래 독약을 숨겨 사람을 해치려고 하면서 곶감과 비상을 주머니에 함께 넣어두었으니, 내게 먹이려고 하지 않았다는 것을 어떻게 알겠는가. 윤씨는 아들을 낳지 못하게 하거나 반신불수로 만드는 등 사람을 해치는 갖은 방법을 작은 책자에 써서 상자 안에 감춰두었는데, 일이 발각된 뒤 대비께서 그것을 압수해 지금까지 갖고 계신다. (…)

윤씨는 온화한 얼굴로 나를 대한 적이 없으며, 내 발자취[足跡]를 없애겠다고 말하기까지 했다. (…) 서신을 위조해 "주상이 내 뺨을 때리니 두 아들을 데리고 궁궐을 나가 집에서 여생을 편안히 보내겠다"고 본가에 보내기도 했다. 내가 우연히 그 편지를 손에 넣었는데 "잘못을 뉘우치기를 기다린 뒤 만나겠다"고 말하자 윤씨가 회개하기에 그것을 믿었지만, 지금 도리어 이러하니 앞서의 말은 거짓인 것이다. 또 상참常參으로 조회를 받는 날에는 왕비가 나보다 일찍 일어나야 마땅한데도 내가 조회를 받고 안으로 돌아온 뒤에야 일어나니, 부도婦道에 있을 수 있는 일인가. (…) 내가 살아 있을 때야 어찌 변고를 만들겠는가마는 내가 죽으면 반드시 난리를 일으킬 것이니, 경들 중에는 오래 살아서 그것을 목격하는 사람이 분명히 있

을 것이다.[30]

이제 성종은 윤씨의 투기와 무례 외에도 그녀가 자신을 독살할 가능성을 심각하게 인정한 것이었다. 정희왕후는 성종의 이런 판단에 더욱 적극적으로 동의했다. 그녀는 윤씨가 성종을 독살한 뒤 자신이 정치를 좌우하려는 의도를 가졌다고 판단했다.

중궁은 그동안도 주상을 순종해 받들지 않았으며, 내가 수렴청정하는 것을 보고 자신도 어린 임금을 끼고 조정을 다스리려는 뜻을 품어 예전에 정치에 참여했던 후비后妃들의 일을 즐겨 말했다. 주상의 건강이 좋지 않아도 개의치 않으면서 꽃과 새를 즐기며 놀았지만, 자신의 상태가 불편할 때면 "보고 싶은 일이 있사오니 저를 죽지 않게 해주소서"라고 기도했다. 늘 이같이 말하니 우리는 항상 두려웠다. 주상의 건강이 좋지 않으면 어선御膳에 독을 넣었는지 걱정되어 갖은 방법으로 예방했으며, 중궁이 다니는 곳에는 어선을 놓지 말도록 금지했다(성종 10. 6. 5 경인).[31]

성종과 정희왕후의 어조와 결정은 단호했다. 성종은 그동안 윤씨가 잘못을 뉘우치기를 기다렸지만 그 기대가 무산되었을 뿐만 아니라 자신에게 직결된 윤씨의 여러 패행을 직접 경험했으며, 정희왕후는 윤씨의 행동이 단순한 투기가 아니라 국왕의 독살과 집권이라는 엄청난 정치적 음모가 내포된 것이라고 판단했기 때문이었다. 폐서인을 결정한 즉시 그 사실을 교서로 발표하고 종묘에 아뢴 조처에서 가장 명확히 드러나지만, 이제 윤씨에 대한 왕실의 조처는 돌이킬 수 있는 지점을 넘어버렸다.

그 뒤 신속하게 집행된 여러 처결은 이런 판단을 충분히 뒷받침한다. 우선 즉시 그녀를 사가私家로 쫓아냈으며(성종10.6.5경인) 그곳에서의 행동을 엄격히 규제했다. 즉 어머니와 사는 것은 허락하지만 형제를 포함한 멀고 가까운 친척의 왕래를 완전히 금지했으며, 그 위반 여부를 이웃 사람과 해당 부部의 관원에게 늘 감시해 보고하도록 한 것이다(성종 10.6.7임진). 며칠 뒤에는 그 집에 드나든 사람을 실제로 처벌함으로써 규제를 강화했으며(성종10.6.11병신). 그러나 두 달 뒤 형제의 출입은 허용해주었다(성종10.8.17경재). 윤씨 부모의 봉작封爵도 박탈했다(성종10.6.7임진).

가장 중요한 조처는 계비를 즉시 간택하도록 지시함으로써 윤씨의 폐위를 확정적인 사실로 만든 것이었다. 같은 달 21일(병오) 정희왕후는 전국의 10~26세에 이르는 처녀의 혼인을 금지시키고, 간택의 절목을 마련해 아뢰도록 예조에 지시했다. 이것은 앞서 공혜왕후가 사망한 뒤 윤씨가 책봉되기까지 2년여의 시간이 걸렸던 사례와는 전혀 다른 현상이었다. 이로써 앞서 빈으로 강등되었지만 그동안 실제로는 중궁으로 대우받으면서 별궁에 거처했던 윤씨의 지위는 질적인 변화를 겪게 되었다.

성종의 세 번째 왕비가 결정되는 데는, 평소보다 더욱 신중했을 사안의 성격상 약간 시간이 걸렸다. 그 결과 1년여 뒤인 성종 11년 11월 8일(갑신), 앞서 폐비 윤씨와 비슷한 시기에 입궁한 파평 윤씨가 계비로 책봉되었다. 그녀가 갖춘 객관적 조건은 폐비 윤씨와는 매우 달랐다. 특히 가장 중요한 가문의 배경이 폐비 윤씨보다 월등했다.[32] 그녀의 증조부 윤곤尹坤은 태종 1년(1401) 좌명3등공신에 책봉되고 세종 1년(1419) 이조판서에 오른 상당히 뛰어난 경력을 보유한 인물이었다. 조부 윤삼산尹三山은 첨지중추원사를 지냈는데, 그것보다는 장인이 태종 때 영의정을 역임한 이원李原이라는 사실이 좀더 주목된다.

왕비가 된 딸에게 힘입은 측면도 배제할 수는 없지만, 아버지 윤호의 경력도 매우 훌륭했다. 그는 23세인 세종 29년(1447) 생원시에 합격한 뒤 문종~예종 연간에 걸쳐 군기시軍器寺 주부主簿(종6품)와 양주목사楊州牧使(정3품) 등 내외의 관직을 역임했다. 그에게 성공은 조금 늦게 찾아왔다. 그는 성종 3년(1472) 48세라는 다소 많은 나이로 문과에 급제했는데, 좀더 중요한 사실은 그 이듬해인 성종 4년 6월 14일(계유) 딸이 숙의로 입궁한 것이었다. 그 뒤 그는 한성부 좌윤과 경기도 관찰사를 거쳐 병조참판에 이르렀으며, 정현왕후가 책봉되자 영돈녕부사에 임명되었다. 그는 70세인 성종 25년 4월 19일(정축)에는 우의정이 되어 정승의 반열에 올랐으며, 연산군 2년 4월 9일(병술) 72세의 나이로 사망했다.

인척과 시간의 범위를 넓혀서 조사하면 파평 윤씨에서는 조선전기에 왕비를 네 명이나 배출했으며,[33] 정현왕후의 가문은 세조~성종대 영의정까지 역임하고 적개1등·좌리4등공신에 책봉된 윤필상(윤호의 조카)과 한명회·남효온南孝溫·박원종朴元宗 등 저명한 인물들과도 의미 있는 친족관계를 형성했다. 요컨대 그녀는 예외적으로 한미했던 폐비의 객관적 상황과는 달리 왕비에게 어울리는 현실적 조건을 갖췄던 것이다.

덧붙이면, 이때 폐비 윤씨가 겪은 불행은 하나 더 있었다. 그것은 사가로 쫓겨난 직후에 둘째 왕자가 세상을 떠난 것이다(성종 10.6.12 정유). 아마도 한 돌 전후밖에 안 되었을 그의 죽음은, 그때는 궁궐에 있지 않았던 윤씨가 언제 알았는지는 알 수 없지만, 그녀의 슬픔을 더욱 깊게 만들었을 것이다.

요컨대 성종 10년 6월에 단행된 폐서인과 출궁은 윤씨의 운명을 거의 돌이킬 수 없이 결정지은 사건이었다. 계속 중궁으로 호칭하고 별궁에 거처시킨 조처가 상징하듯이, 그동안 성종은 그녀에게 회오悔悟를 기대했다고 여겨진다.[34] 그러나 자신이 든 후궁의 거처에 무단으로 침입하는 과격한 투기를 경험하고, 독살과 집권執權의 가능성을 믿게 되면서 성종과 대비들은 윤씨에 대한 기대를 단호히 접었다. 그리고 그들은 일반적인 조건에 합당한 계비를 확정함으로써 폐비와 관련된 소요를 사실상 마무리했다. 그때까지 유일했던 왕자를 고려하면, 성종과 대비들은 사사까지는 고려하지 않았을 것으로 생각된다. 그러나 윤씨의 운명은 결국 극단적인 파국으로 치달았고, 28년 뒤 그 상처는 유례없는 참극으로 터졌다.

폐비 사건의 전말 3 – 사사(성종 13년 8월)

입궁 전에도 그리 형편이 넉넉지 않았던 사가로 쫓겨간 윤씨가 여러 불편을 겪었으리라는 것은 어렵지 않게 추정할 수 있다. 가장 심각한 문제는 경제적 곤란과 경비警備였다. 출궁된 직후 폐비의 사가에는 도둑이 들었다(성종10. 윤10. 22갑술). 한성판윤 정문형鄭文炯과 장령 성건成健, 정언 유인호柳仁濠 등은 "지존의 배필이었던 분"이라는 사실을 고려해 담장을 보수해주어야 한다고 주청했다. 그러나 성종의 대답은 싸늘했다. "그렇다면 도성에서 도둑맞은 집의 담장을 모두 나라에서 쌓아주어야 한다는 말인가."

이런 감정의 앙금은 상당한 시간이 흐른 뒤에도 누그러지지 않았으며, 오히려 더욱 커진 것 같다. 그렇게 된 까닭을 정확히 알기는 어렵다. 야사에서 말하는 대로 성종이 윤씨의 행동을 염탐시키러 보낸 내시에게 소혜왕후昭惠王后(인수대비仁粹大妃)가 "윤씨는 예쁘게 단장하면서 잘못을 뉘우치는 뜻이 없다"고 거짓 보고케 했기 때문일 수도 있지만,[35] 아무튼 그동안 윤씨의 거동을 관찰해 정보를 얻는 행위는 이루어졌을 것으로 보인다. 그렇지 않았다면 3년이라는 짧지 않은 시간 동안 잠복했던 윤씨의 문제가 다시 제기된 뒤 며칠 만에 사사라는 중대한 결정으로 귀착되기는 어렵기 때문이다.

사건은 우연하게 불거졌다. 성종 13년(1482) 8월 11일(정미) 구언求言에 대한 답변에서 시독관 권경우權景祐가 폐비의 열악한 경제적 처지를 환기시킨 것이었다. "폐비한 것은 마땅하지만 국모가 되었던 분을 여염閻閻에 살게 하는 것은 부당하니, 처소를 따로 장만해주고 국가에서 생계를 지원해주는 것이 옳습니다." 대사헌 채수와 영사領事 한명회도 동조했다. 이런 의견은 앞서 강원도 관찰사로 있을 때 손순효孫舜孝도 제출한 바 있었다.[36]

그러자 성종은 "오늘 아침 권경우가 한 말에 통분을 이기지 못하겠다"면서 즉각 노엽게 반응했다.

> 내가 어찌 사사로운 노여움이 있어서 그렇게 조처했겠는가. (…) 경들은 어찌 국모라고 말하는가. 이것은 다름이 아니라 원자에게 아부해 후일의 지위를 도모하려는 것이다. (…) 윤씨가 나를 모욕한 일은 모두 말하기도 어렵다. (…) 윤씨는 내 거처의 휘장을 가리키면서 소장素帳(장사 지낼 때 쓰는 흰 휘장-인용자)이라고 했으니, 그 부도不道함이 이러하나 살려준 것만 해도

다행이다. 지금 나는 젊지만 사람의 수명은 알기 어려우니, 일찍 처단하지 않는다면 한漢의 여후呂后나 당의 측천무후則天武后와 같은 화가 없겠는가. 훗날의 화는 헤아릴 수 없다. (…) 원자가 효자가 아니라면 어쩔 수 없지만, 효자가 되려고 한다면 어찌 감히 어미로 여기겠는가. 내가 백 년 뒤라도 그를 내가 거처하던 집에 살게 하겠는가. (…) 그대들이 그의 빈한함을 가엽게 여긴다면 어째서 그대들의 녹봉으로 도와주지 않는가. (…) 그대들은 경연관으로 내 뜻을 알 만한데도 이같이 말하니 윤씨의 신하인지 이씨의 신하인지 모르겠다(성종13.8.11정미).37

성종의 이 대답에는 격앙된 감정이 그대로 드러나 있다. 성종이 "백 년 뒤라도 내가 거처하던 곳에 살게 하지 않을 것"이라는 냉정하고 단호한 결별을 선언한 가장 큰 이유는, 앞서도 지적한 바 있듯이, 자신의 안위에 대한 윤씨의 저주와 위협을 이전보다 더욱 실제적인 것으로 받아들였기 때문이었다.

이런 성종의 판단에 대비들도 적극 동의했다. 대비들은 "주상의 안위를 매우 걱정했다"면서 "주상은 '윤씨가 무슨 일을 저지를지 모르겠다'고 불안해하셨으며, 침소에서는 더욱 두려워하셨다"고 확인했다.

우리가 바른말로 책망하면 윤씨는 손으로 턱을 괴고 성난 눈으로 노려보았다. 명색이 부모인 우리에게도 이러했는데 주상에게는 패역스러운 말을 더욱 많이 해서 "발자취를 모두 없애버리겠다"고도 했으며, 상을 당했다면서 여름에도 겉옷[表衣] 대신 항상 흰옷[白衣]을 입었다. "내가 오래 살면 훗날 볼만한 일이 있을 것"이라고 말했으니, 이것은 우연한 말이 아니라 어린

원자가 있으므로 훗날의 계획을 도모한다는 것이다(성종13.8.11정미).[38]

성종은 신하들이 윤씨의 가난한 처지를 알게 된 경위를 추궁했다. 그동안 접촉을 엄금했지만, 그런 명령이 지켜지지 않고 정보가 새나가 경연에서 제기된 원인을 밝히겠다는 것이었다. 성종은 "그동안 윤씨의 처소에 출입한 자들을 추국하겠다"면서 우선 윤씨의 가장 가까운 인척인 오빠들을 의금부에 하옥하라고 명령했다. 나아가 윤씨의 인척들을 추궁해서 그녀의 집에 출입한 사람들과 그녀가 방문한 곳을 알아내라고 사헌부에 지시했다.

문제를 일으킨 당사자인 권경우와 채수, 그리고 거기에 동조했던 한명회, 비슷한 발언을 올린 생원 박영번朴英蕃과 문절文節 등은 즉시 대죄待罪했다. 입시한 의정부·육조·삼사 등 거의 모든 주요 신하들(특히 부제학 유윤겸柳允謙)은 그들의 발언이 구언에 따른 대답임을 강조하면서 선처를 호소했다.

주목되는 사실은, 앞서 폐비·별거와 폐서인·출궁을 지시했을 때는 대부분의 신하들이 강력하게 반대했지만, 이제는 당시 조처의 타당성에 적극 동의했다는 것이었다(이런 측면은 바로 앞선 권경우의 발언에서도 보인다). "윤씨의 죄가 지극하므로 전하께서 종묘와 사직의 만세를 생각한 대의로 이미 단죄하여 처리하셨습니다. 전하의 조처가 옳으셨으므로 지금까지 4년이 되었지만 신하들은 이견이 없었습니다." 신하들의 이런 태도 변화는 시간이 흐르면서 그동안 지적되었던 윤씨의 패행들이 사실로 입증되었기 때문일 수도 있지만 폐서인과 출궁, 특히 계비가 확정됨으로써 이제 그녀와 관련된 상황이 거의 정리되었다고 판단한 것이 좀더 중요한 요인이라고 생각된다.

이런 분위기에 따라 최종적인 결론은 금방 내려졌다. 사건이 불거진 닷새 뒤인 8월 16일(임자) 성종은 모화관慕華館에 거둥해 열무閱武한 뒤 경복궁에서 세 대비께 문안하고 창덕궁으로 돌아왔다. 이런 행동은 어떤 중대한 결단을 암시하는 예비적 의례로 볼 수 있는 것이었다. 성종은 이번에도 영돈녕부사 이상 의정부·육조·대간을 불러 사직을 보위할 계책을 진술하라고 지시했다. 이미 성종과 대비의 굳은 의중을 확인해서였기 때문인지 정창손·한명회·심회·윤필상·이파李坡 등 주요 재상들과 대간은 일치된 의견을 제시했다. "원자 때문에 어렵기는 하지만 훗날 반드시 발호跋扈할 우려가 있으니 대의大義로 결단해 예방하지 않을 수 없다"는 것이었다.

성종은 그 의견을 즉시 집행했다. 국왕은 좌승지 이세좌李世佐에게 비상을 가지고 윤씨의 집에 가서 그녀를 사사하게 했다(성종13.8.16임자). 윤씨에 대한 성종의 분노는 이미 여러 번 표출된 바 있지만, 이날 이세좌에게 그 집에서 하루를 지내면서 사망을 확인케 하는 엄혹한 철저함에서도 다시 한번 드러났다.

앞서와 마찬가지로, 성종은 윤씨의 사사를 서울과 지방에 포고하라고 즉시 의정부에 하교했다. 그리고 경사를 축하하거나 노고를 치하하듯이, 재상들에게 음식을 대접했다. 성종의 최종적인 발언은 "윤씨가 전일에 비상으로 사람을 죽이려다가 이제 도리어 자신을 죽였다"는 냉소적인 것이었다.

이제 남은 일은 연루자들의 처리와 윤씨의 장례였다. 우선 윤씨의 인척들에게는 유배령이 내려졌다. 사사 하루 뒤 어머니 신씨와 윤구는 전라도 장흥에, 윤우는 거제巨濟에, 윤후는 제주濟州에 유배 보낸 것이었다(성종13.8.17계축). 고령인 어머니와 그를 모실 맏아들만 내륙에 두고 나머지는 모두 절도絶島에 유배시킨 엄벌을 집행한 데서도 국왕의 분노는 충분히 읽을 수 있다. 엿새 전 윤씨의 선처를 제기했다가 결과적으로는 사사를 불러온 당사자인 권경우와 채수 등은 특별히 사면되었다. 그동안 그들은 옥중에서 죄를 뉘우치는 상소를 옷자락에 써서 올렸으며, 풀려나자 감격해 눈물을 흘렸다.

예견할 수 있는 일이듯, 윤씨의 장례는 초라하게 치러졌다. 가승지假承旨 손비장孫比長이 보고한 대로 "윤씨의 형제는 모두 멀리 유배되었고 노비들도 도망가 염습과 매장하기도 어려울 형편"일 정도로 그녀의 집안은 풍비박산되었다. 성종과 대비들은 관련 부서에 장지와 날짜를 택정케 하고, 관곽棺槨을 하사했으며, 여의女醫와 군사를 보내 염습과 매장에 관련된 여러 일을 돕도록 하는 마지막 배려를 했다(성종13.8.17계축).

윤씨의 장지는 경기도 장단長湍이었다. 예상할 수 있듯이 그곳은 길지吉地가 아니었다. 성종에게 윤씨는 결코 좋은 기억이 아니었으므로 되도록 떠올리지 않은 것은 자연스러운 일이었다.[39] 드물게 거론되었을 때도 그 이유는 대부분 세자 때문이었다(앞서도 말했듯이 연산군은 모후가 사사된 6개월 뒤에 7세의 나이로 세자에 책봉되었다 성종14.2.6기사. 후술하듯이 윤씨 문제는 중국과의 관계에서도 몇 차례 거론되었다).

사사 이후 윤씨의 처우와 관련된 논의는 6년 만인 성종 19년 4월에야 재개되었다. 성종은 폐비가 되었을 경우에 제사한 역대의 고제古制를 상고하도록 홍문관에 지시했으며, 전 병조참지參知 최호원崔灝元에게 그 묘의 길흉을 살펴보고 오라고 하명했다(성종19.4.13병오).[40] 최호원의 보고는 6년 전 폐비의 처우가 어떠했는지를 다시 한번 잘 보여준다.

> 신이 장단의 묘에 가서 보니 건좌손향乾坐巽向(북서쪽을 등지고 남동쪽을 바라보는 방향-인용자)이었는데, 물은 정방丁方(정남에서 서쪽으로 15도 안의 범위-인용자)으로 트여 있었고 청룡과 백호는 낮고 미약했으며, 형국은 협착狹窄했습니다. 곁에는 오래된 무덤[古塚]이 있고 근처의 산기슭에는 경작하고 있는 밭이 있었는데, 보통 사람이 사용한다면 괜찮겠지만 나라에서 사용하는 용도로는 합당하지 않습니다. 또 묘 앞이 비좁아서 두 계단밖에 만들 수 없으며, 세 계단을 만들려면 보토補土해야만 가능할 것입니다(성종19.4.17경술).[41]

성종은 "이미 서인庶人이 된 상태였으므로 그 집에서 거둬 장사 지내야 마땅했다"면서도 "세자가 있기 때문에 나라에서 터를 가려 장사한 것인데, 어째서 당시에 불길한 터를 택했느냐"고 질책했다. 성종은 윤필상·서거정·임원준·어세겸魚世謙 등 대신들의 의견에 따라 풍수를 아는 재상을 보내 살펴본 뒤 천장遷葬하는 문제를 의논하도록 했다(그런 재상으로는 서거정이 파견되었다(성종19.4.17경술).

그러나 천장은 이뤄지지 않은 것으로 보이며, 1년 뒤 의전만 약간 격상되었다. 재위 20년 5월, 성종은 이번에도 "세자의 정리를 생각하면 측은하다"면서 일정한 제사를 드려 자식의 심정을 위로하라고 지시했다(성종20.5.16계유). 그런 전교에 따라 '윤씨지묘尹氏之墓'라고 이름하고(그때까지는 이름조차 없었다는 사실을 알 수 있다) 묘지기 두 명을 배치했으며, 해당 지역의 수령에게 절기마다 제사를 드리게 했다(성종20.5.20정축). 석 달 뒤에는 제사에 사용되는 의례와 물품을 사망한 왕후의 격식에 따르도록 했다.[42] 그리고 이런 격식은 자신이 죽은 뒤에도 영원토록 고치지 말고 지키도록, 세자에게 직접적으로는 아니지만 누차 당부했다(성종 20.8.5경인).

입궁부터 사사에 이르는 윤씨의 사건은 이렇게 종결되었다. 그러나 자신이 붕어한 뒤에도 윤씨와 관련된 격식을 영원히 고치지 말라는 성종의 불안 섞인 당부는 그의 예상보다 훨씬 빠르고 참담하게 무시되었다. 전근대의 왕정 체제였다는 상황을 충분히 고려해야겠지만, 세자를 유지시킨 채 그의 모후를 사사한 것은 분명히 커다란 부담과 불안의 요소를 남겨놓는 결정이었다. 그리고 그런 불씨는, 뒤에서 보듯이 반드시 윤씨의 비극 때문만은 아니며 여러 요인이 복잡하게 작용한 결과였지만, 커다란 폭발과 파괴를 불러왔다.

폐비 사건의 원인과 결과

중앙 정치의 거의 모든 국면은 긴장과 갈등의 연속이지만, 특히 심대한 의미를 갖는 결정적인 사건들이 있다. 현대의 민주정에서도 비슷하지만, 전근대의 왕정에서 그런 사건의 중심은 최고의 지위인 왕위 계승을 둘러싼 문제들이 형성했다. 조선전기의 역사에서는 태종이 일으킨 두 차례의 왕자의 난과 세조의 찬탈이 가장 대표적인 사례지만, 넓은 의미에서 폐비 사건도 왕위 계승과 관련해 커다란 영향을 남긴 문제였다고 말할 수 있다. 좀더 정확히 표현해서 그것은 그녀가 낳은 세자가 국왕

으로 즉위했을 때 엄중하게 소급될 수 있는 잠재적인 문제였다.⁴³

　성종의 치세는, 『경국대전』의 최종적 완성으로 상징되듯이, 전체적으로 안정적인 발전의 시대였다. 물론 치세 중반부터 삼사의 기능이 제고되면서 대신들과 상당한 갈등을 일으키기도 했지만, 그것은 그 뒤 조정과 보완을 거치면서 국왕·대신·삼사가 정립하는 조선의 중요하고 독특한 정치 구조를 확립한 순기능적 측면이 더욱 컸다.

　25년에 걸친 비교적 긴 성종의 치세에서 하나의 특징적인 사실은, 전근대의 왕정에서 드물지 않았던 물리적 억압이나 폭력적 숙청을 동원한 정치가 매우 드물었다는 것이다. 이런 결과가 도출된 데에는 그때까지 조선에 착근着根한 유교정치도 중요한 영향을 끼쳤겠지만, 대단히 성실한 경연 참석과 집요한 인내로 견지한 납간納諫으로 대표되는 국왕 개인의 철학이나 학문적 수준, 그리고 성품이 핵심적인 원동력으로 작용했다고 생각된다.⁴⁴

　그러나 역설적이게도 성종은 자신과 가장 가까운 사적 관계인 왕비는 폐출뿐만 아니라 사사까지 집행했다. 최고의 공적 존재인 국왕의 사적인 생활은 개인의 영역을 넘어서 공식적인 업무로 변화하는 경우가 많다. "종사의 대의를 생각해 처결한다"는 표현이 잘 상징하듯이, 윤씨의 사사는 부부의 사적인 갈등으로 출발했지만 종국에는 국정 운영의 일부로 집행한 사안이었던 것이다.

　해당 사안이 번져가는 과정은 이런 성격의 변화를 잘 보여준다. 윤씨 문제를 관통하는 죄목은 투기와 음모였다. 성종 8년 3월 폐비와 별거를 지시했을 때 그 투기와 음모는 후궁에 국한되어 있었다. 다시 말해서 아직 국왕이라는 최고의 공적 존재는 직접 저촉하지 않은, 사적인 성격이 좀더 많았던 것이다. 윤씨에게 내려진 처벌이 비교적 제한적이었고, 국왕과의 관계도 상당히 가깝게 회복될 수 있었던 것은 그런 이유에서였다.

그러나 성종 10년 6월의 사건은 본질적으로 달랐다. 이때 윤씨의 실행失行과 저주는 국왕을 직접 겨냥했고, 국왕과 대비들은 그것을 실질적인 위협으로 판단했다. 즉 그것은 이제 가장 중대한 국가적 범죄인 국왕의 살해, 즉 역모로 규정할 만한 공적 사안으로 변모한 것이었다. 그러므로 이때 폐서인과 출궁을 단행함으로써 신분과 거처를 근본적으로 격하하고, 무엇보다도 곧 계비를 확정함으로써 윤씨가 복위할 가능성을 봉쇄하는 등 그녀에 대한 대응이 크게 달라진 까닭은 거기에 있었다. 요컨대 윤씨의 운명은 이 시점에서 질적인 변화를 겪은 것이다.

그러나 성종과 대비들이 그 뒤 윤씨의 사사까지 염두에 두지는 않았을 것으로 판단된다. 뛰어난 성실함과 인내로 수행되어온 성종의 통치 방식은 그런 극단적 결과를 자제할 가능성이 컸으며, 특히 왕자의 존재를 생각하면 그야말로 최종적이며 궁극적인 처리 방법인 사형은 지대한 부담을 후세에 이월시키는 행위이기 때문이다.

이런 측면은 이 문제를 중국에 알리는 성종의 태도에서도 유추할 수 있다. 윤씨를 출궁시켰을 때 성종의 태도는 매우 당당했다. 성종은 재위 11년(1480) 5월에 방문한 중국 사신 정동鄭同에게 "왕비가 실덕失德했기 때문에 폐위했다"고 밝히면서, 전에 중국에서 그녀에게 하사한 물건의 처리와 계비 책봉에 관련된 사항을 물었다. 정동은 사실대로 보고하는 것은 부담스러울 수 있으므로 "왕비가 독한 질병[毒疾]이 있기 때문에 폐위시켰다"고 황제(명 헌종憲宗)께 아뢰겠다고 대답했다(성종11.12.17임술).

그러나 성종은 그의 배려를 자신 있게 거절했다. 국왕은 그해 11월 8일(갑신) 정현왕후를 책봉한 뒤 그 사실을 명에 아뢰려고 이조판서 이승소를 주문부사奏聞副使로 파견하면서 이렇게 지시했다.

> 정동이 황제께 "폐비는 독한 질병이 있었다"고 아뢰었는데, 이것은 나를 위해 숨긴 것이다. 그러나 어떻게 황제를 속일 수 있겠는가. 정동이 그렇게 말했다고 해도 사실대로 말하면 된다. (…) (황제가-인용자) 무슨 부덕함이 있었느냐고 물으면 "주상을 억눌러 이기려는 술책을 썼으며 순종치 않았다"고 대답하라(성종 11.12.25경오).[45]

그러나 이런 당당한 태도는 사사한 뒤 상당히 궁색하게 바뀌었다. 성종 14년 1월 세자 책봉을 요청하는 임무로 중국에 파견되면서 한명회는 국왕의 의견을 물었다. "중국 조정에서 폐비 윤씨의 일을 물으면 어떻게 대답해야 합니까?" 그러자 성종은 사사했다는 사실은 숨기도록 했다. "폐출해 사가에 있다고 대답하라. 끝까지 물을 경우는 근심에 시달려 파리해져서 죽었다고 대답하라." 아무리 정당한 사유가 있었더라도 결국 사사는 분명히 부담스러운 결과였던 것이다(성종 14.1.4정유 · 8신축).[46]

요컨대 윤씨는 투기와 불순종, 국왕에 대한 음모와 집권의 가능성 때문에 폐출되고 사사까지 된 것이었다. 이런 죄목들은 당초 후궁들에게 국한되었지만 점차 국왕과 대비들을 직접 겨냥하면서 처벌의 수위 또한 높아졌다. 즉 그것은 사적인 갈등으로 출발했지만 최고의 공적인 존재들과 관련되면서 국가적 범죄로 처벌된 것이었다. 성종은 이런 측면, 즉 자신의 처결이 사감私感에서 나온 것이 아니라 공의公義에서 내린 것임을 여러 차례 강조했고, 신하들과 특히 세자가 그렇게 받아들이기를 바랐을 것이다. 그러나 앞서도 말했듯이, 국왕의 사감은 곧 국가의 공의와 거의 동일한 의미였으므로 그 둘을 또렷이 구별하기는 원천적으로 불가능했다.

즉위한 직후 모후와 관련된 사실을 알게 된 세자는 성종의 예상보다 훨씬 더 전자에 무게를 두어 해석했고, 그렇게 처리했다. 후술하겠지만 연산군의 정치가 거대한 폭정과 파탄으로 귀결된 가장 큰 이유의 하나는 그가 본질적인 사안과 비본질적인 문제를 혼동하거나 동일시하는 중대한 판단 착오를 저질렀기 때문이었다. 그런 측면은 이 사건을 소급해 처벌하는 과정인 갑자사화에서 가장 또렷하고 기이하게 드러났다. 어쨌든 성종은 다른 측면에서 보여준 자신의 인내와 절제를 가장 민감한 사적 관계에서는 견지하기 못했다. 그것이 실수였는지, 어쩔 수 없는 선택이었는지를 판단하는 데는 여러 의견이 있을 수 있다. 그러나 그의 결정이 여느 사건들과 달랐다는 사실은 분명했다. 이런 차이는 그 뒤 거대한 폭력의 핵심적인 도화선으로 작용하게 되었다.

제2장
갈등의 시작과 무오사화

연산군
1~4년

1. 기초적 사항의 검토

『연산군일기』의 자료적 성격

　　당연한 말이지만, 모든 자료에는 그 서술자의 주관과 사실 관계의 오류가 개입한다. 그것은 숙명적인 전제다. 그러나 위조를 목적으로 삼지 않는 한 대부분의 문헌, 특히 역사서는 더욱 그런 주관성과 오류를 최대한 배제하고 객관성을 추구함으로써 사실에 접근하려고 노력한다. 다양한 형태의 자료들은 관련 학자들의 치밀한 사료 비판을 통과해 그 내용의 객관성과 신빙성을 검증받으며, 그 순도가 높을 경우 1차 사료로서 그 중요성을 인정받는다.

　　상식적인 사실이지만, 조선시대사 연구의 1차 사료는 조선왕조실록이다. 실록은 그동안 엄밀하고 방대한 학문적 검증을 통과함으로써 그 사료적 가치를 인정받았다.¹ 그럴 수 있었던 핵심적인 요인은 실록의 정확하고 방대한 내용과 엄격하고 객관적인 편찬 방식 등이 될 것이다. 그 결과 조선의 각 왕대를 구성한 여러 역사상은 해당 시기의 실록을 가장 기본적인 자료로 삼아 재구성되어 왔으며(인조대부터는 실록보다 훨씬 방대한(약 4배) 『승정원일기承政院日記』가 남아 있어 좀더 자세한 1차 사료로 기능하고 있다. 그렇다고 해도 실록의 중요성이 줄어드는 것은 아니다), 연산군과 그의 시대를 연구한 이 책에서도 『연산군일기』를 가장 주요한 사료로 이용했다.

적어도 연산군에 대한 당대의 평가는 즉각 명확하게 내려졌다. 그것의 가장 대표적인 상징은 그에게 국왕에게 부여되는 '조祖'나 '종宗'이 아니라 '군君'의 칭호를 붙인 조처일 것이다.² 이미 형식에서 천명된 이런 격하는 다른 측면들에도 연쇄적으로 적용되었다. 『연산군일기』라는 이름도 그 대표적인 사례의 하나다.

당연히 모든 자료는 신중하고 비판적으로 받아들여야 하지만, 여러 조건상 『연산군일기』의 경우 그런 필요성이 더욱 큰 것은 사실이다. 적어도 왕위 계승의 조건과 형식에는 아무런 문제가 없이 즉위해 재위하던 국왕을 강제로 폐위하고, 그런 행위를 '반정'이라는 도덕적 가치판단이 짙게 깔린 용어로 규정한 세력은 자신들의 그런 행동을 정당화하는 시각을 역사서술에도 투영할 가능성이 컸을 것이기 때문이다(이런 우려는 또 하나의 일기인 『광해군일기』에서 사실로 드러났다).³

실제로 『연산군일기』는 그 명칭 외에도 보통의 실록과 다른 점이 몇 가지 있다. 우선 그 편찬이 순조롭지 않았다. 기록과 발언에 대한 연산군의 편집증적인 추적과 소급 처벌을 경험한 관원들이 중종의 치세가 시작된 뒤에도 편수에 참여하기를 꺼렸기 때문이었다. 이에 중종 2년(1507) 6월 17일(기축) 사초史草를 누설할 경우 엄벌하겠다는 하교를 내려 그런 우려를 불식시킨 뒤, 동왕 4년부터 편찬을 시작해 같은 해 9월에 완성했다.[4]

역시 비슷한 요인이 작용한 결과로 여겨지는데, 권말에 편찬 날짜와 편찬자들의 명단이 붙어 있는 다른 실록과는 달리 『연산군일기』에는 그것이 빠져 있다. 그러나 편찬을 완료한 직후인 중종 4년 9월 19일(무신) 차일암遮日巖에서 세초하는 광경을 그린 「일기세초지도日記洗草之圖」에 편찬자의 명단이 기재되어 있어 그 전모를 알 수 있다. 그 자료는 당시 승정원 주서이자 춘추관 기사관으로 『연산군일기』의 편찬에 참여했던 권벌權橃이 보관한 것으로 현재 그의 종가(경북 봉화군 내성면 유곡리)에 보관되어 있다. 그 명단에 따르면 책임자인 감춘추관사監春秋館事는 성희안成希顔이었으며, 그 아래에 지춘추관사 성세명成世明 외 65명이 참여했다.[5]

이런 측면들은, 연산군의 통치가 대단히 기이했던 만큼, 그 역사를 정리하는 일이 어렵고 조심스러웠다는 사실을 반영한다. 그러나 이런 사정을 충분히 감안하더라도 『연산군일기』의 자료적 가치는 그렇게 많이 훼손되지 않는다. 무엇보다도 앞서 든 작은 이례들을 제외하면, 『연산군일기』는 다른 왕대의 실록과 그 체재와 편찬 방식 등이 모두 동일했기 때문이다. 물론 다른 기록들도 그렇지만, 『연산군일기』의 편찬자들이 편집의 기술을 다른 경우보다 많이 적용했을 가능성은 있다.

그러나 그들이 자료의 의도적인 변개나 위조, 왜곡된 서술 등을 자행했으리라고 상상하기는 어렵다.[6] 이런 판단을 보강하는 하나의 논거는 『연산군일기』와 다른 실록의 분량을 비교해봄으로써 얻을 수 있을 것

일기세초지도

중종 4년(1509) 9월 19일 『연산군일기』의 편찬을 마친 뒤 세검정 차일암에서 세초하는 광경과 수찬에 참여한 관원의 명단을 기록한 자료다. 맨 위에는 '日記洗草之圖'라는 제목이 씌어져 있고 상단에는 희미하게 그림이 남아 있으며, 그 아래 두 단으로 66명의 관직과 이름을 적었다. 본문에서 설명했듯이, 『연산군일기』에는 누락된 수찬관의 면모를 알려주는 중요한 자료다. 보물 제901호로 충재冲齋 권벌(1478~1548)의 생가(경북 봉화군 내성면 유곡리)에 건립된 충재선생박물관에 소장되어 있다. 94.2cm×59.2cm.

이다. 어떤 책의 분량은 그 내용의 충실도를 가늠할 수 있는 의미 있는 지표의 하나이므로 『연산군일기』의 분량이 다른 실록과 크게 차이 난다면 그 성실성이나 신뢰도를 의심할 만하겠지만, 그렇지 않다면 그런 추단은 더욱 조심스러워질 것이기 때문이다(거꾸로 연산군의 악행을 자세히 기록하느라 분량이 늘어났다고 추정할 수도 있지만, 그것 또한 그리 타당하지 않다. 만약 그렇다면 연산군의 폭정이 집중적으로 자행된 갑자사화 이후의 서술이 풍부해야 할 것이기 때문이다. 그러나 뒤에서 보듯이 해당 시기의 기록은 매우 소략하다. 그 핵심적 요인은 대대적인 기록의 폐기를 지시한 왕명이었다).

조선전기(태조~선조) 각 왕대 실록의 분량과 그 밖의 사항은 〈표 2〉와 같다. 조사 결과 가장 자세한 자료는 『세종실록』이었으며, 그 반대는 『정종실록』이었다. 『세종실록』의 방대함은 다른 왕대를 압도한다. 흥미로운 흐름은 세종대 이후는, 세조대를 빼면 모두 개월당 1만 자 이상이었으며, 그 격차도 그리 크지 않다는 것이다. 이런 측면은 세종대부터는 실록의 편찬이 그 형식과 내용 모두에서 안정적인 궤도에 올랐다는 하나의 방증이 될 것이다.

이 책에서 주목하는 『연산군일기』는 비교적 하위(10위)이기는 하지만 그 격차가 현격하지는 않으므로 크게 부실하다고 보기는 어렵다. 『연산군일기』를 좀더 세밀하게 살펴서 연도별 분량을 조사해보면 〈표 3〉과 같다. 가장 기록이 풍부한 연도는 재위 1년이었고 3년과 2년이 미세한 차이로 그 뒤를 이었다. 반대로 가장 분량이 적은 해는 7년, 12년, 4년의 순서였다. 연산군대의 가장 중요한 사건인 사화가 일어난 두 해 가운데 10년은 기록이 풍부했지만, 4년은 그 절반에도 미치지 못했다(이런 측면은 해당 사화의 처벌 규모와 지속 기간 등 여러 요인과 관련된 현상으로 여겨

〈표 2〉 조선전기(태조~선조) 각 왕대 실록의 분량과 그 밖의 사항[7]

번호	왕대	기간	형식	권수	분량(면)	총 글자 수 (자)	개월당 글자 수(자)	순위
1	태조	1392.7~1398.7 (75개월)	24자 15행 (360자)	15	568	204,480	2,726	13
2	정종	1398.9~1400.11 (27개월)	〃	6	188	67,680	2,507	14
3	태종	1400.11~1418.8 (214개월)	〃	36	3,060	1,101,600	5,148	12
4	세종	1418.8~1450.2 (379개월)	27자 16행 (432자)	127	8,148	3,519,936	44,556	1
5	문종	1450.2~1452.5 (28개월)	24자 15행	13	1,136	408,960	14,606	3
6	단종	1452.5~1455. 윤6 (38개월)	〃	14	1,072	385,920	10,156	9
7	세조	1455. 윤6 ~1468.9 (160개월)	〃	47	3,524	1,268,640	7,929	11
8	예종	1468.9~1469.11 (14개월)	〃	8	680	244,800	17,486	2
9	성종	1469.11~1494.12 (302개월)	〃	297	11,948	4,301,280	14,243	5
10	연산군	1494.12~1506.9 (142개월)	27자 16행	63	3,328	1,437,696	10,124	10
11	중종	1506.9~1544.11 (459개월)	28자 16행 (448자)	105	14,292	6,402,816	13,950	6
12	인종	1544.11~1545.7 (9개월)	24자 15행	2	336	120,960	13,440	7
13	명종	1545.7~1567.6 (264개월)	〃	34	2,548	917,280	14,333	4
14	선조	1567.6~1608.2 (489개월)	26자 16행 (416자)	221	12,264	5,101,824	10,433	8

〈표 3〉 『연산군일기』의 연도별 분량

연도	제1기				제2기						제3기		합계
	1년	2년	3년	4년	5년	6년	7년	8년	9년	10년	11년	12년	
분량(면)	508	468	504	152	208	176	88	308	208	372	192	144	3,328
글자 수 (자)	219,456	202,176	217,728	65,664	89,856	76,032	38,016	133,056	89,856	160,704	82,944	62,208	1,437,696
개월당 글자 수 (자)	18,288	16,848	18,144	5,472	7,488	6,336	3,168	11,088	7,488	13,392	6,912	5,184	119,808
순위 (백분율)	1(15.3)	3(14.1)	2(15.1)	10(4.6)	6(6.3)	9(5.3)	12(2.6)	5(9.3)	6(6.3)	4(11.2)	8(5.8)	11(4.3)	–
분기별 글자 수 (백분율)	705,024(49.0)				587,520(40.9)						145,152(10.1)		1,437,696 (100)

진다).

    재위 초반의 기록이 상세하다는 측면은 기간별 추이에서 더욱 뚜렷하게 나타난다. 이 책에서도 그랬지만 대부분의 주요 연구들은 두 사화를 기준으로 연산군대를 삼분해왔는데,[8] 제1기에는 거의 절반에 해당하는 분량이 집중되어 있으며 제2기도 거기에 못지않았다. 즉 1~10년까지의 기간에 『연산군일기』의 대부분이 집중되어 있는 것이다. 갑자사화 이후 연산군의 주요한 업무는 사냥과 연회라고 평가될 정도였지만,[9] 재위 후반은 의미 있는 국정 운영은 말할 것도 없고 신하들의 간쟁이나 논의 자체가 형성되지 않았던 황폐한 기간이었다는 사실을 이런 수치는 반영하고 있다.

요컨대, 모든 자료가 그렇듯이, 『연산군일기』 또한 신중한 판단과 비판을 거쳐 이해하고 인용해야 한다는 데는 이론의 여지가 있을 수 없다. 그 자료는 그것이 기록한 대상과 시대의 기이함 때문에 다른 실록과 약간의 차이점이 있었으며, 『광해군일기』에서 실제로 나타났듯이 반정 세력의 정치적 의도가 개입할 가능성이 큰 것도 사실이었다. 그러나 조선시대의 기록문화와 실록 편찬의 엄격성과 정확성을 고려하고 전체적인 형식과 분량이 다른 실록과 거의 차이나지 않는다는 점을 감안할 때, 명확한 근거 없이 그 신빙성을 의심하는 태도와 서술은 오히려 더욱 큰 오류와 위험성이 있다고 지적하고 싶다. 평범한 결론이지만, 신중하고 비판적인 자세를 견지하면서 해당 자료의 내용을 충분히 이용하는 것이 그 시기의 실체에 접근하는 가장 유용한 방법일 것이다.

문학과 영상의 형상화

연산군과 그 시대의 독특성은 역사학 이외에도 다양한 분야에서 많은 관심을 끌어왔다. 그 대표적인 분야는 문학(소설)과 영상(영화와 드라마), 그리고 부분적으로는 연극이었다. 예술적 역량과 대중적 영향력을 겸비한 그 분야의 뛰어난 예술가들은 그 소재를 각기 독특한 방식으로 형상화했다. 엄밀한 실증을 추구하는 역사학과는 달리 자유로운 해석과 파격적인 묘사를 허용하는 그 분야의 작품들은 일단 매우 흥미로웠으며, 다양한 시각과 접근을 가능케 하는 중요한 공헌을 했다. 그러나 그런 재해석은 대상을 상당히 오해하거나 상상력에 의거해 창작한 측면도 있으며, 장르의 속성상 크고 깊은 대중적 영향력을 행사한 것도 사실이었다.

이미 많은 의견이 제시되어 있지만,[10] 서로 다른 분야에서 한 대상을 다양하게 묘사하는 것은 그것을 풍요롭게 만든다는 측면에서 일단 긍정적이다. 다만 그것을 받아들이는 객체는 물론 그것을 창작한 주체들도 자신이 선택한 장르의 장점과 한계, 요컨대 특징을 명확히 이해하는 것이 중요하다. 창작자는 다른 분야의 전문적인 성과를 깊이 참고하고 인정한 상태에서 서로의 영역을 넘나들고, 수용자는 해당 장르의 속성을 충분히 감안해 받아들여야만 그 대상의 객관적인 실체와 예술작품의 변형된 내용을 혼동하지 않고 풍부하게 이해할 수 있을 것이다.

우선 소설에서 연산군과 그의 시대를 다룬 가장 대표적인 작품은 월탄月灘 박종화朴鍾和(1901~1981)의 『금삼錦衫의 피』일 것이다.[11] 그 작품은 그 뒤 저명한 역사소설가로 자리매김한 작가가 35세의 젊은 나이에 쓴 첫 장편 역사소설로 1936년 3월 20일부터 같은 해 12월 29일까지 『매일신보』에 연재되었다. 그 소설은 서사序詞-장한편長恨篇-사모편思母篇-필화편筆禍篇-척한편滌恨篇-실국편失國篇으로 구성되었는데, 표제와 세부 제목에서도 알 수 있듯이 연산군의 일대기를 그리면서도 특히 폐비 윤씨 사건에 초점을 맞추었다. 『연려실기술』의 내용에서 착안한 것으로 보이는 그 제목은 그 뒤 연산군과 폐비 윤씨를 가리키는 대중적 상징의 하나가 되었다. 장르의 특성상 그 소설은 연산군과 그 시대를 사실적으로 묘사하기보다는 국왕의 불행한 경험과 거기서 연유한 심리적 고독과 파탄에 초점을 맞추어 궁중의 사건들을 위주로 서술했다고 평가되었다.

『금삼의 피』에서 제시된 이런 시각은 그 뒤 다른 소설은 물론 영상

물에도 커다란 영향을 끼쳤다. 역시 저명한 소설가로 역사적인 소재를 즐겨 다룬 정비석鄭飛石도 『소설 연산군』(1956)이라는 작품을 발표했는데, 박종화와 비슷하게 연산군 개인과 궁중의 갈등을 서술의 중심에 두었다. 소설에서는 작가의 역량이나 작품의 수준, 대중적인 성공 등을 고려할 때 이 두 작품이 가장 대표적인 성과였던 듯하다(그 밖에도 몇 편의 작품이 발표되었지만, 수준이나 반향 모두 상당히 떨어졌다. 다만 앞서도 언급

〈표 4〉 연산군을 주제로 삼은 소설들

번호	제목	저자	출판연도(출판사)	비고
1	금삼의 피	박종화	1955(을유문화사)	그 뒤 민중서관民衆書館(1959), 문호사文豪社(1965), 삼중당三中堂(1967), 삼성三省출판사(1972), 국문國文출판사(『박종화 문학선집』 1~6, 1974), 민중서적民衆書籍(1983), 삼성三星문화사(『한국문학 대선집』, 1983), 삼성당三省堂(1983), 범우사凡友社(1984), 어문각語文閣(1984), 삼성당(『한국문학전집』, 1988), 동아출판사(1995) 등에서 재간행.
2	소설 연산군	정비석	1956(정음사正音社)	고려원(1984, 1996)에서도 간행.
3	역사소설 연산군의 비화秘話	오영吳暎	1962(창문사昌文社)	-
4	황제 연산군 1~5	박연희	1994(명문당)	-
5	연산군과 장녹수 1, 2	이준범李俊凡	1994(민예사)	-
6	대하왕조실록 용의 분노 9: 폭군 연산군	〃	1997(하나)	-

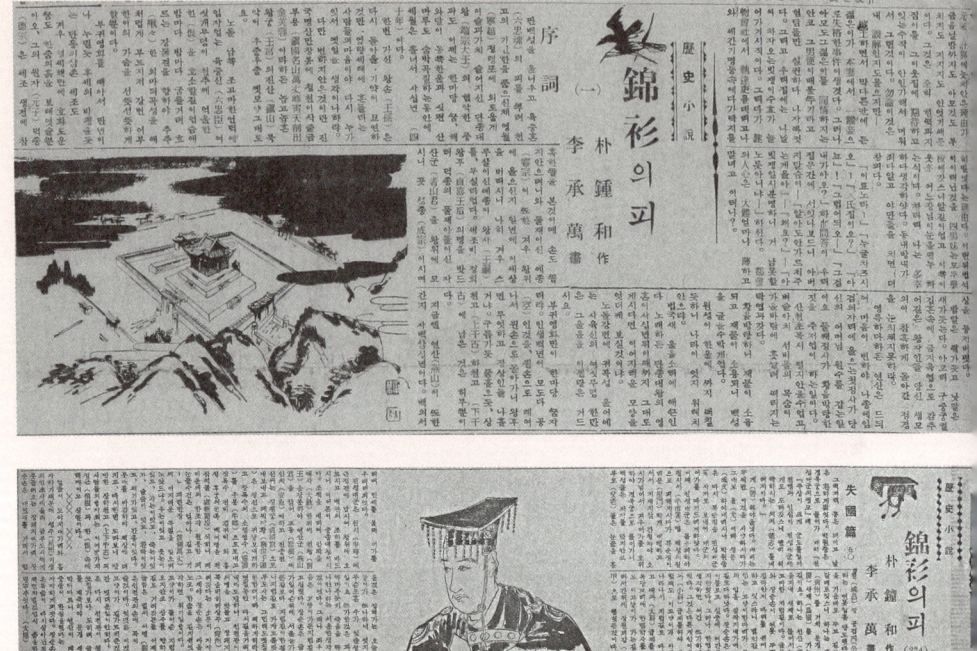

「금삼의 피」 연재 기사

『매일신보』에 모두 234회에 걸쳐 연재된 「금삼의 피」 첫 회(위)와 마지막 회(아래)의 사진이다. 연산군이 즉위하는 내용으로 시작해 중종이 반정으로 추대되는 사건까지 다뤘다. 삽화는 이승만李承萬(1903~1975)이 그렸다. 그는 호가 행인杏仁으로 휘문고등보통학교 재학 시절 고희동高義東에게서 본격적으로 미술 수업을 받아 조선미술전람회(선전鮮展) 서양화부에서 네 차례나 특선을 하는 뛰어난 실력을 발휘했다. 그러나 1928년 『매일신보』에 입사한 뒤부터는 삽화에 주력했으며, 특히 박종화는 이 「금삼의 피」를 인연으로 그 뒤 「임진왜란」, 「세종대왕」 등 작가의 많은 연재소설에 삽화를 그렸다.

했듯이, 박연희의 『황제 연산군』은 그 제목에서 연산군의 궁극적인 정치적 목표와 행동 방식을 정확히 지적했다고 생각한다).

연산군의 생애는 영상으로 더욱 자주 만들어졌으며, 그 성과와 반향도 컸다. 조선시대를 다룬 사극에서 연산군은 단종, 정난정鄭蘭貞, 장희빈張禧嬪, 철종哲宗, 인목대비仁穆大妃 등과 함께 가장 인기 있는 소재였다.[12]

지금까지 연산군을 그린 영화는 모두 여덟 편이 만들어졌는데,[13] 〈연산군-장한사모 편〉(신상옥 연출, 1961)과 〈연산일기〉(임권택 연출, 1987), 〈왕의 남자〉(이준익 연출, 2005)의 세 편은 영화사적으로 상당한 의미를 갖는 작품이었다(〈표 5〉 참조). 먼저 〈연산군-장한사모 편〉은 그 부제에서도 알 수 있듯이, 『금삼의 피』의 일부를 영상화한 작품이다. 그 영화는 신상옥과 신영균이라는 당대 정상급 감독과 배우가 참여하고, 당시로서는 드물게 의상 등의 고증을 중시함으로써 흥행과 비평 모두에서 큰 성공을 거뒀다. 즉 그 해 한국 영화에서 최고의 흥행 성적을 올렸으며, 이듬해 제1회 대종상(1962)에서도 작품상·감독상·남녀주연상 등 주요 8개 부분을 석권한 것이다. 이런 성공의 여세로 같은 감독과 주연은 동일한 소설을 원작으로 속편인 〈폭군 연산-복수쾌거 편〉(1962)을 제작했으며, 역시 흥행에 성공했다.[14]

그 뒤 이 연작은 조선시대 사극의 한 전범으로 평가받았으며, 특히 전편은 한국 영화사의 대표작 200선에 들 만큼 중요한 작품으로 꼽혔다.[15] 그러나 한편으로 그 작품에 대해 당시 역사의 정치적 투쟁과 갈등을 탐욕·질투·증오·복수 같은 개인적인 문제로 치환해 묘사한 '사모思母의 멜로드라마'였다는 부정적 측면도 지적되었다(이런 평가는 원작이 된 소설에서도 비슷하게 내려진 바 있다). 그리고 앞서도 말했듯이, 이런 경

〈표 5〉 연산군을 소재로 한 영상물

번호	제목(부제)	감독	연도	연산군	그 밖의 주연	비고
1	염광閻光 (원제 신神의 장粧)	왕필렬	1925	이채전	안종화 · 김우연	장녹수 중심의 영화
2	연산군 (장한사모 편)	신상옥	1961	신영균	김진규 · 도금봉	제1회(1962) 대종상 작품상 · 감독상 · 남녀주연상 등 8개 부문 수상
3	폭군연산 (복수쾌거 편)	〃	1962	〃	김혜정 · 최은희 · 도금봉	-
4	채홍사	서민	1965	이예춘	도금봉 · 조미령	-
5	요화 장녹수	이규웅	1969	신영균	김지미	
6	사모곡*	-	1972	김세윤	윤정희 · 고은아	TBC 방영
7	설중매*	-	1984	임영규	정진 · 고두심 · 이미숙	MBC 방영
8	연산군	이혁수	1987	이대근	강수연 · 선우은숙	-
9	연산일기	임권택	1987	유인촌	김진아 · 권재희	제26회(1987) 대종상 작품상 · 감독상 · 미술상 · 기획상, 제8회(1988) 영화평론가상 남우주연상(유인촌), 제24회 백상예술대상 인기상(유인촌), 제42회 깐느국제영화제 출품
10	한명회*	-	1994	이민우	이덕화 · 노영국	MBC 방영
11	장녹수*	-	1995	유동근	박지영	KBS 방영
12	임꺽정*	-	1997	유인촌	정흥채	SBS 방영
13	왕과 비*	-	1998	안재모	임동진 · 채시라	KBS 방영
14	왕의 남자	이준익	2005	정진영	감우성 · 강성연	43회(2006) 대종상 작품상 · 감독상 · 남우주연상 등 10개 부문 수상

•*표는 TV 드라마.

향은 그 뒤의 사극들에 큰 영향을 주었다.[16]

다음으로 주목되는 영화는 1987년 임권택이 연출하고 유인촌이 주연한 〈연산일기〉다. 역시 뛰어난 감독과 배우가 작업한 이 작품도 연산군의 광기의 원인을 모성의 결핍과 거기서 연유한 인간적인 고독에서 찾았다. 이 영화 역시 비평적인 측면에서 매우 높은 평가를 받아 다양한 수상과 출품을 기록했다.

연산군을 다룬 영화 가운데 오늘날 가장 익숙한 작품은 〈왕의 남자〉일 것이다. 이 작품은 2009년 현재까지 한국 영화의 흥행 기록에서 2위(1230만 명)를 차지했으며,[17] 제43회 대종상(2006)에서 작품상·감독상·남녀주연상 등 주요 10개 부분을 석권할 정도로 탁월한 흥행과 비평의 성과를 거뒀다. 특히 이 작품은 기존의 영화와는 달리 폐비 윤씨의 비중을 줄이는 대신 공길孔吉이라는 광대를 등장시켜 연산군의 새로운 면모를 창작했다는 차별성을 지녔다.

연산군은 TV 드라마의 소재로도 자주 채택됐으며(현재까지 6편) 모두 상당한 화제와 관심을 불러일으켰다. 또한 연극에서도 〈문제적 인간, 연산〉(이윤택 극본·연출, 1995)과 영화 〈왕의 남자〉의 원작이 된 〈이爾〉(김태웅 극본·연출, 2000)는 뛰어난 작품성으로 평단과 관객의 큰 호응을 얻은 바 있다.[18] 그 밖에 찾아보니 〈연산군〉이라는 노래도 있었다(진성화陳成和 작곡, 천지엽千枝葉 작사, 아세아레코오드사, 1960 및 오아시스레코드사, 1988).

요컨대 문학과 영상을 중심으로 형상화된 연산군의 모습은 매우 흥미롭고 다채로웠다. 이것은 소재 자체의 독특성에서도 기인했지만, 그 장르들의 특성상 비교적 자유로운 해석과 상상을 허용하고 추구한 결과였을 것이다. 거기에는 연산군의 전체적인 면모를 포괄하기보다는 기이하고 흥미로운 일부만을 부각하고 때로는 과장했으며, 그 결과 당시의 역사적 맥락보다는 개인적 일탈이나 정략적 암투에 초점을 맞추었다는 문제점도 있었다. 그러나 기본적으로 그것은 해당 장르의 속성에서 연유한 측면이 크다고 하겠다.

앞서도 말했듯이, 중요한 측면은 창작의 주체와 객체 모두 해당 장르의 특징과 약점을 충분히 이해한 상태에서 작업하고 수용해야 한다는 사실이라고 지적하고 싶다. 이것은 대중적인 파급력이 상대적으로 큰 예술 분야에서 좀더 필요한 태도일 것이다. 엄밀한 객관성을 견지해 구명한 역사적인 사실과 자유로운 해석을 가미해 창작한 예술작품은 서로 다른 모습을 띨 가능성이 많다. 그런 차이를 이해하고 즐기되 혼동하지 않고 차분히 격리한다면, 학문과 예술 모두에 즐겁고 폭넓게 접근할 수 있지 않을까 싶다. 물론 이 책은 될 수 있는 대로 전자의 태도를 추구할 것이다. 이제 12년에 걸친 연산군의 시대를 본격적으로 탐구해보자.

세자 시절의 자질

연산군 이융李㦕은 성종 7년(1476) 11월 7일(정미) 적장자로 태어나 18년 뒤 부왕이 재위 25년 만에 붕어하자(성종25.12.24기묘) 닷새 뒤 창덕궁에서 조선의 제10대 국왕으로 즉위했다(0.12.29갑신).[19] 그 뒤 그는 12년 동안 조선의 최고 통치자로 군림하다가 왕조 최초의 반정으로 폐위되었으며(12.9.2기묘), 그날로 강화도江華島 교동喬桐에 유배되어 두 달 만에 30세의 젊은 나이로 병사하는 파란만장한 인생을 살았다(중종1.11.6신사).

그에게서 중요한 첫 번째 공식 경력은 성종 14년(1483) 2월 6일(기사) 7세의 나이로 세자에 책봉되었다는 것이다. 앞서도 말했듯이, 그가 세자로서 지닌 객관적인 조건은 상당히 만족스러웠다. 무엇보다도 그는 적장자였고, 11년 동안 세자로서 국정에 필요한 여러 사항을 충분히 훈련받았기 때문이다. 유일하지만 중요한 결격 사항은, 앞서 보았듯이, 어머니가 사사되었다는 것이었다. 아버지가 어머니를 강제로 사망시켰다는 것은 아들에게 분명히 커다란 충격이었을 것이다. 그러나 전근대 세계 각국의 왕실이 수많은 암투와 치정으로 얼룩졌음을 감안하면, 그것은 만족스럽지는 않지만 받아들일 수 있는, 그리고 받아들여야 하는 조건이었다. 국왕과 세자는 지엄한 공인公人으로 자처하고 존중받은 존재였기에 그럴 필요성이 더욱 컸지만, 이 사건과 관련해서는 두 사람 모두 자제력이 부족했다.

세자 시절에 보여준 연산군의 자질에 대해서는 긍정과 부정의 의견이 엇갈리고 있다.[20] 자질에서 품성이 다소 주관적인 덕목이라면, 학문적 능력은 객관적으로 측정할 여지가 좀더 많다. 전체적으로 볼 때 세자 시절 연산군의 학문적 능력은 큰 흠결은 없었지만, 성종 후반으로 갈수록 학습 태도가 다소 방만해졌으며 이해력도 그리 만족스럽지는 못했던 것으로 판단된다.

왕세자를 교육하는 서연書筵제도에 따라서 연산군도 세자에 책봉된 직후부터 서연에 참석하기 시작했다(성종14.2.20계미). 물론 서연이 매일 열린 것은 아니며, 의도적인 기피 외에도 건강이나 각종 행사 참석, 정치적인 상황 등 다양한 요인으로 거르게 된 경우도 많았다. 아래의 논의에서도 그런 측면을 참작해야 할 것이다.

첫 교재는 일반적인 관례대로 『소학小學』이었다.[21] 세자는 그 책을 1년 반에 걸쳐 완독한 뒤 『대학』, 『중용』, 『논어』, 『맹자』의 순서로 사서四書를 공부했다. 그 뒤 즉위할 때까지 그는 『시경詩經』, 『상서尙書』, 『춘추春秋』, 『소미통감小微通鑑』, 『십구사략十九史略』 등을 읽었다. 기간을 따져보면 연산군은 『소학』을 1년 반 동안 읽었고, 사서에서 『논어』까지 마치는 데는 2년 3개월이 걸렸으며, 그 뒤 가장 분량이 많은 『맹자』를 1년 9개월에 걸쳐 뗐다.

그가 서연에서 공부한 책의 수준과 완독 기간이라는 객관적인 수치는 다른 국왕들과 견줄 때 크게 떨어지지 않는다. 이런 판단은 현재 관련 사항이 연구되어 있는 국왕인 효종孝宗이나 영조英祖와 비교해보면 쉽게

〈표 6〉 연산군이 세자 시절에 읽은 책과 학습 기간[22]

번호	서명	학습 기간
1	소학	성종14.2.20~성종15.8.1
2	대학·중용·논어	성종15.8~성종17.11.2
3	맹자	성종17.11~성종19.8.28
4	시경	성종19.9~성종23.1
5	상서·춘추	성종23.1~?
6	소미통감	-
7	십구사략	-
8	대학집주	성종24.12.20~?

납득된다. 먼저 효종은 인조 23년(1645) 9월 27일(을해)에 세자로 책봉되어 4년이 조금 못 되는 기간 동안 그 자리에 있었다(인조27.5.13신미 즉위). 그동안 그는 『논어집주』를 2년여에 걸쳐 읽었고(인조24[월일은 미상]~인조26.1.17계축), 『맹자집주』는 1년 3개월 만에 독파했다(인조26.1.26임술~인조27.4.12경자).[23] 즉 그는 두 책 모두 연산군보다 좀더 짧은 기간에 마친 것이다.

다음으로, 왕세제王世弟라는 독특한 지위에 있었던 영조는 경종景宗 1년(1721) 10월 7일(갑자)에 서연을 시작해서 동왕 4년 7월 19일(경신)에 마쳤다. 그의 첫 교재도 『소학』이었는데, 약 1년 동안 공부했다(경종2.9.7기축). 다음 교재는 『대학』이었고, 분량이 적어서 한 달 만에 완독했다(경종2.9.15정유~경종2.10.20임신). 그 직후에는 『논어』를 시작해서 2년 정도 읽었지만 5권까지밖에 진도를 나가지 못하고 서연을 마치게 되었다(경종2.11.17무술~경종4.7.12계축). 그는 서연에서 모두 11권의 경서를 읽었고 수시로 『강목綱目』도 공부했다.[24] 즉 영조는 연산군보다 『소학』은 조금 빨리 마쳤지만, 『논어』는 훨씬 느리게 읽었으며 결국 마치지도 못한 것이었다(앞서도 말했듯이, 여기에는 당시의 정치 상황 같은 여러 요인이 작용했다. 그러므로 개인의 학습 태도나 지력知力과 직결시키는 데는 상당한 유보가 필요하다).

좀더 많은 사례를 비교해보면 더욱 정확히 가늠할 수 있겠지만, 이런 객관적 수치는 적어도 세자 시절 연산군의 독서 수준과 소요 기간이 크게 뒤떨어지지는 않았음을 알려준다. 즉 그는 세자에게 부과된 학습 과정을 심각하게 낙오하지 않고 이수했던 것이다. 성종 23년 태평관에서 명사明使를 접대하면서 세자가 예절을 안다는 상찬을 들을 정도로 복잡한 외교 전례를 충분히 이해하고 있었다는 사실도 연산군의 지식수준을 알려주는 주목할 만한 사례다(성종23.5.28정유).

연산군의 지적 능력을 보여주는 가장 중요한 증거는 그의 시작詩作일 것이다. 예나 지금이나 문학적 재능과 문학 서적의 이해는 고도의 지적 능력이 뒷받침되어야만 가능한 일이다. 100여 수가 넘는 시를 남길 정도로 연산군의 문학적인 소양은 매우 풍부했다.[25] 또한 그는 『당시고취唐詩鼓吹』,『속고취續鼓吹』,『삼체시三體詩』,『당음시堂音詩』,『시림광기詩林廣記』,『당현시唐賢詩』,『송현시宋賢詩』,『영규율수瀛奎律髓』,『원시체요元詩體要』를 인쇄하고(11.5.19계묘) 『전등신화』,『전등여화剪燈餘話』,『효빈집效顰集』,『교홍기嬌紅記』,『서상기西廂記』 등을 중국에서 사오게 할 정도로 문학 서적에 큰 관심을 보였다(12.4.13임술).[26]

이런 측면을 종합할 때 그의 결함은 기초적인 작문 능력이나 이해력의 결핍이 아니라 논리적 이성의 부족이었다고 판단된다. 그는 당시 학문적 본류로 인정되던 경·사보다는 여기餘技로 취급되던 문학에 더 큰 관심과 재능을 보였다. 다시 말해서 그는 이성보다 감성이 풍부했던 것이다.

그러나 어쩌면 가장 중요한 항목일 이해력과 관련해서는 부정적인 평가가 적지 않다. 물론 그런 평가에는 주관적인 측면이 있고 애정 어린 질책의 맥락에서 나왔을 가능성도 있지만, 그런 기사가 산견된다는 사실은 일단 유념할 필요가 있다. 그런 기사들이 지적한 연산군의 핵심적인 문제점은 문리文理의 불통이었다.

문리의 불통

성종 18년 9월 17일(계축), 그러니까 연산군이 서연을 시작한 지 4년 반이 흘렀을 무렵, 헌납 최린崔潾은 세자의 학문을 상찬하면서도 서연관을 정비할 필요가 있다고 아뢰었다.

신은 서연에 자주 입시했는데, 세자의 학문이 날로 발전하는 것을 보았습니다. 반드시 올바른 사람을 선발해 보양輔養케 하고 근신謹愼한 내관을 뽑아 늘 시중들게 해야 합니다.[27]

최린은 자신의 경험을 토대로 세자의 학문이 진보하는 것을 인정했지만, 적어도 서연관에는 문제가 있다고 판단한 것이다. 세자의 약점을 직접 거론하기는 부담스러웠을 가능성을 고려하면, 이것은 세자의 행동에 일정한 일탈이 있으므로 엄격한 서연관을 배치해 보좌토록 해야 한다는 우회적 간언이라고 볼 수도 있을 것이다.[28]

좀더 주목되는 측면은 부왕 성종의 평가다. 지위상 그는 연산군의 학문적 수준을 더 직설적으로 독려하거나 비판할 수 있었으므로 눈여겨볼 필요가 있다. 세자 시절을 겪지는 못했지만, 성종은 매우 성실한 호학好學의 군주였다. 그것의 가장 대표적인 증거는 그가 치세 내내 거의 매일 경연에 참석해 신하들과 학문을 토론했다는 사실일 것이다. 나아가 성종은 경연에서의 학문적인 논의를 국정 현안으로 확장시킴으로써 '경연정치'라는 독특하고 효율적인 정치 운영을 이뤄냈다.[29] 이런 사실로 미뤄볼 때 정희왕후가 건강을 걱정할 정도로 성종이 독서에 몰두했다는 기록은 큰 과장이 아닐 것이다(성종2.2.29임신). 흉년인데도 사서四書와 『춘추』, 『강목신증綱目新增』, 『문한유선文翰類選』 등의 서적을 출판하는 데 너무 많은 비용을 쓰고 있으니 자제해야 한다는 부제학 유윤겸의 건의도 성종의 호학을 반증해준다(성종13.7.6계유).

일반적인 부왕에게도 그렇겠지만, 특히 이런 호학의 부왕에게 세자의 학문적인 수준이 쉽게 만족되기는 어려웠을 것이다. 또한 성종 후반으로 갈수록 신하들도 세자의 학문적 태도와 이해력을 우려하기 시작했다. 성종 21년 8월 13일(계사) 지평 이세영李世英은 "세자의 학문이 이미 성취되었다"고 높이 평가했지만 성종은 만족하지 않았다. "세자는 문리를 통달하지 못한 부분이 간혹 있으니 서연관들을 좀더 자주 만나야 한다"는 것이었다.

이런 우려는 짧지 않은 시간이 흐른 뒤에도 해소되지 않았다. 재위 23년 1월 19일(경인) 성종은 세자의 문제점을 지적하면서 해결책을 제시했다.

> 세자는 비슷한 나이의 유생들처럼 열심히 학문을 강론하고 연마하지 않으면서 서연관들이 구두를 떼고 해석해주는 내용만 받아들이고 있다. 세자가 고금의 사변事變과 흥망·치란의 자취를 몰라서는 안 된다. 세자는 지금 17세인데도 문리를 이해하지 못하니 매우 걱정된다. 앞으로는 서연관들이 사흘에 한 번씩 강론해서 은미한 표현과 오묘한 의미를 모두 정밀하게 해석하도록 해야 할 것이다.[30]

즉 성종은 앞으로 서연관들이 세자의 공부를 좀더 엄격히 감독하도록 지시한 것이다.

신하들은 문리를 쉽게 통할 수 있는 방법으로 역사서를 읽을 것을 제안했다. 동부승지 조위曺偉는 "역사서를 읽으면 문리가 쉽게 통하니 『소미통감』과 『십구사략』을 읽게 하는 것이 좋겠다"고 건의했으며 (성종 23.1.23갑오) 우승지 권경희權景禧도 비슷한 의견을 아뢰었다. "세자께서는 경서만 읽으시기 때문에 금년에 벌써 17세인데도 아직 문리를 해득하지 못하셨습니다. 더욱이 고금의 치란의 자취를 세자께서 모르셔서는 더욱 안 되니 먼저 역사서를 읽으면 문리가 쉽게 통할 것입니다. (…) 조강과 주강에서는 경서를 진강하고 석강에서는 『십구사략』을 진강해 빈객賓客과 서연관이 세자와 강의하고 질문하다가 세자가 이해하기 어려운 곳이 있으면 다시 서로 강론해 은미한 표현과 오묘한 의미를 모두 정밀히 해석해 세자가 이해하도록 해야 합니다(성종23.1.29경자)." 성종도 그 의견에 동의했다. "세자의 문리가 아직 통하지 않았으니 『시경』을 다 읽은 뒤 『춘추』를 읽고, 그 뒤에 역사서를 읽도록 하는 것이 좋겠다(성종23.1.23갑오·29경자)."

즉 성종과 신하들은 세자의 학습 능력에 일정한 문제점이 있다는 데 동의했고, 그 해결책으로 역사서의 공부를 제시한 것이었다. 여기서 '문리'라고 표현된 항목이 구체적으로 이해력의 어떤 측면을 가리키는지 생각해볼 필요가 있다. '문리의 불통'을 해결하기 위한 방안으로 역사서의 학습을 제시한 것을 볼 때, 독해 능력이 부족하지는 않았다고 판단된다(『시경』을 다 읽은 뒤 『춘추』를 읽도록 하라는 성종의 발언에서도 그런 사실을 알 수 있다).

"고금의 사변과 흥망·치란의 자취를 몰라서는 안 된다"고 지적한 부분으로 추론할 때 그것은 역사적(또는 거기서 유추할 수 있는 현실적) 문제의 인과관계나 맥락을 이해하는 능력을 가리키는 것으로 여겨진다. 즉 연산군은 어떤 책을 읽고 이해하는 능력이 부족했다기보다는 개별적 사실들의 인과관계나 맥락을 종합적으로 파악하는 능력에 결함을 보였던 것이다.

성종과 신하들의 이런 진단에 따라 그 뒤 세자는 『상서』, 『춘추』, 『통감』 등의 역사서를 집중적으로 학습하기 시작했다. 특히 성종은 세자에게 문리를 통하게 하려는 강한 의지를 나타냈다(성종24.5.21갑신). 그러나 세자의 학습 태도는 그리 좋지 않았다. 성종 23년 6월 13일(임자) 지평 민이閔頤는 세자에게 좀더 강도 높게 학문을 연마시켜야 한다고 간언했다.

> 신 등이 요즘 서연에 입참해 세자의 학업을 보니, 이전에 읽었던 책을 익숙하게 읽지 못할 뿐만 아니라 착오된 곳도 많았습니다. 이것은 최근 주강과 석강을 중지해 이해하지 못하는 부분이 있어도 수시로 강구講究해 질정質正하지 못했기 때문입니다. 이튿날 조강에서 질정하기는 하지만, 늘 신하들을 마주해 의심나면 곧바로 묻는 것만 하겠습니까. 앞서 시강원에서 주강과 석강을 다시 시작하자고 주청했지만 성상께서는 혹심한 더위에 세자가 병이 날까 걱정된다고 하셨습니다. 신이 생각하기에 예복을 갖춰 입고 빈객과 사부師傅를 만난다면 성상의 하교와 같은 우려가 있겠지만, 편복便服 차림으로 신하들을 대면해 의심나는 곳을 묻는다면 하루 종일 함께 거처하며 담론해도 무방할 것입니다. 세자의 춘추가 어리지 않으니 촌음을 아끼면서 학문을 부지런히 연마해야 마땅할 것입니다.[31]

성종 24년 11월 12일(계묘) 지평 양희지楊熙止도 세자가 상당히 불량한 학습 태도를 보이고 있다고 보고했다. "요즘 세자께서 강학을 하다 말다 하시며 (…) 서연은 조강·주강·석강만 참석하시고 강의가 끝나면 동궁으로 돌아가셔서 환관·궁첩과 친하게 지내십니다." 헌납 홍한洪瀚도 비슷한 문제를 지적했다. "신이 서연관이었을 때 세자께서는 의심스러운 곳이 있으면 내관에게 글로 써서 물어보게 하셨습니다. 그러나 내관은 문리를 모르니 어찌 다 전달할 수 있었겠습니까." 특진관 정문형도 공감했다. "세자께서 좌우의 신하들과 학문을 강론해야 마땅하며, 주강을 오래하시는 것이 좋겠습니다."

성종은 신하들의 의견에 동의하면서 세자에게 학습에 좀더 전념하도록 당부했다.

> 세자는 지금도 여전히 문리를 통하지 못하니 강관과 오랫동안 강론하는 것이 마땅하다. (…) 요즘 세자가 몸이 좋지 못해 서연을 거르기도 했다. (…) 지금부터는 조강한 뒤 내전으로 들어와 강의한 글을 익히도록 하고, 식후에는 문안하지 말고 서연관과 조용히 강론하라. 서연관도 좋은 말과 착한 행실로 곡진하게 가르쳐 의리의 뜻을 넓혀야 할 것이다.[32]

그러나 그 뒤에도 비슷한 지적과 대책은 반복되었다. 성종 24년 12월 20일(경진) 특진관 성현成俔은 세자의 학문 수준으로는 『대학집주』를 이해하기 어렵다고 지적했다. "서연에서 『대학집주』를 진강케 했는데, 신이 생각하기에 그 책은 포괄적이어서 의론과 의미가 다르므로 문리에 크게 통달한 사람이 아니면 그 결론을 간취할 수 없습니다. 『대학집주』

를 강의하지 말게 하소서." 이번에도 성종은 동의했다.

성종의 치세 마지막 해, 즉 연산군이 즉위하기 직전에도 세자의 학문은 우려의 대상이었다. 성종 25년 7월 17일(계묘) 장령 유빈柳濱의 발언이다.

> 신이 서연에서 세자께서 이전에 강의했던 책을 읽으시는 것을 보니 부끄러워하면서 주저하는 말이 많아 완전히 통달하지 못하신 것 같으며, 강의를 들으실 때도 적극적으로 질문해 변론하지 않으셨습니다. 세자의 춘추가 이미 장성하셨으니 평범한 사람의 경우라도 문리에 통달할 때지만 지금도 이러시니 학문을 향한 마음이 지극하지 않으신 듯합니다. 신의 생각에는 그날 강의한 것은 다음 날 반드시 빈객·시강관들과 어려운 곳을 서로 논변해 막힘없이 모두 통한 뒤에야 다른 글을 강하게 하도록 해야 합니다.[33]

성종은 전적으로 동의했다. "장령의 말이 참으로 옳다. 지금부터 시강관들은 세자가 어려운 곳을 질문하기를 기다리지 말고 먼저 변석辨釋해 쉽게 이해되도록 해야 할 것이다." 그러자 유빈은 시강관을 자주 교체하지 말고 그 임무를 전담케 하자는 대책을 제시했고, 성종은 즉시 윤허했다.

전체적으로 세자 시절 연산군의 학습 능력이나 태도는 그리 긍정적인 평가를 받지 못했다고 생각된다. 그가 서연에서 공부한 책의 수준이나 완독 기간은 다른 국왕들과 큰 차이를 나타내지 않았다. 또한 그가 지은 다수의 시들을 볼 때 그가 독해나 작문에 결함을 보였다고 판단되지는 않으며, 중국 사신에게 상찬받을 정도로 외교 전례도 익숙하게 알고 있었다(물론 그가 불성실한 학습 태도를 지적받은 것은 사실이었다).

그러나 그에게 부족한 점이라고 부왕과 신하들이 공통적으로 지적한 핵심은 문리의 불통이었다. 그 해결책으로 역사서를 공부하도록 한 처방을 볼 때, 그것은 역사적·현실적 사안들의 인과관계나 맥락을 종합적으로 이해해 판단하는 능력의 결핍이었던 것으로 보인다.

이런 판단은 이후 연산군의 실패와 관련해서 중요한 의미를 갖는다. 앞서도 언급한 바 있지만, 그의 치세가 유례없는 폭정으로 전락한 가장 중요한 원인은 본질적인 문제와 비본질적인 사안을 혼동하거나 우선순위를 뒤바꿨다는 데 있었다고 생각한다. 이런 중대한 판단 착오의 단초는 세자 시절의 학습 태도에서 이미 드러나 있었다고 할 수 있다.

어쨌든 재위 25년 12월 24일(기묘) 성종이 37세의 젊은 나이로 붕어함으로써 연산군의 시대는 개막되었다. 그것은 익숙히 알듯이 그야말로 격동과 폭압의 기간이었다. 이제 첫 번째의 본격적인 정치적 충돌인 연산군 4년 7월의 무오사화까지의 과정을 살펴보기로 하자.

2. 즉위와 갈등의 시작

　　연산군대의 정국은 즉위 직후부터 평온하지 않았다. 앞서 말했듯이 성종대의 가장 중요한 정치적·제도적 변화는 국왕의 납간과 후원에 힘입어 삼사의 위상이 크게 제고되었다는 사실이었다. 그런 영향에 따라 삼사는 새로운 치세가 시작된 직후부터 국왕과 대신에게 강력한 간언과 탄핵을 제기했다. 국왕과 대신들은 그런 삼사의 행동을 '능상凌上'으로 규정하면서 첨예한 대립관계를 형성했다. 앞으로 보겠지만, '윗사람을 능멸한다'는 의미의 이 능상이라는 단어는 연산군대의 거의 모든 사안을 관통한 핵심적인 판단 기준이었다.

　　국왕과 대신이 한편에 서고 그 대척점에 삼사가 포진하는 구도는 일단 무오사화까지 지속되었다. 이런 구도 안에서 발생한 첫 번째 충돌은 수륙재水陸齋의 실시를 둘러싼 논쟁과 유생의 처벌이었다.

수륙재 논쟁과 유생의 처벌

수륙재는 조선 태조 때부터 구병救病이나 장수長壽, 명복을 비는 등의 다양한 목적으로 드려온 불교식 제례였다. 그것은 선왕을 추모하는 목적에서 그동안 왕실에서도 시행되어왔다.[34] 성종이 붕어한 다음 날 예조판서 성현은 수륙재의 시행 여부를 물었다. 연산군은 정현왕후에게 판단을 구했고, 왕후는 관례에 따라 그대로 시행하는 것이 좋겠다고 했다. "대행대왕大行大王께서 불교를 좋아하지는 않으셨지만 재를 지내지 말라는 유교가 없었고 전대에서도 시행했으므로 폐지할 수 없다(0.12.25경진)."

그러나 삼사는 유교적인 의례가 아니라는 이유로 즉각 강력히 반대했으며, 수찬 손주孫澍는 재를 올리는 소문疏文을 지으라는 왕명을 거부했다. 대간의 거부로 소문 작성을 맡게 된 승정원에서도 입직한 정자正字에게 예전에 쓰던 소문을 베끼게 해서 올리는 변칙적인 방법으로 임무 수행을 회피했다.[35] 수륙재에 반대하는 움직임은 예문관과 성균관 유생들도 합세하면서 확산되었다(0.12.26신사~29갑신; 1.1.1을유·4무자·7신묘). 불교와 관련된 사안이기는 하지만, 즉위 직후부터 왕명을 따르지 않은 이런 사례가 나타난 것은 주목할 만하다.

대체로 대신들은 수륙재의 시행 여부는 국왕의 결정에 따르겠다는 미온적인 태도를 보였지만, 좌의정 노사신盧思愼은 삼사와 유생의 반대에 가장 적극적으로 대응했다.

일에는 완급이 있습니다. 지금 재를 지내는 한 가지 일이 나라의 흥망에 직결된 것이라면 말하는 것이 옳겠지만, 선왕을 위해 재를 설행하는 것은 모두 조종조의 고사이니 이것을 숭불이라고 말할 수는 없습니다. (…) 그런데도 대궐에 모여서 계속 논란하니 신은 매우 그르다고 여깁니다. 신은 중대한 일 외에 이런 일을 반드시 대답할 필요는 없다고 생각합니다(0.12.28계미).[36]

이런 지원에 힘입어 연산군은 다음 날 승지 송질宋軼을 장의사臧義寺에 보내 수륙재를 강행했다(0.12.29갑신).[37]

뒤에서 보듯이 이런 노사신의 강경한 태도는 여러 사안에 동일하게 나타나면서 연산군 초반의 중요한 쟁점이 되었지만, 이때는 특히 유생들의 강력한 비판을 받았다. 생원 조유형趙有亨이 앞장선 유생들은 노사신이 세조대부터 불교를 좋아했다면서 중형에 처해야 한다고 주장했다(1.1.2병술·4무자). 삼사와 유생들의 반대에는 배불排佛이라는 타당한 사상적 논거가 있었지만, 왕명을 따르지 않는다는 사실은 명확했다. 연산군은 그런 측면을 정확히 파악했다. 그는 일단 유생들에게 처벌의 초점을 맞췄는데, 거기에는 즉위 직후부터 삼사를 직접 처벌하기는 부담스럽다는 판단도 작용했을 것이다.

연산군은 조유형을 포함해 157명의 많은 유생을 의금부에 하옥시키라는 강력한 처벌을 지시했다(1.1.22병오). 삼사는 즉각 강력히 반대했으며, 비판의 당사자인 노사신도 "유생들은 마음에 우러나면 글에 쓰는 것일 뿐 다른 뜻은 없으니 내버려두자"고 만류했다. 그 결과 하옥은 철회되었지만 의금부는 정희량鄭希良, 이목李穆, 이자화李自華를 각각 해주海州, 공주公州, 금산金山으로 귀양 보내고 조유형 등 21명은 과거 응시를 정지[停擧]시키는 중형을 선고했다(1.1.25기유~27신해).[38]

삼사는 계속 처벌에 반대했으며 병조판서 성준成俊, 호조판서 홍귀달洪貴達, 예조판서 성현, 병조참판 권건權健 등 대신들과 승정원도 동참했지만 연산군은 받아들이지 않았다(1.1.30갑인; 1.2.2병진). 결국 석 달 뒤 정거를 풀어준 유생은 석방하고, 귀양 보낸 유생은 계속 정거시키는 수준으로 처벌이 경감되면서 연산군이 즉위한 뒤 처음으로 일어난 충돌은 마무리되었다(1.5.22갑진).

그러나 사안의 특수성을 감안하더라도, 삼사와 유생이 왕명에 저항하고 일부 대신들이 그런 행동을 강하게 비판했다는 현상은 또렷하게 표출되었다. 이런 징후는 그 뒤 외척의 임용과 포상, 내관의 전횡, 봉보부인奉保夫人에 대한 우대 등 국왕의 권한이나 사적인 측근과 연관된 다양한 사안과 매개되면서 좀더 폭넓게 나타났다.

외척의 임용과 포상

연산군과 삼사가 충돌한 다음 사안은 외척의 임용과 포상이었다. 그 문제는 재위 1년 2월부터 시작되어 1년 가까이 지속되었다.[39] 첫 번째 발단은 재위 1년 2월 11일(을축)의 인사 발령이었다. 그날 연산군은 이철견李鐵堅을 겸지의금부사兼知義禁府事로, 박숭질朴崇質을 형조판서로, 윤탄尹坦을 동지의금부사로, 정석견鄭錫堅을 겸지성균관사兼知成均館事로 삼았다.

다음 날 지평 최부崔溥는 다양한 논거를 들면서 즉각 반대했다. 이철견은 판의금부사였을 때 정호鄭灝의 비첩婢妾이 아름답다는 소문을 듣고 강제로 빼앗아 간음한 죄목으로 파직당했고, 윤탄은 충청감사였을 때

무능했고 기생과 간통했으며 환속한 의초義超라는 승려와 부정한 금전관계를 맺어 대간의 탄핵을 받았으며, 정석견은 성종 때 실상대로 국문하지 않고 국왕을 기만해 유배에 처해진 전과가 있다는 것이었다(1.2.12병인). 그러나 연산군은 모두 사면받은 이전의 죄목들이라면서 받아들이지 않았다. 최부는 주장을 굽히지 않았고, 정언 이의손李懿孫과 대사헌 이의李誼 등 다른 대간도 합세해 거의 넉 달 동안 이 문제를 집요하게 제기했다(1.2.13정묘 · 24무인~1.3.1갑신 · 3병신; 1.4.28신사; 1.5.1계미 · 2갑신 · 13을미 · 28경술; 1.6.21임신). 가장 집중적인 공격을 받은 이철견은 상당한 시간이 흐른 뒤에도 다시 탄핵을 받았지만(1.11.18정유) 연산군은 자신의 뜻을 철회하지 않았다.

비슷한 문제는 다음 달에도 불거졌다. 4월 20일(갑술) 안우건安友騫이 병조참판에 제수되자 지평 김진석金晉錫과 정언 이자견李自堅이 아무 공로도 없는 인물을 참판에 임명해서는 안 된다고 반대한 것이다(1.4.23병자). 이번에 연산군의 대응은 앞서와 약간 달랐다. 일단 대간의 의견을 받아들였지만, 이틀 뒤 안우건을 부서만 바꿔 형조참판으로 임명한 것이었다(1.4.25무인). 삼사는 즉각 탄핵을 재개했으며, 이번에도 그것은 두 달 가까이 지속되었다(1.4.27경진~1.5.2갑신 · 13을미 · 22갑진 · 25정미 · 28경술; 1.6.21임신 등).[40] 그러나 이때도 연산군은 윤허하지 않았다.

5월에는 국왕의 처남인 신수근愼守勤의 임명이 문제되었다. 당시 신수근은 국왕이 가부를 결재할 일이 있으면 비밀리에 사람을 보내 자문했기 때문에 왕명이 그에게서 나온다는 소문이 날 정도로 총애받던 인물이었다(1.1.7신묘). 연산군은 신수근을 호조참의에 임명했다가(1.3.9임진) 5월 11일(계사) 좌부승지로 발령했다. 대간은 공로가 없는데도 외척이라는 이유로 중용하는 것은 부당하다고 반발했지만(1.5.12갑오·13을미·25정미·28경술; 1.6.21임신) 역시 받아들여지지 않았다.⁴¹

이런 인사 문제와는 약간 성격이 달랐지만, 외척의 잘못된 행실을 처벌하거나 부당한 포상을 철회해야 한다는 삼사의 주청도 지속적이며 강력하게 제기되었다. 가장 대표적으로 지적된 인물은 윤은로尹殷老·윤탕로尹湯老 형제와 서릉군西陵君 한치례韓致禮였다. 먼저 훈련원부정訓鍊院副正(종3품)이었던 윤탕로는 연산군 1년 4월 10일(계해) 성종의 졸곡卒哭을 마치기도 전에 기생집에 출입해 관계했다는 이유로 삼사의 탄핵을 받았다.⁴² 삼사는 석 달 넘게 윤탕로의 국문을 강력히 요청했다(1.4.28신사; 1.5.7기축·24병오·25정미; 1.6.6정사·7무오·12계해·13갑자·15병인~21임인).

연산군은 "윤탕로의 추국을 윤허하지 않는다는 단자를 네 번이나 내려보냈는데도 따르지 않으니 이것은 나를 임금으로 여기지 않는 것"이라면서 분노했다(1.6.29경진). 연산군이 윤탕로의 국문을 허락하지 않은 까닭은 그가 대비(정현왕후)의 동생이므로 그를 국문하면 대비의 마음을 아프게 할 것이라는 우려 때문이었다(1.7.1임오).

그러나 삼사는 물러서지 않았고, 연산군은 결국 윤탕로를 파직시키는 데 동의했다(1.7.6정해). 하지만 삼사는 만족하지 않았다. 그들의 궁극적인 목표는 국문을 관철시키는 것이었다. 연산군은 다시 한번 타협해 윤탕로를 외방에 부처시키라고 지시했다. 그러나 삼사는 직첩을 박탈해야 한다고 강청했고, 그런 요구에 밀린 연산군은 결국 윤탕로의 직첩을 거두고 그를 경기도에 부처시켰다(1.7.21임인).

거의 비슷한 시기에 그의 형 윤은로도 삼사의 탄핵에 직면했다. 연산군 1년 5월 25일(정미) 장령 이유청李惟淸은 약방제조藥房提調 윤은로가 별다른 공로도 없고 탐오한데 가정대부嘉靖大夫(종2품 상계)로 가자된 것은 부당하다고 비판했다. 5개월 뒤 장령 이자건李自健은 같은 문제를 다시 제기했으며(1.10.8정사), 연산군은 결국 윤은로를 특진관에서 면직시켰다(1.10.13임술).⁴³

다음으로 서릉군 한치례는 노비를 포함한 탐재貪財의 문제로 삼사의 탄핵을 받았다. 연산군 2년 윤3월 10일(정사) 한치례는 자신이 산 종 알동謁同을 여주驪州에서 정당하게 잡아왔는데, 목사 정성근鄭誠謹이 자신을 도둑이라고 비판했다면서 사직을 요청했다. 삼사는 한치례가 작은 분노를 이기지 못하고 대궐에 직접 나아가 고자질했으며, 종을 잡아들일 때 개인은 사용할 수 없는 항쇄項鎖를 불법적으로 사용했다면서 국문을 요청했다. 또한 삼사는 그가 외척이라는 이유로 벼슬이 1품에 이르렀으며, 전원과 가옥이 당시에 가장 사치스럽다고 비판했다. 이때도 삼사의 탄핵은 석 달가량 이어졌다(2.4.16계사 · 18을미~21무술; 2.5.8갑인 · 10병진 · 15신유~22무진 · 24경오; 2.6.2정축 · 4기묘 · 5경진 · 8계미~13정해; 2.7.1병오~21병인).

그러나 연산군은 윤허하지 않고 오히려 한치례에게 가자했다(2.7.25경오). 삼사는 다시 끈질기게 탄핵하면서 사직했다(2.8.3정축~5기묘 · 7신사 · 10갑신 · 16경인 · 21을미 · 29계묘; 2.9.9임자 · 12을묘 · 15무오 · 17경신; 3.1.24을축; 3.13을묘 · 16무오; 3.4.16정해; 3.7.4계묘 · 5갑진). 하지만 연산군은 그에게 녹색 명주 1필을 하사하고 도총관都摠管(정2품)에 임명했다(3.1.14병진; 3.8.16을유).⁴⁴

서술에서도 부분적으로 비쳤지만, 지금까지 문제된 사람들은 대간의 지적대로 대부분 외척이라는 특징을 공유했다(1.4.28신사).⁴⁵ 이철견은 세조비 정희왕후의 조카(그의 어머니가 정희왕후의 동생)였고, 윤탄은 성종비 정현왕후의 숙부(정현왕후의 아버지 윤호의 동생)였다. 신수근은 연산군의 처남(이자 중종의 장인)이었고, 윤은로·윤탕로는 성종의 처남(정현왕후의 오빠와 동생)이었으며, 한치례는 소혜왕후의 동생이었다.[46] 그러므로 삼사는 외척이라는 이유로 부당하게 주어진 인사상의 특혜와 포상에 반대한다는 합당한 논거를 가졌던 것이다.

그러나 국왕의 입장에서 보면 삼사의 이런 언론은 즉위 직후부터 왕권을 제약하는 것이 분명했다. 더욱이 삼사가 비판한 대상이 자신과 사적인 친밀도가 높은 외척들이었기 때문에 국왕의 불쾌감은 더욱 컸을 것이다. 삼사의 언론활동에는 중요한 특징이 또 하나 있었다. 나중에 좀 더 뚜렷하게 드러나는데, 그것은 간헐적이기는 하지만 짧게는 두 달부터 길게는 1년까지 끈질기게 지속되었으며, 국왕이 일정한 타협안을 제시하거나 부분적으로 요구를 수용해도 자신들의 궁극적인 목표를 완전하게 관철시키려고 시도했다는 것이었다. 달리 보면 이것은 당시의 삼사가 그만큼 자신들의 역할을 충실하게 수행했다는 증거이기도 하지만, 왕권의 자유로운 행사에 남다른 관심과 의지를 지니고 있던 국왕에게는 더욱 심각한 폐해로 인식되었을 것이다. 일부 대신들도 국왕의 그런 판단에 공감했으며, 앞서 말했듯이 그들은 그것을 '능상'으로 규정했다. 삼사에 대한 국왕과 대신의 그런 문제의식은 몇 개의 사건을 거치면서 더욱 증폭되었다.

내관과 봉보부인에 대한 탄핵

재위 2년에는 국왕을 가장 가까이서 모시는 직무에 있는 사람들과 관련된 논란이 벌어졌다. 연루된 대상은 내관과 봉보부인이었다. 먼저 연산군 2년 1월 12일(신묘) 대간은 상전尚傳 김효강金孝江이 내수사內需司에서 유점사楡岾寺와 낙산사洛山寺에 소금을 내려주는 문제를 승정원을 거치지 않고 직접 국왕에게 보고한 것은 매우 잘못된 일로서 내관이 권력을 부리는 행위라고 강력히 탄핵했다(2.1.13임진 · 16을미~23임인 · 25갑진 · 26을사 · 28정미 · 29무신; 2.2.1기유~10무오 · 13신유 · 15계해 · 17을축~19정묘 · 23신미 · 24임신 · 29정축~2.3.4임오).

상전은 정4품으로 내시부에서 다섯 번째 서열에 있는 상당히 비중 있는 내관이었다.[47] 연산군은 "선왕이 지시한 일이므로 문제될 것이 없다"면서 "지금은 내시가 권력을 부리는 것이 아니라 대간이 권력을 부린다"고 역공했다(2.1.12신묘). 그러나 의정부도 김효강을 국문하는 데 찬성하자(2.3.4임오) 연산군은 "그는 죄가 없지만 재상의 의논이 그러하니 국문하라"고 물러섰는데, 실제로 처벌하지는 않고 속장贖杖 60대로 감형했다(2.3.5계미).

삼사는 즉각 반발했다. 김효강은 국왕에게 사실대로 보고하지 않은 죄[對制上書詐不以實罪]를 저질렀으므로 장 100대에 도徒 3년으로 처벌하고 직첩을 추탈해야 한다고 주장했다. 그러나 연산군은 그가 익대공신이라는 이유로 거부했다(2.3.21기해). 대간은 김효강이 성종 때 받은 죄안을 써 올리며 처벌을 끈질기게 주장했다(2.3.22경자 · 26갑진; 2.4.6계미 · 20정유; 2.9.19임술 · 27경오 · 28신미; 2.11.28신미~2.12.1갑오 · 7경진~9임오).

그 과정에서 김효강의 죄목은 하나 더 추가되었다. 그가 경기도 광주廣州의 봉안역奉安驛에 소속된 노비를 역시 승정원에 보고하지 않고 내수사에 소속시켰다는 것이었다(2.9.20계해). 삼사는 이전의 사건을 제대로 처벌하지 않았기 때문에 이런 일이 재발했다면서 공세의 수위를 높였다. 연산군은 앞서의 속장에서 태장笞杖 40대로 형량을 올렸지만(2.12.9임오), 삼사는 그에게 합당하다고 제시한 형량에 견주면 이것은 처벌하지 않는 것이나 마찬가지라면서 물러서지 않았다(2.12.10계미~13병술 · 16기축 · 25무술; 3.1.4병오~15정사 · 21계해 · 24병인; 3.4.16정해 · 21임진; 3.5.15병진 · 21임술; 3.6.28무술). 결국 낙산사 등에 소금을 하사한 일은 선왕대부터 이뤄지던 관례라는 이유로 무마되었지만, 김효강이 봉안역의 노비 20여 구를 내수사에 소속시킨 일은 취소하라는 왕명이 내려졌다(3.1.7기유).

이런 과정이 보여주듯이, 김효강과 관련된 사건은 1년여 간 진행된 것이었다. 그리고 하루에도 몇 번씩 논계가 올라왔음을 감안하면, 삼사의 주장은 수백 회에 이를 것이다. 대간 스스로도 환관 한 사람이 개입된 이 일로 작년 9월부터 지금까지 다섯 달 동안 직무를 접어둔 채 상소하고 있다고 시인할 정도였다(3.1.8경술). 대간은 환관 조고趙高 때문에 멸망한 중국의 진秦을 선례로 들면서 그런 조짐을 시초부터 막으려는 의도라고 그 까닭을 설명했다(2.11.12갑신). 이런 그들의 의도는 충분히 수긍할 만하지만, 그들의 말대로 이 사안이 그렇게 오랫동안 직무를 폐기한 채 집중해야 할 만큼 중대한 것인가 하는 데는 의문을 제기할 수도 있다. 어쨌든 삼사는 국왕을 지근至近에서 모시는 내시의 독단적 일처리를 오랫동안 집요하게 탄핵한 결과 상당한 성과를 올린 것이었다.[48]

다음으로 논란이 된 사안은 봉보부인의 포상을 둘러싼 문제였다. 봉보부인은 국왕의 유모로 내명부內命婦의 종1품직이었다.[49] 이런 높은 품계도 중요했지만, 그 임무상 그는 국왕과의 친밀도가 특히 높았을 것이다. 연산군은 재위 2년 2월 6일(갑인) 자신의 봉보부인 최씨와 상궁 보배

寶排에게 각각 노비 7명과 6명을 하사했다. 또 한 달 뒤에는 최씨의 6~7촌 친족 중에서 공·사천公私賤이던 62명을 종량從良하고 국역을 면제시켜주었다(2.3.2경진). 그러나 이것은 성종이 자신의 봉보부인에게 그 동생 2명만을 종량시켜주고, 예종도 4촌에 국한해 27명을 종량해준 것과 비교하면 분명히 과도한 조처였다(2.3.3신사·8병술).

삼사는 즉각 반대했으며, 의정부도 그 대상이 너무 많다는 데 동의했다(2.3.9정해·12경인). 연산군은 선례가 있다면서 고집했지만, 결국 6명만을 종량하고 24명을 사천에서 공천으로 변경시켰으며 10명에게는 포布로 신공身貢을 납부하도록 혜택을 축소시켰다. 그러나 삼사는 그래도 혜택이 크다고 반대했고 의정부도 계속 동의했다(2.3.13신묘~16갑오·18병신~26갑진; 2.윤3.기유). 삼사의 논거는 국왕이 사사로운 은혜를 남발한다는 것이었다. 연산군은 국왕이 일회적인 특은特恩도 내릴 수 없냐면서, 이렇게 일마다 막는다면 장차 임금을 아무 행동도 못 하게 만들어 신하들이 스스로 사무를 처리하려는 의도라고 진노했다(2.3.19정유).[50] 그러나 결국 연산군은 봉보부인에게 주었던 작첩爵牒과 녹봉은 물론 친족의 종량도 모두 철회하고 말았다(2.4.25임인). 이번에는 의정부도 동참했다는 차이가 있었지만, 결과적으로 이 문제에서도 국왕의 의지는 삼사의 반대로 두 달여 만에 대부분 무산된 것이었다.[51]

폐모의 추숭

다음으로 연산군이 노력한 사안은 자신과 가장 가까운 혈육인 폐모를 추숭하고 그 친족을 다시 우대하는 일이었다. 연산군이 자신의 생모와 관련된 비극적인 사실을 알게 된 것은 즉위한 지 넉 달 만의 일이었다. 윤씨가 세상을 떠난 지(성종 13년 8월) 14년 만이었다. 즉 그동안 그 사건은 왕실에서 가장 비밀스러운 금기의 하나였던 것이다.

재위 1년 3월 16일(기해) 연산군은 성종의 묘지문墓誌文을 보다가 판봉상시사 윤기견이라는 이름을 발견하고 이것은 영돈녕 윤호를 잘못 쓴 것이 아니냐고 승정원에 물었다. 승지들은 그가 생모 윤씨의 아버지며, 윤씨는 왕비로 책봉되기 전에 세상을 떠났다고 아뢰었다. 연산군은 비로소 윤씨가 죄로 폐위되어 사사되었다는 사실을 알게 되었다. 그날 수라水剌를 들지 않았다는 짧은 기록은 18세였던 국왕의 충격과 비통을 깊게 비춰준다.

연산군이 즉시 폐모의 추숭에 착수한 것은 충분히 자연스러운 일이었다. 그러나 앞서 보았듯이 자신의 유교遺敎를 영원히 고치지 말라는 성종의 엄중한 당부를 생각하면, 그 과정은 순탄치 않을 것이었다. 한 달 뒤인 4월 11일(갑자) 연산군은 성종 때 폐비의 묘소에 묘지기를 배치한 상황과 폐비의 동생, 즉 자신의 삼촌인 윤구 등에게 내려진 죄목을 아뢰라고 승정원에 지시했다.

우연하게도 이때 연산군은 자신의 의도와 비슷한 생각을 가진 신하를 만났다. 그 달 20일(갑술) 전 창원부사 조지서趙之瑞가 폐비의 추숭을 건의한 것이었다. 조지서는 연산군의 세자 시절 시강관이었는데(성종 22.3.13기축), 그런 연유로 국왕의 의중을 잘 헤아렸을 수도 있을 것이다. 아무튼 공교롭게 일치한 시점에 조지서는 폐비가 사사된 뒤 제대로 장례를 치르지 않고 짚(또는 거적)에 싸서 장사[藁葬]했기 때문에 지금까지 사람들이 슬퍼한다면서 성종의 상례가 끝나면 전각과 능묘를 만들어 모후의 은혜에 보답해야 한다고 건의했다. 그는 폐비의 친족들도 귀양에서 사면되어 돌아왔으니 종친의 사례에 의거해 돈녕부敦寧府에서 녹봉을 지급해야 한다는 의견도 추가했다.

폐비의 추숭과 그 친족의 우대라는 이 두 가지 사안은 연산군이 가장 집중적으로 노력한 문제였다. 삼사는 즉각 반대했다. 그들의 주요한 논거는 성종이 전하를 생각해 묘소를 가려서 장사했고 지키는 군사를 두었으며 현지의 관원에게 제사를 드리도록 했으니 고장이 아니고, 폐비한 조처는 성종의 독단이 아니라 대비들이 충분히 생각한 끝에 내린 결정이며, 조지서 같은 미관이 국가의 막중한 일을 논의할 수 없다는 것이었다. 그들은 폐비를 추숭하고 그 친족을 다시 우대하자는 의견은 전하께 아부하려는 속셈이라고 규정했다(1.4.28신사). 의외로 연산군은 그 의견에 동의해 조지서를 국문하라고 지시했지만, 의정부에서 언로가 막힐 것을 우려하자 용서해주었다(1.5.1계미).

폐모의 추숭 작업은 일단 중지되었지만 곧 재개되었다. 가장 핵심적인 사안은 앞서 논의된 대로 묘소를 옮기고 사당·석물 같은 시설을 다시 정비하는 것이었다. 재위 2년 윤3월 13일(경신) 연산군은 폐비의 천장을 승정원에 지시했다.

내시를 보내 폐비의 묘소를 살펴보게 했더니 무너진 채 여러 해 동안 수리하지 않아서 해골이 드러나 여우와 살쾡이에게 먹힐 지경이라고 한다. 사대부의 무덤도 이러해서는 안 되는데, 천승千乘의 나라를 다스리는 국왕의 어머니는 말할 것이 있겠는가. 자식 된 정리로 차마 들을 수 없으니 길한 날짜를 가려 천장해야만 한다. 반대하는 자는 죽음을 면치 못할 것이다. (…) 또한 명절에만 제사 지내도 안 되니 지금부터는 초하루와 보름에 제사[朔望祭] 지내도록 전지傳旨에 기록하라. (…) 이것을 안 된다고 하는 사람은 나의 신하가 아니다.[52]

이 전교는 그동안 폐비의 묘소가 심각하게 방치·훼손되었다는 사실과 그것을 시정하려는 연산군의 단호한 의지를 잘 보여준다. 예조참판 신종호申從濩는 앞서(성종 20년) 예방승지(우승지)로서 관련 업무를 담당한 책임감에서 선왕의 분부를 어겨서는 안 된다고 반대했다(2.윤3.14신유). 연산군은 타협안을 제시했다. 성종이 아직 부묘祔廟되지 않았으므로 우선 대신을 보내 허물어진 곳을 보수케 하고 삼년상이 끝난 뒤 길지를 택해 천장하겠다는 것이었다. 아울러 삭망제도 3년 뒤부터 시행하도록 했다(2.윤3.14신유).

새로 옮길 사당에 놓을 제문의 머리말에는 신하들의 논란을 거쳐 '국왕은 삼가 자친 모씨에게 고한다國王謹告慈親某氏'고 쓰기로 결정되었다(2.4.2기묘·3경진).[53] 또한 예조의 의견에 따라 지방紙榜에는 '윤씨지령尹氏之靈', 명정銘旌에는 '윤씨지구尹氏之柩'라고 표기하기로 합의했다(2.6.3무인).

연산군이 강력한 의지로 추진해 비교적 순조롭게 진행되던 추숭 사업은 그러나 다시 삼사의 반대에 부딪혔다. 정언 권균權鈞이 폐비 사당의 이전을 담당하는 당상과 낭청郎廳은 성종의 삼년상이 끝난 뒤에 임명해도 늦지 않는다고 지적한 것이다(2.5.6임자). 연산군은 다시 한번 대노했다.

폐비는 죄가 있으니 성대한 의식을 거행할 수는 없어도 묘소를 옮기는 것은 할 수 있는 일이다. 내년에 묘소를 옮기려면 올해 관원을 미리 확정해 그 일을 준비시키지 않을 수 없는데, 권균이 감히 반대하니 반드시 저의가 있을 것이다. 대간이라고 해서 매번 너그러이 용납하면 권력이 위에 있지 않게 될 것이다. 대체로 요즘의 사세를 보건대 승정원을 국문하면 사헌부가 반드시 논계하고 사헌부를 국문하면 이번에는 사간원이 반드시 논계하니 이것이 어찌 옳은 일인가. (…)

대간의 말이라도 들을 만해야 듣는 것이지 모두 따를 수는 없다. 요즘 대간의 형세를 보면 들어줄 수 없는 일이라도 그만두지 않고 강력히 말하며, 주청한 대로 되지 않으면 반드시 내가 간언을 거부한다고 말한다. 내가 즉위한 지 1년밖에 되지 않았는데 매번 언로가 막혔다고 말하니, 정언 한 사람을 국문하면 언관의 입에 재갈을 채웠다고 사람들이 말할는지 모르겠다.

대간도 신하인데, 임금이 자신의 말을 모두 따르게 하려고 힘쓰는 것이 옳은가. 그렇다면 권력이 위에 있지 않고 대간에 있는 것이다. 발언을 막는 폐단을 권력이 대간에게 귀속되는 근심과 견주면 그 경중이 어떠한가. 나는 나라를 위태롭게 만드는 원인은 권력이 아래로 옮겨가는 데 있다고 생각한다. 권균의 저의는 국문하지 않을 수 없다(2.5.6임자).[54]

자신의 지친至親과 관련된 민감한 문제라는 측면을 감안해야겠지만, 이 발언에서 드러난 삼사에 대한 연산군의 불만은 심각하고 노골적이었다. 즉 앞서 본 대로 그동안 여러 사안에서 삼사의 제지를 받아오면서 그들의 월권적인 태도에 불만을 품어온 연산군은 이제 그런 문제의식을 권력의 귀속이라는 가장 핵심적인 사안까지 확장시킨 것이었다.

삼사와 대신의 의견은 갈렸다. 홍문관과 대간은 묘소를 옮기는 데는 동의했지만 의전을 격상시켜서는 안 된다고 지적했다. 즉 천장을 관장하는 관서를 도감都監으로 부르고, 빈嬪嬪의 의례에 따라 석수·신주·사당 등을 설치해서는 안 된다는 것이었다. 예문관 봉교 권달수權達手는 연산군이 선왕의 유교를 어기고 비례非禮로 폐비를 높이며, 모후를 성심으로 섬기지 못하고 대간을 존중하지 않는 네 가지 잘못을 한꺼번에 저지르고 있다고 비판했다. 국왕이 윤허하지 않자 이번에도 그들은 석 달 넘게 탄원하고 사직했다(2.6.5경진·8계미~10을유·12정해·13무자~15경인·17임진~20을미·29갑진; 2.7.1병오~20을축; 2.8.3정축~6경진·8임오~10갑신·12병술·14무자·16경인~18임진·20갑오~22병신·24무술~29계묘; 2.9.4정미·7경술·9임자·10계축·12을묘·15무오·17경신·18신유).

그러나 대신들의 의견은 달랐다. 그들도 폐비가 성종에게 죄를 지었고 성종의 유교도 매우 엄격하다는 사실은 인정했지만, 천륜인 모자의 정리를 저버릴 수는 없다면서 대의大義와 사은私恩을 모두 완전케 해야 한다는 절충적인 태도를 보였다(2.4.4신사). 즉 대신들은 일정한 범위의 추숭은 현실적으로 타당하다는 데 동의한 것이다. 그런 의견을 가장 적극적으로 개진해 삼사와 충돌한 사람은, 앞서도 언급한 바 있는 전 영의정 노사신이었다. 그는 성종의 유교를 다시 해석해야 한다는 상당히 파격적인 견해를 내놓았다.

비록 폐비가 선대에 죄를 얻었지만 성상을 낳아 길러 일국에 군림케 하셨으니 그 공덕이 어찌 끝이 있겠습니까. (…) 성상께서 어머니를 받드는 예는 모든 정성을 다해야 마땅합니다. (…) 신은 선왕이 한때 내린 유교를 거스르는 잘못은 적으며 모후를 서인庶人으로 대우하는 잘못은 크다고 생각합니다. 신은 그때 성종께서도 "그 아들이 즉위하면 추봉追封하는 것이 합당한 이치"라고 전교하셨다고 들었사오니 성종의 성스러운 뜻을 알 수 있을 것입니다(2.6.8계미).[55]

삼사는 즉각 반대하면서 노사신의 국문을 요청했다. 연산군은 삼년상을 마친 뒤 추숭할 것이며, 지금은 일단 중단하겠다고 무마했다(2.6.10을유~13무자).

그러나 앞서도 타협안을 거부하고 자신들의 궁극적인 의견을 관철시키려고 시도해온 대로 삼사는 신주를 만들고 사당을 세우는 데 계속 반대했다. 연산군은 받아들이지 않았다(2.6.18계사·19갑오). 윤필상·한치형韓致亨·성준·박건朴楗 같은 대신들은 도성 안에 사당을 세우고 예관에게 그 업무를 맡겨야 한다는 좀더 적극적인 의견을 개진했다(2.9.29임신). 그러자 삼사는 사당은 사대부의 가묘家廟처럼 간단하게 만들어야 한다고 맞섰다(2.10.2을해).

사안 자체의 특수성이 가장 큰 요인이라고 판단되지만, 국왕이 단호한 의지를 표명하고 대신들이 상당히 적극적으로 동조한 결과 그 뒤 대비의 추숭은 비교적 순조롭게 진행되었다. 연산군은 도승지 강구손姜龜孫에게 천장에 관련된 사무를 맡겼으며(3.1.17기미), 대신들의 의견에 따라 사당은 효사묘孝思廟, 묘소는 회묘懷墓라고 이름 붙였다(3.4.9경진). 효사묘에는 연은전延恩殿의 사례에 따라 천신薦新하고[56] 폐모의 기일에는 개시開市를 정지하며, 대궐 안에서는 고기를 먹지 말고[57] 형벌을 집행하지 못하게 했다(3.5.25병인; 3.8.15갑신; 4.8.13병오). 삼년상이 끝나기 전까지는 효사묘에 직접 조석전朝夕奠과 주다례晝茶禮를 거행하려고 했지만, 선례가 없다는 홍문관의 반대로 무산되기도 했다(3.4.19경인·21임진).

친족에 대한 우대도 병행되었다. 연산군은 폐비의 어머니이자 자신의 외할머니인 신씨에게 영돈녕의 집에 하사하는 사례에 의거해 해마다 쌀 30석과 황두黃豆 20석을 지급하라고 지시했으며(2.10.21갑오.) 외가의 내외 친족을 모두 조사해 그 성명을 보고하라고 하교했다(3.12.9병자).

요컨대 연산군 초반 폐모를 추숭하고 그 친족을 다시 우대하는 시책은 삼사의 치열한 반대에도 불구하고 상당한 성공을 거두었다고 볼 수 있다. 그럴 수 있었던 가장 중요한 이유는 사안의 성격상 연산군이 매우 강력한 의지를 보였으며, 대신들도 대체로 협조적이기 때문이었다. 물론 그 뒤 이 사건은 그 책임의 소재를 추궁하면서 대신과 삼사를 포함한 신하 대부분을 처단하는 거대한 숙청의 구실로 작용했다. 그러나 적어도 이 시점에서 유의할 사항은 연산군 초반의 폐모 추숭 작업 또한 국왕·대신이 협력하고 삼사가 그들과 대립하는 구도 안에서 진행되었으며, 그런 구도를 더욱 견고하게 만들었다는 것이다.

대신과 삼사의 대립

연산군대 대신과 삼사의 충돌 또한 출발부터 대단히 빈번하고 격렬했다. 앞서 유생이나 외척의 문제와 관련해서도 대신과 삼사는 직간접적으로 대립했지만, 몇 개의 사안을 거치면서 그 범위와 충돌의 수준은 점차 확장되었다. 그런 과정의 첫 귀결은 연산군 4년의 무오사화였다.

곧 좀더 자세히 살펴보겠지만 "삼사에 권력이 귀속된다"고 판단할 정도로 삼사에 대한 국왕의 문제의식은 깊어졌다. 노사신을 중심으로 한 대신들도 그런 국왕의 인식에 더욱 공감하게 되었다. 이런 판단을 공유한 국왕과 대신은 삼사와 날카로운 대립 구도를 형성했다. 먼저 신하들 내부에서 전개된 불화의 과정을 살펴보기로 하자.

첫머리에서도 말했듯이 대신과 삼사는 그 본원적인 기능상 서로 긴장하거나 비판하는 관계였다. 그러나 연산군 초반 대신과 삼사의 대립은 그런 수준을 넘어 서로 감정적으로 화해하기 어려운 단계에까지 이르렀던 것으로 보인다. 삼사는 대신을 치열하고 집요하게 탄핵했고 윤허되지 않을 경우 전면적으로 사직했으며, 대신들도 거의 비슷하게 대응했다. 그런 갈등의 기간과 빈도, 그리고 거기에 사용된 수사는 그 대립의 정도를 또렷하게 보여준다.

앞서 서술한 수륙재의 실시를 둘러싸고도 대간은 정승들이 국왕의 눈과 귀를 가린다고 탄핵했으며, 우의정 신승선愼承善과 좌의정 노사신이 사직한 바 있다(1.1.4무자·22병오). 연산군 초반 대신과 삼사의 대립을 불러온 주요한 매개는 천변天變이었다. 재위 1년 10월 30일(기묘) 겨울에 천둥과 번개가 치는 변고가 일어나자 연산군은 당시의 폐단을 아뢰라고 신하들에게 하교했다(1.11.1경진). 그런 지시에 따라 사간 이의무李宜茂는 장문의 상소를 올렸다(1.11.18정유). 그는 "10월은 순음純陰의 달인데 양陽의 소리와 빛인 천둥과 번개가 친 것은 커다란 변고"라고 전제하면서 상하의 화목, 기강의 진작, 외척의 배제, 여알女謁의 배척, 권신의 억압, 토색의 금지, 상벌의 공평, 유일遺逸의 등용, 옥사의 신중한 처리, 징세의 관용 등 10개의 현안을 자세히 아뢰었다.

여느 상소와 크게 다르지 않은 상식적인 내용으로 구성된 이 상소에서 주목되는 부분은 두 가지였다. 우선 기강의 진작과 관련해서 그는 각 관청의 제조提調를 모두 없애 육조에 분속시키고 해마다 대간을 지방에 파견해 행정을 감찰케 하자고 건의했다. 이것은 광범한 부서의 최고직을 겸임하면서 커다란 영향력을 행사하고 있던 대신들의 권한을 줄이고 대간의 감찰 기능을 확대하려는 시도였다.

좀더 중요한 측면은 권신의 억압과 관련된 것이었다. 그는 그 대상으로 우찬성 이극돈李克墩과 병조판서 성준을 지목했다. 그들은 번갈아 이조판서를 맡으면서 사소한 원한 때문에 부당한 인사를 자행해 물의를 일으키고 있다는 것이었다. 이극돈과 성준은 전혀 근거 없는 말이라고 해명하면서 즉각 사직했으며, 직접 거명되지는 않았지만 영의정 신승선도 도의적인 책임감에서 같은 요청을 올렸다. 그러나 연산군은 "대간이 가두자면 가두고 놓아주자고 해서 놓아주면 권세가 대간에 있는 것"이라면서 단호히 거부했다(1.11.20기해·25갑진). 이때의 사태는 일단 이렇게 마무리되었다.

연산군 2년에는 대신의 임명과 관련된 문제가 불거졌다. 재위 2년 2월 4일(임자) 연산군은 판중추부사 정문형을 우의정에 임명했는데, 삼사는 그가 재상의 물망에 맞지 않는다면서 반대한 것이었다.[58] 국왕은 대신들의 의견을 물었고, 윤필상·윤호·신승선 등 주요 대신들은 정문형이 여러 조정에서 대체로 성공적인 능력을 보였다면서 그의 임명에 찬성했다.[59] 연산군은 "대신들에게 수의收議했지만 모두 현저한 허물이 없다고 말했다"면서 대간을 압박했다. 그러나 대간의 간쟁은 두 달 넘게 이어졌고(2.2.5계축~10무오·13신유·15계해·17을축·19정묘·23신미·24임신·29정축; 2.3.2경진~10무자 · 16갑오 · 18병신~27을사; 2.윤3.2기유 · 3경술) 그 과정에서 정문형은 두 차례 사직 상소를 올렸다(2.2.8병술 · 22경자). 이 사건의 결과는 삼사의 지속적인 탄핵에도 윤허하지 않았던 앞서와는 달랐다. 결국 국왕은 정문형의 우의정 임명을 철회하고 한직인 영중추부사로 발령한 것이었다(2.윤3.4신해).[60] 삼사의 반대로 정승의 임명을 철회한 것은 연산군 초반 정치 세력의 권력관계에서 상당히 주목할 만한 사건이었다.

재위 3년 초반 천변이 다시 일어났으며, 관련된 소요도 한층 심각해졌다. 연산군 3년 1월 16일(무오) 밤에 천둥과 번개가 쳤다. 삼사는 그 원인으로 몇 개의 인사 문제와 앞서 살펴본 김효강 사건의 잘못된 처리, 그리고 국왕의 오랜 경연 불참을 들면서, 특히 삼정승은 김효강 사건에 전혀 의견을 제시하지 않아 직무를 다하지 못한 책임이 크다고 비판했다(3.1.21계해). 삼정승 신승선 · 어세겸 · 한치형과 도승지 강구손은 삼사의 논박이 옳다면서 즉각 사직했지만 국왕은 "경들은 모두 덕망이 있다"면서 만류했다(3.1.21계해 · 22갑자).

며칠 뒤 장령 이수공李守恭은 좀더 직설적인 표현으로 공격을 재개했다. "삼공은 음양을 섭리燮理하고 그 아래인 찬성은 교화를 넓혀야 하는데, 지금은 모두 사람답지 않기[不似] 때문에 재변이 나타난 것입니다(3.1.25정묘)."[61] "사람답지 않다"는 신랄한 표현이 담긴 이 상소의 여파는 매우 컸다. 직접 지목된 삼정승과 좌 · 우찬성 이극돈 · 성준은 물론 좌참찬 유지柳輊, 예판 박안성朴安性, 병판 노공필盧公弼, 형판 박건, 공판 신준申浚, 호판 이세좌 등 의정부와 육조의 거의 모든 대신들이 장령 한 사람의 탄핵으로 즉각 사직한 것이었다(3.1.25정묘 · 26무진 · 27기사).

이번에도 연산군은 대간을 강하게 비판하면서 대신들의 사직을 만류했다. "대간이 삼정승을 사람답지 않다고 하니 매우 마음이 아프다. 삼정승은 나와 함께 다스리는 사람들인데 그들을 사람답지 않다고 지목한 것은 나를 가리켜 한 말이다. 하늘의 꾸짖음은 참으로 나 때문이지 어찌 삼정승 때문이겠는가(3.1.26무진)."[62] 삼사의 언론을 진압하려는 의도에서 나왔을 가능성도 고려해야겠지만, 이제 연산군은 자신과 대신을 일체화시키면서 삼사에 대응하고 있었다.

며칠 뒤 사간 최부는 그때까지 대신을 겨냥해 삼사가 제기한 탄핵 중에서 가장 포괄적이고 구체적이며 직설적이라고 평가할 만한 내용이 담긴 긴 상소를 올렸다.

> 지금 영의정 신승선은 여자처럼 나약해서 국가의 대사에 가타부타 의견을 내는 일이 전혀 없으며 게다가 병이 심해 자리를 비우고 집에 있은 지 몇 년이 지났습니다. 이 때문에 나라를 다스리는 막중한 직책이 죽을 쑤어 중이나 먹이면서 병을 보양하는 자리가 되어버렸습니다. 좌의정 어세겸은 재주와 학문은 칭찬할 만해도 선왕 시절부터 근무에 태만해 오후에야 출근하는 당상관으로 불렸습니다. 전하께서 그를 정승으로 발탁하셨지만 아직 한 번도 훌륭한 계획을 아뢰거나 좋은 정치에 도움이 되었다는 말은 들어보지 못했으며 날마다 술로 지새우니, 어찌 왕실을 생각하는 대신이겠습니까. 우의정 한치형은 자질은 아름답지만 배우지 못한 사람이어서 정승이 된 뒤 건의한 것이라고는 내원(內苑)에 담장을 쌓고 새 묘소에 사대석(沙臺石(屛風石-인용자)을 설치하는 것을 중지시킨 두 가지 일밖에 없습니다. 이렇게 작은 일들도 한치형이 건의한 뒤에야 시행되었으니, 지금까지 삼정승이 녹만 축내고 있던 죄를 충분히 알 수 있습니다(3.2.14병술).[63]

그 밖에도 호판 이세좌, 예판 박안성, 예참 김제신金悌臣, 이판 유순柳洵, 이참 안침安琛, 사복시司僕寺 제조 노사신 등이 능력 부족과 권력 남용 등의 다양한 혐의로 탄핵되었다. 이 상소에 대해 연산군은 마치 털을 불어가며 흠집을 찾는 것과 같으며 국왕을 비판하는 것과 마찬가지라고 진노했지만, 지목된 대신들은 이번에도 즉각 사직했다(3.2.14병술~16무자 · 19신묘).

사헌부도 대신의 인사 행정을 강력히 비판했다. "전형을 관장하는 사람들은 대부분 탐욕스럽고 염치없는 무리로서 임용한 인물 중에는 적당치 않은 부류가 많습니다. 그들은 인척이나 지친만을 제수하고 권력을 농단하며 새로운 법률을 쓸데없이 만듭니다. 대간이 그것을 논박하면 교묘한 말로 변명하며, 조정의 공론이 준엄해도 부끄러워할 줄 모릅니다. (…) 그 직책을 갈아 정사를 어지럽히는 폐단을 없애소서(3.2.18경인)."[64]

가장 중요한 권력의 하나인 인사권을 계속 문제 삼는 삼사의 언론에 국왕은 강경하게 맞섰다. 그는 "대간의 말 때문에 육경六卿을 모두 바꾼다면 권세가 대간에 있는 것"이며 "그렇다면 그대들을 삼공에 제수해야 하느냐"고 반문하면서 "너희는 자질구레한 문서 업무나 처리하는 관리[刀筆之吏]"라고 질타했다(3.2.19신묘).

주요 대신들의 능력과 업무 태도, 그리고 그들의 인사 행정을 과격한 표현으로 비판하는 삼사의 발언은 몇 달 뒤 비슷하게 반복되었다. 그해 7월 집의 강경서姜景敍 등은 대신이 책임만 회피하려고 하니 절에서 죽이나 먹고 있는 승려[粥飯僧]와 같다고 지적한 것이다. 좌의정 어세겸,

우의정 한치형, 좌찬성 이극돈, 우찬성 성준, 좌참찬 유지, 우참찬 윤효손尹孝孫, 영중추부사 정문형 등 주요 대신들은 이번에도 모두 사직상소를 올렸다(3.7.4계묘·6을사).

이처럼 대신들은 삼사의 탄핵에 대체로 수세적인 자세를 보였지만 강력하게 대응하기도 했다. 윤필상·정문형·한치형·이극돈·성준 등은 특히 인사권은 국왕의 고유한 권한이라는 사실을 상기시키면서 삼사가 그것을 과도하게 침해하고 있다고 지적했다.

> 지금 전조銓曹에서 사람을 뽑으면 대간은 즉시 그 사람의 전과前過를 들춰 논박하며 주청이 받아들여진 뒤에야 그만둡니다. 그리하여 전조에서는 장부를 들고 이름을 불러 그 자격을 심사하지만 자신의 책임이나 모면하려고 합니다. (…) 사람을 임명하는 것은 오직 성상의 재량에 달렸을 뿐이며 신하가 감히 논의할 바가 아닙니다(3.9.28병인).[65]

지금까지 보았듯이 연산군 초반 대신과 삼사는 다양한 사안에서 빈번히 대립했다. 그들은 그 직무상 본원적으로 긴장하는 관계였지만, 이 시기의 대립은 그런 통상적인 비판과 견제를 유지해 국정의 이완을 방지하는 건강한 측면보다는 심각한 감정적 대립으로 번져가는 양상을 보였다. 삼사는 정승의 임명을 반대해 관철시켰고, 의정부·육조에 재직하던 거의 모든 현직 대신들의 능력과 품성을 전면적으로 비판했다. 그리고 이수공과 최부의 상소에서 나타났듯이 거기에 동원된 수사는 대단히 과격하고 직설적이었다.

대신의 대응은 대체로 소극적이었다. 탄핵받은 대신들은 즉시 사직했으며, 인사권은 국왕의 고유한 권한이라는 사실을 상기시키는 정도의 소극적인 방어로 대응할 뿐이었다. "대신을 탄핵하는 것은 국왕을 탄핵하는 것이며 대간의 말 때문에 대신을 교체하면 권력이 대간에 있는 것"이라는 국왕의 심각한 문제의식은 이 시기 대신과 삼사의 역학관계를 압축적으로 반영하고 있다.

이런 상황에서 삼사와 가장 첨예하게 대립한 대신이 있었다. 그는, 앞서도 몇 차례 언급한 바 있는 영의정 노사신(1427~1498)이었다. 노사신과 삼사의 충돌은 연산군 초반의 정치적 양상에서 중요한 국면을 형성했다.

노사신과 삼사의 충돌

영의정 노사신은 본관이 경기도 교하交河로 명망 있는 가문의 후예였다. 그의 조부는 세종 때 우의정을 역임한 노한盧閈이고, 아버지는 역시 세종 때 동지돈녕부사를 지낸 노물재盧物載였다. 영의정이라는 관직이 보여주듯이, 노사신의 이력은 이런 훌륭한 선조들을 능가했다. 그는 단종 1년(1453) 급제한 뒤 집현전 박사를 거쳐 세조대에는 부수찬·응교·지평·도승지·직제학·호조판서 등 삼사와 승정원·육조의 요직을 섭렵했으며, 성종대에는 좌·우찬성을 역임하고 정승(좌의정)의 반열에 올랐다. 그동안 공신에도 두 번이나 책봉되었다(익대3등·좌리2등). 연산군이 즉위했을 때 그는 성종 때의 관직을 그대로 유지해 좌의정으로 재직하고 있었다. 이런 화려한 성취와 풍부한 경험을 보유한 67세의

노老대신은 이제 자신의 일생에서 가장 거친 대결의 시기를 앞두고 있었다.[66]

앞서 보았듯이 연산군의 치세는 그 시작부터 많은 사안에서 국왕·대신과 삼사의 충돌이 빈발했다. 노사신은 당시의 대신들 중에서 가장 두드러진 존재였다. 좌의정이라는 직위가 가장 중요한 증거겠지만, 그는 연산군 초반 커다란 영향력을 행사한 핵심적인 대신이었다. 수령을 제수할 때 그와 신승선이 황표黃標를 붙인 사람이 모두 임명되었다는 기록은 그런 정황을 잘 보여주는 대표적인 증거다(1.1.26경술).

그는 삼사를 누구보다도 직설적으로 비판했고, 당연히 삼사의 격렬하고 집요한 탄핵의 대상이 되었다. 그 과정에서 나온 그와 삼사의 발언과 행동은 무오사화라는 중요한 정치적 사건의 원인과 본질을 파악하는 데 중요한 단서이므로 주의 깊게 살펴볼 필요가 있다.

노사신과 삼사가 부딪친 첫 번째 사안은 앞서 살펴본 수륙재 문제였다. 노사신은 수륙재가 그동안의 관례이므로 시행해도 무방하다는 의견을 개진했는데, 삼사는 아니었지만 유생 이목은 잘못된 견해로 국왕을 우롱하는 대신으로 그를 지목했다(1.1.2병술·26경술).[67]

그 뒤 노사신은 삼사와 배치되는 발언을 계속 수위를 높여가며 쏟아냈다. 외척 문제와 관련해서 노사신은 이철견·정석견 등은 "모두 합당한 사람이니 임용해도 무방하다"면서 삼사와 반대되는 의견을 밝혔으며(1.2.13정묘), 윤탕로에 대해서도 그를 용서하겠다는 연산군의 판단에 찬성했다(1.6.13갑자·29경진).

이런 좌의정을 국왕이 더욱 신뢰하는 것은 자연스러운 일이었다. 영의정 이극배가 건강의 악화를 이유로 사직을 요청하자 연산군은 노사신

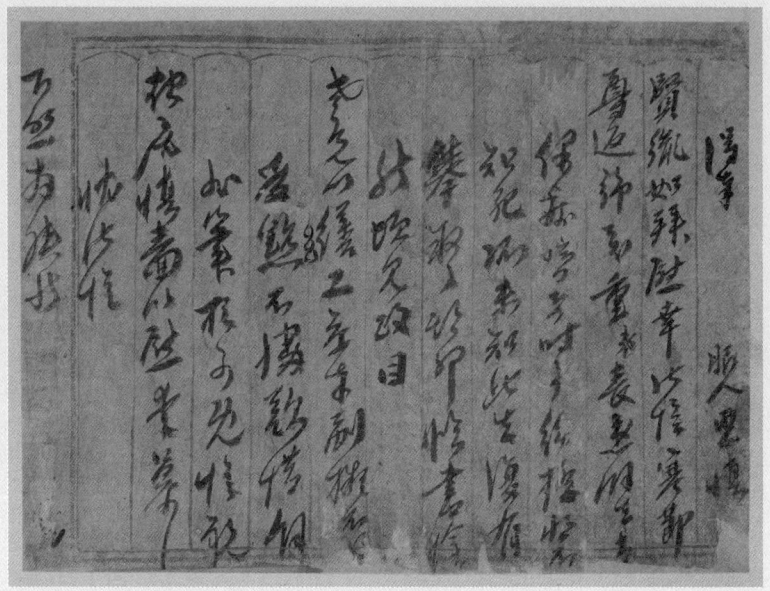

노사신 글씨

언제 누구에게 쓴 편지인지는 알 수 없지만, 상사를 당하고 몸도 아프며 시국도 어수선해 자신의 처지를 알 수 없는 상황에서도 관직에 진출하는 데 실패한 상대방을 위로하는 세심한 배려가 담겨 있는 글이다. 삼사와 정면으로 충돌했지만 부당한 죄목으로 그들을 처벌하는 데는 단호하게 반대했던 노사신의 내면을 보여주는 서한으로 생각된다. 성균관대박물관 소장의 『근묵』 소재.

아드님을 보니 직접 뵙는 것처럼 기쁩니다. 추운 계절에 여행에서 돌아오신 뒤에도 늘 건강하시길 빕니다. 저는 상사喪事를 당한 뒤 병든 목숨을 아직 부지하고 있지만, 시국이 어수선해 죽을 장소조차 알 수 없으니 이 세상에서 다시 뵐 기약이 있을지 모르겠습니다. 답장을 쓰려니 서글퍼집니다. 지난번 인사 이동 명단政目을 보니 노형께서 선공감繕工監 참봉參奉(종9품)에 차등으로 의망되셨지만, 낙점을 받지는 못하셨더군요. 아쉬움을 이길 수 없습니다. 나머지 사연은 편지로 다할 수 있는 것이 아니라 이만 줄입니다. 오직 건강에 조심하셔서 사모하는 정성을 안심시켜주시기 바랍니다. 두루 헤아려주시기를 바라오며 문안 편지를 올립니다. 사신.

得奉賢胤, 如拜慰幸. 伏惟寒節, 尊返旅萬重. 弟喪患餘生, 尙保病喘, 而時事紛擾, 將不知死所, 未知此生復有攀叙之期耶. 臨書愴然. 頃見政目, 老兄以繕工參奉副擬, 不得受點, 不勝歎惜. 餘非筆札可旣, 惟祝起居愼嗇, 以慰愛慕之忱. 伏惟下照, 拜候狀. 服人思愼.

을 후임으로 임명했다(1.3.20계묘). 이제 관직 체계의 정점에 오른 노사신은 그동안 갖고 있던 소신을 더욱 강경하고 솔직하게 피력했다.

병조 낭청의 임명과 관련해서 대신들이 사정私情에 이끌렸다고 삼사가 탄핵하자 노사신은 대신을 대표해 그런 혐의를 부인했다. "신들이 정말 사정을 두었다면 죄를 받아야 마땅하지만 대간이 허망한 내용을 아뢰었다면 역시 치죄해야 합니다. (…) 신들이 아뢰는 일이 있으면 대간은 즉시 그 뒤를 따라서 공박하는데, 신들의 말이 어찌 모두 공박당할 만한 말이겠습니까(1.5.19신축·29신해)." 삼사의 탄핵을 방어하는 수준을 넘어 그들을 역공하는 이런 태도는 그 뒤 더욱 뚜렷하게 나타났다.

그런 첫 번째 사례는 수륙재와 관련된 논쟁이었다. 앞서 보았듯이 연산군은 유생과 삼사의 반대에도 불구하고 수륙재를 강행했다. 그러나 수륙재는 한 번으로 그치는 것이 아니어서 삼사는 그 뒤에 이어지는 설재設齋를 계속 반대했다. 결국 연산군은 대간을 하옥하라고 명령했는데, 노사신은 그런 지시를 '위엄 있는 결단[威斷]'이라고 칭송한 것이었다.

요즘 대간은 작은 일이라도 이기는 데 힘써 몇 달 동안 주상과 논쟁을 벌이니, 자신들이 이긴 뒤라야 그만둘 것이 분명합니다. 따라서 그 폐단은 점차 주상의 위엄이 떨치지 못하는 지경에 이를 것이므로 신은 그것을 항상 근심했지만 폐단을 고칠 방법이 없었습니다. 최근 대간이 왕명을 거역했으니 하옥하라는 주상의 하교를 받고 신은 마음속으로 "이것은 참으로 영주의 위엄 있는 결단"이라고 생각해 기뻐 경하할 겨를도 부족했는데, 무슨 까닭에 이런 죄인들을 구원하겠습니까. 이것은 신의 평소 생각이오니 엎드려 주상의 재가를 기다립니다(1.7.7.무자).[68]

읽어서도 느낄 수 있지만, 노사신의 이 발언은 대단히 파격적이고 직설적이었다. 그리고 그 말미에서 "이런 죄인들을 구원할 까닭이 없다"고 말한 데서도 드러났듯이, 삼사에 대한 노사신의 태도는 매우 차가웠다. 같은 날의 사평史評은 재상과 삼사 모두 유생들을 귀양 보내라는 왕명을 거두라고 탄원했지만, 영의정인 노사신만이 동참하지 않으면서 "나를 극형에 처하라고 배척한 자들을 무엇 때문에 구제하겠느냐"고 거부했다고 지적했다.

　　삼사는 당연히 노사신을 강력하게 탄핵했다. 노사신은 즉각 사직하면서 자신의 생각을 좀더 자세하고 명확하게 피력했다.

　　생각건대 선유先儒께서는 "정권은 하루라도 조정에 있지 않아서는 안 된다. 조정에 있지 않으면 대각에 있고, 대각에 있지 않으면 궁위宮闈에 있게 된다. 정권이 조정에 있으면 나라가 다스려지고, 대간에 있으면 어지러워지며, 궁위에 있으면 멸망하게 된다. 국가의 치란과 흥망은 모두 여기서 말미암는다"고 말씀하셨습니다.
　　근래에 선비들의 습속士習이 날로 잘못되어 고자질하는 것을 정직하다고 여기고, 윗사람을 능멸하는 것을 높이 평가하며, 일의 경중과 대소를 고려하지 않고 자기 말만을 성현의 경전으로 여겨 이기는 데만 힘쓰고 있습니다. 그리하여 임금과 몇 달 동안 맞서 분쟁이 그치지 않으며, 다른 사람의 죄목을 탄핵하는 계청이 받아들여지지 않으면 반드시 예전의 아주 작은 허물까지 샅샅이 더듬어 흠결을 들춰내 죄에 빠뜨린 뒤에야 그만둡니다. 그러면서 대간의 체통은 마땅히 이래야 한다고 스스로 말하니, 대간의 이름은 이 때문에 더욱 높아지지만 위태로운 습속은 점차 늘어가고 충후한 기풍은 날로 사라지는 것입니다.

대간이 말하면 홍문관이 뒤를 잇고, 홍문관이 말하면 태학생이 뒤를 이어 서로 화답하는 것이 습관이 되었습니다. 흠 없는 데서 흠을 찾고 말하지 않았는데도 말을 만들어내어 남이 혹시 자신과 다른 의견을 내면 그때마다 논박해 갖은 수단으로 비판하니 공경·대부가 그들의 입을 두려워해 감히 가부의 의견을 내지 못하고 있습니다. 이것이 어찌 융성한 시대의 아름다운 일이며 조정의 큰 체통이라고 하겠습니까.

이런 습속은 예전에도 없었고 우리 조정에서도 없었습니다. 이런 습속이 그치지 않아 권력이 대각으로 돌아가 대신들이 입을 다물게 된다면 조정의 일이 어찌 한심스러워지지 않겠습니까. 노신은 최근의 일이 이 지경에 이를까 항상 걱정해 "이 폐단은 신하가 고칠 수 있는 것이 아니라 반드시 현명한 군주가 뜻을 둔 뒤에라야 제거할 수 있다"고 생각해왔습니다(1.7.19경자).[69]

약간 길게 인용했지만, 이 발언은 67세의 영의정이 진단한 현실의 문제점과 해결책을 집약하고 있다고 할 만하다. 노사신은 삼사의 과도한 언론활동을 문제의 핵심으로 지목하면서 국왕의 강력한 대응만이 그것을 해결할 수 있다고 건의한 것이다. 이것은 앞서 대간을 하옥하라는 왕명을 "위엄 있는 결단"이라고 칭송한 것과 동일한 맥락에 있는 판단이었다.

삼사의 대응은 당연히 격렬한 탄핵이었다. 그 탄핵의 기간과 거기에 동원된 수사는 그 격렬함의 정도를 또렷이 보여준다. 삼사는 노사신을 중국의 대표적인 간신인 조고·이임보李林甫·안록산安祿山·왕안석王安石 등과 견주면서 나라를 망칠 간웅奸雄이라고 지목했으며, 당시의 가뭄도 그의 탓으로 돌렸다. 그런 상소는 하루에도 몇 번씩 석 달 넘게 이어졌다(1.7.8기축~29경술; 1.8.1신해·2임자·5을묘·8무오·13계해·16병인·19기사·20경오·22임신~25을해·27정축·28무인; 1.9.3계미~5을유·8무자·10경인·12임진·13계사·15을미).

그러나 예상할 수 있듯이 연산군은 노사신을 적극적으로 옹호했다. 국왕은 "노사신은 시속의 폐단을 보고 정확히 말했으므로 그른 점을 알지 못하겠다"면서 "삼사가 나를 걸桀·주紂·유幽·여왕厲王·원제元帝 같은 폭군에 비유해도 윤허할 수 없다. 대역 사건이라면 모르지만 대신이 조그만 말실수를 했다고 국문하면 권력이 대간에게 돌아가 대신은 손발을 놀리지 못할 것이다. 나는 이것이 바로 나라를 그르칠 조짐이라고 생각한다"고 규정했다(1.7.11임진; 1.8.2임자·4갑진·11신유·19기사). 즉 국왕과 영의정은 당시의 가장 심각한 정치적 폐단이 "대간으로 권력이 귀속되어 대신이 손발을 놀리지 못하게 되는 것"이라는 데 공감한 것이다.

앞서도 비슷한 사례가 있었지만, 이런 판단은 연산군 초반 국왕·대신·삼사의 정치적 정립 구도에서 권력의 무게중심이 삼사로 점차 이동하고 있었다는 사실을 다시 한번 반증해준다. 특히 대신은 삼사에 상당히 위축되어 있었다. "대신 중에 노사신을 옳다고 생각하는 사람이 있어도 모두 대간을 두려워하니 누가 바로 말할 수 있겠는가"(1.8.28무인)라는 연산군의 불만은 그런 측면을 잘 보여준다.

과연 윤필상·윤호·정문형·성준 등 대신들은 "대간이 노사신을 석 달 넘게 탄핵하니 조정이 언제나 편안해지겠느냐"면서 그를 부원군으로 옮겨 사태를 마무리하자는 미봉책을 내놓았다(1.9.8.무자). 이런 대신들의 위축된 타협에 따라 결국 연산군은 노사신을 영의정에서 선성부원군宣城府院君으로 체직시켰다(1.9.15을미).

그러나 앞서도 그랬던 것처럼 삼사는 자신들의 일차적인 목표를 달성한 데 만족하지 않고 궁극적이며 완벽한 승리를 계속 추구했다. 그들은 노사신을 경연에서도 배제시켜야 한다고 주장했고(1.9.16병신·17정유·26병오·28무신; 1.10.1경술) 결국 노사신은 원상에서도 사직했다(1.11.1경진). 그러니까 노사신은 대간을 하옥시키라는 왕명을 "영주의 위엄 있는 결단"이라고 상찬하는 강경한 발언을 천명한 지 다섯 달 만에 거의 모든 공직에서 물러난 것이었다.

자신들을 정면으로 비판한 최고의 대신을 끈질긴 탄핵 끝에 체직시킨 이 사건은 연산군 초반의 정치적 갈등에서 삼사가 거둔 중요한 승리였다. 이로써 정치적 정립 구도에서 삼사의 영향력은 더욱 팽창했다. 반면 국왕과 대신의 입지는 그만큼 축소되었지만 삼사에 대한 위구심危懼心 또한 그만큼 더욱 커졌다. 이런 정황은 무오사화의 원인과 본질을 파악하는 데 중요한 단서로 기억할 필요가 있다.

현직에서 물러난 뒤 노사신은 일정 기간 동안 정치 현안에 직접 개입하는 것은 자제하면서 북방 야인과 왜구의 대처를 중심으로 한 국방 문제나 성종의 부묘와 관련된 묘제廟制, 장례원의 노비 소송 계목啓目, 진대賑貸 등 실용적인 사안을 중심으로 자문했다(1.12.5갑인; 2.1.9무자; 2.2.23신미; 2.3.3신사·27을사; 2.윤3.5임자·22기사; 2.4.3경진). 연산군은 궤장几杖을 하사하면서 전직 영의정을 계속 배려했다(2.윤3.12기미).

이런 휴지기를 거친 뒤 연산군 2년 중반 노사신과 삼사는 다시 충돌했다. 사안은 앞서 서술한 폐비의 추숭 문제였다. 이번에도 노사신은 생모의 추숭을 적극적으로 추진하려는 연산군의 의도에 찬성했다. 삼사는 두 달 넘게 노사신의 국문을 요청했으며, 거부되자 사직했다(2.6.10을유~19갑오 · 29갑진; 2.7.1병오~21병인; 2.8.3정축 · 5기묘 · 8임오 · 19계사 · 20갑오 · 22병신). 노사신도 사직 상소를 올렸지만(2.8.25기해), 이 문제는 어느 한쪽의 의견이 관철되지 않은 채 일단락되었다.

그 뒤 무오사화가 일어나기 전까지는 인사와 관련된 문제가 몇 차례 불거졌다. 우선 아들 노공필과의 상피相避 문제였다. 연산군 2년 후반 노사신은 사복시와 군기시 제조를 겸직했는데(이런 사실도 노사신의 위상과 그에 대한 국왕의 신뢰를 보여준다), 노공필이 병조판서로 근무하고 있었다. 삼사는 부자가 서로 관련 있는 관서에 재직하고 있으므로 어느 한 사람이 피혐해야 한다고 주장했고, 그 타당성이 일부 인정되어 노사신은 군기시 제조에서 물러나게 되었다(2.11.20계해 · 23병인 · 24정묘 · 26기사). 삼사는 사복시 제조에서도 퇴진시켜야 한다고 주장했지만, 연산군은 선례가 없다면서 윤허하지 않았다(2.11.27경오 · 28신미; 2.12.8신사 · 9임오 · 11갑신 · 12을유).

다음은 수령의 임명과 관련된 문제들이었다.[70] 연산군 3년 1월 방금 말했듯이 노사신은 사복시 제조로 있었는데, 거기서 근무하던 남혜南憓가 신천信川군수로 발령되었다. 노사신은 사복시에서는 임기가 차면 다른 관직으로 보내지 않고 내부에서 결원이 생기기를 기다려 첨정僉正으로 승진시키는 것이 관례니 그의 임명을 철회해달라고 주청했다. 그런데 문제는 남혜가 노사신의 5촌 조카라는 것이었다. 삼사는 그런 관계를 근거로 남혜가 수령으로 나가지 않으려고 노사신에게 청탁한 것이라고 탄핵했다. 노사신은 선례에 따른 일이었다면서 혐의를 부인했다(3.1.24병인; 3.2.1계유 · 5정축 · 14병술 · 16무자 · 20임진 · 23을미).

같은 해 7월, 삼사는 고양高陽군수에 제수된 채윤공蔡允恭이 글을 모르지만 서로 가까이 살고 있는 노사신에게 청탁해 발령을 받았다고 고발했다. 실제로 채윤공은 『맹자』를 강독시키자 '완頑'을 '돈頓'으로, '오汙'를 '한汗'으로, '매浼'를 '면免'으로, '박薄'을 '부簿'로 잘못 읽었고 구두도 제대로 떼지 못했으며 『경국대전』도 정확히 해석하지 못했다. 그러나 연산군은 이후 고과에서 능력이 검증될 테니 그대로 임명하라고 지시했다. 노사신은 그의 자질이 아름다워 수령이 되기에 충분하다면서 사사로운 정리는 없다고 부인했다. 삼사는 노사신이 언로를 차단하려고 한다면서 국문을 요청했다. 연산군은 "대간이라고 가까운 이웃이 없겠느냐"면서 확증 없는 추정적 탄핵을 받아들이지 않았지만, 결국 업무 처리에 문제가 있을 것이라고 인정해 채윤공을 교체했다(3.7.14계축~21경신 · 24계해 · 25갑자 · 27병인).

이처럼 연산군이 즉위한 직후부터 거의 4년 동안 노사신과 삼사는 여러 사안에서 격렬하게 충돌한 것이었다. 그 결과 서로의 감정이 매우 악화된 것은 당연했다. 삼사는 국왕이 자신들의 건의를 받아들이지 않는 까닭은 모두 노사신이 그렇게 이끈 결과라고 지목했다(3.7.18정사). 삼사의 이런 판단은 극단적인 증오로 격화되었다. 그것을 가장 섬뜩하게 보여주는 사례는 연산군 3년 7월 21일(경신) 정언 조순趙舜(1467~1529)의 발언일 것이다.[71] 그는 "노사신의 고기를 먹고 싶다欲食其肉"고 말했다.

30세의 정언(정6품)이 70세의 전직 영의정에게 투사한 이 표현은 그런 의지의 진실성이나 수사의 적절성을 떠나 대신과 삼사의 관계가 거의 치유되기 어려울 정도로 악화된 상태였음을 명징하게 보여준다. 연산군 4년 7월의 무오사화를 꼭 1년 남겨둔 시점에서 대신과 삼사의 관계가 이런 상태였다는 사실은, 다시 한번 강조하지만, 매우 중요하다.

노사신과 관련해서 추가로 언급하고 싶은 사항이 두 가지 있다. 모두 삼사의 기능에 관련된 것인데, 우선 지금까지 노사신은 삼사의 월권적 언론에 대해서는 강력히 비판했지만 궁극적으로는 그들의 정당한 활동을 말살하거나 탄압하려고 시도하지 않았다는 사실이다. 물론 삼사의 정당한 활동과 월권적 언론의 경계 자체가 모호한 문제이기는 하지만, 직제학 표연말表沿沫이 인정했듯이 노사신은 성종이 대간을 처벌하라고 명령하면 항상 힘써 그들을 구원해왔다(1.7.20신축). 또한 이후 무오사화와 관련해서 좀더 자세하게 서술하겠지만, 그는 그 사건을 기화로 '청의淸議하는 선비'들을 붕당으로 몰아 완전히 제압하려던 일부 대신들의 의도에 반대해 그들을 구원하는 중요한 역할을 수행했다(4.9.6신축).[72] 즉 노사신은 성종 때만 해도 삼사의 언론을 옹호하는 입장에 섰으며, 무오사화가 김종직金宗直·김일손金馹孫 일파를 넘어 삼사와 동일시될 수 있는 '청의하는 선비'들을 숙청하려는 사건으로 번지자 그런 흐름을 가장 앞장서서 방어한 대신이었던 것이다. 그러므로 원칙에 입각한 균형적 태도를 지녔던 그가 연산군 초반 삼사와 전면적으로 충돌한 데는 삼사의 언론권이 과도하게 팽창함으로써 정치적 정립 구도를 훼손한 상황에 좀더 많은 원인이 있었다고 판단할 수 있을 것이다.

다음은, 이 책의 첫머리에서 말한 각 관서의 본원적인 임무와 그 관원의 개별적인 성향의 관계에 대한 문제다. 거기서 법전에 규정된 각 관서(대표적으로 대신과 삼사)의 임무는 해당 관원의 개별적 성향이나 다양한 배경보다 우선적인 영향력을 갖는다고 설명했다. 그리고 관서의 기능·서열과 관원의 나이·경력은 상당히 밀접한 관련성을 갖지만, 상하의 관직은 매우 빈번하게 교체되고 재임용되면서도 서로 긴밀한 인적 연속성을 갖는 순환적인 구조로 이루어졌다고 지적했다. 아울러 '훈구-사림'의 문제도 이런 조건을 충분히 고려해 파악해야 한다는 의견을 개진했다.

노사신을 둘러싼 논쟁에서 발생한 하나의 사례는 이런 판단을 보강해주는 흥미로운 논거로 생각된다. 삼사가 노사신을 격렬히 탄핵하던 재위 1년 8월 9일(기미) 연산군은 대간을 전면적으로 교체했다.[73] 이 인사이동의 의도는 자명했다. 즉 대간을 대폭 교체해 노사신을 탄핵하는 국면을 바꿔보려는 것이었다. 여기서 주목할 사항은 좌찬성 한치형과 특진관 이집李諿을 각각 겸대사헌과 겸대사간이라는 이례적인 관직에 제수한 것이다. 이 조처의 목적 또한 명확했다. 국왕은 그동안 자신과 노사신에게 협조적이었던 대신들을 대간의 수장에 임명함으로써 대간을 통제하려고 시도했던 것이다.

그러나 이러한 연산군의 의도는 완전히 빗나갔다. 국왕의 예상과 그동안의 태도와는 달리 한치형과 이집은, 기존의 대간과 동일하게, 노사신이 수상으로서 대간을 배척하고 언로를 막았으며 주상에게 아첨하고 나라를 그르쳐 위망危亡의 징조를 열어놓았다고 탄핵한 것이다(1.8.22임신). 다시 말해서 그들은 대간에 임명되자 그동안의 태도를 새로운 관직에 맞도록 바꾼 것이었다(이처럼 이때의 이례적인 인사는 그 효과도 없었으며, 부제학 박처륜朴處綸과 전한典翰 김수동金壽童이 그 문제점을 지적하자 연산군은 한치형과 이집을 발언 후 사흘 만에 교체했다(1.8.14갑술·25을해)). 단편적이기는 하지만, 이 사례는 해당 관직의 고유한 임무가 각 관원의 개별적인 성향이나 배경보다 일차적인 규정력을 갖고 있다는 사실을 뒷받침하는 중요하고 흥미로운 논거라고 생각한다.

요컨대 노사신과 삼사의 충돌은 연산군대 초반 치열하게 진행된 대신과 삼사의 대립에서 가장 첨예한 국면을 형성했다. 대신을 대표하는 영의정으로서 노사신은 삼사를 하옥하라는 국왕의 지시를 "영주의 위엄 있는 결단"이라고 칭송했으며, 삼사가 서로 연합해 대신의 사소한 잘못을 집요하게 탄핵하는 행위를 강력히 비판했다. 그와 국왕은 권력이 대간으로 귀속되는 현상이 나라를 멸망시킬 수도 있는 가장 커다란 폐단이라는 데 공감했다.

삼사의 대응도 뒤지지 않았다. 그들은 노사신을 중국의 대표적인 간신들과 견주면서 석 달 넘게 탄핵했고, 결국 노사신이 전면적인 공격을 시도한 지 다섯 달 만에 영의정을 포함한 주요 공직에서 그를 낙마시켰다. 그 뒤에도 삼사의 태도는 완화되지 않았으며, 오히려 더욱 격렬해졌다. 무오사화를 꼭 1년 앞둔 시점인 연산군 3년 7월 "노사신의 고기를 먹고 싶다"는 정언 조순의 발언은 대신과 삼사의 갈등이 치유하기 어려운 감정적 대립으로 전화되었음을 상징적으로 보여주는 증거였다.

그동안 부분적으로 서술했지만, 가장 중요한 권력자인 국왕은 이런 대신과 삼사의 대립에서 대신을 적극적으로 옹호하고 삼사를 강하게 비판해왔다. 어떤 측면에서 삼사에 대한 국왕의 문제의식은 대신들보다 더욱 심각하고 본질적이었다. 그는 삼사의 언론활동을 당시의 가장 커다란 폐단인 '능상'으로 규정하면서 그 풍조의 뿌리는 성종대에서 뻗어 나왔다고 진단했으며, 일부 대신들의 동의와 협력을 얻어 그 현상을 일소하려고 시도했다. 그런 첫 번째 사건은 바로 무오사화였다. 이제 그 사건으로 가는 최종적 단계인 국왕과 삼사의 갈등을 살펴보기로 하자.

성종의 정치적 유산

시간의 연속성을 생각하면 당연한 결과지만, 연산군대 초반의 정치적 지형은 성종의 치세 동안 형성된 것이었다. 앞서도 말했듯이 성종대의 정치적 변화와 발전은 조선전기의 역사에서 매우 중요한 의미를 지녔다. 그 핵심적인 사항은 삼사의 위상이 크게 제고됨으로써 국왕·대신·삼사의 정치적 정립 구도가 처음으로 본격적인 구동을 시작했다는 것이었다.

그러나 연산군은 바로 이런 현상을 심각한 폐단이자 퇴보로 판단했다. 그런 판단은 그의 지상 목표였던 왕권의 지고한 권위와 자유로운 행사에 삼사가 커다란 걸림돌이 된다는 인식에 따른 것이었다. 왕권의 상징적인 권위와 실제적인 권력을 최대화시키는 것은 모든 국왕들의 공통된 욕망이기도 했지만, 그런 목표에 대한 연산군의 생각과 행동은 특별히 근본적이고 과격했다고 말할 수 있다. 그러므로 그가 성종대에 증폭된 삼사의 영향력을 억제하고 왕권을 강화시키는 데 매진한 것은 매우 논리적인 결과였다.

선왕에 대한 예우와 과거에 대한 기억의 미화 작용이 복합적으로 작용한 결과라는 측면을 일정하게 감안해야겠지만, 성종의 통치는 전반적으로 높은 평가를 받았다. 예컨대 성종이 붕어하자 모든 백성이 애통해하면서 눈물을 흘렸고, 자기가 대신 죽지 못하는 것을 안타까워하는 사람까지 있었으며, 동평관東平館에 묵던 일본 사신들도 "성군이 돌아가셨다"면서 슬퍼했다는 기록(0.12.28계미)은 그런 측면을, 다소 과장되지만, 잘 보여준다.[74] 도성의 백성들은 재궁梓宮이 능으로 출발하자 모두 통곡했으며, 맹인과 승려들도 명령하지 않았는데 무수하게 모일 정도였다(1.4.2을묘).

물론 신하들도 성종을 훌륭한 군주로 칭송했다. 특히 삼사에게 성종은 이상에 가까운 국왕이었고, 그의 시정施政은 후대의 임금이 반드시 본받아야 할 중요한 모범이었다. 삼사는 연산군에게 모든 일에서 성종을 모범으로 삼아야 한다고 누차 간언했다(1.7.23갑진; 2.3.4임오; 3.5.23갑자).[75]

그 핵심적 덕목은, 예상할 수 있듯이, 너그러운 납간이었다. 우선 성종 자신부터 그런 태도를 적극적으로 밝혔다. 삼사의 회고에 따르면 성종은 "나무가 먹줄을 따르면 곧아지고 임금이 간언을 따르면 성스러워진다"는 『상서』의 구절을 읽고 커다란 깨달음과 확고한 의지를 밝혔다. "임금의 도리 중에서 이보다 소중한 것이 어디 있겠는가. (…) 내가 즉위한 이래 간언을 이유로 죄준 신하는 한 명도 없었으니, 그대들은 내 뜻에 거슬릴 것을 염려하지 말고 잘못되는 일이 있거든 모두 말해야 한다(1.1.13정유)."

삼사를 중심으로 한 신하들은 이처럼 간언을 처벌하지 않고 너그럽게 받아들였으며 삼사를 우대한 성종의 시책 덕분에 나라가 융성했다고 평가했다. 아래에 인용한 홍문관의 발언은 그런 생각을 압축적으로 보여준다.[76]

성종께서는 즉위한 처음부터 대간이 일을 논의하면 즐거이 들어주셨을 뿐만 아니라 포상까지 하시어 자궁資窮 된 사람은 당상관으로 승진시켜 곧은 선비의 기상을 배양하셨습니다. 또한 간언으로 견책받은 사람이 없었기 때문에 26년 동안 모든 신하가 숨기지 않고 할 말을 다 한 것입니다. 요즘 간언을 올리는 대간 또한 그때 배양된 사람들입니다.

그러나 전하께서는 즉위한 초반부터 대간의 말을 흔쾌히 따르시는 일이 하나도 없으며, 오늘에 이르러서는 따르지 않을 뿐만 아니라 하옥하고 파직해 강직한 선비들이 감연敢然히 발언하는 기상을 꺾으셨습니다. 신들은 이로부터 사람들이 모두 간언하기를 꺼려 전하께서 잘못을 듣지 못해 국사가 날로 잘못될까 매우 걱정됩니다. 이것은 참으로 종사의 안위와 관계되는 문제이오니 다시 깊이 생각하소서(1.6.29경진).[77]

그러나 연산군의 생각은 삼사와 정면으로 배치되었다. 우선 그는 자신의 자질이 성종보다 못하다고 전제했다. "너희들은 나를 요순 같은 임금으로 만들려고 한다면서 내가 성종보다 못하다고 말한다. 무릇 사람의 기질은 청탁이 다르니, 어찌 모두 같을 수 있겠는가(2.11.23병인). (…) 나는 유약하고 무능하기 때문에 경들이 이렇게 알력을 일으키며 논박하지만, 이것이 어찌 옳은 일이겠는가(3.6.24갑오)."

이처럼 다소 억지 섞인 자책을 바탕에 깐 연산군은 자신의 속내를 드러냈다. 그는 그런 성종의 잘못된 시책 때문에 현재의 가장 커다란 폐단인 능상의 풍조와 왕권의 약화가 배태되었다고 진단한 것이다. "선왕께서 유생을 죄주지 않았기 때문에 이런 능상의 풍습이 생겨났다. 일마다 수의收議한 뒤에 처리한다면 임금의 권한은 어디에 있는가(1.1.30갑인).

(…) 성종조에 항상 대간이라는 이유로 너그러이 용서했기 때문에 그 폐단이 여기에 이르렀다(2.6.29갑진)."

물론 연산군은 선왕을 전면적이고 직접적으로 비판하지는 않았으며, 궁극적인 문제점은 삼사에게로 돌렸다. 성종은 판단력이 뛰어나 삼사의 의견을 선택적으로 취사했고, 그들이 어떤 발언이든 거리낌 없이 제기하도록 방임하지는 않았으며, 그리고 이것이 가장 중요한 측면인데 당시의 삼사는 지금처럼 '억지로 고집' 하지는 않았다는 것이었다(3.6.24갑오; 3.10.14임오). 비록 폐단의 핵심적 원인은 삼사로 귀책시켰지만, 선왕의 정치적 유산에 대한 연산군의 비판적 인식은 이미 견고하게 형성되어 있었다는 사실은 중요하게 기억할 필요가 있다. 이런 확고한 판단을 지닌 국왕은 삼사에 강력히 대응했다. 그 과정은 연산군대 초반의 정치 갈등에서 가장 격렬한 국면을 형성했다.

국왕과 삼사의 갈등

국왕은 국정의 최고 책임자라는 의미에서 지금까지 본 많은 사안들은 궁극적으로 모두 연산군과 관련되었다고 할 수 있다. 개별 사안이나 대신에 대한 탄핵에서 충분히 입증되었듯이, 연산군 초반 삼사의 언론활동은 매우 강력하고 끈질겼다. 스스로 인정했듯이 삼사는 연산군이 즉위한 이래 거의 하루도 거르지 않고 복합伏閤해 상소를 올려왔으며(2.3.14임진), 사안에 따라 그 기간은 57일 동안 지속되기도 했다(3.4.25병신). 그들은 주청이 받아들여지지 않을 경우 밤늦게까지 퇴궐하지 않고 국왕을 압박했다. 대간이 당시로서는 심야인 밤 2고鼓(21~23시)까지 간쟁하자 연산군은 수라를 들고 대비들께 문안을 올리는 데 지장이 있으니 앞으로는 그러지 말라고 지시하기도 했다(3.9.11기유; 3.10.13신사).

또한 그들은, 본원적인 임무상 자연스러운 측면일 수도 있지만, 절충안에 좀처럼 동의하지 않고 문제의 완전한 해결을 시도했으며 거부될 경우 끈질기게 사직했다.[78] 사직은 60~70번에서 100번까지 지속되기도 했다(3.6.1신미·12임오). 일부 신하들은 그것을 예전에 없던 현상이라고 지적했으며(2.2.25계유), 연산군도 그 의견에 동의하면서 삼사의 그런 행태는 국왕에게 역정을 내는 것 같다고 불만스러워했다(3.6.1신미·18무자).

이런 삼사의 강력한 언론활동이 가져온 일차적인 결과는 대신의 위축이었다. 앞서 본 여러 대신들에 대한 삼사의 직설적이고 거침없는 탄핵이 가장 대표적인 증거지만, 실제로 삼정승은 독자적인 의견을 개진해 국정을 총괄하지 못하고 다른 관서에서 완성해 올린 계획안을 그저 추인하기만 할 정도였다(2.8.10갑신).[79] 육조도 사정은 비슷해서, 인사 문제에 대한 대간의 개입으로 이조가 인사권을 거의 포기하고 있다는 지적이 나오기도 했다(3.9.28병인).

연산군은 이런 대신들의 행태를 자주 질타했다. 대신들이 삼사의 논박을 두려워해 자신들의 의견을 솔직하고 정확하게 피력하지 못한다는 것이었다(1.9.5을유; 3.6.7정축·12임오·13계미·17정해; 3.7.17병진). 그는 그런 증거로 대신들이 실상이 아니라 삼사의 의견에 따라 사안의 가부를 결정하며(2.3.29정미), 무책임할 정도로 길고 반복적인 삼사의 사직을 아무도 비판하지 않는다는 사실을 들었다(3.6.12임오).

물론 이런 질책은 우호와 안타까움의 다른 표현이었다. 국왕은 대간이 원상을 혁파하자고 주청했지만, 대신들에게 힘입어 정사를 도모할 것이라면서 받아들이지 않았다(1.10.28정축). 나아가 그는 자신과 삼정승을 동일시하면서 적극적으로 옹호했다.

> 삼정승과 임금은 한 몸이니 내가 무엇을 의심하겠는가(1.2.4무오). (…) 대간이 삼정승을 국문하려는 것은 바로 나를 국문하려는 것이다(1.7.8기축). (…) 대간이 삼정승을 사람답지 못하다고 하니 참으로 마음이 아프다. 삼정승과 나는 함께 다스리는 사람이니 삼정승을 사람답지 못하다고 한 것은 바로 나를 가리켜 말한 것이다(3.1.26무진).[80]

연산군은 삼사가 자신들의 간언은 우용하라고 강청하면서도 대신들에게 조그만 잘못이라도 있으면 즉각 추국이나 체직을 요구하는 행태를 강력히 비판하면서(1.8.19기사; 1.9.4갑신; 3.6.18무자) 엄중히 경고했다. 대간의 탄핵으로 주요 대신들이 번번이 사직하면 권세가 대간에게 있게 될 것이며, 대신이 조그만 실수를 저질렀다고 해서 논박한다면 대신을 공경하는 도리가 없게 되어 삼사가 재상의 머리카락을 휘어잡는 지경에 이를 것이니, 삼사는 대신을 멸시해서는 절대 안 되며 대신은 삼사의 의견에 얽매이지 말고 논의하라는 것이었다(1.11.20기해; 2.4.3경진; 3.6.6병자).

국왕은 대신과 삼사의 관계와 그들에 대한 자신의 인식을 이렇게 요약했다.

> 재상의 지위는 하루아침에 갑자기 올라간 것이 아니고 조종조祖宗朝를 두루 섬겨 높은 자리에 이른 것이니 어찌 한마디 실수로 그의 고기를 먹고 싶

다고 말할 수 있겠는가. 만약 대간이라는 이유로 너그러이 용서한다면 끝내는 대간만 말하고 대신은 가부의 의견을 개진할 수 없게 만들 것이니 나랏일이 날로 잘못될 것이다. 또한 사람마다 모두 "나는 대간이므로 대신을 극단적으로 비판해도 아무 해가 없을 것"이라고 말한다면 끝내는 구제할 수 없는 지경에 이를 것이 분명하다(3.7.26을축).[81]

이 발언이 보여주는 대로, 삼사의 언론활동에 대한 연산군의 판단과 대처는 명확하고 단호했다. 그는 이런 상황을 좌시한다면 권력이 삼사로 귀속되어[政歸臺閣] 능상의 풍조가 만연해 결국 나라가 위기나 멸망에 직면할 것이라고 판단한 것이었다.

연산군은 그런 생각을 즉위 직후부터 명확히 밝혔다. 삼사가 자신의 인사행정에 반대하자 그는 조정의 권한이 모두 삼사로 귀속되었다고 비판했으며(1.3.10계사; 1.5.14병신; 1.6.29경진; 1.8.9기미),[82] 자신이 즉위한 이래 대간이 늘 대궐에서 논쟁하니 백성들은 사왕嗣王에게 큰 과오가 있다고 생각할 것이라고 개탄했다(1.12.4계축). 연산군은 삼사가 자신을 어린 국왕으로 여겨 무시하기 때문에 이런 현상이 나타났다고 보았다(1.8.2임자 · 9기미; 2.2.3신해; 2.3.2경진). 요컨대 삼사에 대한 연산군의 문제의식은 정무적政務的 판단과 감정적 혐오가 혼재된 것이었다.

연산군의 대처는 삼사의 언론만큼이나 강경했다. 앞서도 연산군대에 발생한 모든 정치적 갈등의 핵심적 원인과 현상은 '능상'이라는 표현으로 포괄할 수 있다고 말한 바 있는데, 그런 단초는 재위 초반부터 조금씩 드러났다. 국왕은 능상을 다스리지 못하면 아무 일도 할 수 없을 것이라는 판단 아래(2.3.18병신) "후세의 공론을 두려워하지 않겠다"는 결연한 의지를 내보였다(4.2.24경인). 이런 의지는 다양한 지시와 규제로 구체화되었다.

삼사도 무수히 사직했지만, 연산군도 삼사를 체직하거나 국문하라는 지시를 거리끼지 않고 빈번히 하달했다. 예컨대 재위 1년 6월 윤탕로의 처벌과 관련된 논란에서 그를 용서한다는 단자를 네 차례나 내렸지만 삼사가 받아들이지 않자 연산군은 "나를 임금으로 여기지 않는 것"이라면서 모두 체직하고 국문하라고 지시했다(1.6.29경진). 재위 2년에도 동료를 하옥해 국문하라는 왕명에 반발해 삼사가 모두 함께 투옥되겠다고 하자 국왕은 기꺼이 승낙했으며(2.5.7계축), 폐비의 신주와 사당 건립에 반대하는 삼사를 모두 의금부에 내려 당일 안에 국문을 마치고 모두 교체하라고 명령했다(2.6.29갑진). 이듬해에는 부제학 이승건李承健이 제수祭需의 과다와 경연의 불참을 지적하자 국왕은 가소롭다면서 술과 고기를 내리니 실컷 먹고 돌아가라는 조롱에 가까운 하교를 내리기도 했다(3.5.25병인).[83]

이후 갑자사화에서 편집증에 가까운 기형적인 형태로 빈발했지만, 연산군은 발언의 출처와 근거를 물음으로써 삼사를 규제하려고 했다. 그런 방안은 재위 1년부터 시도되었지만 그때는 삼사의 반대로 무산되었다가(1.12.3임자·6을묘) 3년부터 효력을 발휘하기 시작했다(이런 정황은 즉위 후 왕권이 점차 강력해지고 있다는 반증의 하나로 이해할 수 있을 것이다). 재위 3년 3월 보경당普慶堂을 수리하면서 장막을 가린 것을 대간이 문제 삼자 국왕은 공사를 맡은 군인들이 대궐 안을 들여다보지 못하게 하려는 것이지 유희를 목적으로 한 조처가 아니라고 해명하면서 그런 발언을 처음으로 제기한 사람을 색출해 국문하라고 지시했다(3.3.22갑자).

또한 삼사가 임사홍의 등용에 반대하면서 이미 성종이 그런 생각을 밝혔다고 주장하자 연산군은 그것이 정확한 사실이냐고 추궁하면서 실록을 상고하라고 지시했다(3.5.21임술).

연산군은 자신과 자신의 지친·측근, 그리고 왕실에 저촉되는 사안에는 더욱 민감하고 과격하게 반응했다. 재위 3년 12월 18일(을유) 원자가 탄생하자 연산군은 경축의 의미로 신승선·어세겸 등 71명에게 말과 비단 등을 품계에 따라 차등 있게 하사하고 홍귀달·신수근 등 5명에게는 1자급을 더했다(3.12.21기축·25임진). 대간은 포상이 지나치다고 비판했다. 그러자 연산군은 대노했다. "이런 말을 하는 경들은 내 신하가 아니다. 그 죄는 베어도 용서되지 않으니 극형을 받아야 마땅하다. 이 은사는 큰 경사 때문에 내린 것이니 천지가 뒤집혀도 들을 수 없다(3.12.25임진)."

비슷한 시기에 유사한 문제가 또 발생했다. 같은 해 8월 장령 강겸姜謙은 내시가 길에서 자신의 말을 침범했다는 이유로 그의 종자를 구류했다. 그 내시는 왕명으로 경복궁에 다녀오던 참이었다. 연산군은 "역마를 타고 가는 것만 보아도 국왕이 보냈다는 사실을 알 수 있을 것"이라면서 강겸의 행동을 능상으로 단정해 국문을 지시했다(3.8.23임진).

국왕의 핵심 측근인 공신에게 가자한 문제도 1년여 동안이나 삼사와 첨예하게 대립한 사건이었다. 재위 2년 7월 연산군은 공신의 적장자 41명에게 가자하거나 결원이 나는 대로 실직을 제수하라고 지시했다(2.7.25경오). 그러나 삼사는 그 인원 자체가 많을 뿐만 아니라[84] 특히 임사홍·한치례·조득림 등은 탐오와 음행 등의 과실이 있다면서 강력히 반대했다(2.8.5기묘·9계미·12병술·16경인; 2.9.16기미). 특히 임사홍은 매우 간사·탐오·사기·포악[大奸·大貪·大詐·大暴]한 인물로 조정을 어지럽히고 있다고 지목되었다(3.5.8기유).

연산군은 일단 가자를 환수했지만(2.9.18신유) 넉 달 뒤 "앞서의 지시는 실수였다"면서 결정을 번복했다. 대신들도 특히 임사홍과 관련해 육조나 대간 같은 중직에 제수한 것도 아닌데 이처럼 논란하는 것은 부당하다는 의견을 제시했다. 그러자 삼사는 60일 가까이 복합했고, 연산군도 삼사를 파직하면서 물러서지 않았다(3.1.23을축; 3.3.16무오·19신유·20임술; 3.4.25병신; 3.5.1임인·8기유·10신해~13갑인·18기미; 3.6.12임오·15을유·16병술·18무자·20경인·21신묘·26병신·28무술 등). 국왕은 이런 논란의 와중에 공신의 적장자 90명에게 다시 품계를 더하기도 했다(3.3.14병진).

그러나 이 논란은 돌발적인 사건으로 쉽게 해결되었다. 그 계기는 천변이었다. 재위 3년 6월 27일(정유) 밤에 선정전宣政殿 기둥에 벼락이 치자 연산군은 그 연유를 신하들에게 물었고, 경연 참석과 공신 가자 문제가 그 원인이라는 답변을 얻자 즉시 회수하라고 지시한 것이다(3.6.28무술).[85]

이처럼 치열한 갈등과 대립을 거치면서 연산군은 삼사를 중심으로 한 신하들에게 능상의 폐해가 점차 만연하고 있다는 판단을 굳혀갔다. 앞서 대신들도 삼사를 두려워한다고 비판했지만, 이제 그는 국왕의 직속 관서인 승정원도 "대간을 무척 겁내(3.7.22신유)" 그들에게 동조하고 있다고 보았다.

승정원은 대간과 하나가 되어 나를 어린 임금으로 간주해 모든 일을 반복해 거스르니 장차 권세가 아래로 옮겨질까 염려된다. 이와 같이 하면 국가가 점차 잘못될 것이다(2.10.6기묘). (…) 경들도 대간이므로 내가 대간을 국문하면 경들은 반드시 반대할 것이고 홍문관과 예문관도 그럴 것이니, 마치 매가 새 한 마리를 움켜쥐면 다른 새들이 구원하는 것과 같을 것이다(3.3.22갑자). (…) 이것은 대간에게 영합해 말하는 것이다. 승정원은 왕명을 출납하니 묻는 것이 있으면 대답할 따름이지 어떤 일에 대해 말하는 것은 소임이 아닌데, 이제 조목조목 서계書啓하니 그르다. 두어 사람에게 가자하려는데 이처럼 논집論執하니, 이것은 권세가 아래에 있고 국왕에게 있는 것이 아니다(3.5.18기미).

나아가 연산군은 성종 후반 이후 삼사의 하나로 자리를 굳힌 홍문관의 언론권을 인정하지 않는 태도를 보였다.[86] 대비의 능에 참배하는 데 홍문관이 반대하자 그는 "언관이 엄연히 있으니 이런 일들은 너희가 말하지 않아도 된다. (…) 이제 대간이 일을 말하다가 그치려고 하면 홍문관이 계속하고, 홍문관에서 일을 말하다가 그치려고 하면 대간이 계속해 서로 꼬리를 이으니, 이렇게 한다면 홍문관 역시 대간이다"라면서 그들을 언관에서 배제했다(3.5.16정사). 그러고는 "대간이 말하는 일마다 너희들이 따라서 화답하니 어찌 불가하지 않겠는가. 앞으로는 이렇게 하지 말라"면서 홍문관의 언론활동을 강력히 규제했다(3.9.23신유).

이런 과정을 거치면서 결국 연산군의 의심은 신하 대부분에게로 확대되었다. "대간을 국문하라고 명령하자 홍문관과 승정원은 물론 의정부도 반대한다"면서 "허실을 살피지도 않고 국왕의 잘못을 함부로 말해 위아래가 서로 믿는 뜻이 거의 없다"는 것이었다(3.3.23을축).

이로써 연산군대 초반 세 정치 세력의 상호관계는 명확해졌다. 즉 국왕은 삼사의 강력한 언론활동을 가장 심각한 폐단인 능상으로 규정하고 일부 대신들이 이에 공감함으로써 국왕과 대신이 한편에 서고 그 대척점에 삼사가 자리잡은 것이었다. 국왕은 삼사의 언론을 계속 불만스럽게 생각했고 강력히 경고했지만, 삼사는 좀처럼 제어되지 않았다. 삼사는 대신을 극단적인 표현으로 탄핵했고, 대신들은 점차 위축되어갔다. 연산군대 최초의 커다란 정치적 파국인 무오사화는 이런 상황적 맥락에서 발발한 것이었다.

3. 무오사화의 발발과 전개

사화의 시작

대부분의 정치적 숙청이 그렇듯, 조선 최초의 사화인 무오사화도 매우 비밀스럽고 돌발적으로 시작되었다. 지금부터 자세히 검토하겠지만, 앞질러 말하면 무오사화는 그 처벌 대상과 지속 기간 등 여러 측면을 고려할 때 매우 제한된 규모로 이루어진 사건이었다. 다시 말해서 그것은 대규모의 전면적인 숙청이 아니었으며, 그런 파국을 감행하기에 앞서 일단 소수의 핵심 인물들을 처벌함으로써 그 배후의 전체에게 경고하려는 상징적이며 심층적인 의도를 지닌 정치적인 사건으로 생각된다는 것이다. 지금까지 살펴보았듯이 국왕·대신과 삼사의 대립이 고조되던 상황에서 이 사화가 일어났다는 맥락을 충분히 고려하고, 그 사건의 전개

과정과 피화인의 특징 등을 면밀히 분석하는 작업은 이 사화의 본질을 이해하는 관건이 될 것이다.[87]

무오사화는 연산군 4년 7월 1일(을미)에 시작되었다.

> 파평부원군 윤필상, 선성부원군 노사신, 우의정 한치형, 무령군武靈君 유자광柳子光이 비밀스러운 일을 아뢰기를 청하고 도승지 신수근에게 출입을 관장케 하니 사관은 참여할 수 없었다. (…) 곧 의금부 경력 홍사호洪士灝와 도사 신극성慎克成이 경상도로 급파되었는데, 외부 사람들은 무슨 일인지 알지 못했다(4.7.1을미).[88]

이 기록이 보여주듯이 사화는 소수의 대신들이 어떤 일을 비밀리에 보고하고 국왕이 재가하면서 급작스럽게 발발했다. 이렇게 시작된 사화는 같은 달 27일(신유) 주요 연루자들의 처벌 내용을 확정해 전교함으로써 중심적인 사태가 일단락되기까지 채 한 달도 걸리지 않았으며, 본격적인 추국이 시작된 시점부터 계산하면 20일도 되지 않았다. 즉 그것은 돌발적으로 일어나 매우 짧은 기간 안에 전격적으로 마무리된 사건이었던 것이다. 앞서 말했듯이, 사건의 이런 외형은 무오사화가 상당히 제한적이며 절제된 목표를 가진 정치적 숙청이었다는 판단을 뒷받침하는 중요한 논거의 하나다.

사화의 전개 1-김일손의 사초

사화는 크게 세 단계로 전개되었다. 그 사건은 김일손의 사초에 세조와 관련된 불충한 내용이 담겨 있다는 혐의로 시작되어, 그와 교유한 젊은 관원·선비들이 현실에 대한 불만을 토로한 문제로 확대되었다가, 김종직의 「조의제문弔義帝文」이 발견되면서 사제관계를 매개로 붕당을 결성해 역사와 현실에 역심逆心을 품은 사건으로 규정되는 과정을 거쳤다.

사건의 주모자로 지목된 김일손은 의금부 관원들이 파송된 지 열흘 만에 도성으로 압송되었고, 즉시 추국과 신문이 진행되었다(4.7.11을사). 체포될 때 김일손은 자신이 사초 때문에 잡혀간다는 사실을 알고 있었다. 그는 자신의 사초에 세조 때 이극돈과 연관된 불미스런 일들을 적었는데 그것을 삭제하지 못한 이극돈이 그런 원한에서 옥사를 일으킨 것이라고 추정했다.[89] 그는 그러나 이극돈이 이런 내막을 숨기고 사초에 세조와 관련된 불경한 내용이 있다고 주상께 무고했기 때문에 이 사건이 발생했으며, 반드시 큰 옥사로 번질 것이라고 예측했다(4.7.11을사).[90]

이런 김일손의 판단은 매우 중요하다. 즉 그는, 원인의 주종관계는 뒤바뀠지만, 자신의 사초에 이극돈은 물론 세조와 관련해 문제될 소지가 있는 민감한 내용이 포함되었다는 사실을 스스로 알고 있었던 것이다. 이런 측면은 실록청에 근무하던 관원들도 대체로 인지하고 있었다. 실록청 당상 이극돈·유순·윤효손·안침 등은 김일손의 사초를 궁궐로 들여오라는 지시를 받자 그의 사초에 조종조의 일을 그르게 말한 부분이 있다는 것을 들어서 알고 있었기 때문에 그 부분을 실록에 싣지 않앉다고 답변했다(4.7.11을사). 실록청 낭청 성중엄成重淹도 김일손의 사초에 "기록하지 않아야 할 일을 많이 기록"해 싣기를 주저했지만, 그 말을 들은 이목이 "그렇게 하면 당신이 그것을 누락했다는 사실까지 기록하겠다"고 말했기 때문에 수록했다고 진술했다(4.7.12병오).

자연스러운 일이지만, 김일손의 예측대로 그의 사초에서 집중적으로 문제된 부분은 이극돈보다는 세조와 관련된 서술이었다. 그 주요한 내용들은 ① 덕종이 세상을 떠난 뒤 그의 후궁인 귀인 권씨를 세조가 불렀지만 그녀가 분부를 받들지 않았다는 것,[91] ② 소릉昭陵(단종의 모후인 현덕顯德왕후 권씨의 능)의 재궁을 파서 바다에 버렸다는 것, ③ 황보인皇甫仁·김종서金宗瑞·정분鄭苯 등 대신들과 사육신死六臣은 세조의 회유를 따르지 않고 절개를 지켜 죽었다는 것, ④ 노산魯山의 숙의 권씨가 소유한 노비와 토지를 권람權擥이 모두 차지했다는 것, ⑤ 남효온의 사망을 졸卒했다고 표현한 것, ⑥ 노산의 시체를 숲속에 던져버리고 한 달이 지나도 염습斂襲하는 사람이 없어 까마귀와 솔개가 날아와서 쪼았는데, 한 동자가 밤에 와서 시체를 짊어지고 달아났으니 물에 던졌는지 불에 던졌는지 알 수가 없다고 쓴 것, ⑦ 끝으로 김종직金宗直이 과거를 보기 전에 꿈을 꾸고 느낀 것이 있어 「조의제문」을 지어 충분忠憤을 부쳤다고 쓴 뒤 전문全文을 인용한 것 등이었다(4.7.13정미).

읽어서도 느낄 수 있지만, 실제로 김일손의 사초는 단종·사육신·소릉 같은 중대한 정치적 사안부터 홀로 된 며느리를 취하려는 패륜에 가까운 세조의 개인적인 행동까지 대단히 민감한 문제들을 건드리고 있었다. 연산군은 그 까닭을 날카롭게 추궁했다. "이것은 반심反心을 품은 것이 분명한데, 어째서 너는 세조의 후손이 다스리고 있는 조정에서 벼슬했는가?"

　김일손은 자신이 반심을 품은 것은 아니라고 부인하면서 문제된 내용은 이런저런 사람들에게서 들었거나 자신의 소박한 판단에 따라 작성한 것이라고 변명했다. 자연스러운 일이겠지만, 정보를 제공했다고 김일손이 지목한 인물들은 그런 사실 자체를 부정하거나 자신들의 말을 김일손이 기록하는 과정에서 착오를 일으켰다고 반박했다(4.7.12병오 · 13정미). 사실은 쉽게 확인되지 않았고, 책임의 소재는 혼미해졌다.

　그동안 거의 모든 논란의 핵심에 서왔던 삼사가 등장한 시점은 이때였다. 이번에도 그들의 논점은 국왕의 판단과 상당히 어긋났다. 홍문관과 예문관은 사초의 내용보다는 국왕이 실록을 열람해서는 안 된다는 원칙을 좀더 중시한 것이었다. 그러자 연산군은, 사화의 본질과 관련해 상당히 중요한 발언인데, "반드시 어떤 사정事情이 있기 때문"이라면서 즉시 국문하라고 지시했다. 그동안의 행동대로 대간은 홍문관과 예문관의 만류는 그 직무상 당연한 일이라고 변호했지만, 국왕은 받아들이지 않았다(4.7.13정미).

　대단히 민감한 정치적인 사안과 관련해 문제될 소지가 객관적으로 농후한 상황에서도 원칙을 고수하면서 국왕의 행동을 저지한 삼사의 자세는 달리 생각하면 피의자들을 감싸려는 의도로 해석될 수도 있는 것이었다. 일단은 "어떤 사정"이라고 모호하게 표현했지만, 연산군은 그런 측면을 간과하지 않았다. 이런 국왕의 생각은 그 뒤 좀더 분명하게 실체를 드러내면서 이 사화의 본질을 구성했다.

사화의 전개 2-붕당의 단초

사화는 김일손의 사초에 담긴 불온한 내용의 출처를 규명하는 과정을 거치면서 확대되었다(이하의 내용은 4.7.14무신). 국왕과 주요 대신들은 사초에 연루된 인물들의 집을 수색해 증거를 수집했다. 그 과정에서 발견된 가장 중요한 자료는 이목의 집에서 나왔다. 그것은 임사홍의 넷째 아들 임희재任熙載가 이목에게 보낸 편지였다. 방금 보았듯이 이목은 김일손의 사초를 보고 성중엄이 당황하자 그것을 실록에서 누락해서는 안 된다고 엄중히 경고한, 그러니까 김일손에게 매우 공감하는 자세를 보인 인물이었다.[92] 또한 앞서도 서술했듯이 그는 성종 23년 12월 영의정 윤필상을 간귀라고 지목하고 연산군 1년에는 노사신을 국왕을 우롱하는 대신으로 비판한 인물이었다.

그 편지에서 임희재는 현실 정치와 국왕에 대한 불만을 토로했다. 그는 정석견·강혼姜渾·강백진康伯珍·권오복權五福·김굉필金宏弼 등 젊고 뜻 있는 인물들이 파직되거나 좌천되어 낙향한 것을 개탄했으며, 물망 없는 인물인 이철견과 윤탄을 의금부지사에 임명해서는 안 된다고 반대했지만 국왕이 듣지 않았다고 비판했다. 그는 이목에게 지금은 목숨을 보전하기 어려운 시기니 풍자하는 시를 짓거나 사람을 방문하지 말라고 충고하면서, 자신도 곧 낙향할 생각이라고 적었다(현재의 통설에 따르면 대표적인 '훈구 세력'으로 분류될 임사홍의 아들인 임희재가 무오사화에 깊이 연루되었다는 이런 사실도 그 통설에 일정한 실증적 허점이 있다는 측면을 보여주는 하나의 증거가 될 것이다).

연산군은 즉시 임희재를 국문하라고 지시했다. 국문을 받으면서 임희재는 편지의 내용을 자세히 해명했지만 궁색한 부분이 많았다. 연산군은 그런 모순된 측면을 날카롭게 지적하면서 이 문제의 본질에 대한 자신의 생각을 요약했다. "이제 군소배群小輩가 붕당을 만들어 재상과 국사國事를 비판하니 통렬히 징계해 그 풍습을 개혁하라." 즉 국왕은 이 사건이 김일손이라는 개인의 사초에서 발원한 고립적인 문제가 아니라 그와 교유한 일군의 집단이 붕당을 결성해 국사와 재상을 비판한 조직적인 범죄라고 판단한 것이다.

그리고 그는 그런 연관의 혐의를 그동안 자신의 가장 큰 정치적 걸림돌이었던 삼사까지 확장했다. "실록을 열람해서는 안 된다는 말은 붕당이 드러날까 두려워서 그런 것이 아닌가." 다시 한번 지적하지만, 사화가 확대되는 과정에서 삼사가 붕당에 관련되었다는 의심도 점차 짙어지고 있다는 이런 측면은 깊이 유념할 필요가 있다.

사화를 주도한 대신들도 국왕과 보조를 맞췄다. 윤필상 등은 권오복이 김일손에게 보낸 편지에도 "개혁을 추진하려다가 비방을 받았으니 안타깝다"고 쓴 부분이 있다는 것을 문제 삼아 권오복을 국문해야 한다고 주청했다. 이때 유일하게 반대한 대신은 노사신이었다. 그는 "송대에 소동파蘇東坡의 시에 풍자한 내용이 있다는 이유로 그를 축출하니 청의淸議가 비판했다"면서 처벌을 확대하는 데 반대했다. 그 뒤에도 동일하게 견지되지만, 노사신의 이런 태도는 상당히 중요하다. 그는 사초에서 발단된 사화가 전개되면서 그 숙청 대상 또한 서서히 확대되거나 이동하고 있다는 사실을 감지하고 거기에 반대한 유일한 인물이었던 것이다. 아니, 어쩌면 기화起禍를 주도한 국왕과 주요 대신들은 처음부터 그런 변화를 계획하고 조용히 구체화시켰지만, 노사신만이 그런 비밀스러운 합의를 폭로했다고 파악하는 것이 좀더 정확할지도 모른다.

아무튼 김일손이 압송된 지 사흘 만에 사화의 범위는 상당히 확대되었고 그 초점도 변화했다. 적어도 기화인들은 그것을 사건의 본질이 조금씩 밝혀지는 과정으로 생각했을 것이다. 그들은 이 사건을 일군의 집단이 붕당을 결성해 국사와 재상을 비난한 범죄로 파악했다. 나아가 더 중요한 측면이라고 생각되는데, 거기에 삼사가 관련되어 있다는 판단도 조금씩 구체화되어갔다. 이제 조선 최초의 사화는 가장 중요한 전환점을 맞았다. 그 계기는 유명한 「조의제문」의 발견과 해석이었다.

사화의 전개 3—「조의제문」의 발견과 해석

한국사에서 가장 유명한 글 중의 하나일 「조의제문」은 김일손이 압송된 지 나흘 만에 사건의 전면에 등장했다(4.7.15기유). 그것은 무오사화의 전개 과정에서 가장 중요한 전환점이었다. 앞서도 언급했지만, 그 존재는 이미 이틀 전 김일손의 공초에서 알려진 상태였다. 그러니까 이틀 동안 그 문서는 그 진의가 분석된 뒤 사건의 결정적인 증거로 제출된 것이었다.

그 임무를 수행한 사람은 유자광이었다. 그는 김종직의 「조의제문」을 발견한 뒤 구절마다 풀이해 이런 부도不道한 말을 한 사람을 법에 따라 처벌하고 그 문집과 판본을 소각하며 간행한 사람까지 처벌해야 한다고 주장했다.

이런 사실에서 알 수 있듯이, 무오사화의 발생과 전개에서 핵심적인

김종직의 「조의제문」

무오사화가 확대되는 데 가장 중요한 요인으로 작용한 「조의제문」이다. 김종직이 26세 때 지은 이 짧은 글은 41년 뒤 중요한 정치적 숙청의 핵심적인 도화선이 되었다. 사진은 『연산군일기』 권 30, 4년 7월 17일(신해)의 기사며, 『점필재집』 부록의 사적事蹟에도 실려 있다.

정축년(세조 3년, 1457) 10월 어느 날 나는 밀성密城(지금의 경상북도 밀양密陽)에서 경산을 거쳐 답계역踏溪驛(지금의 경상북도 성주星州)에서 잤다. 그때 꿈에 한 신령이 일곱 가지 무늬가 들어간 예복[七章服]을 입은 헌칠한 모습으로 와서 "나는 초楚 회왕懷王 손심孫心인데, 서초패왕西楚覇王 항우項羽에게 살해되어 침강郴江에 빠뜨려졌다"고 말하고는 홀연히 사라졌다. 나는 깨어나서 놀라며 중얼거렸다. "회왕은 중국 남쪽에 있는 초 사람이고 나는 동이東夷 사람이니, 거리는 만 리 넘게 떨어져 있고 시간의 선후도 천 년이 넘는다. 그런데도 꿈에 나타났으니 이것은 얼마나 상서로운 일인가. 또 역사를 상고해보면 강에 빠트렸다는 말은 없는데, 혹시 항우가 사람을 시켜 몰래 쳐 죽이고 그 시체를 물에 던진 것일까. 알 수 없는 일이다." 마침내 글을 지어 조문했다.

하늘이 만물의 법칙을 마련해 사람에게 주었으니, 누가 하늘·땅·도道·임금의 네 가지 큰 근본[四大]과 인·의·예·지·신仁義禮智信의 다섯 가지 윤리[五倫]를 높일 줄 모르겠는가. 그 법도가 어찌 중화에는 풍부하지만 동이에는 부족하며, 예전에는 있었지만 지금은 없겠는가. 그러므로 나는 천 년 뒤의 동이 사람이지만 삼가 초 회왕을 조문한다.

옛날 진시황秦始皇이 포학을 자행해 사해가 검붉은 피바다가 되니, 큰 나라 작은 나라 모두 그 폭정을 벗어나려고 허둥댈 뿐이었다. 전국시대 여섯 나라의 후손들은 흩어져 도망가 보잘것없는 백성으로 전락했다. 항량項梁은 남쪽 초의 장군의 후예로 진승陳勝과 오광吳廣을 뒤이어 대사를 일으킨 뒤 임금을 구해 세우니, 백성의 소망에 부응하고 진시황에 의해 끊어졌던 나라의 제사를 다시 보존했다.

그의 도움에 힘입어 회왕은 하늘이 내려준 제왕의 상징을 쥐고 왕위에 오르니, 천하에 진실로 미씨芈氏(초 왕족의 성씨)보다 높은 사람이 없었다. 회왕은 항우 대신 유방劉邦을 관중關中에 들여보냈으니 그 인의仁義로움을 충분히 알 수 있다. 그러나 회왕은 항우가 상장군上將軍 송의宋義를 멋대로 죽였는데도 어째서 그를 잡아다가 처형하지 않았는가. 아, 형세가 그렇게 할 수 없었으니 회왕에게는 더욱 두려운 일이었다. 끝내 배신한 항우에게 시해를 당했으니 하늘의 운세가 크게 어그러졌다.

침강의 산은 하늘을 향해 우뚝 솟았지만 햇빛은 어둑어둑 저물어가고, 침강의 물은 밤낮으로 흘러가지만 넘실넘실 되돌아오지 않는다. 하늘과 땅이 끝이 없듯 한恨도 어찌 다하리오. 회왕의 혼은 지금까지도 떠돌아다니는구나.

내 충성된 마음은 쇠와 돌도 뚫을 만큼 굳세기에 회왕이 지금 홀연히 내 꿈에 나타났다. 주자朱子의 원숙한 필법을 따라 떨리는 마음을 공손히 가라앉히며 술잔 들어 땅에 부으며 제사하노니, 바라건대 영령은 와서 흠향하소서.

역할을 담당한 신하는 유자광이었다(물론 최종적이며 최대의 결정권을 행사한 사람은, 왕정의 원리와 맞물려, 국왕인 연산군이었다).[93] 『연산군일기』는 유자광의 동기와 역할을 생생하게 묘사했다. 일찍이 성종 때 유자광은 김종직과 묵은 원한이 있었는데,[94] 이극돈이 김일손의 사초와 관련된 문제를 상의하자 그 사건의 함의를 누구보다도 민첩하게 감지해 사건의 확대를 주도했다는 것이었다.

> 이극돈이 오래 뒤에 유자광에게 (사초 문제를-인용자) 상의하니 유자광은 팔을 내두르며 "이것이 어찌 머뭇거리고 의심할 일입니까?"라고 말하고는 즉시 노사신·윤필상·한치형에게 가서 세조께 받은 은혜를 잊어서는 안 된다는 뜻을 먼저 말해 그들의 마음을 움직인 뒤 그 일을 말했다. 그는 노사신·윤필상은 세조의 총신이고 한치형은 왕실의 친척이므로 반드시 자신을 따를 것이라고 판단해 말한 것인데, 과연 세 사람 모두 따랐다(4.7.29계해).[95]

유자광은 "지금은 조정을 개혁하는 시기니 크게 처벌해야지 심상하게 다스려서는 안 된다"는 말로 자신의 의지를 요약하면서 사건의 확대와 엄벌을 주도했다. 그는 국왕의 전교를 직접 작성하려고 나섰으며 의금부보다 옥사를 힘써 주장했다(4.7.15기유·18임자).[96]

그러나 사건은 자신의 의도대로 전개되지 않았고, 유자광은 매우 답답해했다. 그때 그가 발견한 돌파구가 바로 「조의제문」이었던 것이다.

> 유자광은 옥사의 처벌이 점차 느슨해져 자신의 의도를 모두 이루지 못할까봐 걱정하면서 밤낮으로 단련할 방법을 모의했는데, 하루는 소매 안에서

책 한 권을 꺼내니 바로 김종직의 문집이었다. 그는 그중에서 「조의제문」과 「술주시述酒詩」를 지적해 추관推官들에게 두루 보이면서 "이것은 모두 세조를 지목한 것이니, 김일손의 죄악은 모두 김종직이 가르쳐 이룬 것"이라고 말했다. 그러고는 즉시 주석을 달고 구절마다 해석해 국왕이 쉽게 알도록 했다(4.7.29계해).[97]

즉 그는 김종직과 김일손의 연결고리를 발견함으로써 사초에 나타난 불온한 생각의 연원을 찾아냈고, 피의자들을 김종직의 제자라는 하나의 그물 안에 포획한 것이었다. 국왕은 「조의제문」에 대한 유자광의 해석에 전적으로 공감했다. "세조께서 일찍이 김종직을 불초不肖하다고 하셨는데, 김종직은 그것을 원망해 이렇게 글을 지어 기롱하고 논평한 것이다(4.7.16경술)."

이로써 그동안 다소 혼미했던 사건의 진상은 분명해졌다. 이 사건은 김종직의 문하에서 교육받은 일군의 집단이 스승의 불온한 생각을 이어받아 그들 내부에서 교류하고 확대함으로써 역사와 현실을 부정한 범죄로 규정된 것이었다. 이제 필요한 일은 그 교유의 범위, 즉 붕당의 구성원을 밝혀내는 것이었다.

신문과 진술

사건은 신속하게 진행되었다. 국왕은 "사악한 잡초(邪穢)를 깨끗이 없앨 작정"이라는 강력한 의지를 천명했고 대신들은 "성상의 하교가 지당하다"면서 전적으로 호응했다(4.7.17신해). 가장 먼저 필요한 일은 '사악한 잡초'로 표현된 관련자들의 범위를 논리적인 수사와 강압적인 자백에 의거해 확정하는 것이었다. 그 대체적인 얼개는 김종직의 제자들과 임희재가 '선인善人'이라고 표현한 사람들이었다.

김일손은 신종호·조위 등 김종직의 제자 25명의 명단을 밝혔고 (4.7.17신해),[98] 그 진술에 따라 신문이 진행되었다. 그러나 옥사의 자연스러운 현상일 것인데, 연루자들은 김종직과의 관계를 부인하거나 서로의 진술을 부정했으며 자신의 발언을 번복하기도 했다.[99]

사화의 발발에 관련된 핵심 인물 중 한 명인 이극돈의 진술도 이뤄졌다. 그는 자신이 김일손의 사초를 고치지 않고 국가에 관련된 부분에만 부표해서 아뢰었다고 해명하면서 김일손과의 개인적인 원한을 세 가지로 요약했다. 우선 성종 17년(1486) 과거에서 다른 사람들은 김일손의 제술 성적을 1등으로 매겼지만 자신만 중등으로 채점했고(그 때문에 자신이 경상도 관찰사로 나갔을 때 김일손은 부모님을 뵈러 고향에 왔지만 자신을 대면하지 않았다고 말했다), 이조판서일 때 김일손을 좋게 생각하지 않아 낭청에 추천하지 않았으며, 끝으로 지금 사초를 봉인해 보고함으로써 일이 탄로 나게 한 것이었다. 한치형·노사신·유자광 등 대신들은 이극돈의 상소가 모두 옳다고 동의하면서 "그는 이 일을 오래전부터 통분하게 여겼다"고 변호했다(4.7.19계축). 실록청에서는 홍한·신종호·표연말의 사초에도 세조에 대한 불충한 말이 있다는 사실을 추가로 보고했으며(4.7.19계축),[100] 가장 중요한 자료인 「조의제문」과 관련한 진술도 이뤄졌다.[101]

신문의 속성상 상충되거나 강압적인 부분도 적지 않았지만, 연루자들을 확정해 형량을 선고하는 최종 결론은 길지 않은 시간 안에 도출되었다. 그 결과를 살펴보기에 앞서 김종직과 그 제자들로 압축된 이 사화에 연루된 또 하나의 집단과 관련된 문제를 검토할 필요가 있다. 그 대상은 삼사다.

삼사의 연루

앞서도 삼사는 실록을 열람하려는 국왕의 행동을 저지했고, 국왕은 그들에게 '어떤 사정'이 있는 것이 분명하다는 혐의를 둔 바 있었다. 국왕의 그런 의심은 곧 확실한 증거를 얻었고, 즉각적이며 실제적인 처벌로 이어졌다. 그 계기는 김종직에게 적용할 사후死後의 형벌을 결정하는 문제였다. 「조의제문」이 발견되어 그 함의가 해석된 뒤 정문형·한치례·이극균李克均 등 거의 모든 신하들은 김종직이 지극히 부도하므로 부관참시剖棺斬屍의 극형에 처해야 한다는 데 합의했다.

그러나 이번에도 여기에 제동을 건 집단은 대간이었다. 집의 이유청과 사간 민수복閔壽福 등은 「조의제문」이 매우 부도하므로 김종직은 참시해도 부족하다고 전제했지만, 이미 죽었으므로 작호를 추탈하고 자손을 폐고廢錮시키는 정도에서 그치는 것이 어떻겠느냐는 의견을 아뢴 것이다. 앞서와 비슷하게, 대간의 기본 입장은 감정에 휩쓸리지 말고 법률에 충실한 판견을 내려야 한다는 취지였을 것이다.

그러나 연산군은 이런 대간의 태도를 앞서 의심했던 '어떤 사정'의 확실한 증거로 받아들였다. 그는 대간의 상소에 표시를 달아 대신들에게 보이면서 "김종직의 대역이 이미 나타났는데도 이렇게 논의하니 비호하려는 것이 분명하다"고 대노했고, 즉시 체포해 국문하라고 지시했다. 『연산군일기』는 그때의 돌발적인 상황을 실감나게 묘사했다.

> 이때 재상들과 대간·홍문관원이 모두 자리에 앉아 있었는데, 갑자기 나장羅將 10여 명이 철쇄鐵鎖를 가지고 한꺼번에 달려드니 재상 이하 놀라 일어서지 않는 사람이 없었다. 이유청 등은 형장 30대를 맞았는데 모두 다른 뜻은 없었다고 공초했다(4.7.17신해).[102]

이것은 이 사화에서 삼사가 직접 처벌된 최초의 사례라는 측면에서 매우 주목할 만하다. 나흘 전 실록의 열람에 반대했을 때와 마찬가지로 이때도 대간은 이미 사망한 사람이므로 극한의 추죄追罪는 불필요하다는 원칙론적인 입장을 제출한 것이었다. 그러나 연산군은 바로 그런 태도를 삼사가 김종직 일파와 붕당으로 연결되어 비호하려는 확증으로 파악했다.

국왕은 대간과 김종직 일파의 관련성을 확인해주는 사례를 하나 더 찾아냈다. 김일손이 김종직의 제자라고 밝힌 이주가 간관일 때 "성종은 나의 임금인데 어떻게 성종을 지하에서 뵙겠는가"라고 말한 일을 기억하고, 그를 대간과 함께 문초하라고 지시한 것이다(4.7.17신해). 이것은 대간과 김종직 일파를 직접 연결시킨 중요한 사례였다.

하옥된 대간에 대한 국문도 진행되었다. 이유청·민수복 등은 망령된 의견을 올렸으나 다른 사정은 없었다고 해명했지만, 국왕은 인정하지 않았다. "대간이 큰일을 이렇게 의논하면 어찌 옳다고 하겠는가. 형장 신문을 해야 마땅하다(4.7.21을묘)."

이 사건을 계기로 사화의 주요한 처벌 대상은 김종직 일파와 삼사라는 두 부류로 좁혀졌다. 그들의 공통된 죄목은 서로 붕당을 맺어 그릇된 발언과 기록을 남겼다는 것이었다. 연산군은 이 계기를 이용해 그동안 불만스러웠던 대간의 행태를 일소하려는 의지를 보였다. 이전에도 그는 "젊은 선비는 일을 잘 처리하지도 못하면서 과격한 말만 많이 하니 삼사에는 그런 사람을 임명하지 말라"고 지시한 바 있었지만(3.6.14갑신; 3.7.29 무진), 이번에는 대간의 임무와 선발 지침을 좀더 구체적으로 하교한 것이다(이 사료는 나이와 관직, 그리고 발언의 성향이 상당히 밀접한 관계를 갖고 있음을 보여주는 흥미로운 사례이기도 하다).

> 대간이 일을 논의할 때는 말해야 하는 것도 있지만 말해서는 안 되는 것도 있다. 이제 대간을 뽑을 때는 대체를 아는 자를 선발해야 하며, 이전의 대간처럼 불초하거나 연소한 자들은 절대 임명하지 말라. 나이가 많더라도 사체事體를 모르는 자도 등용할 수 없다. 이 뜻을 전조에 알리도록 하라(4.7.24무오).[103]

나아가 국왕은 국무에 관련된 발언과 기록 전체를 통제하려고 시도했다. 그동안 그가 가장 불만스러워했고, 따라서 가장 이루고 싶어한 목표는 아마도 바로 이것이었을 것이다. 연산군은 승정원에서 출납하는 공사公事를 누설해서는 안 된다고 승지들에게 하교했으며, 기록을 맡은 주서청注書廳에는 조정 관원들이 번잡하게 출입해 모든 공사를 알게 되니 앞으로는 출입을 금지시키라고 지시했다. 사관은 이 조처가 나랏일을 비판한 김일손의 행태를 연산군이 대단히 싫어했고, 외부인들이 김일손에 관련된 일을 알지 못하게 하려는 의도에서 나온 것이라고 해석했다(4.7.26경신).

요컨대 김일손과 김종직의 불온한 문서에서 촉발된 사화에는 삼사도 적지 않게 연루된 것이었다. 전자의 죄목은 사제관계를 매개로 현실과 역사에 반역죄를 저질렀다는 것이었고, 후자는 그런 그들과 붕당을 맺어 비호하려 했다는 것이었다. 즉 그들의 공통된 죄목은 붕당과 능상이었다. 국왕은 이 사화를 계기로 삼사의 행동을 교정하고 새로운 선발지침을 하교함으로써 그동안 가장 불만스러웠던 집단을 자신의 의도와 부합되게 바꾸려고 시도했다. 이런 측면은 사화의 마지막 단계인 연루자들의 처벌에서도 다시 확인할 수 있다.

연루자들의 처벌

처벌은 신속하게 집행되었다. 우선 김종직의 문집과 그 판본을 전국에서 수거해 소각했다(4.7.17신해). 특히 중앙에서는 조정 관원들이 갖고 있던 김종직의 문집을 모두 압수해 궁궐의 뜰에 죄수들을 모아놓고 불태우는 '의식'이 거행됐다(4.7.22병진·23정사).[104]

연루자들의 형량은 곧 결정되었다(4.7.26경신). 대상은 모두 51명이었는데, 사형 6명(11.8퍼센트), 유배 31명(60.8퍼센트), 파직·좌천 등이 14명(27.5퍼센트)으로 분류되었다(아래 내용은 〈표 7-1〉 및 〈7-2〉 참조). 이런 실제의 형량은 조선 최초의 사화라는 거대한 상징성과는 일정한 거리가 있다고 볼 수 있다. 특히 가장 무거운 형벌인 사형이 6명에 지나지 않는다는 사실(사후에 처벌된 김종직을 제외하면 그 비율은 더욱 줄어든다)은, 앞서 말한 대로, 이 사화가 상당히 제한적인 숙청을 통해 배후의 전체에게 상징적인 경고를 보내려는 심층적 의도를 지닌 사건이었다는 판단의 중요한 논거가 될 것이다.

피화인들의 구성 또한 유의할 만하다. 그들 중에서 김종직과 직간접적으로 연관된 인물은 24명(47.1퍼센트)으로 절반에 약간 못 미쳤으며, 나머지는 언관(9명, 17.6퍼센트)이나 실록의 편찬에 관련된 부류(8명, 15.7퍼센트), 또는 대신과 종친들이었다(11명, 21.6퍼센트. 대신에는 안침·어세겸·유순·윤효손·이극돈·홍귀달 등이 포함되었다. 이 사화의 주요한 기획자로 평가되는 이극돈도 파직되었다는 사실은 매우 흥미롭다). 즉 무오사화의 피화인에서 김종직 일파는 가장 큰 비중을 차지했지만 절반을 넘지 않았으며, 전체적으로는 그들과 무관한 부류가 오히려 더욱 많았던 것이다. 이런 측면 또한 이 사화의 표면적인 요인과 처벌 대상은 사초와 김종직 일파였지만, 그 내면적인 의도는 다른 부분에 있었음을 보여주는 중요한 방증이 될 것이다.

자연스러운 행동이지만, 연산군은 자신의 치세에 발생한 첫 옥사를 엄중한 경고의 표시로 삼으려고 했다. 그는 이런 죄악은 발설하기조차 어려우니 통렬히 다스려 뒷사람들이 경계하도록 해야 한다면서 김일손 등을 벨 때는 모든 신하들이 가서 보게 하되, 보기를 꺼려 고개를 돌리거나 얼굴을 가리거나 불참하는 자는 적발해 엄중히 다스리겠다고 밝혔다(4.7.26경신).

국왕은 신령과 사람이 모두 감동할 만한 교서를 짓게 한 뒤 죄인을 처단한 사실을 종묘사직에 알리고 대사령大赦令을 내렸다(4.7.27신유). 또한

〈표 7-1〉 무오사화 피화인 분석표(Ⅰ)[105]

번호	이름	형량	분류	문과	참고 사항
1	강겸姜謙	유배	김종직 일파	성종 11년(1480)	사형에서 감형
2	강백진康伯珍	유배	〃	성종 8년(1477)	-
3	강혼姜渾	유배	〃	성종 8년(1477)	-
4	권경유權景裕	사형	〃	성종 16년(1485)	-
5	권오복權五福	사형	〃	성종 16년(1486)	-
6	김굉필金宏弼	유배	〃	-	-
7	김일손金馹孫	사형	〃	성종 16년(1486)	-
8	김전金詮	파직	〃	성종 19년(1489)	-
9	김종직金宗直	사형(死後)	〃	세조 5년(1459)	-
10	박한주朴漢柱	유배	〃	성종 15년(1485)	-
11	신종호申從濩	고신삭탈	〃	성종 11년(1480)	-
12	유순정柳順汀	처결 중	〃	성종 17년(1487)	-
13	이계맹李繼孟	유배	〃	성종 19년(1489)	-
14	이목李穆	사형	〃	연산 1년(1495)	-
15	이원李黿	유배	〃	성종 19년(1489)	-
16	이종준李宗準	유배	〃	성종 15년(1485)	-
17	이주李胄	유배	〃	성종 18년(1488)	-
18	임희재任熙載	유배	〃	연산 4년(1498)	-
19	정석견鄭錫堅	파직	〃	성종 5년(1474)	-
20	정여창鄭汝昌	유배	〃	성종 20년(1490)	-
21	조위曺偉	유배	〃	성종 5년(1474)	-
22	최부崔溥	유배	〃	성종 12년(1482)	-
23	표연말表沿沫	유배	〃	성종 3년(1472)	-
24	허반許磐	사형	〃	연산 4년(1498)	-
25	민수복閔壽福	유배	언관	성종 15년(1485)	사간
26	박권朴權	유배	〃	성종 23년(1492)	정언

27	손원로孫元老	유배	〃	성종 8년(1477)	헌납
28	신복의辛服義	유배	〃	성종 12년(1481)	지평
29	안팽수安彭壽	유배	〃	성종 23년(1492)	지평
30	유정수柳廷秀	유배	〃	성종 14년(1483)	장령
31	이유청李惟淸	유배	〃	성종 16년(1486)	집의
32	이창윤李昌胤	유배	〃	성종 23년(1492)	정언
33	조형趙衍	유배	〃	성종 5년(1474)	장령
34	강경서姜景敍	유배	실록	성종 17년(1486)	-
35	성중엄成重淹	유배	〃	성종 25년(1494)	-
36	윤효손尹孝孫	파직	〃	단종 1년(1453)	-
37	이수공李守恭	유배	〃	성종 18년(1488)	-
38	이륙李陸	고신삭탈	〃	세조 10년(1464)	-
39	정승조鄭承祖	유배	〃	성종 25년(1494)	-
40	정희량鄭希良	유배	〃	연산 1년(1495)	-
41	홍한洪澣	유배	〃	성종 15년(1485)	-
42	안침安琛	좌천	기타	세조 12년(1466)	-
43	어세겸魚世謙	파직	〃	세조 2년(1456)	-
44	유순柳洵	파직	〃	세조 8년(1462)	-
45	이극돈李克墩	파직	〃	세조 3년(1457)	-
46	이의무李宜茂	장형과 노역	〃	성종 7년(1477)	-
47	이총李摠	유배	〃	-	종친(茂豊正)
48	조익정趙益貞	좌천	〃	세조 11년(1465)	-
49	한훈韓訓	유배	〃	성종 25년(1494)	-
50	허침許琛	좌천	〃	성종 6년(1475)	-
51	홍귀달洪貴達	좌천	〃	세조 7년(1461)	-

〈표 7-2〉 무오사화 피화인 분석표(II)

	형량			합계
	사형	유배	기타	
김종직 일파	6(11.7)	14(27.5)	4(7.8)	24(47.1)
언관	0(0.0)	9(17.6)	0(0.0)	9(17.6)
실록	0(0.0)	6(11.8)	2(3.9)	8(15.7)
기타	0(0.0)	2(3.9)	8(15.7)	10(19.6)
합계	6(11.7)	31(60.8)	14(27.5)	51(100.0)

사건을 담당한 추관들을 후히 포상하고, 김종직·김일손 등의 사초를 모두 불태우게 했으며, 의정부·육조·승정원·삼사에 이르는 대대적인 인사를 단행했다(4.7.28임술).

그 뒤에도 연루된 인물들이 고발되어 추가로 처벌되기도 했지만,[106] 이로써 무오년의 사화는 상당히 짧은 시간 안에 제한된 인원을 숙청하면서 마무리된 것이었다. 김종직 일파의 붕당과 능상이 가장 큰 원인이었지만 그들과 무관한 부류가 오히려 더 많이 연루되는 의외의 결과를 도출한 이 사건의 본질은 다시 한번 신중히 분석해볼 필요가 있다.

사화의 분석

사화의 조짐은 그것이 일어나기 1년 전쯤부터 감지되었던 것 같다.

단편적인 사례지만, 연산군 3년 8월 4일(계유) 시강관 이과李顆는 "요즘 주상께서는 대간의 말을 듣지 않을 뿐 아니라 처벌까지 하시니 앞으로 대간을 죽이는 일이 있지 않을까 두렵다"고 말했다.

즉위 직후부터 삼사와 끊임없이 충돌해온 연산군은 재위 4년에 접어들면서 문제의 심각성을 더욱 강하게 토로했다. "대간의 의견만 따르면 권력이 그들에게 귀속되어 나라의 위망이 즉시 이를 것이다(4.2.11정축)." 이런 인식의 결과 국왕은 "신하가 임금을 이기려는 풍조가 이미 이뤄졌다"고 판단하게 되었고(4.6.1병인), 꼭 한 달 뒤 주요 대신들과 함께 옥사를 일으킨 것이었다.

조선의 역사에서 가장 유명하고 중요한 사건의 하나일 무오사화는 당시부터 지금까지 많은 관심이 집중되어 풍부한 연구 성과가 도출되었다. 개괄하면 대체로 전근대에는 붕당을 결성해 역사와 현실에 역모적 불만을 공유하고 표출했던 김종직과 그 제자들을 국왕과 주요 대신들이 숙청한 사건으로 파악되었다. '사화史禍'라는 명명이 보여주듯, 그때 지적된 옥사의 가장 중요한 원인은 불온한 사초였다.

현대의 심화된 연구들은 이 사건의 내면을 좀더 깊이 있게 분석했다. 한국사의 중요한 통설을 형성하고 있는 그 이론은 기화의 주역들을 '훈구 세력'으로 파악하고 김종직 일파를 그들과 정치·경제·사회·사상 등 거의 모든 측면에서 상반된 배경을 갖고 새로이 대두한 '사림 세력'으로 평가하면서, 이 사건의 본질은 그런 상반된 두 정치 세력의 충돌이었다고 해석했다.[107]

이런 전통적 견해와 현대적 해석은 모두 경청할 만하며, 사건의 본질에 다가간 측면도 많다고 여겨진다. 그러나 이 사건의 좀더 근본적인 요인과 결과는 언론기관의 활동과 관련된 것이었다고 판단된다.[108] 사화가 마무리된 뒤 『연산군일기』에서는 그 전말을 자세하게 정리하고 평가했는데(4.7.29계해), 그 내용은 이 사화의 본질을 이해하는 데 매우 중요하다. 다소 길고 앞서 인용한 사료와 겹치는 내용도 있지만, 중요한 부분을 발췌하면 다음과 같다.

> (유자광과 김종직, 이극돈과 김일손 사이의 개인적 원한을 서술. 이극돈과 어세겸이 김일손의 사초 문제를 상의하자―인용자) 유자광은 팔을 내두르며 "이것이 어찌 의심해 머뭇거릴 일입니까?"라고 말하면서 즉시 노사신·윤필상·한치형에게 가서 세조의 은혜를 상기시키면서 설득하니 세 사람이 모두 따랐다. 그런 뒤 유자광은 차비문差備門 안으로 들어가 도승지 신수근을 불러내 오랫동안 귓속말을 나눴으며, 신수근은 주상께 아뢰었다. 앞서 신수근이 승지가 될 때 대간과 홍문관은 외척이 권력을 얻는 조짐이라고 강력히 반대했는데, 신수근은 그것을 마음에 품고 항상 사람들에게 "조정이 문신의 손아귀에 있으니 우리는 무슨 일을 하겠는가"라고 말했다.
>
> 이때에 이르러 많은 사람의 원망이 서로 뭉치고, 임금도 포악해 학문을 좋아하지 않았으며 문사들을 더욱 미워했다. 주상은 "명예를 노리고 윗사람을 업신여기며 나를 자유롭지 못하게 하는 것은 모두 이 무리들"이라고 말하면서 항상 울분에 차 즐거워하지 않았는데, 한번 시원하게 풀려고 했지만 손대지 못하다가 유자광 등의 보고를 듣고는 국가에 충성하는 것으로 생각해 특별히 우대하면서 남빈청南賓廳에서 죄수를 국문하라고 명령했다. (…) 유자광은 옥사를 자임했으며 (…) "지금은 조정을 개혁하는 때니 대대적으로 처단해야지 심상하게 다스려서는 안 된다"고 호언했다. (…)

유자광은 옥사의 처벌이 점차 느슨해져 자신의 의도를 모두 이루지 못할까 봐 걱정해 밤낮으로 단련할 방법을 모의했는데, 하루는 소매 안에서 책 한 권을 꺼내니 바로 김종직의 문집이었다. 그는 그중에서 「조의제문」과 「술주시」를 지적해 추관들에게 두루 보이면서 "이것은 모두 세조를 지목한 것이니, 김일손의 죄악은 모두 김종직이 가르쳐 이룬 것"이라고 말했다. 그러고는 즉시 주석을 달고 구절마다 해석해 국왕에게 쉽게 알도록 했다. (…) 이것은 함양咸陽의 원한에 대한 보복이었다.

유자광은 국왕의 분노를 틈타 일망타진할 계획을 세웠는데 (…) 좌우의 사람들은 모두 침묵을 지켰지만 노사신은 손을 내저으며 제지했다. "무령군은 어떻게 이런 말까지 하시오? 그대는 당고黨錮의 일을 듣지 못했소? (…) 청론淸論하는 선비는 조정에 있어야 마땅하오. 청론이 없어지는 것은 나라의 복이 아니거늘 무령군은 어찌 이렇게 그릇된 말을 하시오?" (…) 유자광은 노사신의 말을 듣고 조금 저지되기는 했지만 그래도 자신의 뜻을 통쾌하게 풀지 못해 조금이라도 옥사에 연루된 사람은 끝까지 다스리려고 했다. 그러자 노사신은 "당초 우리가 아뢴 것은 사초의 일 때문이었지만 지금은 곁가지로 뻗어나가 사초에 관계되지 않은 사람들도 날마다 많이 갇히고 있으니 우리의 본의가 아니지 않은가?"라면서 저지했다. 유자광은 달가워하지 않았다. 죄목을 확정하는 날 노사신의 의견만이 달랐다. (…) 국왕은 유자광 등의 의견을 따랐다(4.7.29계해).[109]

이 사료는 여러 가지 중요한 사실을 알려준다. 가장 먼저 국왕과 주요 대신들은 당시의 정치 상황에 매우 커다란 불만을 이미 공유하고 있었으며, 그것을 근본적으로 해소하려는 욕망과 필요를 절실히 느끼고 있었다는 사실이다. 그들은 그런 문제를 일거에 해결할 만한 기회와 명분을 노리고 있었다.

그런 문제의 원인으로 지목된 대상은 누구였는가. 위에서 보듯 그 집단은 사화 이전부터 "많은 사람의 원망을 뭉치게 하고 국왕을 항상 울분에 차 즐겁지 않게" 만들어왔다. 김종직 일파는 문건이 발견된 이후 그런 집단과 합치되는 부류로 지목된 것이지, 그 이전에는 실체가 드러나지 않은 것이었다. 그 집단은 "명예를 노리고 윗사람을 업신여기며 국왕의 행동을 제어하는 문신(또는 문사)들"이었다.

그들의 실체를 알려주는 중요한 단서는 우선 신수근이 기화에 참여하게 된 동기에서 찾을 수 있다. 유자광과 이극돈은 김종직·김일손에게 깊은 개인적 원한이 분명히 있었지만, 신수근은 그렇지 않았다. 그가 증오한 대상은 자신의 출세에 반대한 삼사였다. 즉 신수근은 사초 문제를 들으면서 원한스럽게 새겨두었던 삼사의 지난 행동을 떠올렸던 것이다.

사화의 확대에 유일하게 반대한 노사신의 발언도 중요하게 음미할 필요가 있다. 그는 사초 문제로 촉발된 사건이 유자광의 주도로 사초와 무관한 사람들까지 대거 투옥되는 사태로 번지자 그런 변질을 강력하게 저지했다. 그가 보호하려던 부류는 "조정에서 청론하는 선비들", 즉 언관이었다.[110]

앞서 피화인의 구성에서도 언관의 비율이 작지 않았지만, 이 사화에 삼사가 중요하게 연루되었다는 정황은 연산군과 대신들의 발언에서도 유추할 수 있다. 사화를 마무리한 직후 국왕은 그 사건의 궁극적인 원인과 책임을 대간에게 돌렸다. "선비들이 결탁해 붕당을 만들어 악행을 저질렀지만, 대간이 용렬해 탄핵하지 못했기 때문에 최초의 사건이 발생한 것이다(4.8.3병인)." 그러면서 그는 그 결과 대간이 처벌되었다는 사실을 경고하듯이 상기시켰다. "요즘 대간이 망령되게 종묘사직의 중대사를 의논하다가 그 죄를 받았다(4.8.7경오)." 즉 연산군은 그동안 거의 모든 국사에 개입해온 삼사가 정작 김종직 일파의 역모적 사건처럼 진정으로 중요한 문제는 적발하지 못했거나 그들을 옹호하려는 그릇된 붕당의 행태를 보였기 때문에 이런 옥사가 일어날 수밖에 없었으며 주요한 처벌 대상이 되었다고 밝힌 것이었다.

사건 직후 부처付處된 대간을 석방하는 문제도 같은 맥락에서 이해할 수 있다. 정문형·한치형·성준 등 대신들은 "(언관들이-인용자) 죄는 크지만 모두 조급해 잘못 생각한 것이니 용서하자"고 건의했으며(4.11.10 임인), 사건 1년여 뒤 영의정 윤필상 등 삼정승도 "무오사화 때 대간이 잘못된 의견을 아뢴 죄로 처벌되었지만 다른 뜻은 없었으니 용서하자"고 건의함으로써 이 사화로 언관들이 상당한 타격을 입었다는 사실을 인정한 것이다(5.10.7계사).

끝으로, 김종직 일파와 삼사를 '사림 세력'으로 분류하고 그들을 '훈구 세력'과 모든 측면에서 상반되는 집단으로 평가하는 현재의 통설이 지닌 논리적인 타당성을 검토할 필요가 있다. 그동안 많은 의견이 제시되었지만,[111] 이와 관련해서 전체적으로 고려할 사항은 전근대 한국사회의 강고하고 조밀한 혈연·가문적 유대와 지속성, 그리고 그 기반 위에서 운영되어온 제반 체제라고 생각한다. 지금까지도 중요한 의미를 지니고 있는 방대한 족보와 자세한 보학譜學이 웅변하듯이, 조선시대의 가문의식은 매우 투철했다. 하나의 가정이지만, 조선후기의 사림 세력이 조선전기의 저명한 훈구대신을 조상으로 두었을 경우 그는 그 조상

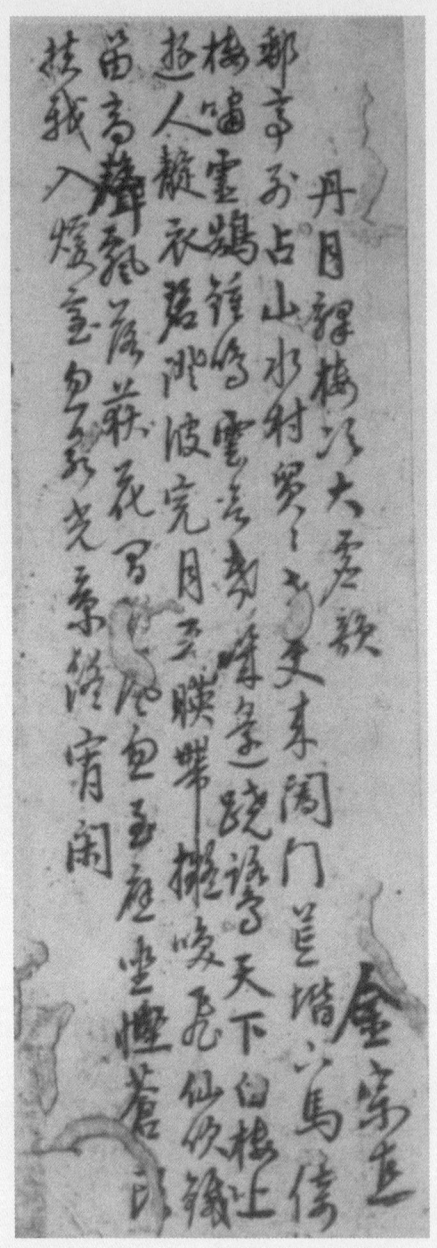

김종직 글씨

단월역은 충주 남쪽 10리에 있는 역참이며, 계월루는 그곳의 정자다. 대허는 김종직의 처남 조위曺偉 (1454~1503)다. 그는 본관이 창녕이며 호는 매계梅溪로 도충지·충청도 관찰사까지 역임했지만 무오사화로 피화되어 의주로 유배되었다가 순천에서 사망했다. 김종직이 언제 어떤 경위로 이곳을 방문해서 이 시를 지었는지는 정확치 않지만, 늦가을인 10월 15일에 지었다는 원제의 분위기가 잘 나타나 있는 작품이다. 『점필재집』 권 17에 실려 있다. 사진 자료는 국사편찬위원회 소장.

단월역 계월루에서 대허의 운을 따서 짓다 丹月驛溪月樓次大虛韻

깊은 산속 외딴 객사에 드니	郵亭別占山水村
무식한 늙은 아전이 문을 여네	貿貿老吏來闢門
황량한 계단 말을 내려 누각 기대 읊으니	荒階下馬倚樓嘯
영곡사의 종이 울리고 구름은 어두워지네	靈鵠鍾鳴雲欲昏
물가에서 발돋움하는 백로는 참으로 희고	磯邊跂鷺天下白
누각 위의 노는 사람 쪽빛 옷은 푸르구나	樓上遊人靛衣碧
맑은 물결 둥근 달 서로 비추니	澄波完月互映帶
하늘 나는 신선 불러 쇠피리를 불게 하고 싶지만	擬喚飛仙吹鐵笛
갈대 물가에 가을 소리 스산히 떨어지고	商聲飄落荻洲間
돌개바람 갑자기 부니 그저 앉아 있을 수밖에	顚風忽至應坐慳
사내종이 따뜻한 방으로 나를 부축해 들어가니	蒼頭扶我入暖室
문득 세상 풍경 밤새도록 한적해졌네	忽敎光景終宵閑

과 거의 전적으로 상반되는 정치·경제·사회·사상적 배경을 지녔으며, 나아가 그 조상의 여러 행동을 도덕적인 측면에서 비판하거나 부끄럽게 생각했을 것인가. 그 조상이 반역과 같은 결정적인 과오를 저질렀다면 그럴 수도 있겠지만, 그렇지 않다면 고관에 오르고 공신에도 책봉되는 뛰어난 경력을 지닌 자신의 조상에 대해서 그 후손들은 조상에게 일정한 흠결이 있다고 해도 자랑스러워했으리라는 것이 더 합리적인 판단일 것이다. 조선전기의 '훈구-사림' 문제는 이런 측면을 충분히 고려해야만 보다 공정하고 합리적인 인식에 도달할 수 있다고 생각한다.[112]

이 사화와 연관된 부분으로 논의를 좁히면, 우선 '사림 세력'의 종장宗匠으로 평가되는 김종직의 정치적 행보와 경제적 상황, 사상적 지향, 문학적 태도 등 여러 실질적인 면모가 '훈구 세력'과 더욱 많은 유사성을 지니고 있다는 지적을 유념할 필요가 있다. 가장 대표적인 사례는 김종직의 문집이 처음 간행되었을 때는 한명회 등 훈구대신들을 칭송하는 글들이 실려 있었지만 후대에는 그것이 삭제되었다는 사실이다. 이처럼 그의 '사림적' 면모가 상당한 분식粉飾이 더해져 재구성되었다는 측면은 현재의 이분적 통설 또한 당시의 부분적 사실만을 지나치게 강조했을 가능성을 알려주는 선례적先例的 징후가 될 것이다.[113] 그 밖에도 대표적인 '훈구 세력'의 한 사람인 이극균이 대표적인 '사림 세력'의 일원인 김굉필을 천거했다는 사실이나[114] 강희맹姜希孟이 정성근의 능력과 효성을 높이 평가한 일[115] 또한 비슷한 문제점을 상징적으로 보여주는 사례로 제출할 수 있다.

요컨대 무오사화는 김종직 일파와 삼사라는 두 집단을 동시에 처벌하고 경고한 복합적인 사건이었다. 치세 직후부터 삼사와 끊임없이 충돌해온 국왕과 주요 대신들은 자신들의 자유로운 권력 행사가 제한되는 이런 모순된 상황을 타개해야 할 필요성과 당위성을 절감하고 있었다. 김일손의 사초가 발견된 것은 바로 그 시점이었다. 기화 세력은 김종직 일파와 삼사를 능상과 붕당이라는 공통된 죄목으로 연결시켰고, 그런 절묘한 논리를 현실적 숙청으로 반영시키는 데 성공했다. 사화의 발발에 동의한 신수근의 행동과 처벌의 확대에 반대한 노사신의 판단은 그런 전개 과정을 입증하는 중요한 증거가 될 것이다.

　이처럼 치밀하고 정교한 정치적 고려와 행동을 구사한 기화 세력은 이 사화를 전면적인 숙청으로 연결시키지 않고 제한적이며 상징적인 경고로 마무리했다. 물론 그런 경고의 궁극적인 대상은 이 사건의 심층적이며 본질적인 원인인 삼사였다. 삼사의 그릇되고 과도한 언론활동을 교정해야 한다는 공통된 목표 아래 서로 제휴한 국왕과 대신들은 이로써 의미 있는 일차적 성과를 거두었다. 그러나 국왕과 신하라는 본질적 차이상 그들의 궁극적인 목표는 서로 다를 수밖에 없었다. 특히 삼사를 일단 제압한 연산군이 개인의 성향을 점차 노골적으로 드러내기 시작하면서 그 괴리는 더욱 커졌고, 정치 세력의 상호관계와 정국의 전개 양상도 크게 변화했다. 이런 과정의 최종 결과는 갑자사화라는 더 큰 파국이었다.

제3장

왕권의 일탈과 갑자사화

연산군 5~10년

1. 왕권의 자의적 행사

삼사의 위축

무오사화 이후 중앙 정치 세력의 위상과 관계가 변화한 것은 당연한 결과였다. 가장 먼저 나타난 변화는 삼사가 상당히 위축된 것이었다. 이런 상황은 국왕과 대신의 권력이 그만큼 팽창하고 자유로워졌다는 것과 같은 의미였다.[1] 사화 직후 "지금 관대한 은혜를 베푼 조처에 대해 감히 그르다고 하는 자는 가만두지 않고 반드시 처벌하겠다"고 연산군이 호언하자 지평 정인인鄭麟仁은 아무 말도 못 하고 물러갔다거나(4.7.29 계해), 이처럼 국왕이 대간을 날로 심하게 제압하자 모두 그 관서에 임명되기를 꺼려 결국 유순하고 나약한 성품을 가진 김영정金永貞이 대사헌에 발탁되었다는 기사(4.11.10임인)는 그런 정황을 잘 보여준다. 연산군은

"오늘에야 대간이 있음을 알게 되었다"면서 이런 변화에 흡족해했다 (4.7.15기유).

이처럼 사화 이후 일단 삼사가 상당히 순치馴致됨으로써 그동안 그들의 반대로 행동을 제약받아온 국왕과 대신들은 자신들의 정치적 구상을 한결 자유롭게 실현할 수 있었다. 그러나 그 결과가 유례없는 파국인 갑자사화였다는 점에서 그런 실천의 과정과 방법은 순조롭지도 정당하지도 않았다고 평가할 수 있다. 그렇게 된 가장 큰 원인은 국왕의 일탈이었다.

재위 중반 강력해진 왕권을 갖게 된 국왕이 그런 권력을 가장 집중적으로 행사한 분야는 정치나 제도의 개혁 같은 본질적인 문제가 아니라 사치·사냥·연회·음행 같은 비정치적이며 비본질적인 사안들이었다. 좀더 정확히 말하면 연산군은 후자와 관련된 자신의 욕망을 제한 없이 실현하는 것이 바로 능상의 척결을 통한 전제적인 왕권의 행사라는 자신의 궁극적 목표를 달성하는 관건이라고 판단했다. 지역과 시대를 막론하고 대부분 그렇지만, 뛰어난 지도자와 그렇지 못한 지도자를 구분하는 가장 중요한 기준의 하나가 본질적 사안과 비본질적 사안을 정확히 구분해 인력과 재원을 효과적으로 집중시키는 능력이라고 한다면, 이런 중대한 판단 착오는 연산군을 폭군으로 평가할 수밖에 없는 핵심적인 논거가 될 것이다.

정치적 사안은, 극도의 폭정을 제외하면, 대체로 찬반의 양론이 대립하지만 무오사화 이후 연산군이 집중한 일들은 긍정적으로 볼 여지가 대단히 희박한 것들이었다. 따라서 그동안 국왕에게 동조해온 대신들도 왕권의 자의적恣意的 행사를 비판하게 되었고, 그 결과 정치 세력의 협력관계는 대신과 삼사가 가까워지고 국왕이 고립되는 형태로 변모해갔다. 제한적이며 상징적인 공격이었던 무오사화와 달리 갑자사화가 대신과 삼사를 아우른 신하 대부분에 대한 국왕의 무차별적인 숙청으로 귀결된 까닭은 이런 정치적 지형의 재편에서 비롯된 결과였다.

방금 지적했듯이 치세 중반 이후 연산군은 자신의 왕권을 점차 자의적으로 행사하기 시작했다. 그가 걸었던 길은 유사 이래 대부분의 폭군이 밟았던 경로와 비슷했다. 그는 진상進上을 증가시켜 사치에 탐닉했고, 사냥·연회·음행 같은 유희에 몰두했으며, 당연히 정무에는 그만큼 소홀해졌다. 이런 문제들은 대체로 재위 8~9년부터 본격화되었다가 갑자사화 이후는 그야말로 황음荒淫의 수준으로 증폭되어 폐위될 때까지 지속되는 흐름을 보였다. 이것들은 서로 상승작용을 일으키면서 궁극적으로 국가 경제의 파탄을 가져왔다. 여기서는 우선 갑자사화 이전까지의 관련 사항들을 검토하기로 하겠다.

사치의 증가

먼저 사치의 증가를 살펴보면, 연산군의 소비는 재위 초반부터 상당히 심각했던 것으로 보인다. 악의적인 과장을 어느 정도 감안해야겠지만, 성종 때는 가득 찼던 국고가 연산군의 절제 없는 사치 때문에 재위 3년 만에 비었다는 기록은 그런 정황을 직설적으로 전달하고 있다(3.3.16무오; 3.4.14을유).[2]

연산군의 사치는 무오사화 이후 본격화되어 재위 8년 무렵 급격히 팽창했다. 우선 7년까지 관련 사항을 살펴보면, 재위 초반부터 커져간 자신과 왕실의 씀씀이를 충당하기 위해 연산군이 집중한 부분은 공안貢案을 확대하는 것이었다. 그러나 그런 시도는 신하들의 일치된 반대로 일단 무산되었다. 대간은 월령月令 외의 진상은 불가하며(2.11.20계해) 세조 대 이후 40년 넘게 폐단 없이 시행된 공안을 늘리는 것은 부당하다고 반대했다(3.10.26갑오). 윤필상·노사신 등 대신들도 대간의 의견에 동조하면서 용도에 부족하면 그때 가서 다시 논의하자고 건의했다. 신하들의 일치된 반대에 부딪친 연산군은 일단 그 의견을 받아들였다(3.11.3경자·4신축).

자연스러운 일이겠지만, 진상이 본격적으로 늘어난 시점은 삼사를 일단 제압한 무오사화 이후였다. 연산군은 화급함을 표시한 인장을 사옹원司饔院에 비치해 공상供上을 독촉하는 데 사용하고(4.10.30임진) 송이를 채취하러 경기도에 파견된 내관에게 말을 지급하는 등 각종 편의를 제공하라고 지시했다(5.7.25계미).

이런 어명의 결과 재위 중반 진상의 품목과 수량은 크게 증가했다. 주요한 물품만 살펴보면 독수리 깃털[鷲羽]·화살깃[箭羽](총 1만6000개), 소목蘇木(1000근), 개가죽[熟狗皮](10장)·소가죽(5장)·자촉刺燭(300자루), 능주綾紬(1필)·수주水紬(20필)·당분糖粉(2근), 공작 날개, 흰고래 수염[白鯨鬚](20개), 살아 있는 수달水獺·살쾡이·여우, 공작 날개, 감자柑子, 백청밀白淸蜜(40말), 소라로 만든 술잔[螺杯](300~400개), 수달 가죽(300장), 산호 갓끈(20개)[3]·소목(3000근)·당귀 뿌리(30석), 검은 말발굽[黑馬蹄](200개), 구급주救急酒(100병), 침향沈香·금대金帶, 벌통(30개) 등이었다.[4]

생선과 육포(노루·사슴)는 희귀해 진상하기 어려운데도 궁궐의 각종 잔치에 사용하려는 목적으로 각각 7000여 미尾와 9000여 접이나 징수했으며(5.3.27병술), 여러 왕대에 걸쳐 비축한 의영고義盈庫의 후추와 제용감濟用監의 소목도 당시 궁궐에서 마구 사용해 소진되었다(6.10.27무신). 물품을 운반하는 과정에서 발생한 폐단도 적지 않아서 상의원尙衣院·제용감·의사醫司에서 무역하는 포목 4800여 필을 도성에서 압록강까지 수운水運케 해 백성들이 괴로워했으며(6.2.12병신) 조운선漕運船도 많이 침몰했다(7.8.9갑인).

앞서 말했듯이 궁궐의 소비에 충당된 이런 진상의 증가는 자연히 국가 재정의 악화와 민생의 부담으로 이어졌다. 좌의정 한치형, 우의정 성준 등 의정부 대신들의 보고에 따르면 연산군 4년의 경우 횡간橫看 이외의 별용 물품은 쌀과 콩[米豆]이 2900여 석, 면포 3600필, 정포正布 1900여 필, 기름과 꿀[油蜜] 90여 석이었으며 기타 비용은 헤아리기도 어려운 실정이었다(5.3.27병술). 그 결과 이듬해 국가의 1년 예산은 세입(20만5584석 14두)보다 세출(20만8522석 1두)이 많았다(5.10.26임자).[5]

연산군의 사치와 그 결과 수반된 재정 악화는 재위 8년부터 더욱 심각해졌다. 특히 연산군 8~9년에는 대규모의 가뭄·홍수·질병 등으로 민생과 국가 경제가 큰 타격을 받았다는 사실을 감안하면, 이 시기 경제와 관련한 국왕의 방종은 더욱 무책임하고 해로웠다고 할 수 있다. 연산군 8년의 가뭄은 그 이전의 대표적인 사례로 꼽히던 성종 16년(1485)보다 혹독했다. 신하들은 백성이 굶주리고 있다는 보고를 거듭 올렸고(8.5.14을유; 8.8.6을사) 면포 1필로 쌀 2말밖에 살 수 없을 정도로 쌀이 귀했다(8.11.23임진).[6]

상황은 이듬해에 더욱 악화되었다. 장령 김광후金光厚는 "최근 해마다 흉년이 들었고 작년에는 더욱 심해서 지금 면포 1필 값은 쌀 1말 반에 해당되니 민생의 고통이 이때보다 심한 적이 없으며, 작년에는 가을비가 지나치게 많이 와서 채소 뿌리마저 먹지 못하게 되었다"고 보고했다(9.2.18을묘). 승정원과 성준·이극균·유순 등 대신들도 금년의 흉년은 근래에 없던 일이라고 동의했다(9.2.19병진·20정사).

홍수의 피해도 커서 경상도에서는 많은 인명이 손실되고 400여 호의 가옥이 떠내려갔으며(8.8.28정묘), 전라도에서도 비슷한 피해가 발생했다(8.12.26갑자). 이듬해인 9년에는 흉년뿐만 아니라 전염병도 창궐했다. 특히 한성부의 경우는 그해 1월 1일부터 2월 5일까지 120명이 출생했지만 사망은 그 네 배에 육박하는 470명이나 될 정도였다(9.2.3경자·9병오).

이처럼 심각한 자연재해로 전반적인 생산과 경제는 크게 악화되었지만 국왕의 사치는 거의 교정되지 않았다. 연산군 8년 1월 삼정승 한치형·성준·이극균의 지적에 따르면, 당시는 국가의 용도가 많아져 풍저창豊儲倉이 텅 빌 정도였는데도 상경 비용 이외의 다양한 용도가 호번浩繁했다. 그 수량은 쌀과 콩 3170석, 청밀淸蜜 19석 14두, 기름 24석 12두, 포화布貨 6263필, 촉랍燭蠟 560근 12냥兩, 후추 1만396근이었고 중국과 무역하는 대금으로 사용하는 면포와 정포가 5467필이었다.

아울러 궁궐에서 사용되는 물품을 담당하는 제용감과 상의원·사옹원·사재감司宰監에서 많은 비용을 썼다. 특히 의류의 소비가 많았는데 제용감에서는 흰색 정포 110필, 정포 3733필, 흰색 저포紵布 39필, 흰색 세저포細紵布 300필, 흑색 마포麻布 1필, 아청색鴉靑色 정포 58필, 소목蘇木 3250근, 광초廣綃 24필, 정주鼎紬 309필, 서양초西陽綃 4필, 수주水紬 252필, 세수주細水紬 343필, 세면포細綿布 1730필, 아청색 면포 10필, 황류청

黃柳靑 면포 2필, 흰색 면포 100필, 솜 102근, 흰색 세면포 86필, 면화棉花 30근 등을 썼고, 상의원에서는 저사紵絲 63필, 나羅 32필, 사紗 39필, 능綾 3필 등을 소비했다. 그 밖에도 사옹원에서는 궁궐에서 근무하는 5만 명(5만3826명)이 넘는 공장工匠을 먹였고, 1~5월까지 어물을 구입한 비용은 사재감에서 쌀 348석, 공조에서 금 25근 4냥, 은 200냥이었다(8.1.24정유). 물론 이런 물품의 가격과 부담 정도는 당시의 경제 상황이나 다른 왕대의 요구 수준 등과 면밀히 비교 검토해야만 정확히 가늠할 수 있겠지만, 연산군 스스로 그 수량이 한도를 벗어난 것 같다고 인정한 점을 볼 때 실제로도 과중했다고 판단된다.

하지만 연산군의 기호는 더욱 다양해졌다. 청옥(1000개), 마노석瑪瑙石, 황금, 은, 진주(3000개) 같은 보석들과[7] 서리를 맞아 익은 다래[獼猴桃], 담비 가죽[貂皮](60벌), 가장 긴 가체加髢(1000개) 등이 대표적이었다.[8] 이런 물품들은 마련하는 것은 물론이고 운반하는 것도 커다란 부담이었다. 예컨대 청옥은 운반하는 과정에서 수레가 부서지고 말이 넘어져 죽어 사람들이 운반하니 원망과 한탄이 길에 가득했고(8.7.16병술), 궁궐 안의 총애[內寵]가 점점 심해져 먼 지방의 진기한 음식을 한정 없이 구해 고을들이 지탱할 수 없었으며(8.10.7병오), 상품賞品을 절제 없이 하사하고 궁인들이 사치를 숭상해 담비 한 마리 값이 면포 10필까지 치솟았다(8.10.8정미)는 기록들은 그런 정황을 잘 보여준다.

사치품에 대한 연산군의 관심은 국내에만 머물지 않았다. 연산군은 중국에 가는 사신에게 현지의 물건을 많이 사오라고 지시했는데 그 값이 면포 4만3000여 필에 이르렀으며(4.6.11병자) 북경 사행에 능라장綾羅匠을 따라가게 해서 각종 색깔의 염색과 직조 기술을 익혀오게 했다(8.1.12

을유). 일본 사신이 입고 있는 의관衣冠에도 커다란 흥미를 보여 통사通事에게 무슨 핑계를 대서든지 가져오게 했다(8.3.17기축).

진상 외에도 국왕의 소비를 증가시킨 요인은 무분별한 포상과 내수사·궁궐의 비용 팽창 등이 있었다. 뒤에서 살펴보듯이 포상은 여색을 총애하면서 더욱 빈번하게 시행됐지만, 그 밖에도 다양하게 지급되었다. 예컨대 승지들에게 돼지가죽豚皮 263장, 삵괭이가죽貍皮 6장, 털모자毛冠를 내리고(3.4.14을유), 석산수石山守 이선식李善植이 옥대를 바치자 그 값으로 면포 150필을 하사했으며(5.9.1무오), 대군大君을 양육하고 있다는 이유로 김감金勘에게 어선御膳 등 각종 물품을 막대하게 지급한 사례(9.4.27계해)가 대표적이다. 집의 강경서는 "최근 전하의 사여賜與에 절제가 없어 상의원이 고갈되고 내구마內廐馬를 측근들에게 마구 지급해 부고의 재물이 마를 지경"이라고 비판했다(3.7.4계묘).

앞서도 잠깐 나왔지만 내수사에 관련된 비용도 적지 않았다.[9] 연산군이 말한 대로 내수사는 국왕의 개인적인 용도와 궁궐의 사무에 쓸 수 있는 재원이었다(3.7.17병진). 그러나 당시 내수사의 재정과 기구는 다른 시기보다 분명히 팽창했다고 판단된다. 재위 초반부터 내전과 내수사로는 쌀·콩 3000여 석과 그에 상당하는 면포류가 들어갔으며(3.4.14을유) 그 뒤에도 다양한 방법으로 재원이 확충되었다.[10] 이런 재정적인 팽창의 결과 내수사는 세력이 매우 강해져 민간의 노복들이 대거 투탁投託하기도 했다. 대신과 삼사를 포함한 거의 모든 신하들은 내수사에 관련된 폐해를 빈번하게 지적했다.

공적인 업무와는 무관한 국왕의 각종 기호와 역사役事를 담당하는 천인들을 먹이는 비용도 상당했다. 그들은 2만2000~5만 명 정도나 되

없으며(6.8.29신해; 7.1.30기묘; 8.8.4계묘), 숙피장熟皮匠·모의장毛衣匠·화장靴匠·침선비針線婢·합사비슴絲婢를 모두 궁궐로 들여보내라는 왕명이 보여주듯이 아주 세분화된 임무를 갖고 있었다(10.1.18경진).[11] 재앙을 물리치는 의기儀器인 삼인검三寅劍을 만드는 데는 조정 관원들이 그 업무를 관장하고 수백 명의 군인들이 대장간에서 작업하기도 했다(7.1.30기묘).

연산군대 공납이 확대된 가장 중요한 계기는 재위 7년 이른바 '신유공안'을 제정한 일이었다. 연산군은 그해 4월 공안상정청貢案詳定廳을 두어 좌의정 성준, 광원군廣原君 이극돈, 이조판서 강구손, 공조참판 이계남 등에게 일을 맡겼다(7.4.14임진). 상정청에서는 석 달 뒤 대폭 확대된 공안을 보고했으며 그 내용은 그대로 시행되었다(7.7.17갑자).

이이李珥·조헌趙憲·박동량朴東亮·송시열宋時烈·정약용丁若鏞 등 조선 중·후기의 저명한 지식인들은 모두 연산군 때 궁궐의 사치와 민생의 부담이 폭증한 결정적인 원인으로 이 '신유공안'을 지적하면서 강력히 비판했다(아울러 중종반정 이후 다시 삭감하지 못한 부분이 있어 계속 상당한 폐단이 되고 있다고 지적했다).[12]

요컨대 연산군의 기호는 다양했고 거기에 따른 사치는 심각했다고 판단할 수 있다. 사치의 정도를 가장 상징적으로 보여주는 사례는 후원後苑과 별전別殿을 향으로 난방했다는 것이 아닐까 싶다(8.11.5갑술). 동서고금을 막론하고 언제나 그렇듯, 국가의 최고 지도자에게 가장 많은 국가 예산이 투여되는 것은 자연스럽다. 그것은 그의 권리이기도 하고, 나아가 어떤 측면에서는 국가와 국민의 의무이기도 할 것이다. "천하가 임금의 신하이니 이런 일들이 어찌 불가하겠는가(8.8.4계묘)"라는 연산군의 자신 있는 반론이 보여주듯이, 전근대의 왕정체제에서 그런 원리는 더욱 지당하고 철저했다. 그러므로 논리로만 접근한다면, 연산군의 사치는 그 자체로 그렇게 핵심적이며 심각한 폐단이 아닐 수도 있었다(뒤에서 살펴볼 다른 유희들도 마찬가지다). 그러나 대부분의 폭군처럼 그는 사치와 유희의 필연적인 반작용이라고 할 만한 정사의 태만에 빠져들었다. 앞서도 말한 것처럼 바로 이것이 본질과 비본질을 혼동하거나 우선순위를 뒤바꾼 결정적인 과오였다.

사치와 관련된 욕망을 채워나간 연산군은 사냥·연회·음행 같은 다양한 유희에도 큰 관심과 노력을 쏟기 시작했다. 그는 사냥과 연회를 '중대한 일[大事]'이라고 부르면서 조참朝參과 경연을 중지했다(3.2.13을유). 한 가지 주목할 점은 그가 이런 유희를 은밀하고 단독으로 즐기는 데 대단히 집착했다는 사실이다. 지존自尊의식과 결부된 이런 배타성은 사실 누구에게나 어느 정도는 공통된 속성이며, 지고한 존재인 국왕에게 그런 의식은 훨씬 컸을 것이라고 이해할 수 있다. 그러나 다른 측면들도 그랬듯이, 접근의 차단을 통한 자신의 격리에 관련된 연산군의 집착은 남달리 과도했다. 또한 후술하겠지만, 이런 행동은 그 개인의 고유한 심리를 보여주는 중요한 실마리가 된다고 생각한다.

사냥에의 탐닉

우선 연산군은 사냥을 매우 즐겼다. 사냥은 궁궐 밖에서 많은 인원과 사냥개·말·매 같은 동물들과 갑옷·마구 같은 장비들을 대규모로 동원하는 행사여서 비용도 그만큼 많이 들었다. 그러나 연산군은 사계

절마다 사냥하는 까닭은 모두 백성을 위해 해로운 것을 없애려는 목적이며(4.9.11병오) 사냥은 군사 훈련의 일종이지 유희가 아니므로(4.윤11.15병자) 흉년에도 그만둘 수 없다는 수긍하기 어려운 논리로 자신의 행동을 강변했다(9.9.20계미).

그가 사냥을 즐긴 주요 지역은 아차산峨嵯山·정토산淨土山·서산西山, 창릉昌陵·경릉敬陵 주변, 대자산大慈山 등 경기도 일대의 산야였다.[13] 이전부터 주요한 사냥터였던 전곶箭串에서도 사열하거나(4.11.2갑오; 4.12.17무신) 호랑이 사냥을 구경했다(5.8.9병신). 국왕은 새로운 사냥터를 개발하는 데도 적극적이어서 새와 짐승이 많은 곳을 골라 활 쏘고 매를 놓기가 모두 편리한 곳에 사장射場을 만들라고 지시했다(9.8.18임자).

사냥에 관련된 수고와 고통이 적지 않게 발생한 것은 자연스런 결과였다. 연산군은 시종들이 따라오지 못할 정도로 빨리 말을 달렸기 때문에 수종隨從한 인원들은 대단히 피로해했다(5.3.9무진). 포시晡時(오후 4시 전후) 무렵 환궁하면서 내금위內禁衛·겸사복兼司僕·우림위羽林衛 등에게 산을 둘러 말을 달리며 오르내리게 하니, 말이 피곤해 넘어져 가지 못한 적도 있었다(5.10.28갑인). 청계산淸溪山에서 사냥할 때는 백관에게 잡류雜類들과 함께 줄지어 서서 짐승을 몰게 했는데, 왕명을 두려워한 신하들은 종일토록 사역당해 대부분 주리고 지쳤지만 밤이 되어서야 대궐로 돌아오기도 했다(9.10.20을묘).

그러나 방금 보았듯이 자신의 기호를 궤변적 논리로 정당화시킨 연산군에게 이런 현상은 고려의 대상이 아니었다. 신하들의 반대도 당연히 묵살되었다. 의정부·육조·대간 등 거의 모든 신하들은 밤에 사냥하면 국왕의 건강이 악화되고 군마軍馬가 동상에 걸릴 우려가 있으며 최근에는 겨울비가 계속 내려 날씨가 몹시 추우니 사냥을 미루자고 주청했지만 듣지 않았다(4.10.16무인; 4.11.6무신; 4.12.21임자). 창릉과 경릉을 찾아서는 참배도 하지 않고 사냥에 몰두하자 의정부가 능묘에 먼저 배알해야 한다고 간언했지만 사냥한 뒤에 참배해도 된다고 무시했으며(4.9.25경신·26신유; 5.3.7병인), 사냥에 반대하는 대간에게는 "어찌 이렇게 사리에 어긋나는 말을 하느냐"고 질책하면서 "앞으로는 그런 말을 하지 말라"고 경고했다(6.10.18기해). 연산군이 보기에 신하들이 사냥에 반대하는 까닭은 호종하는 수고를 꺼리기 때문이었다. 그는 "지금 아래 있는 자들은 모두 제 편할 마음을 품고 흐리멍덩하게 아뢸 뿐(9.10.8신축)"이라고 판단했다.[14]

이런 진단에 따라 처벌도 강화되었다. 서산西山에서 사냥할 때 신호에 응답하지 않은 좌위장左衛將 이성달李成達과 전위장 이열李烈은 곤장 100대를 맞았으며, 선전관 김양보金良輔는 신호를 지휘하면서 빨리 달아나 물러앉지 않았으니 매우 오만하다는 죄목으로 의금부의 국문을 받았다(9.10.3병신. 참고로 이때 대궐로 돌아온 시각은 3경(밤 11~1시)이었다). 참찬관 정광필鄭光弼이 추운 날씨를 무릅쓰고 사냥하면 건강에 나쁘다면서 반대하자 연산군은 하옥과 국문을 지시하면서 질책했다. "홍문관이나 대간은 내가 해도 되는 일은 모두 중지시키고 할 수 없는 일은 권고한다. 내가 몸이 불편해 경연에 참석하지 못하면 반드시 권유하지만 군사 조련은 그만둘 수 없는 일인데도 중지시키려고 한다. 신하들이 겉으로는 삼가고 올바른 것 같지만 실제 안으로는 정직하지 않다(9.10.9임인)."[15] 몰이가 끊기는 것을 살피는 관원[考絶驅官] 이덕형李德亨이 실수하자 장 60대에 처하면서 "이덕형만이 아니라 형장에 처해야 할 사람은 당상관이라도 처벌할 것"이라고 엄포를 놓았다(9.10.11갑진). 사냥에 관련된 연산군의 의지는 사냥을 제대로 준비하지 못하면 판서라도 용서치 않겠다고 천명할 정도로 강력했다(9.10.17경술).

응방의 확대

이런 행동과 의지에 따라 사냥에 관련된 관서가 확대되는 것은 논리적인 수순이었다. 가장 대표적인 기관은 창덕궁 안에 설치된 내응방內鷹坊이었다. 응방은 원래 연산군 3년 2월 대비전에 신선한 물품을 올리려는 목적으로 다시 설치되었다(3.2.12갑신).[16] 그 직후 대간이 불필요한 부서이니 혁파하자고 주청하자 연산군은 "임금에게 어려운 일을 권면하고 선행을 말하며 사특함을 막으려고 하니 그 뜻이 좋다"면서 유화적인 태도를 보이기도 했지만(3.3.13을묘) 이런 각성은 현실화되지 않았다.

응방은 계속 확대되었고 관련된 폐단도 늘어갔다. 응방은 재위 5년 7월 유위군사留衛軍士 100명이 소속됨으로써(5.7.9정묘) 본격적으로 인원이 확충되기 시작해서 재위 10년에는 1000명까지 이른 것으로 판단된다. 당시 연산군은 응방에 소속되었다고 사칭해 폐단을 일으키는 사례가 많다면서 신원을 증명할 수 있는 패를 만들어 지급하라고 지시했는데, 그 개수가 1000개였기 때문이다(10.4.12계묘).[17]

응방에서는 그 이름대로 사냥에서 사용할 매를 주로 길렀지만, 그 밖에도 국왕의 기호나 용도에 따라 다양한 짐승을 사육했다. 그리고 궁궐 안에서 그런 짐승들을 대량으로 기르다보니 지엄한 궁궐에서는 상상하기 어려운 여러 문제와 어처구니없는 소동들이 벌어지는 것도 당연했다. 금원에서는 매들이 떼 지어 날고 대궐의 정원에서는 사냥개들이 무리지어 짖었다(7.1.30기묘). 응방에서 기르던 양 세 마리가 인정전仁政殿으로 들어오고(3.5.17무오),[18] 피투성이가 된 돼지 두 마리가 홍문관의 책방冊房으로 뛰어들었으며(3.6.3계유),[19] 아침에 백관이 도열했을 때 그 사이를 사냥개가 뛰어다닌(8.2.5무신) 일은 참으로 황당한 소극笑劇들이다.

응방과 직결되지는 않지만 연산군은 사냥이나 열무에 필수적인 동물인 말에도 큰 관심을 보였다(뒤에서 보겠지만, 말은 음행과도 중요하게 관련되었다). 그래서 잘 달리고 몸집이 큰 말 10마리를 속히 대령케 하고, 갈기와 꼬리가 검은 흰말도 널리 찾아서 들이라고 지시하기도 했다(6.1.6신유). 다양한 목적으로 국왕이 말을 소비한 결과 그동안 전국적으로 4만 필을 유지하던 마필의 숫자는 재위 8년 무렵에는 3만 필로 급감했다(8.3.23을미). 그 밖에 연산군은 사냥개의 번식에도 관심을 두어 주둥이가 짧고 털이 길며 발이 낮고 순 흑색인 당개唐狗를 구해 종자를 늘리라고 민간과 외응방에 하명했다(6.3.1을묘).

응방은 당연히 많은 지원을 받았지만, 문책도 적지 않게 받았다. 앞서 보았듯이 재위 후반에는 1000명에 가까웠던 응방을 운영하기 위해서 연산군은 공무를 회피한 주인 대신 수감된 가동囚家僮과 궐 안에서 근무하다가 죄를 저지른 사람이 대속代贖한 물건은 모두 응방으로 보내 매 먹이를 사는 데 사용하게 하는 등의 재정적 지원도 제공했지만(6.11.18무진), 자신의 기대를 충족시키지 못할 경우는 엄중히 책임을 물었다. 예컨대 응방의 3패牌가 토산兎山에 여러 날 동안 머물렀지만 꿩을 100마리밖에 잡지 못하자 패마다 그만큼씩 들이라고 지시하기도 했다(5.11.14경오).

연회와 음행

연회 또한 재위 8~9년 이후 빈번해졌다. 재위 초반에도 연산군은 술과 안주, 호피, 각궁角弓 등을 승정원에 내려주면서 밤을 새워 내기하며 즐기자고 제의하거나(3.11.23경신) 재변과 흉년이 이어지고 있으니 여악女樂의 사용과 화산대火山臺 관람을 중단하자는 대간의 간언을 묵살하고 강행하기도 했다(4.9.23무오; 4.11.8경자). 그러나 잔치가 빈번하니 중단하자는 호조의 주청을 따른 사례를 볼 때(3.5.25병인) 그즈음에는 그렇게 심각하게 탐닉하지 않았다고 여겨진다.

꼭 연회라고는 할 수 없지만, 재위 중반에 접어들면서 국왕이 관심을 보인 유흥은 나례儺禮였다.[20] 그는 나례가 매우 잡스러운 놀이이기는 하지만 볼만하다면서 뛰어난 배우들을 물색하라고 지시했다(5.12.19계묘·20갑진).[21] 연산군은 창경궁 인양전仁陽殿, 명정전明政殿과 경복궁 강녕전康寧殿, 경회루慶會樓 등지에서 나례를 자주 관람했지만[22] 너무 많이 보아서인지 곧 흥미를 거뒀다. "나례와 잡희는 모두 심상해 싫도록 보았으니 다른 구경할 만한 기교를 공연하라(4.윤11.30신묘)." 그 밖에 연회에 사용되는 다양한 악기를 궁궐로 들여오라고 장악원掌樂院에 지시하기도 했다(8.8.16을묘).[23]

갑자사화 이전 연회와 관련해 흥미로운 사례는 재위 9년 11월 20일(계미)의 일이라고 생각된다. 이 기사는 연산군의 심리적 특징을 보여주기도 하는데, 그날 대비들이 창덕궁 내전에서 베푼 잔치에서 국왕은 만취했고 그만큼 파격적으로 행동했다. 그는 정승·승지·대사헌 등에게 호피를 하사했고, 이극균·성준·남곤 등에게 시를 짓게 했으며, 흥이

오르자 직접 북을 치면서 노래하고 춤췄다. 국왕은 신하들에게도 같은 행동을 시켰을 뿐만 아니라 그들의 사모를 벗기고 머리카락을 움켜쥐면서 희롱하고 욕보이기도 했다. "국왕의 행동은 지극히 무례해 군신간의 예절이 전혀 없었다"는 사평은 과장이 아니었던 것 같다. 그날 연산군은 영의정 성준의 외손인 한형윤韓亨允을 즉석에서 이조참판으로 삼기도 했다.

좀더 의외인 사실은 그동안 거의 참석하지 않아 물의를 빚곤 했던 경연(또는 그것과 비슷한 자리)을 잔치를 끝낸 심야에 열었다는 것이다. 연산군은 남곤에게 『춘추』를 강의하게 했는데, 위衛가 정鄭을 쳤다는 전문傳文을 직접 읽다가 "그 나라의 종묘와 사직을 파괴한 것을 멸망시켰다고 표현했다"는 대목에 이르자 우울한 기색을 띠면서 "즐겁게 술 마시는 밤에는 포폄襃貶하는 책을 읽을 필요가 없다"고 말하고는 일어나 들어갔다. 그때 시간은 4경(새벽 1~3시)이었다(9.11.20계미).

대취한 잔치에 이어 경연을 열었다는 사실 자체도 이례적이고 부자연스럽지만 더욱 유의해야 할 측면은 그다음 날의 반응이었다. 연산군은 어제 과음해서 취한 뒤의 일은 기억나지 않는다면서 실수는 없었는지 물어보았고 승지들은 없었다고 대답했다(9.11.22을유). 그러나 연산군은 깊이 반성하는 태도를 보였다.

> 어제 과음해 실수했으니 인군의 패덕敗德과 사책史册의 오명이 이보다 더할 수 없다. 군신 사이에는 예절로 접대해야 마땅하니 이래서도 되겠는가. 내일 마땅히 경연에 나가겠지만 대신들을 보기가 부끄럽다. (…) 어제 일을 반복해 생각해보니 한때의 비웃음을 살 뿐만 아니라 영원히 조롱받을까 두

렵다(9.11.22을유).²⁴

뼈아픈 자괴의 감정이 담긴 이 발언은 갑자사화 이전까지만 해도 연산군이, 적어도 생각의 영역에서는, 일정한 반성의 능력을 갖고 있었음을 보여준다.²⁵ 비슷한 시기에 헌납 최숙생崔淑生이 풍악과 여색을 멀리하고 성리학에 뜻을 두라고 간언하자 "네 말이 참으로 옳으니 진실로 가상하다"고 칭찬하면서 사슴 가죽을 하사한 것도 비슷한 사례로 주목된다(9.4.2무술). 그러나 이때의 반성은 "「주고酒誥」에서도 술을 경계했지만 주왕紂王처럼 심한 지경에만 이르지 않는다면 무방할 것"이라는 자기변호로 끝났다. 그리고 연산군의 궁극적인 관심은, 어젯밤의 일을 항간에 유포하지 말도록 기생들에게 주의시키라는 하교(9.11.22을유)에서도 알 수 있듯이, 자신의 과오가 외부로 유출되는 것을 막으려는 것이었다. 앞서도 말했지만, 이런 행동과 심리는 그 뒤 발언의 근원을 극한적으로 소급해 처벌하는 과정으로 일관된 갑자사화와 관련해서도 주의 깊게 기억할 필요가 있다.

대간의 강청으로 술을 금지했지만 궁궐에서 음탕하게 즐기는 행위는 조금도 줄지 않았다는 기록(9.2.11무신)이 보여주듯이 연회는 자연스럽게 음행으로 이어졌다. 연산군의 음행 또한 그 단초는 상당히 일찍부터 드러났지만 재위 8~9년 이후 본격화되었다. 그 시작은 암·수말이 교접하는 장면을 구경하는 엽기적인 관음觀淫이었다. 그 뒤 성호星湖 이익李瀷도 신랄하게 비판했지만²⁶ 연산군은 이미 재위 2년 5월 내정內庭에서 그런 행위를 구경했다(2.5.13기미). 그때가 성종의 삼년상이 아직 끝나기 전이었다는 사실은, 음행의 조숙성과 함께, 부왕에 대한 그의 감정을 상징적으로 보여준다. 그 직후 요즘 자주 내정에서 당나귀와 망아지를 구경하니 그러지 마시라고 승정원이 간언한 사실을 볼 때 이런 일은 반복되었던 것 같다. 연산군은 "잠깐 재미로 그랬을 뿐이며 다시는 하지 않겠다"고 다짐했지만, 사평은 "국왕이 몰래 암·수말을 후원으로 들여보내게 해서 교접하는 것을 구경했다"고 적시했다(2.6.1병자).

『연산군일기』에 따르면 연산군이 음행을 본격적으로 자행하기 시작한 때는 재위 9년 중반이었다. 9년 6월 13일(무신) 연산군은 정업원淨業院에 가서 여승들을 겁탈했는데, 『연산군일기』는 그것이 색욕을 마음대로 푼 시초라고 썼다. 그러나 같은 해 2월 늙었으되 병이 없는 백마를 내수사로 보내라고 명령했는데, 백마고기가 양기를 돕기 때문이었다는 기사(9.2.8을사)로 미루어볼 때 음행과 관련된 문제는 그 이전부터 불거지고 있었다고 판단된다.

후술하듯이 갑자사화 이후 흥청興淸 등과 관련해 폭발적으로 증가했지만, 국왕은 자신이 접촉할 수 있는 여성의 숫자를 늘려갔다. 우선 시녀들의 숫자를 확충했다. 재위 초반에도 연산군은 각사의 여종과 사족士族의 서녀庶女 중에서 미모가 뛰어난 50명을 직접 뽑았지만(2.4.22기해) 9년 무렵에도 8~11세 되는 각사의 여종이나 양민의 딸로서 용모가 단정한 아이를 골라 입궐시켰고(9.2.7갑진), 15~30세 되는 양민의 딸과 재상·조정 관원·사족의 양첩良妾 딸을 간택했다(10.2.21계축).[27] 또한 기생을 일반인과 구별되지 않게 편복便服으로 입궐시켰고, 그렇게 들어온 기생 중에서 광한선廣寒仙을 총애했다. "광한선을 가까이하고 싶은데 외부에서 알까 두렵다"고 말한 것도 앞서 언급한 사례들과 같은 맥락에서 주목할 만하다(9.6.12정미·13무신).

그 밖에 연산군은 그림에도 상당한 흥미를 보였다. 사간 이의손의 반대를 묵살하고 내화청內畵廳을 상설 기구로 만든(8.12.13신해) 연산군은 정교를 다한 앵무새 그림(5.12.25기유)이나 「사안謝安이 동산東山에서 기생을 데리고 놀았던 그림[謝安携妓東山圖]」을 20폭에 걸쳐 모사해 바치게 했다(9.2.7갑진). 화려한 무늬가 수놓아진 만화석滿花席 140장을 들여오라고 명령하기도 했다(8.6.23계해).

앞서도 지적했지만, 연산군은 자신과 궁궐에 관련된 정보가 외부로 누설되는 것을 극도로 경계했고 매우 민감하게 반응했다. 오늘날도 그렇지만, 중요한 국무가 유출되는 것은 적극적으로 단속해야 할 필요가 분명히 있다. 그러나 연산군이 막으려던 사항은 주로 유흥이나 음행에 관련된 것이었고, 그런 정보의 통제에 기울인 연산군의 노력과 대책은, 다른 일들과 비슷하게, 상식적으로 이해할 만한 정도를 크게 벗어났다. 그것은 궁궐에 인접한 도로의 통행금지와 민가 철거를 거쳐 발언의 통제로 이어지면서 폭정의 또 다른 중심을 형성했다.

접근의 차단

재위 초반부터 연산군은 궁궐의 여러 일들이 밖으로 유출되는 것을 대단히 경계했다. 예컨대 재위 1년 3월, 정승을 선발하는 일이 누설되자 그런 범죄를 처벌하는 조문條文을 등사해 아뢰라고 지시한 것도 그런 사례의 하나이지만(1.3.20계묘), 이것은 중요한 국무인 인사 문제의 보안을 강조했다는 측면에서 정상적이고 바람직한 조처라고 볼 수 있었다.

그러나 연산군의 진정한 목적은 이런 정당하고 일반적인 취지와는 전혀 다른 데 있었다. 그것은 자신이 벌이는 수많은 유희와 음행이 노출되지 않도록 하려는 것이었다. 접근과 시선을 차단하려는 노력이 집중된 장소는 당연히 궁궐(특히 창덕궁)과 그 주변이었다(그 뒤 금표禁標를 설치하면서 그런 지역은 경기도 일대로 확장되었다). 재위 초반부터 연산군은 창덕궁 후원 주위인 영강문永康門부터 청양문青陽門까지 긴 회랑을 지어 외부의 시선을 통제했으며(2.7.2정미; 3.7.2신축; 5.2.21신해), 창덕궁을 내려다 볼 수 있는 주변 지역에 출입을 금지시켰다(3.4.18기축).

사람들의 통행을 금지한 조처는, 앞서 살펴본 여러 자의적 왕권 행사들과 비슷하게, 재위 8~9년부터 본격화되었다. 주요 장소는 이현梨峴(5.2.21신해; 9.11.2을축), 목멱산木覓山(8.10.21경신), 백악산白岳山, 인왕산仁王山, 사직산社稷山(9.11.9임신), 타락산駝駱山(9.11.12을해) 등 창덕궁과 경복궁 주위의 고개와 산들이었다.[28]

궁궐에 인접한 도로들도 출입이 통제되었는데 정업원 서쪽 동[西洞] 북쪽 고개[北岾]에서 소격서昭格署로 가는 길에 담장을 쌓아 잡인의 통행을 금지하고, 정업원 동쪽 언덕에서 성수청星宿廳 북쪽 고개까지는 푯말을 세워 사람들이 올라가 궁궐을 바라보지 못하게 했다(9.11.6기사). 군기시 · 자문감紫門監 남문과 도총부都摠府의 서문은 출입을 금지했고, 자문감에서 서쪽으로 도총부까지와 위장소衛將所 북소北所에서 북쪽으로 요금문曜金門까지는 담장을 높이 쌓아 후원을 볼 수 없도록 만들었으며(9.11.11갑술), 살한리沙乙閑里에서 무계동武溪洞까지와 장의동藏義洞에서 살한리까지도 통행을 막았다(9.11.30계사).

이런 조처의 위반에 적용되는 처벌도 강화했다. 하인이 궁궐 뒷산에 올라가 내려다보자 당사자뿐만 아니라 주인도 종을 단속하지 못한 죄를 물어 처벌했으며(8.2.11갑인), 목멱산에서 궁궐을 내려다본 초동樵童 수십 명도 연행해 심하게 곤장을 치기도 했다(8.10.21경신).

연산군은 본원적 임무상 궁궐에 근접할 수밖에 없는 경비 부대와 초소도 거추장스러워했다. 그리하여 창덕궁 광지문廣智門 밖과 북정문北正門 밖에 설치된 경수소警守所를 다른 곳으로 옮기거나(3.5.23갑자·26병진; 9.11.30계사), 동소문東小門 바깥에 따로 경수소를 설치하게 했다(9.11.10계유). 경비 부대는 아니지만 국왕의 수레·말 등을 관리하는 사복시司僕寺와 국왕의 명령을 전달하는 선전관청宣傳官廳도 대내에 가까워 궁궐 안의 일이 누설될 우려가 있다는 이유로 궁궐 밖으로 이동시켰다(7.4.27갑진).

앞서도 지적했지만 이런 조처의 목적은 국왕이 즐기는 각종 유희를 외부에서 알지 못하게 하려는 것이었다. 연산군은 경복궁과 창덕궁의 담장을 높이 쌓은 것은 안을 들여다볼 수 없게 하려는 의도가 아니라 얼마 전에 몰래 뛰어넘은 사람이 있었기 때문에 보안을 강화하려는 목적이었다고 변명했지만(9.2.8을사), 사료의 지적은 달랐다.

> 국왕은 음탕한 놀이를 무도하게 하고 불시에 나인을 후원에 모아 광란의 가무를 매일 즐겼는데, 외부 사람들이 그것을 알까 두려워 궁궐 주변에 접근하는 것을 점차 엄격하게 금지했으며 결국은 산 아래 인가를 철거하기에 이르렀다(8.10.21경신).[29]

경수소를 옮긴 까닭도 후원에서 짐승을 풀어놓고 말을 달리면서 사냥하는 것을 군사들이 엿보지 못하게 하기 위해서였다(3.5.23갑자).

접근과 시선의 차단에 관련된 연산군의 집착은 대단히 철저해서 목멱산·백악산 등에서는 성황당에 올라가 기도하는 것도 금지했으며(9.11.13병자), 성균관 유생들이 사용하는 뒷간이 창덕궁 후원과 가깝다는 이유로 옮기게 할 정도였다(9.11.9임신). 경수소를 옮길 때 대궐 안이 들여다보이는 곳을 가린 뒤에 작업해야 할 것인데 그러지 않았다면서 병조의 관리를 국문하라고 지시하거나(9.11.17경진), 금표를 세울 때라도 궁궐이 내려다보이는 곳에는 올라가지 말라는 물리적으로 불가능한 명령을 내린 것(10.윤4.19기묘)도 그런 집착의 정도를 상징적으로 보여주는 사례들이다. 요컨대 연산군은 궁궐 안의 일, 특히 자신의 사적 방종이 누설되는 것을 극도로 싫어했던 것이다(7.4.27갑진).

이런 차단 중에서 가장 대대적으로 시행된 조처는 궁궐 주위의 민가를 철거한 것이었다. 그리고 그것은 그 성격상 백성에게 더욱 유해한 폭거였다. 바로 앞서 인용한 사료가 지적했듯이, 민가의 철거는 접근의 차단이 다다른 최종적인 결과였다.

민가의 철거

이 문제도 그동안은 성균관 주변과 흥덕사興德寺 위쪽의 산에 있는 집을 헐고(6.3.10갑자) 금호문金虎門과 경복궁 담 밑에 집을 짓지 못하게 하는 정도였지만(6.8.3을유) 재위 8~9년 이후 본격화되었다.[30] 철거가 본격화되면서 우선 작업이 집중된 곳은 창덕궁과 인접한 성균관과 정업원 주변이었다. 그 부근의 민가를 빨리 철거하라는 왕명이 누차 내려진 결과 100채 가까이 피해를 당했다(8.2.16기미; 9.11.4정묘·5무진).

　범위는 점차 확장되었다. 자수궁과 수성궁壽成宮은 선왕의 후궁이 거처하는 곳이라는 이유로 주변의 민가를 철거시켰고(9.11.8신미), 가장 중요한 창덕궁 주변과 타락산 아래의 민가 100채도 퇴거되었으며(9.11.13병자), 경복궁도 창덕궁의 사례에 의거해 같은 조처가 실시되었다(9.11.12을해). 요컨대 연산군의 목표는 대궐 안이 내려다보이는 곳과 대궐 담장 아래의 민가를 모두 철거한 뒤 출입하지 못하도록 하는 근본적인 것이었다(9.11.17경진·18신사).

　살던 집에서 쫓겨난 백성들은 도성 부근의 빈집을 원하는 대로 임대해 거처케 했지만(9.11.5무진·6기사) 그들의 고통과 피해는 자명했다. 신하들도 대부분 반대했다. 의정부는 "지금 백성들은 먹고살기도 어려우니 철거할 수 없다"고 전제하면서 "쫓겨난 백성들은 돌아갈 곳이 없어 재목을 길옆에 쌓아두고 초막을 지어 살고 있으며 원망과 고통이 매우 크다"고 진언했다(8.2.25무진). 사헌부도 100여 채나 되는 민가를 철거한 것은 역대에 없던 일이라면서 반대했다(9.11.16기묘).[31]

　그러나 연산군은 "세조도 후원 담장을 물려 쌓았고 성종도 함춘원含春苑 담장을 수축했는데 그때 헐린 집을 어찌 다 셀 수 있겠는가? 지금 헐릴 집은 많지 않다(9.11.9임신)"고 반박했다. 그러면서 궁궐 주위와 산맥을 누르는 곳에 가옥 건축을 금지했지만 단속이 해이해졌으니 다시 금지하라고 한성부를 독려했다(8.8.6을사).

　민가 철거와 맞물린 작업은 궁궐 건물과 시설의 증축과 개비改備였다. 재위 3년 연산군은 희정당熙政堂 처마에 길이가 69자(약 20.9미터)나 되는 구리 물받이통을 만들려고 했지만 비용과 공력이 매우 많이 든다는 공조의 반대로 무산되었다(3.6.22임진). 재위 7년에는 군사들을 대거 동원해 선정전을 수리시켜 큰 고통을 유발시켰으며(7.5.1무신), 9년에는 창덕궁 후원의 석재와 담장을 교체하거나 증축했다(9.9.10계유). 특히 이 작업에는 문신도 감역관監役官으로 차출해 성실히 감독하는지를 조사하게 했으며(9.11.13병자) 배정된 부장部將(2명)과 군사의 숫자(400명)도 크게 늘려 기한 안에 마치도록 재촉했다(10.3.18기묘).³² 대궐 안 동산에는 기이한 화초를 심어 장식했다(9.2.12기유).

이처럼 연산군은 궁궐과 인접한 주요 지역에 통행을 금지하고 민가를 철거함으로써 외부의 시선을 차단하는 데 충분히 성공했지만 이런 물리적인 조치에 만족하지 않았다. 그의 궁극적인 목표는 발언 자체를 통제하려는 비상식적인 것이었다. 연산군의 가장 거대한 폭정인 갑자사화는 이런 불가능한 목표를 이루려고 시도하는 과정에서 촉발되었다.

발언의 통제

국왕과 궁궐에 관련된 발언을 통제하고 처벌하며, 나아가 그런 죄목을 집요하게 소급 적용하는 행태는 갑자사화 이후 극한적인 모습으로 빈출하면서 폭정의 중심을 형성했지만 그런 단초는 그 이전부터 조금씩 드러났다. 연산군은 우선 지근 부서인 승정원을 단속했다. 재위 초반 국왕은 외척과 잡인들이 승정원에 출입하면서 전교를 듣고 누설하지 못하도록 금지했으며(2.4.22기해) 기록을 담당하는 주서청에는 조정 관원들이 드나들지 못하게 했다(4.7.26경신). 그런 단속의 일환으로 궐 안에서 내보낸 명령은 매일 빠짐없이 써서 들이라고 지시했다(5.8.15임인). 실제로 승정원은 국왕의 동선動線을 누설한 혐의로 질책받았다. 연산군은 동쪽 교외에서 농사짓는 것을 구경한 뒤 제천정으로 행차해 고기 잡는 것을 구경했는데, 지평 김사원金士元과 정언 이사공李思恭이 유흥이라고 비판하자 그 일이 누설된 책임을 승정원에 물은 것이다(6.5.22을해).

소급 처벌의 선례도 나타났다. 재위 9년 11월 10일(계유) 연산군은 "예전에 후원에서 내관을 시켜 말을 조련했는데 대간이 반대한 적이 있었다"면서 "그것은 전해들은 것이 아니라 엿보고 안 것이 분명하다"고 지적했다. 그것은 7년 전에 벌어진 일이었다. 동왕 2년 10월 사헌부는 "어제 인정전 북쪽 담장 밖에서 두 사람이 말을 타고 다녔는데 궁궐 안은 말을 타는 곳이 아니니 처벌해야 한다"고 주청했다. 연산군은 "예전에는 금원의 나무는 숫자도 모른다고 했는데 어떻게 보았느냐"면서 사헌부를 국문하려고 했지만 대간이라는 이유로 집행하지는 않았다. 그때 국왕은 "나의 일을 말했기 때문이 아니라 궁중의 사무를 언급했기 때문에 잘못되었다는 것이며 털을 불며 흠집을 찾듯이 임금의 과실을 적발하면 그 폐단이 적지 않을 것"이라고 경고하면서 넘어갔다(2.10.29임인). 사평에 따르면 이런 연산군의 반응은 부도덕한 자신의 소행이 외부에 알려질까 두려워했기 때문이었다(6.5.28신사).

가장 자주 처벌된 대상은 궁궐에서 근무하는 직역을 가진 부류였다. 내관은 사족의 딸과 결혼해 궁중의 비밀을 누설하는 경우가 있으니 조정 관원의 5촌 친척이나 사천私賤은 내시의 아내가 되지 못하도록 하고, 어길 경우 변방지역의 종으로 삼았으며 사면되더라도 이혼시켰다(2.2.2경술; 6.8.4병술). 내수사 종들도 종친이나 조정 관원의 집에 드나들면서 같이 도박하고 이야기하는 중에 대궐 일을 누설한다는 혐의를 받았다(8.5.4을해). 기녀와 관련된 조처도 있었다. 잔치 중에 취한 기녀들이 술을 옷에 엎지르자 연산군은 궁궐에서 근무하는 사람들이 이런 일을 저지르면 그들을 관리하는 조정 관원들까지 치죄하겠다고 밝혔다(9.5.8계유).

지금까지 살펴보았듯이 연산군은 무오사화로 일단 삼사를 제압하는 데 성공했지만, 그렇게 강화된 왕권을 국정의 개혁 같은 건설적이고 바람직한 목표에 사용하지 않고 사치·사냥·연회·음행 같은 말초적인 욕망을 만족시키는 데 투입했다. 권력의 본질 자체와 관련된 문제겠지만, 특히 전근대 왕정체제에서 국왕은 전자와 후자를 상당히 자유롭게 혼용할 수 있었고 그것이 중대한 결함은 아니었다. 혼군昏君이나 폭군의 기준은 후자가 전자를 침식하는 정도에 달려 있었다. 연산군의 결정적인 오류는 바로 그 정도가 너무 지나쳤다는 데 있었다.

이처럼 무오사화 이후 본격화된 연산군의 자의적 왕권 행사는 일반적인 정치 사안들보다 객관적으로 그 문제점이 훨씬 확연했고, 그것을 비판할 논리적 근거도 그만큼 타당했다. 그 결과 삼사는 물론 그동안 국왕과 비슷한 입장에서 삼사에 대응해오던 대신들도 점차 강력하고 빈번하게 간언을 제기하기 시작하면서 연산군대 중반 이후 정치 세력의 협력·대립관계는 대신과 삼사가 제휴함으로써 국왕이 고립되어가는 중요한 재편을 겪게 되었다. 고립된 국왕이 대신과 삼사를 포함한 거의 모든 신하들을 대상으로 무차별적이고 비이성적인 탄압을 자행한 갑자사화의 양상은 이런 상황적 맥락에서 배태된 것이었다.

2. 정치적 지형의 재편

재개되는 삼사의 발언

앞서 지적했듯이 무오사화 이후 삼사의 영향력은 일단 수그러들었다. 그러나 무오사화가 삼사에 대한 직접적인 탄압이 아니라 표면적으로는 김종직 일파를 대상으로 한 간접적인 경고였다는 측면에서 그 억제 효과는 충분치 않았다고 판단된다.[33] 사화 이후에도 삼사는 곧 발언을 재개했으며, 그 강도와 영향력도 점차 고조되었다.

발언의 주제는, 이전과 비슷하게, 국왕에 대한 간쟁과 대신·외척에 대한 탄핵, 그리고 주요 국무에 대한 조정 등이었다. 먼저 외척으로는 윤탕로·신수영愼守英·박원종 등이 주요한 비판의 대상이 되었다. 연산군은 이런 사람들을 우대하려고 빈번히 시도했지만, 그때마다 삼사의 반대에 부딪혔다. 국왕은 자신의 의지를 철회 또는 수정하거나 힘든 과정을 거쳐 관철시킬 수 있었다.

앞서 본 대로 성종의 졸곡 전에 기생과 동침했다는 죄목으로 탄핵받은 윤탕로는 무오사화 직전 다시 직첩을 받고 서반직에 기용하라는 왕명을 받았지만(4.6.29갑오), 삼사는 이전의 죄목을 문제 삼아 계속 반대했다. 간헐적이었지만, 윤탕로에 대한 국왕의 애착과 삼사의 반대는 무려 7년 동안 길항했다(4.9.4기해 · 15경술; 4.10.11계유; 6.9.12계해~14을축 · 18기사~21임신 · 27무인; 8.10.10기유; 9.1.8병자~10무인). 갑자사화 직전에도 연산군은 그를 한직인 돈녕부에 서용하려고 했지만 삼사의 반대로 이루지 못하다가 (10.1.17기묘 · 18경진 · 24병술; 10.2.5정유 · 9신축) 결국 극도의 폭정으로 신하들을 완전히 제압한 뒤인 재위 11년 초에야 그를 공조참의에 임명함으로써 숙원을 풀 수 있었다(11.1.4경인).

연산군의 처남인 신수영도 삼사의 탄핵에 시달렸다. 신수영은 연산군 8년 초반 도승지에 제수되었지만(8.1.5무인) 삼사는 외척이라는 이유로 강하게 반대했다(8.1.9임오 · 10계미 · 13병술~26기해 · 30계묘; 8.2.1갑진). 국왕의 특별한 배려도 비판의 대상이 되었다. 연산군은 그의 아버지이자 국구인 신승선이 사망하자 초상을 치르기 위해 관직을 떠나 있는다는 이유에서 그와 그의 형 신수근에게 겨울철의 녹봉을 지급하고(8.9.28정유) 그들이 시묘侍墓하고 있는 곳에 술과 음식을 닷새마다 공급하라고 경기도 관찰사에게 지시했다(8.11.27병신). 삼사는 이런 특혜에도 반대했다(그러나 윤허되지는 않았다).

연산군의 큰아버지인 월산대군의 처남 박원종도 동왕 4~8년에 걸쳐 이조참의(4.7.28임술; 4.8.3병신 · 4정묘), 한성부 우윤(6.6.11계사 · 16무술~21계묘; 6.7.2갑인 · 3을묘), 강원도 관찰사(8.6.16병진 · 18무오~23계해; 8.9.1경오 · 16을유 ~18정해 · 21경인~23임진) 등에 제수되었을 때 무반 출신이거나 무능하다는 이유로 삼사의 탄핵을 받았다. 박원종은 동왕 9년 중반 강원도 관찰사로 재직할 때는 온금溫수이라는 첩을 데리고 부임했다는 죄목으로 삼사의 공격에 시달렸다(9.6.21병진 · 29갑자; 9.11.13병자 · 14정축 · 16기묘 · 17경진 · 20계 미 · 23병술 · 28신묘 · 30계사; 9.12.1갑오 · 2을미 · 6기해 · 9임인 · 25무오~27경신). 외척 에 관련된 이런 탄핵은 관철되지 않은 경우도 상당수 있었지만, 그 기간 이나 회수를 고려하면 삼사의 언론활동이 상당히 활발하게 재개되었음 을 보여주는 방증으로 평가할 수 있을 것이다.

다음으로 유자광 · 임사홍 · 성준 · 홍백경洪伯慶 같은 일부 대신들도 삼사의 집요한 공격을 받았다. 먼저 유자광은 연산군 5년 1월부터 탄핵 되었는데, 작년 윤11월 28일(기축) 함경도에 파명사播命使로 나갔을 때 현 지 관청에 압력을 넣어 진귀한 해산물을 바치게 한 뒤 관청의 역마를 이 용해 국왕에게 바쳤다는 죄목으로 곤경을 겪었다(5.1.10경오). 연산군은 윤 허하지 않았지만, 신승선 등 일부 대신들은 삼사의 의견에 찬성했다. 결 국 유자광은 탄핵이 제기된 뒤 한 달여 만에 경연 특진관과 오위도총부 五衛都摠府 도총관都摠管에서 파직되었다(5.1.17정축 · 18무인; 5.2.1신묘 · 18무신 · 23계축).

그러나 유자광에 대한 국왕의 관심은 식지 않아서 2년여 뒤 그를 다 시 도총관에 제수했다(7.8.14기미). 삼사는 즉시 반대했다(7.8.22정묘). 논란 은 그해 11월까지 이어졌는데, 그 과정과 결론은 앞서와 달랐다. 자문을 요구받은 우의정 이극균은 유자광에게 허물이 없다고 판단했고(7.11.11을 유 · 12병술) 그런 의견에 따라 연산군은 홍문관원을 파직시키고 유자광을 그대로 임명한 것이었다(7.11.17신묘·23정유).

이때의 논란과 관련해 흥미롭게 주목할 사실은 무오사화와 삼사의 관련성을 다시 한번 확인할 수 있다는 것이다. 탄핵이 좀처럼 윤허되지 않자 대간은 서거정의 「수직론守職論」에서 이미 유자광의 발호를 경계했다고 주장했다.[34] 유자광은 거짓된 무고라면서 혐의를 강력히 부인했는데, 그러면서 대간의 이런 행동은 그들이 김종직과 김일손의 파당임을 보여주는 것이라고 지적한 것이다(7.8.29갑술; 7.9.17임진·28계묘·30을사; 7.10.7임자·11병진). 무오사화 이후 상당한 시간이 흘러 당시의 대간은 그때의 대간과 인적 관련이 거의 없었음에도 이런 주장이 제기될 수 있었다는 사실은 사화 당시는 삼사와 김종직 일파를 매개시키는 논리적 비약이 훨씬 심각하고 자연스러웠다는 사실을 역증해준다.

다음으로, 임사홍도 삼사의 주요한 탄핵 대상이었다. 삼사는 그에게 가자하고(5.4.29무오) 국왕을 시위하는 무신인 운검雲劒에 임명하며(6.9.19경오) 2품으로 승진시켜 실직을 준 조처(9.2.30정묘) 등에 끈질기게 반대했다. 국왕은 모두 윤허하지 않았지만, 임사홍이 끝내 요직에 기용되지 못한 채 한직을 전전했다는 사실은 삼사의 반대가 상당한 영향력을 지녔다는 반증이 될 것이다.[35]

우의정 성준도 삼사의 탄핵에 시달린 대신이었다. 특히 연산군 5년 후반에 일어난 그와 삼사의 충돌은 무오사화 이후 삼사의 위상을 잘 보여주는 중요한 사건으로 주목할 필요가 있다.[36] 연산군 5년 10월 성준의 손녀가 시댁에 인사 가던 중 사헌부 이속吏屬은 그 행렬을 막고 소지품을 검사했는데, 당시 금지하고 있던 육류肉類가 발견되자 수행하던 종을 가뒀다. 범법 행위를 적발하기는 했지만, 일개 사헌부 이속이 현직 우의정의 손녀를 검문하고 그 종을 하옥시킨 것은 작은 일이 아니었다. 성준은 사헌부의 이런 행동은 자신을 가둔 것이나 마찬가지로 그동안 잠잠했던 능상 풍조가 다시 일어나고 있는 증거라면서 강력히 반발했다(5.10.29 을묘).

대간도 물러서지 않았다. 장령 김인후金麟厚를 중심으로 한 대간은 성준이 정당한 법 집행을 문제 삼고 있다면서 국문할 것을 끈질기게 요청했으며 홍문관·승정원·판서들도 동조했다(5.11.1정사·3기미·4경신·12무진·17계유·20병자~25신사·28갑신; 5.12.2병술·3정해·6경인·8임진 등). 그러나 연산군은 가장 중대한 관심사인 능상 혐의를 지적한 성준의 의견에 찬성하면서 대간의 국문을 지시했으며(5.11.22무인·23기묘) 넉 달 뒤에는 성준을 좌의정으로 승진시켰다(6.4.11갑오). 결과적으로 이 사안은 대간의 패배로 끝났지만, 현직 정승에게 상당한 모욕으로 간주될 가능성이 큰 일을 사헌부가 감행했다는 점에서 삼사의 위상이 무오사화 이후에도 그리 약화되지 않았음을 입증하는 사례였다.[37]

끝으로, 홍백경도 삼사의 비판으로 순조롭게 승진하지 못했다. 연산군 8년 1월 삼사는 도덕적인 문제가 있거나 능력이 부족한 사람을 국왕이 내지內旨로 특별 승진시키거나 근거 없이 가자를 남발한다고 집요하게 물고 늘어졌으며, 가장 문제되는 인물로 지목한 홍백경을 참판에서 파직시킨 것이다(8.1.9임오~11갑신·14정해~16기축·18신묘~24정유·26기해·30계묘).[38] 그 밖에도 연산군 5년 7월 자신들이 인사 문제에 참여하는 것을 이조가 막고 있다고 비판해 국문을 관철시킨 것도 대간의 영향력과 관련해 주목할 만한 사례다(5.7.15계유·16갑술·21기묘).

연산군 중반에는 홍문관의 위상도 크게 상승했다. 국왕은 대간이 홍문관의 의견을 두려워하며 그들의 영향력은 재상까지 위협하고 있다고 파악했다(5.12.14무술).[39] 우의정 이극균도 비슷한 의견을 피력했으며(7.11.16경인·23정유)[40] 성준·한치형 등도 홍문관은 이전의 집현전처럼 자문기관에 지나지 않는데도 너무 큰 권력을 행사한다고 지적했다(7.10.26신미; 7.11.11을유·12병술·16경인·19계사).

이런 홍문관의 영향력은 실제로도 입증되었다. 연산군 7년 8월 대신은 임무를 제대로 수행하지 못하며 대간도 규찰에 힘쓰지 않고 관망만 한다고 홍문관이 탄핵하자 영의정 한치형을 비롯한 주요 대신과 대간이 모두 사직한 것이다(7.8.7임진). 이런 일련의 과정을 거친 결과 삼정승 한치형·성준·이극균은 일찍이 홍문관을 국가의 동량이며 대간과 다름이 없다고 평가한 성종의 판단에 동의하면서 그 위상을 인정하게 되었다(7.11.17신묘).

그 밖에 삼사는 중요한 정책 사안에도 적극적으로 개입했다. 특히 연산군 5년 4월 국왕과 대신들에 맞서 여진 정벌을 반대해 관철시키고, 동왕 7년 6월 평안도의 국경 일대에 장성長城을 쌓으려던 시도를 중단시킨 것은 상당한 의미를 지닌 사건이었다.[41]

이처럼 삼사는 무오사화 이후 일시적으로 위축되었지만, 외척과 대신들을 강력히 탄핵하고 주요한 국무에 적극 개입함으로써 그 위상을 회복하기 시작했다. 삼사의 가장 중요한 활동은 역시 최고 권력자인 국왕에게 개진하는 간쟁이었다. 앞서 보았듯이 당시 연산군의 주요 관심은 사치나 유희 같은 비정치적인 일탈에 쏠려 있었고, 객관적으로 비판의 소지가 확연했던 그런 문제들은 삼사의 발언을 촉발시켰다. 그러니까 삼사의 언론활동이 활발하게 재개될 수 있었던 핵심적인 계기는 역설적이게도 연산군이 제공한 것이었다.

다시 삼사와 충돌하면서 국왕은 무오사화 이전보다 더욱 큰 불만과 문제의식을 갖게 되었고, 상징적인 경고에 그쳤던 이전의 방식에는 큰 한계가 있음을 절감했다. 그 결과 그는 이제 전면적이며 직접적인 폭압을 선택할 수밖에 없다고 결단했다. 그러나 이런 결정적인 판단 착오는 황음과 맞물리면서 그를 폭군으로 전락시키는 움직일 수 없는 증거로 작용하게 되었다.

국왕과 삼사의 충돌

치세 중반 삼사의 발언에서 가장 핵심적인 주제는 당시 국왕이 가장 집중하던 사안인 사치와 패행이었다. 국왕의 주요 업무가 곧 국무라면, 국왕과 삼사는 거의 모든 국무에서 충돌한 것이었다. 일일이 거론할 수 없을 정도로 수많은 상소에 담긴 삼사의 주장은 요컨대 국왕에게 본연의 임무인 정무政務에 좀더 충실하라고 촉구한 것이었다. 연산군 8년 4월 홍문관의 상소는 국왕의 불성실과 재정의 악화를 중심으로 한 국정의 난맥상을 집약한 대표적인 사례로 생각된다.

전하는 재변을 만난 일이 많다고 할 수 있지만 반성하는 실상은 거의 없습니다. (…) 신들이 요즘 전하께서 하시는 일을 보니 태평을 지나치게 믿으신다고 생각됩니다. 한두 가지만 들어서 말하겠습니다. 『강목』은 분량이 많지만 중단하지 않으면 1년 안에 배울 수 있습니다. 전하는 동궁에 계실 때 이미 「주기周紀」와 「진기秦紀」를 강독하셨는데 지금 8~9년이 되도록 「수기隋紀」를 마치지 못하셨습니다. 대신·대간·시종들이 경연을 열자고 자주 요청했지만 1년에 강독을 받으시는 날이 손으로 꼽을 지경입니다. (…)

몇 년 사이에 심하게 흉년이 든 것도 아닌데 먹을 것이 모자라 바가지를 들고 빌어먹는 백성이 길에 즐비하고 도적들이 봉기해 곳곳에서 약탈하니, 재물이 아래에 있지 않다는 사실을 알 수 있습니다. 국가의 재정이 부족해 군자軍資를 임시로 빌려 충당하며, 그 밖에 바쳐야 할 물건도 외방에서 끌어와 부족한 분량을 채우니 재물이 위에 있지 않다는 것도 알 수 있습니다. 위에도 없고 아래도 없다면 지금의 재물은 과연 어디로 돌아간 것입니까. 이처럼 궁핍한 때에 큰 기근이나 병란이 난다면 무슨 곡식으로 백성들의 목숨을 살리고 무슨 재력으로 군비에 사용할지 신들은 모르겠습니다. 생각하면 한심할 따름입니다. 성종 말년에는 창고가 가득 차서 해마다 들어오는 조세를 동서의 군영軍營에 나눠 쌓고 의영고의 호초胡椒는 늘 1000여 섬이 축적된 것을 보고 들었습니다. 이 두 가지만 들더라도 국가의 재정이 넉넉했음을 알 수 있는데, 지금은 10년도 되지 않아 갑자기 이런 지경에 이른 것은 무슨 까닭인지 알 수가 없습니다(8.4.20신유).[42]

이런 삼사의 간쟁에 연산군은 강경하게 맞섰다. 직설적인 표현에 담긴 그의 수많은 대응은 "술이나 마시고 가라"는 조롱이나(6.11.4갑인) "내가 부덕해 실행하지 못한다"는 자조적인 책임 방기부터(7.12.23정묘) 정무적인 언급까지 다양했다. 그 대체적인 내용은 자신이 간언을 싫어하는 것은 아니지만 대간은 의논할 때마다 윗사람을 의심하며(8.12.1기해) 사안의 당부當否를 헤아리지 않고 국왕이 하려는 일이라면 모두 반대해 자신이 손을 놀리지 못할 지경이라는 분노가 담긴 것이었다(9.1.14임오; 9.2.26계해). 그러면서 그는 성종 말년부터 생긴 이런 폐단을 지금 고치지 않으면 후세에는 더욱 심각한 문제가 될 것이라고 진단했다(9.3.14신사). 앞서도 지적했지만, 당시의 가장 큰 적폐라고 판단한 문제의 기원이 성종대에 있다는 판단은 부왕에 대한 그의 반감이 모후의 사사라는 감정적인 차원만이 아니라 정치적인 판단에서도 발원했음을 보여주는 중요한 증거다.

연산군은 홍문관도 압박했다. 그는 인물을 논란하는 것은 홍문관의 직무가 아니라면서 그 언론권을 부정했으며(8.10.4계묘) 대간과 연합하는 자연스런 관행도 문제 삼았다. "대간과 홍문관은 각각 직무가 있는데, 지금은 대간이 아뢴 일을 홍문관이 그대로 따라서 말하고 있다. 그들은 동료와 관련된 일은 거론하지 않지만 대신의 일은 반드시 모두 논핵한다(7.10.26신미)."[43] 홍문관이 궁궐 수리와 잔치를 중지하자고 주청했을 때도 연산군은 서책을 관장하는 부서가 감히 이런 일을 말한다면서 일축했다(8.8.30기사; 8.9.6을해 · 12신사).

국왕의 이런 발언과 문제의식은 실질적인 조처들로 구체화되었다. 연산군은 선왕 때부터 시행된 일이라는 명분에 따라 서연관이나 삼사를 역임한 사람은 윤대輪對에 참석하지 못하게 했다(8.11.4신유 · 12신사). 물론 삼사를 제압하는 가장 빈번하고 일반적인 방법은 그들을 체직시키는 것이었다. 연산군대에 삼사 장관(대사헌 · 대사간 · 부제학)의 재직 기간이 평균 4.2개월에 불과했다는 사실은 삼사를 순치馴致시키려는 국왕의 의도와 무관하지 않다고 생각한다(이런 수치는 그 하위 관직으로 내려가면 더욱 줄어들 것이다).[44]

삼사에 대한 연산군의 기민한 반격을 보여주는 흥미로운 사례가 있다. 재위 8년 5월 사헌부에서 사대부들의 혼례가 너무 사치스럽다고 지적하자 국왕은 일단 그런 문제를 인정하면서 검소한 예식을 시행하라는 전교를 내렸다. 그러나 7개월 뒤인 같은 해 12월, 장령 김천령金千齡은 그런 법률이 중앙에서는 시행되었지만 지방에서는 폐기되었으니 공문을 보내 다시 효유하자고 건의했다. 이런 김천령의 주청은 국정의 문제점을 즉시 적발해 시정을 요구해야 한다는 대간의 임무를 소홀히 한 결과가 분명했다.

연산군은 그런 허점을 날카롭게 포착했다. 그는 7개월 전에 내린 명령의 폐단을 지금에야 아뢴다면서 당시 대간으로 현재까지 재직하고 있는 사람을 보고하라고 명령했고, "대간은 사람들의 옳고 그름을 평가하는 직책인데 자신들이 먼저 착오를 저지르면 어떻게 남을 바로잡겠는가"라고 질책하면서 죄상을 국문한 뒤 체직시키라고 하교했다(8.12.4임인). 이것은 충분한 정당성을 지닌 조처였다. 대간이 드러낸 객관적인 문제점을 놓치지 않고 기민하고 효과적으로 대응한 이런 사례는 연산군이 결코 둔감하지 않은 정치력을 지닌 국왕이었음을 입증하는 증거가 될 것이다.[45]

이런 사안들 외에도 삼사는 불경을 간행하고 왕실의 원당願堂을 건축하며 유명 사찰에 소금을 하사하는 등의 불교 관련 시책과 무속 행사를 열려는 국왕의 시도에 반대했다. 또한 복상服喪 기간을 줄이고, 생모生母에 대한 제사를 너무 성대하게 치르며, 기생을 주제로 시를 지으라는 등과 같이 유교 윤리와 어긋나는 왕명에 대해서도 그 부당성을 지적했다.[46]

요컨대 국왕과 삼사는 무오사화 이후에도 그전과 크게 다르지 않은 갈등과 대립을 지속한 것이다. 사화로 잠시 위축되었던 삼사가 곧 다시 발언을 재개할 수 있게 된 계기는 역설적이게도 연산군이 제공했다. 당시 연산군이 매진한 사치, 민가 철거, 유흥, 음행 등은 객관적인 폐해가 확실한 사안들이었고, 삼사는 그것을 집중적으로 비판할 수 있었기 때문이다.

이런 정황은 연산군대 중반 이후 정치 세력의 상호관계에 중요한 변화를 가져왔다. 그것은 대신들도 국왕의 자의적인 왕권 행사를 자주 비판함으로써 결과적으로 삼사와 유사한 입장에 서게 되었다는 사실이었다. 이런 변화가 진행되면서 국왕은 점차 고립되었고, 갑자사화의 원인도 서서히 배태되어갔다.

대신들의 간언

의정부를 중심으로 한 대신들이 본격적으로 간언을 올리기 시작한 시점은 연산군 5년이었다. 그해 3월 좌의정 한치형, 우의정 성준, 좌찬성 이극균, 우찬성 박건, 좌참찬 홍귀달, 우참찬 신준 등 주요 대신들은 10개 항에 걸친 긴 상소를 올렸다. 그 핵심은 국왕의 사치를 줄여야 한다는 것이었다. 그들은 종친과 대신에게 하사하는 부의賻儀와 별사別謝가 너무 많고, 궁궐과 내수사로 들이는 물품이 과다하다고 지적하면서 구체적인 수치를 제시했다. 앞서도 인용한 바 있는 그 수치는 연산군 4년의 경우 횡간 이외의 별용 물품은 쌀과 콩이 2900여 석, 면포 3600필, 정포 1900여 필, 기름과 꿀 90여 석이었으며 그 밖에도 종류와 수량이 상당했다. 중국에서 들여온 저포와 마포가 3700여 필(면포로 환산하면 1만8600여 필)이었고, 각종 잔치에 사용하는 용도로 경기도에서 진상하는 생선은 7500여 미였으며,[47] 노루·사슴으로 만든 육포도 각도에서 8300여 접이나 바쳐야 했다(5.3.27병술).

의정부는 7개월 뒤에도 비슷한 문제를 지적했다. 앞서도 언급했듯이, 그들은 지난해의 국가 재정은 수입(20만5584석 14두)보다 지출(20만8522석 1두)이 많았다면서 우리나라는 토지가 척박해 흉년이 들면 한 해도 버티기 힘든 실정이므로 좀더 많은 재정 비축이 필요하다고 강조했다(5.10.26임자).

이듬해에도 의정부는 옹주들의 길례 때 내수사 저축을 다 썼으니 벼 1000섬을 내수사로 들이라는 왕명에 반대하고(6.8.14병신), 횡간 이외에 사용하는 미곡이 수천여 석에 이른다고 지적했으며(6.8.29신해), 상의원·제용감·의사醫司에서 무역하는 포목 4800여 필을 도성에서 압록강까지 수운水運하게 해 백성들을 고통스럽게 만들고 있다고 비판했다(6.2.12병신).

연산군 7년에는 자연재해가 심각했다. 전국적으로 홍수와 가뭄이 일어났고, 강원도와 황해도에는 각각 산사태와 누리[蝗] 피해가 발생했다. 국가의 최고 대신인 삼정승 한치형·성준·이극균은 다각적인 대책을 진언했다. 그들은 "백성의 원망이 이때보다 심한 적이 없었다"고 전제하면서 궁궐 영선營繕에 군인을 동원하지 말고, 해주 어살을 내수사가 아니라 국고로 환수하자고 건의했다(7.5.6계축). 또한 경상도에서 소목 1000근을 올리라는 명령과 활 만드는 장인 30여 명을 내궁방內弓房에 소속시키라는 지시는 경제적 부담이 크니 철회해야 한다고 주청했다(7.8.5

경술). 그러나 연산군은 궁궐 영선을 제외하고는 윤허하지 않았다.

앞서 연산군의 자의적 왕권 행사는 재위 8~9년을 기점으로 더욱 심각해졌다고 말했는데, 대신들의 간언도 비슷한 시점을 기준으로 더욱 강경해졌다. 이런 변화의 중요한 계기는 소혜왕후의 독려였다.

이때 국왕이 총애하는 측근들에게 물품을 지나치게 하사하고 과도하게 잔치를 베풀었다. 인수대비는 그만두게 하지 못할 것을 알고 한치형에게 비밀리에 당부했다. "주상의 행동이 이런데도 고치지 않으니 경은 사직의 중신으로 죽을힘을 다해 바로잡지 못하면 지하에서 조종의 영혼을 무슨 낯으로 보겠습니까?" 이때부터 한치형은 성준, 이극균과 함께 국왕의 행동을 규제하고 간언하는 것이 많았다(8.6.28무진).[48]

이 사료보다 약간 앞선 시점이지만, 그해 3월 삼정승 한치형·성준·이극균이 올린 시폐時弊 10조는 그 제목대로 당시의 폐단을 집약했다고 평가할 만하다(8.3.25정유). 갑자사화 이후 연산군은 이 상소의 주청자와 내용을 가장 증오했는데, 삼정승이 지목한 문제점들은 ① 경연과 시사視事를 폐지한 것, ② 대군과 공주에게 시장柴場을 너무 많이 하사한 것, ③ 후원에서 신하들을 접견하지 말아야 하는 것, ④ 공사公事가 많이 지체되는 것, ⑤ 내시가 신하들의 계청을 더디게 출납하는 것, ⑥ 후원의 영선을 그치지 않는 것, ⑦ 준마의 수집을 중지하자는 것, ⑧ 화원畵員과 온갖 공인들이 대궐 안에 있는 것, ⑨ 용도가 제한이 없는 것, ⑩ 경기도에서 무시로 진상케 해 민폐가 적지 않은 것 등이었다. 재정의 악화와 관련된 ⑨항의 내용은 좀더 자세히 살펴볼 필요가 있다(연산군은 ②~③항만 윤허했다).

아홉 번째는 용도가 제한이 없다는 것입니다. 지금 국가의 용도가 매우 번잡해 외간에서는 군자감이 풍저창으로 변했다는 말까지 있다는 것은 앞서 이미 아뢴 바 있습니다. 조종조에서는 부고府庫가 차고 넘쳤는데 지금은 풍저창이 이미 비어 군자감의 곡식을 옮겨 쓰고 있습니다. 1년 용도는 2만 석에 가까운데 전세로 상납한 것은 전해의 가뭄과 흉년 때문에 1만 4000여 석밖에 되지 않으니, 조운선이 풍랑을 만나 부서진다면 그 숫자를 채울 수 있다고 어떻게 보장하겠습니까(8.3.25정유).[49]

그밖에도 대신들은 사냥과 강무講武 등을 중지할 것을 누차 간언했다(4.10.16무인; 5.9.2기미; 5.10.26임자; 6.2.5기축; 6.3.11을축; 6.10.1임오 등).

이처럼 삼정승을 중심으로 한 대신들이 치세 중반부터 심각해진 자의적 왕권 행사를 적극적으로 비판하자 연산군은 상당한 부담을 느꼈던 것 같다. 묵은 베 200필, 정포 50필, 면포 50필을 들이라고 지시하면서 경사를 맞아 두 대비께 연회를 베풀어야 하는데 부족하기 때문이라고 성준에게 용도를 해명하거나(8.9.9무인), 자신의 생일에 대비들께 진연하면서 풍악을 거행해도 선례나 의리에 어긋나지는 않느냐고 이극균에게 묻는 모습은 대신들의 간언에서 기인한 부담감과 조심성을 보여준다(9.11.4정묘). 사냥을 나가면서 놀려는 것이 아니라 오랫동안 열병하지 못했기 때문이라고 변명한 일도 비슷하다(9.9.17경진).

대신들의 이런 활동은 긍정적인 평가를 받았다. 한치형의 졸기에 첨부된 사평에 따르면 "그는 연산군이 정치를 어지럽힐 때 검소함을 숭상하고 절용할 것을 여러 번 진계했는데 그 때문에 뜻을 거슬러 참화가 죽은 뒤까지 미쳤다(8.10.3임인)."⁵⁰ 갑자사화를 1년 정도 남겨놓은 시점에서 나온 사평은 사화의 원인 및 양상과 관련해 중요한 암시를 준다.

이때 국왕은 황음을 거리낌 없이 자행하려고 했지만 대신들을 두려워해 그러지 못했다. 그 때문에 먼저 그들을 주살해 제거하고 자신에게 순종하는 사람을 얻으려고 했다(9.1.3신미).⁵¹

예상할 수 있는 일이지만, 연산군은 대신들의 간언을 좀처럼 수용하지 않았으며 그들도 삼사를 닮아간다는 더욱 심각한 문제의식을 느끼기 시작했다. 절용을 강조하는 대신들의 간언을 미워해 그들의 부의賻儀를 줄인 조치(9.1.4임신)는 그런 생각의 한 발현이었다. 대신들의 이런 변화는 국왕·대신·삼사의 정립 구도에 중요한 재편을 가져왔다.

대신과 삼사의 협력

첫머리에서 대신과 삼사의 고유한 기능 차이와 거기서 발원한 상호관계의 특징을 설명한 바 있었다. 거칠게 요약하면, 그것은 방어와 공격의 관계라고 할 수 있을 것이다. 기본적으로 대신은 삼사의 비판을 국정에 필수적인 고유 임무의 수행으로 인정하면서 국무를 추진하려고 노력했다(그런 의미에서 앞서 본 노사신의 태도는 그만큼 이례적인 것이었으며, 당시 삼사의 언론활동이 얼마나 격렬했는가를 보여주는 반증이 될 것이다). 연산군대 초반 감정대립에 가까운 거친 충돌과 무오사화라는 폭력적인 숙청을 거치면서 대신과 삼사의 관계는 크게 악화된 것이 사실이었지만, 심화되는 국왕의 패행을 비판적으로 보는 시각을 공유하게 되면서 그 관계는 회복의 조짐을 보였다.

원론적인 발언일 수도 있지만, 사화 이후에도 대신들은 "정사의 득실은 대간만이 말할 수 있다(6.1.9갑자)"는 생각을 다시 한번 확인했다. 삼정승 한치형·성준·이극균은 홍문관의 상소가 사안의 본질을 정확히 파악했다고 평가했으며, 윤필상도 성종은 이렇게 타당한 상소가 있으면 항상 좌우에 놓고 보셨다면서 동의했다(7.8.7임자). 한치형 등은 홍문관의 인원을 충원하고 우대해 학문을 닦을 것을 국왕에게 주청하기도 했다(6.9.26정축).

대간의 인사 개입에 대신들이 동의한 적도 있었다. 대간이 개성부 경력에 임명된 송공손宋恭孫을 학식이 부족하다는 이유로 반대하자 정문형·한치형·성준 등은 "대간의 논의는 공론이니 따라야 한다"고 인정한 것이다(5.8.16계묘·18을사).

언로를 열어야 한다는 생각에도 찬성했다. 정언 손세옹孫世雍이 ① 과부에게 개가를 허용하고 ② 치사致仕한 사람에게 검직檢職을 수여하며 ③ 각 고을의 학도들에게 학문을 권장하고 ④ 감사가 병사兵使·수사水使의 아전을 차정하며 ⑤ 정예병을 선발하고 ⑥ 언로를 개방하자는 간언을 올리자 윤필상, 어세겸, 정문형 등은 "특히 ⑥항의 간언을 따르라는 말은 진실로 대체에 부합되니 받아들이면 더 큰 다행이 없겠다"면서 적극 동조했다. 연산군은 ①항만을 수의하게 하면서 정승들이 나머지까지 모두 의논한 것은 잘못이라고 불쾌하게 반응했는데, 대신들이 삼사에 자발적으로 동의하는 부분이 적지 않았다는 사실을 유추할 수 있다(6.11.4갑인).

연산군 5년 7월 윤필상·어세겸·정문형·한치형 등이 등용할 만한 사람으로 조순 등을 천거한 것도 주목할 만하다. 연산군이 거부한 이유처럼, 이 조순은 일찍이 "노사신의 고기를 먹고 싶다"는 그야말로 극한적인 탄핵을 감행한 사람이었다(5.7.11기사). 이미 노사신이 사망한 뒤이기는 하나, 대신들이 그런 조순을 '등용할 만한 사람'으로 추천했다는 것은 자신들에게 극도로 적대적이었던 인물에게도 상당히 공정한 평가를 내리고 있었다는 흥미로운 증거다.[52] 7년 1월 홍문관을 하옥하려는 연산군의 지시에 윤필상 등 주요 대신들이 반대한 것도 비슷한 사례로 추가할 수 있다(7.1.16을축).

대신들의 간언이 더욱 활성화되기 시작한 재위 8년 이후의 양상은 더욱 주목된다. 8년 8월 연산군은 경연에 참석한 재상들에게 "요즘 대간들은 반드시 발언하려는 것을 구차스러운 일과로 삼고 있다"면서 불만을 토로했다. 국왕은 내심 대신들의 동의를 기대했을 것이지만, 윤필상은 그런 예상을 완전히 뒤집었다.

> 대간은 알면 말하지 않는 것이 없기 때문에 이렇게 아뢰는 것일 뿐입니다. 대간의 말은 크고 작은 것을 가리지 말고 너그러이 받아들여야 하며, 채택 여부는 주상의 재가에 달려 있을 뿐입니다. 번거롭게 아뢸 필요가 없다고 하교하시면 대간은 마음에 품은 생각이 있더라도 주상의 위엄에 눌려 모두 말할 수가 없을 것입니다(8.8.10기유).[53]

이듬해인 9년 3~4월에도 삼정승 성준·이극균·유순과 파평부원군 윤필상 등 주요 대신들은 열병閱兵과 사냥을 중지해야 한다는 삼사의 간언에 적극 찬성했다(9.3.18을유·19병술; 9.4.20병진). 특히 이극균은 국왕의 자유로운 행동을 막는 대간을 국문하는 것이 어떻겠느냐는 연산군의 물음에 "대간은 전하께서 너그럽게 용서하실 것으로 믿고 말씀드린 것"이라면서 두둔했다(9.2.26계해). 그 뒤에도 그는 "대간의 발언은 긴요하지 않은 것 같더라도 반드시 뜻이 있으니 채납해야 한다"는 의견을 내놓았다(9.3.19병술).

무오사화에서 처벌된 대간을 용서하자는 대신들의 주장도 매우 주목된다. 연산군 5년 10월 윤필상·한치형·성준 등은 앞서 김종직의 죄를 의논할 때 대간은 그릇된 의견을 올렸다는 죄목으로 처벌되었지만 잘못 생각해 망령된 의견을 올린 것일 뿐 다른 생각은 없었다고 변호하면서 용서하자고 건의했다(5.10.7계사). 그 뒤 그들은 직첩도 돌려주자고 건의했는데, 연산군은 직첩은 돌려주되 삼사에는 서용하지 말라고 지시했다(7.9.23무술). 이런 사례들은 연산군 중반 이후 대신들이 삼사에 상당히 우호적인 태도를 갖게 되었다는 중요한 변화를 보여준다(아울러 무오사화에서 삼사와 김종직 일파가 상당히 동일시되었다는 사실도 다시 확인시켜 준다).

물론 이 기간에도 대신과 삼사가 일정한 갈등을 지속한 것은 사실이었다(앞서 본 성준과 사헌부의 충돌은 그런 대표적 사례다).[54] 그러나 여러 번 지적했듯이, 그것은 두 관서의 직무가 본원적으로 다른 데서 기인한 측면이 컸다고 생각된다. 그러므로 이 시기에 대신과 삼사가 의견을 공유할 수 있었다는 이례적인 현상은 연산군의 패행이 그만큼 심각했다는 반증이 될 것이다.

이로써 연산군대 중반 정치 세력의 구도는 대신과 삼사가 제휴함으로써 국왕이 고립되는 중요한 재편을 겪었다. 그러나 국왕은 이런 변화의 원인을 성찰하지 않았고 그런 결과에 더욱 큰 분노만을 느꼈다. 그는 무오사화가 간접적인 경고에만 그쳤기 때문에 능상의 폐단이 삼사뿐 아니라 대신들에게까지 만연된 것이라고 분석했고, 따라서 이제는 무차별적이고 직접적인 숙청이 필요하다고 결단했다. 연산군의 통치를 폭정으로 전락시킨 결정적 원인이 된 갑자사화의 유례없는 규모와 특이한 전개 양상은 이런 상황적 맥락에서 배태된 것이었다.

3. 갑자사화의 폭발과 전개

갑자사화는 조선의 역사에서 가장 거대한 정치적 비극의 하나일 것이다.[55] 그 사건은 조선의 중앙 정치에서 항존했던 수많은 숙청들과 비교해 그 원인과 전개 과정, 결과, 규모 등 거의 모든 측면에서 두드러진 차별성을 보였다.

특히 주목할 만한 사항은 첫째, 갑자사화에서 가해자는 국왕 한 사람이었으며 피해자는 대신과 삼사를 중심으로 한 거의 모든 신하들이었다는 사실이다. 다시 말해서 그 사건은 '선비(사림)들의 피화'라는 의미의 '사화'라는 동일한 이름으로 묶인 무오·기묘·을사사화와도 여러 측면에서 크게 달랐던 것이다. 앞서 보았듯이 무오사화는 국왕과 일부 대신들이 김종직 일파를 명분으로 삼사에게 경고한 사건이었고, 중종 14년(1519)의 기묘사화는 조광조를 중심으로 한 기묘사림의 급진적 개혁

정치를 정지시킨 국왕과 대신들의 전격적인 숙청이었으며, 명종 즉위년 (1545)의 을사사화는 주로 신하들끼리의 충돌이었다. 이런 측면은 각 사화를 개별적으로 세밀하게 검토해야 한다는 당위성과 함께 그 사건들을 매개로 한국사의 중요한 통설의 하나로 자리잡은 '훈구-사림 세력' 이라는 개념을 재고해야 할 필요성을 알려준다.

다음으로, 갑자사화는 그 원인과 전개 과정 또한 매우 독특했다. 그 사건은 능상의 척결과 폐모 사건의 보복이라는 두 가지 원인이 서로 상승 작용을 일으키며 발발했고, 기괴할 정도로 집요한 소급 처벌이 주요한 과정을 형성했다. 앞서도 몇 차례 지적했듯이 전근대의 왕정에서 국왕의 공사公私는 명확히 구분되지 않고 겹치는 경우가 많았지만, 갑자사화는 후자의 영역이 전자를 압도적으로 침해한 사건이었다. 거듭 말하지만, 이런 사실은 연산군의 통치를 평가하는 데 핵심적인 기준이 될 것이다.

끝으로 이런 요인들이 복합적으로 작용한 결과 사실상 갑자사화는 연산군이 반정으로 폐위될 때까지 지속된, 유례없이 '장기적인 숙청' 이 되었다. 자연히 피해의 규모와 양상도 그만큼 끔찍했다. 피화 대상에는 살아 있는 신하들뿐만 아니라 이미 사망한 대신들도 다수 있었고 성종의 후궁과 궁궐의 나인·내관 등도 포함되었으며, 그 방식도 드물게 참혹했다. 이런 갑자사화의 피화 규모를 최대한 자세하게 밝히는 작업 또한 연산군과 그의 통치에 대한 합리적인 평가로 자연스럽게 귀결될 것이다.

요컨대 갑자사화는 숱한 정치적 숙청 중에서도 대단히 처참하고 기이한 사건이었다. 무오사화의 원인과 본질이 상당히 복잡하고 심층적이었던 데 견주어, 그것은 권력의 자의성恣意性과 자율성을 혼동하면서 전제 왕권의 몽상과 황음에 침윤되어가던 국왕이 행사한 폭력의 극점이었다고 할 만하다. 실제로 그렇게 됐지만, 그런 거대한 만행을 중지시킬 만한 수단은 강제적인 폐위밖에 없었을 것이다.

고조되는 국왕의 불만

자의적인 왕권 행사가 심각해진 연산군 중반 이후 정국의 구도가 재편되면서 국왕·대신·삼사 사이에 전개된 갈등의 양상도 변해갔다. 먼저, 자신의 행동을 제약하는 삼사에게 연산군이 강한 불만을 누차 드러낸 것은 이전과 동일했다.

> 지금 대간은 조금이라도 자신들의 뜻과 맞지 않으면 모두 잘못되었다고 한다. 이런 풍조는 시비를 뒤바꾸는 것이다(7.9.28계묘). (…) 대간의 이런 풍조는 이름은 공론이지만 실제로는 국왕을 조롱하는 것이다(7.11.12병술). (…) 요즘 대간은 작은 일이라도 임금이 하려는 것이면 극심하게 논박해 손을 놀릴 수 없게 하니 이것은 무슨 풍조인가(9.1.14임오). (…) 대간은 일의 시비를 살피지 않고 임금이 하는 일이면 모두 억제하니 이런 풍조는 매우 불미스럽다(9.2.26계해). (…) 구언하면 현재의 폐단은 진언하지 않고 자기들 관심사만 말하니 불가하다(9.8.24무오). (…) 대간은 항상 관작 수여가 너무 지나치다고 하는데 그것은 그들이 간섭할 일이 아니다(9.3.1무진).[56]

연산군은 이런 풍조를 '명예를 낚으려는 행위[釣名]'로 지목하면서 성종 후반부터 시작된 이런 폐단은 지금 고치지 않으면 안 된다고 강조했다.57

그 뒤 실행에 옮겼지만, 재위 중반부터 연산군은 대간이라는 제도를 아예 없애버리려고 생각했던 것 같다. 칙서勅書를 가져온 정조사正朝使 김영정金永貞 등에게 중국에도 조선의 대간 같은 제도가 있더냐고 물은 것은 그런 속내를 비쳐준다(6.4.3병술). 비꼬는 듯한 힐책도 던졌는데, 의금부 경력 이사준李師準은 선전관宣傳官일 때 응방의 매를 몰래 기른 일이 탄로 나 대간의 탄핵을 받았던 부정직한 사람인데 어째서 지금은 탄핵하지 않느냐고 대간에게 물은 것이다(8.8.24계해).

이런 불만의 토로와 더불어, 국왕은 삼사를 제어할 수 있는 제도적 장치도 다양하게 마련했다. 우선 대간의 말을 기록해 이후의 증빙으로 삼게 했고(8.9.23임진) 대간이나 서연관書筵官을 지낸 사람은 경연에 들어오지 못하게 했다(8.11.4계유). 또한 한번 교체된 대간은 국왕의 특별 명령이 아니면 대간이나 홍문관·서연관 등 언론을 할 가능성이 있는 관직에는 임용하지 못하게 했다(9.9.21갑신).

삼사를 향한 이런 적대적인 자세는 이전과 거의 다름없는 것이었지만, 중요한 변화는 그동안 협력관계를 유지해온 대신들에게도 비슷한 태도를 갖게 되었다는 것이다.58 그런 불만의 단초는 재위 6년부터 발견되는데, 주목할 만한 사실은 갑자사화의 한 발단이 된 이세좌 사건과 비슷한 사소한 문제에 국왕이 일찍부터 민감하게 반응하고 있다는 점이다. 그해 2월 대사간 안침이 조참에 육조와 한성부 당상이 전혀 참석하지 않았고 전날 회례연會禮宴에서도 대신이 친히 술잔을 바치지 않았다면서 능상 풍조를 지적하자, 연산군은 적극적인 공감을 표시했다(6.2.5기축).

같은 해 9월에는 잔치에 참석한 종실과 의정부·육조의 대신 가운데 하사한 술잔을 마시지 않거나 퇴장할 때 순서를 지키지 않는 사람이 있는데, 임금이 참석한 잔치에서 예절이 이러해서는 안 된다면서 대신들의 무례를 직접 지적했다. 특히 다른 잔치에 가느라고 이 연회에 불참한 파평부원군 윤필상에게는 국문을 지시하기까지 했다(6.9.6정사·10신유).[59] 대표적인 훈구대신의 한 사람인 윤필상에게 국문까지 지시한 이 사례는 갑자사화를 상당히 앞둔 시점부터 연산군이 대신에게 상당한 불만을 품고 있었음을 보여주는 중요한 증거다.

연산군 8년 6월에도 비슷한 일이 일어났다. 충훈부忠勳府는 안중경安仲敬이 공신이지만 오랫동안 녹봉을 받지 못했으니 지급하자고 건의했다. 그러자 연산군은 녹봉을 주고 말고는 군주의 권한인데 아랫사람이 먼저 요청했다면서 충훈부 당상인 윤필상과 한치형을 국문하려고 했다. 승정원의 만류로 멈추기는 했지만, 사소하되 능상과 연결될 만한 문제는 윤필상과 한치형처럼 중요한 대신일지라도 대단히 강력하게 대응했음을 잘 보여준다(8.6.29기사).

비슷한 사례는 그 외에도 여럿 있었다. 재위 4년 윤11월 2일(계해) 연산군은 모화관에서 사열할 때 검열 하계증河繼曾이 하사주를 마시지 않았다는 이유로 하옥과 국문을 명령했다. 이때부터 작은 과실을 점차 세밀하게 적발하기 시작했다는 사평을 인정한다면, 갑자사화의 전조는 멀리 무오사화 직후부터 나타난 것이었다.

그 뒤에도 연산군은 내관 박승은朴承恩이 임금 앞에서 웃음을 머금었다면서 장 100대를 치게 했으며(6.6.9신묘) 대사례大射禮를 마친 뒤 벌주를 마실 때 동지성균관사 최응현崔應賢이 침을 흘렸다고 지적하면서 국문을 지시했다(8.3.2갑술). 전한 정인인을 처벌한 이유도 남달랐다. 시를 한 수씩 지어 올리라는 왕명에 정인인이 두 수를 작성해 바치자 자신은 남과 다르게 행동하는 사람을 대단히 싫어한다면서 국문을 지시한 것이다(8.11.29무술). 한 잔치에서는 시위한 장수 중에서 손으로 요란스럽게 철갑을 두드린 사람이 있었다면서 적발해 문초하라고 명령했다. 여천위驪川尉 민자방閔子芳이 자신의 갑옷과 칼이 스쳐 소리가 났다고 자백하자 국왕은 국문을 지시했다(9.7.20갑신·21을유). 영의정 성준도 사냥을 나갔을 때 앉아 있는 자세가 무례했다고 경고받았다(9.10.25무오).

갑자사화를 1년쯤 남겨둔 시점인 재위 9년 무렵에는 태도가 더욱 경직되었다. 앞서 서술한 대로 연산군은 재상에게 내리는 부의賻儀를 줄이라고 지시했는데, 재정 고갈도 한 원인이었지만 그들이 절용을 강조했기 때문에 매우 미워한 것이 더 중요한 까닭이었다(9.1.4임신). 사냥 준비에 미흡하면 판서라도 용서하지 않을 것이라고 경고했으며(9.10.17경술) 민가 철거에 반대하는 재상들의 의견 또한 임금에게 도전하는 것으로 간주했다(9.11.5무진).

요컨대 연산군은 점차 심화되는 자의적 왕권 행사에 대신과 삼사를 포함한 신하 대부분이 반대하는 정치적 상황에 대한 근본적인 불만과 사소하고 미묘한 실수에서 촉발된 감정상의 분노를 종합함으로써 즉위 이후부터 늘 가장 커다란 폐단으로 여겨온 능상의 해악이 미만彌滿했다는 결론에 다다르게 된 것이다. 갑자사화를 꼭 1년 앞둔 시점에서 연산군이 신하들 전체에게 가졌던 문제의식은 이렇게 심각했다.

대간의 말을 들어주지 않으면 정승이 말하고 정승의 말을 들어주지 않으면 육조가 말한다. 아랫사람들이 자신들의 뜻을 이루려고 노력하니 그 폐단을 이루 말할 수 없다. (…) 요즘 위에서 하는 일이라면 기어이 이기려고 해서 쟁론이 끝이 없다. 이전에도 대간이 있었지만 지금처럼 일마다 논쟁해 폐풍이 누적되지는 않았으니, 나는 매우 개탄한다. (…) 대간이 사체를 헤아리지 않고 말하는데 대신도 따라서 말하니 결코 들어줄 수 없다(9.3.16계미).[60]

무오사화는 그것이 삼사에 대한 간접적인 경고였다는 점에서 상당히 치밀하며 절제된 측면이 있었다고 생각된다. 그러나 이제 서술하듯이 갑자사화는 그런 자기 제어나 정치적인 고려를 완전히 놓아버린 비이성적인 숙청으로 일관되었다. 연산군은 갑자사화를 절대왕권의 행사라는 자신의 숙원을 이루기 위해서 어쩔 수 없이 거쳐야 할 과정으로 생각했을 것이다. 그리고 실제로 연산군은 갑자사화 이후 반정으로 폐위되기까지 2년 동안 그 숙원을 아쉬움 없이 풀어버릴 수 있었다. 그러나 그런 절대왕권의 행사는 연산군과 그 통치를 폭군과 폭정으로 규정하게 되는 가장 확실한 역사적 증거가 되었을 뿐이다.

이세좌의 실수

갑자사화의 직접적인 발단은 이세좌 사건과 홍귀달 사건으로 볼 수 있다.[61] 널리 알려졌듯이 전자는 잔치에서 어의에 술을 엎지른 실수였고, 후자는 손녀를 입궐시키라는 왕명을 즉시 이행하지 않은 사안이었다. 연산군은 두 사건을 능상의 표본으로 판단했고, 그 결과 집요하고 거대한 피의 숙청을 시작했다.

두 사건의 사소함이나 우연성은 비슷했다. 그러나 현재도 통용되는 '갑자년의 사화'라는 전통적인 명칭을 감안하면 연산군 9년 9월에 발생한 이세좌 사건보다는 동왕 10년 3월에 일어난 홍귀달 사건이 좀더 직접적인 계기라고 인정되어왔던 것이며, 이 책에서도 그런 판단에 따랐다.

앞서 본 대로 그동안에도 잔치에서의 무례와 관련된 우발적인 실수들은 이따금씩 나타났지만, 처벌 수준은 그리 가혹하지 않았다. 그러나 국왕의 불만이 팽배한 상황에서 그 개인적 지위나 가문의 성세에서 당대 최고의 수준이었다고 할 수 있는 이세좌가 비슷한 실수를 저지르면서 사건은 완전히 다른 국면으로 접어들었다. 여기에 이세좌가 폐비에게 사약을 전달한 좌승지였다는 공교로운 우연이 겹쳐지면서 그 사안은 능상의 처벌과 폐모 사건의 복수라는 갑자사화의 도화선을 형성했다. 그러나 앞서도 여러 번 지적했듯이, 갑자사화의 가장 중요한 원인은 도착증에 가까운 연산군의 판단 상실이었다.

연산군 9년 9월 11일(갑술) 인정전에서 베푼 양로연에서 예조판서 이세좌는 국왕이 하사한 술잔을 엎질러 어의御衣를 적시는 실수를 저질렀다. 상식적으로 그것은 당연히 고의가 아니었을 것이다. 그러나 연산군은 대노했고, 이세좌를 즉각 엄중히 추국한 뒤 제조提調에서 체직시키라고 명령했다. 연산군은 "소리가 나도록 엎질러 어의까지 적셨다"는 문구를 죄목에 명기하라고 지시하면서 자신을 어린 국왕으로 생각해 불공不恭을 저지른 행동이라고 규정했다(9.9.12을해·15무인). 당시 27세로 재위한 지 9년이나 된 국왕을 어리다고 업신여겼다는, 쉽게 납득되지 않는 연산

군의 판단은 그의 내면적 결핍의 일단을 보여준다.[62]

그러나 국왕이 대노한 근본적인 원인은 다른 데 있었다. 그것은 대간의 행동이었다. 연산군은 이세좌를 제조에서만 파직시킨 까닭은 이런 무엄한 행위에는 대간이 추가적인 처벌을 다시 주청하리라고 예상했기 때문이었는데 한 사람도 그러지 않았다고 지적하면서(무오사화에서도 비슷한 태도가 나타났다는 사실은 치세 내내 연산군이 가장 불만스럽게 생각한 대상은 언론기관이었다는 것을 다시 한번 보여준다), 그들이 이세좌의 위세를 두려워하기 때문이라고 판단했다(9.9.18신사·19임오).

> 지금 조정과 대간에서 한 사람도 말하지 않으니, 이세좌의 아들 이수의李守義가 한림翰林이고 이수정李守貞이 홍문관원이어서 그 세력을 두려워해 발언하지 않는 것이다. 이수의 등은 청요직에 있는 것이 옳지 않으니 체직하라. 대간은 벙어리처럼 한 마디도 하지 않으니 처벌해야 되지 않겠는가. (…) 지금 대간은 논계해야 할 것은 논계하지 않고 말하지 않아야 할 것은 말한다. (…) 이런 풍속이 날로 심각한 고질이 되어가니 처음에 바로잡아야 한다(9.9.19임오).[63]

연산군의 말처럼 이세좌의 가문(본관 광주廣州)은 당대 최고의 거족鉅族이었다. 그의 조부는 세조 때 우의정까지 오른 이인손李仁孫이고 아버지는 형조판서 이극감李克堪이며, 숙부들은 이 책에서도 자주 거론된 이극배·이극증·이극돈·이극균 등 일급의 대신들이었다. 이세좌 자신도 성종 8년(1477) 문과에 급제하고 한성판윤·호조판서·이조판서를 역임했으며, 아들 이수형李守亨·이수의·이수정도 모두 급제한 뒤 각각

의정부 사인舍人(정4품), 홍문관 수찬(정5품), 예문관 검열(정9품)로 재직하고 있었다.[64]

국왕의 처벌은 본격적으로 시작되었다. 먼저 가장 큰 문제로 지목한 대간을 교체했다. 연산군은 대사헌 이세영과 대사간 유세침柳世琛을 비롯한 거의 모든 대간을 서반으로 보내 직위를 낮춰 서용하라고 지시하면서 특지가 아니면 홍문관·서연관·대간 등의 관직에 임명하지 말라고 명시했다.[65]

이세좌는 전라도 무안務安에 부처되고 세 아들은 모두 파직됐다. 이후 폐위될 때까지 내내 보이는 처벌이나 복수에 관련된 연산군의 병적인 집요함은 이 사건에서부터 드러나기 시작했다. 그는 호송하는 관원이 대신을 역임한 죄수의 편의를 봐주느라 지체할지도 모르니 이세좌가 도성을 떠나 유배지에 도착하는 날짜를 상세히 알리라고 지시했다(9.9.19 임오~21갑신).

이세좌는 유배지가 함경도 온성穩城으로 옮겨짐으로써(9.9.22을유) 더욱 큰 곤경을 겪었지만 4개월 만에 해배解配되었다(10.1.11계유). 그가 도성으로 돌아와 창덕궁 단봉문丹鳳門 밖에서 사은하는 광경은, 죄목 자체의 불합리함에서 기인한 결과겠지만, 다소 희극적이기까지 하다. 연산군은 "험난한 만 리 길을 와서 궐문 밖에서 사은하는 충성이 남아 있다"고 치하하면서 "이것은 네가 전일 기울여 쏟은 것"이라면서 술을 하사했고, 이세좌는 울면서 사례했다(10.3.3갑자). 사건은 이것으로 마무리되는 듯했지만 며칠 뒤 새로운 도화선이 점화됨으로써 결국 거대한 참극은 본격적으로 시작되었다.

사화의 발발 – 홍귀달 사건

재위 10년 3월 11일(임신) 국왕은 참봉 홍언국洪彦國의 딸을 입궐시키라고 하명했지만 그 명령은 이행되지 않았다. 홍언국의 아버지는 호조·이조판서·좌참찬을 지낸 홍귀달이었다. 이런 관력에서도 짐작할 수 있듯이 홍귀달은 연산군의 큰 총애를 받고 있던 인물이었다. 성사되지는 않았지만, 즉위 초반 연산군은 그를 정승 후보로 직접 추천할 정도로 신임했다(1.10.14계해). 그러나 그가 점차 자주 간언을 올리자 싫어하게 되었다고 기록되어 있다(5.9.16계유).

당시 경기도 관찰사로 나가 있던 홍귀달은 손녀가 아파서 왕명을 따르지 못한 것이라고 해명했다. 그러자 연산군은 "부자가 서로 구원한다"고 대노하면서 이 문제를 자신이 생각하는 최대의 폐단인 능상과 직결시켰다. 국왕은 홍귀달의 불공함은 이세좌가 하사주를 쏟은 죄와 다름없다면서 국문을 지시했으며, 나아가 그런 패역한 발언을 전달했다는 이유로 도승지도 국문하라고 명령했다. 사건이 걷잡을 수 없이 확대되리라는 조짐은 이런 비이성적인 처사에서도 보였다.

이번에도 연산군의 근본적인 불만은 삼사를 향해 뻗어 있었다. 그러나 그런 불만은 홍귀달의 지위, 그리고 이세좌 사건과의 유사성이라는 요인이 작용하면서 대신을 포함한 신하 전체로 확대되는 중요한 변화를 나타냈다(앞서 지적했듯이 이런 판단은 이미 내려져 있었다). 사건 당일 연산군은 신하 전체가 서로 결탁해 국왕을 고립시키고 있다는 판단을 피력하면서 그런 폐해의 원인을 무오사화로 소급시켰다. 사실상 이것은 자신의 치세 전반에 걸쳐 재직한 신하 모두에게 전달한 선전포고였다.

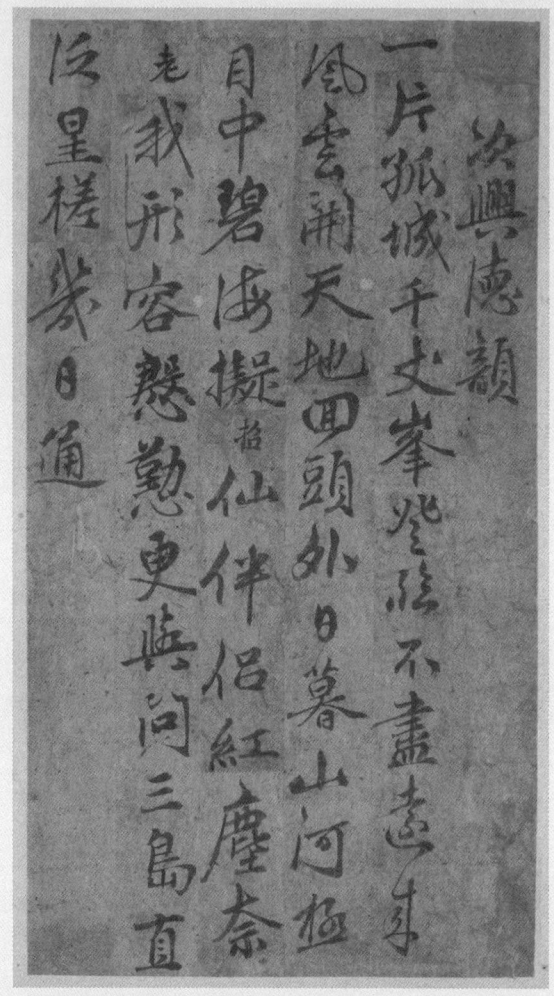

홍귀달 글씨

홍귀달(1438~1504)은 본관은 부계缶溪이고 자는 겸선兼善, 호는 허백당虛白堂·함허정涵虛亭이다. 1460년(세조 7) 문과에 급제한 뒤 사헌부 장령, 홍문관 전한 등의 청요직을 거쳐 대사헌·이조판서·좌참찬의 고위직에 올랐다. 문장과 글씨에 뛰어났다. 위의 시는 장쾌한 자연을 감상하면서 세속에서 초탈하고 싶어하는 마음이 잘 드러난 것으로『허백정집』권1에 실려 있다. 글씨는 성균관대박물관 소장의『근묵』에 수록.

홍덕興德의 운을 따서 짓다 次興德韻

천 길 봉우리에 한 조각 외로운 성　　　　　　　　　一片孤城千丈峯
올라서니 바람은 멀리서 끝없이 불어오네　　　　　　登臨不盡遠來風
구름 갠 천지는 고개 돌려도 다 못 보고　　　　　　　雲開天地回頭外
해 저문 산하는 아득한 곳까지 펼쳐 있네　　　　　　日暮山河極目中
푸른 바다의 신선을 불러 벗하려 해도　　　　　　　　碧海擬招仙伴侶
세파에 늙은 내 모습을 어이하리　　　　　　　　　　紅塵奈老我形容
신선이 산다는 세 섬(봉래蓬萊·방장方丈·영주瀛洲)을 가만히　慇懃更與問三島
다시 물어
성사星槎(한漢 장건張騫이 만들어 견우·직녀성까지 갔다는 뗏목)를　直泛星槎幾日通
띄우면 며칠 만에 닿을까

지금 대간은 재상을 보면 위세가 두려워 말하지 않지만 고립되어 세력이 없는 사람은 반드시 끊임없이 탄핵한다. 대간만 그런 것이 아니라 재상 중에서도 말하는 사람이 아무도 없었다. 이 때문에 대간을 거쳐 재상이 된 사람들은 서로 붕당을 맺어 임금을 위에서 고립되게 하니 이런 상황을 고치지 않는다면 우리나라의 오래된 왕업은 반드시 무너지고 말 것이다. 앞서 무오년에 붕당을 지은 무리들은 이미 중형을 받았으니 거울로 삼아야 하지만, 남은 습속이 아직 사라지지 않고 있으니 이런 폐습은 고치지 않을 수 없다. (…)

이세좌가 중죄를 지어 귀양 갈 때 재상과 대간은 그 세력을 두려워해 한 사람도 그 처벌이 가볍다고 말한 사람이 없었으며, 그가 방면되었을 때도 너무 빨리 돌아왔다고 말한 사람이 없었다. 재상들은 이 때문에 모두 교만해져 "아무개는 귀양 간 지 얼마 되지 않아 돌아왔으니 나도 처벌받더라도 오래지 않아 풀려날 것"이라고 말한다. 이 때문에 홍귀달도 삼가지 않고 불공한 말을 한 것이니 국문하고 처벌해야 마땅하다(10.3.11임신).[66]

그날 홍귀달은 강원도 영월寧越로 유배되었다. "이 사건을 계기로 불경하는 풍습을 통렬히 고치려고 한다(10.3.19경진)"는 의지를 천명한 연산군은 이세좌와 홍귀달은 물론 그들의 조상·자손·인척들을 그야말로 철저하게 처벌했다. 아울러 갑자사화의 가장 큰 특징인 집요하고 비이성적인 소급 처벌도 벌써 모습을 드러냈는데, 이세좌가 방면되었을 때 거기에 반대하지 않은 삼사와 그를 문안한 신하들을 낱낱이 적발해 석 달에 걸쳐 가혹하게 처벌한 것이다(10.3.11임신~10.윤4.13계유).

요컨대 연산군의 의지는 "지금 사건을 계기로 불경하는 풍습을 통렬히 고치려는 것"이었다(10.3.19경진). 그런 풍습이 유발한 가장 핵심적인 폐해는 능상이었다. 이것에 저촉되었다고 연산군이 판단한 죄목은 수없이 많았지만, 가장 대표적인 사례는 역시 모후의 폐비와 사사였다. 사건은 곧 그리로 번져갔고, 숙청의 규모는 걷잡을 수 없이 확대되었다.

폐모 사건의 보복

홍귀달 사건으로 갑자사화가 시작된 지 9일 만에 사안은 폐모 문제로 번져갔다. 그동안에도 연산군은 폐모의 추숭을 계속 추진해왔다. 우선 재위 6년에는 사당인 효사묘에 내관 대신 조정 관원이 제사를 드리게 했다(6.5.29임오). 그 무렵 연산군은 "다른 개가 어미를 물자 강아지가 그 개에게 덤벼들었는데, 그냥 그런 것인지 정이 있어서 그런 것인지 모르겠다"면서 어머니를 그리워하는 마음을 가만히 드러낸 적도 있었다(6.11.5을묘). 약간 비약하면, 이 발언에는 보복의 전조가 드리워져 있다고도 볼 수 있을 것이다.

외가 친족에게도 이런저런 보상을 실시했다. 외삼촌들에게는 자급과 관직을 높여주어 사복시 첨정(종4품) 윤구는 2자급, 사섬시 주부(종6품) 윤우와 예빈시禮賓寺 직장直長(종7품) 윤후는 1자급씩 승진시켰다(6.9.26정축). 노령과 신병으로 임명된 즉시 사직했지만, 윤구는 동부승지에 제수되기까지 했다(9.9.10계유). 외할머니인 장흥부부인長興府夫人 신씨에게는 쌀 40섬과 면포·정포 150필씩을 하사했으며, 앞으로 쌀은 1년에 네 번씩 주도록 규정했다(9.9.11갑술 · 12을해 · 14정축).

재위 8년에는 친제親祭도 거행했다. 일단 연산군은 회묘와 효사묘에만 따로 친제를 올릴 수는 없지만 다른 능전陵殿에 친제를 거행하면서 병행하면 무방할 것이라는 조심스러운 태도를 보였으며, 윤필상 · 성준 · 이극균 등 대신들과 이자건 · 신용개 등 승지들도 찬성했다. 그러나 대사헌 김영정과 대사간 안윤손이 반대하고 며칠 뒤에는 홍문관도 가세하자 국왕은 "김영정 등의 의견은 어버이가 없는 사람의 견해니 따를 수 없다"면서 강행 의사를 천명했다(8.7.29기해). 그러면서 그는 비참하게 돌아간 어머니를 향한 자식의 마음을 핍진하게 밝혔다.

> 회묘는 성종에게 허물이 많지만 나라에는 공적도 많았다. 그러나 20여 년이라는 긴 세월 동안 굶주린 혼령이 되니, 스스로 먹이를 구해 배부른 금수만도 못했다. 말과 생각이 여기에 이르니 나도 모르게 슬픔이 마음을 짓눌러 눈물이 마구 떨어진다. 내가 어찌 간언을 물리쳤다는 이름을 두려워해 자친을 잊겠는가(8.8.3임인).[67]

이처럼 모후에 대한 관심을 놓지 않은 연산군은 갑자사화를 상당히 앞둔 시점에 이미 폐모 사건의 원인과 관련된 판단을 확실히 정리한 것으로 보인다. 재위 8년 2월 연산군은 "국왕이 첩의 참소를 살피지 않고 왕후를 폐위시킬 때 조정의 신하들은 목숨을 잊고 간언하는 것이 옳은가, 죽음을 두려워해 순종하는 것이 옳은가" 하고 물었다(8.2.5무신).[68]

적시하지는 않았지만 이것이 폐모 사건을 지칭한 발언이라는 것은 또렷했다. 여기에는 국왕의 오판을 유도한 성종의 후궁들과 그런 오판을 막지 못한 신하들에게 그 사건의 핵심적인 원인이 있다는 판단도 명백히 담겨 있었다. 아울러 그 비극은 지존의 국왕인 자신을 참척慘慽의 고통으로 빠뜨렸다는 점에서 바로 가장 중대한 능상이었던 것이다. 이런 판단은 2년 뒤 갑자사화에서 그대로 적용되었다.

재위 10년 3월 20일(신사) 연산군은 성종의 후궁 정씨의 아들 안양군安陽君 이항李㤚과 봉안군鳳安君 이봉李㦀을 창덕궁으로 압송해 폭행했다.[69] 맹렬한 복수심에 불탄 국왕의 광기 어린 행동은 그날의 『연산군일기』에 생생히 묘사되었다. 그 기록에 따르면 연산군은 모후의 사사에 관련된 핵심 인물을 귀인 엄씨·정씨와 소혜·정현왕후로 판단하고 있었다.

> 국왕은 모비 윤씨가 폐위·사사된 까닭은 엄씨와 정씨가 참소했기 때문이라고 생각해 밤에 그들을 대궐 뜰에 결박해놓고 직접 마구 때리고 짓밟았다. 그러고는 이항과 이봉을 불러 엄씨·정씨를 가리키며 "이 죄인을 치라"고 명령했다. 이항은 어두워 누구인지 몰라서 때렸지만, 이봉은 그가 어머니인 줄 알고 차마 때리지 못했다. 분노한 국왕은 사람을 시켜 마구 참혹하게 때려 결국 죽게 만들었다.
>
> 국왕은 검을 잡고 자순대비慈順大妃(정현왕후-인용자)의 침전 밖에 서서 노한 목소리로 "빨리 뜰 아래로 나오라"고 연달아 외치면서 매우 재촉했다. 시녀들은 모두 흩어져 달아났다. 대비는 나오지 않았지만, 왕비 신씨가 따라와 힘써 구원해 위험에서 벗어날 수 있었다.
>
> 임금은 이항과 이봉의 머리카락을 움켜쥐고 인수대비(소혜왕후-인용자)의 침전으로 가서 방문을 열고 "이것은 대비가 사랑하는 손자가 바치는 술잔이니 한번 맛보시오"라고 모욕하면서 이항에게 잔을 올리라고 독촉하니

대비는 어쩔 수 없이 허락했다. "사랑하는 손자에게 하사하는 것이 없느냐"고 임금이 물으니 대비는 놀라서 포 2필을 내렸다. "대비는 어째서 내 어머니를 죽였느냐"고 묻는 등 임금은 불손한 언사를 많이 저질렀다. 뒤에 내수사를 시켜 엄씨·정씨의 시신을 찢어 젓을 담가 산과 들에 흩어버렸다(10.3.20신사).[70]

성종의 후궁들을 일단 처벌한 연산군은 이제 사건의 또 다른 주범인 주요 신하들에게 보복의 칼날을 돌렸다. "성종은 명철한 임금이셨으며, 폐비한 뒤에도 자녀가 번성하는 일 등으로 보건대 대신이나 대간이 강력히 반대했더라면 잘못을 깨달으셨을 것이다(10.3.25병술)." 이런 분노는 그렇게 중대한 선왕의 오판과 행동을 바로잡지 못한 그 신하들이 그동안 자신이 행사한 왕권에는 집요하게 항상 반대해왔다는 기억과 맞물리면서 더욱 격렬해졌다.

국왕은 폐비 사건의 전말을 자세히 조사해 아뢰라고 지시했다. "10여 년이 된 일이어서 지금 밝히기 어렵다"는 대간의 보고는 그 사건에 신하들이 개입된 내막이 있으리라는 추측을 입증해주는 확실한 증거였다. 그는 대간의 하옥과 국문을 명령한 뒤, 당시 그 사건에 개입된 모든 신하의 명단을 보고하라고 지시했다(10.3.24을유; 10.4.1임진·23갑인; 10.윤4.13계유).

이번에 승정원은 그 전교를 즉시 수행했다. 당시의 승지와 주서, 교서를 언문으로 번역하거나 그것을 읽은 관원 등을 망라한 그 명단에는 공교롭게도 갑자사화의 발단을 제공한 두 인물인 이세좌와 홍귀달이 모두 포함되어 있었다(10.윤4.17정축. 이세좌는 사사할 때 승지였고, 홍귀달은 폐비할 때

승지였다).⁷¹ 그 명단을 보면서 아마도 연산군은 능상의 연원이 깊고 오래 며 그 실체는 매우 복잡하고 복합적이라는 자신의 판단이 틀리지 않았음을 다시 한번 확신했을 것이다.

피화인의 분석

잘 알려졌듯이 갑자사화의 규모와 방식은 매우 거대하고 참혹했다. 피화 대상에는 현직 대신과 삼사를 아우른 거의 모든 신하들을 넘어 이미 사망한 사람들에까지 확대되었으며, 그 방식도 일반적인 처형 외에 부관참시 · 쇄골표풍碎骨飄風 · 파가저택破家瀦宅처럼 극한적인 형벌이 적용되었다.

그 사화의 여러 부분은 지금까지 축적된 연구에 힘입어 많이 밝혀졌지만, 구체적이며 정확한 피화인의 규모와 거기에 부수된 사항들은 아직 미흡한 부분이 있다고 생각된다.⁷² 다시 한번 강조하지만, 그런 사실을 실증적으로 조사해 밝히는 작업은 연산군이 행사한 정치의 실체를 판단하는 데 가장 중요하고 설득력 있는 논거가 될 것이다.

완전히 정확하다고 자신할 수는 없지만, 갑자사화의 피화인은 모두 239명으로 조사되었다(374~381쪽 부표 〈갑자사화 피화인 명단〉 참조). 그러나 '피화'의 기준을 국문(장형 등)이나 하옥 · 파직은 포함하지 않고 유배형 이상으로 잡았으며, 구체적인 명단이 아니라 일정한 범위의 친족 등을 포괄적으로 거론한 경우는 인원을 정확히 파악할 수 없었기 때문에⁷³ 갑자사화로 실질적인 고통을 겪은 사람은 이것보다 훨씬 많았을 것

〈표 8-1〉 갑자사화 피화인 분석표-형량별 분류

사형	사망(옥사·장사)	부관참시	유배	종천	충군充軍	폐서인	합계
96(40.2)	4(1.7)	22(9.2)	106(44.4)	7(2.9)	3(1.3)	1(0.4)	239(100)

- 비고 : 단위는 명. 괄호 안은 백분율. 이하 같음.

으로 판단된다.

 이 결과를 토대로 몇 가지 사항을 분석하면 다음과 같다. 우선 형량에 따라 분류하면 가장 무거운 형벌인 사형이 큰 비중(96명, 40.2퍼센트)을 차지했다. 여기에 국문을 받는 과정에서 사망한 사람과 사형보다 극한적인 처벌일 수도 있는 부관참시를 겪은 인원을 더하면 최고의 형벌을 받은 부류는 피화인의 절반을 넘어선다(122명, 51.1퍼센트). 이런 수치는 그 규모와 정도에서 갑자사화가 압도적이었다는 사실을 객관적으로 입증해준다(무오사화의 피화인은 모두 51명이었고 그중에서 사형은 6명, 유배는 31명이었다. 그리고 거기서는 피화의 기준에 파직이나 좌천도 포함시켰다. 〈표 7-2〉 참조).

 둘째, 피화인의 인척관계를 살펴보면 부자관계 34명,[74] 형제관계 35명,[75] 부부관계 2명,[76] 조손(외조·외손 포함)관계 4명,[77] 장인·사위관계 18명,[78] 사촌관계 4명,[79] 숙질관계 9명[80]이었다. 즉 피화인은 절반(106명, 44.3퍼센트)에 가까운 인원이 서로 의미 있는 친족관계를 형성한, 상당히 동질적인 집단이었던 것이다.

 그중에는 주목할 만한 조상이나 후손을 둔 인물도 많았는데, 대표적으로 권헌(권제權踶의 증손이자 권람의 손자), 김극핍(김겸광金謙光의 아들),

<표 8-2> 갑자사화 피화인 분석표-신분별 분류

신분(직역)		인원	
양반(관원)	대신	20(7.5)	189(79.5)
	삼사	92(39.7)	
	기타(종친)	35(14.6)	
	미상	42(17.6)	
중인·양인		4(1.7)	
천민		13(5.4)	
내관		22(9.2)	
기타(여성 등)		10(4.2)	
합계		239(100.0)	

김근사(김감金勘의 조카), 박안성(박원형朴元亨의 아들), 신용개(신숙주의 손자), 심회(심온의 아들), 심순문(심온의 증손), 유헌柳軒(유영경柳永慶의 증조), 유부 및 유희철柳希轍(유순정의 조카), 이극균(이덕형李德馨의 5대조), 이행(이기李芑의 동생), 임희재(임사홍의 아들), 최세걸(최만리崔萬理의 손자) 등을 들 수 있다. 이런 사실은 피화인(확대해 말한다면 당시의 지배 세력)이 긴밀한 혈연관계로 연결된 동질적인 집단이며, 그 연원과 계승 또한 상당한 연속성을 지니고 있었음을 알려준다.

피화인의 평균 나이는 35.1세로 상당히 젊었는데,[81] 뒤에서 보듯이 이것은 피화인에 대신보다 삼사가 훨씬 많았다는 사실과 관련된 결과다. 피화인의 긴밀한 혈연관계와 연속성, 그리고 상당히 젊은 평균 나이와 삼사에 치중된 관직 분포 등은 '사림의 피화'라는 사화의 전체적인

〈표 8-3〉 갑자사화 피화인 분석표-관직에 따른 형량의 분류

관직	형량	인원	합계
대신	사형	6(5.4)	20(17.9)
	부관참시	9(8.0)	
	유배	5(4.5)	
	사망	0(0.0)	
삼사	사형	26(23.2)	92(82.1)
	부관참시	11(9.8)	
	유배	53(47.3)	
	사망	2(1.8)	
합계		112(100.0)	

특성과 '사림'의 실체를 파악하는 데 중요하게 연결되는 부분으로 생각된다.

셋째, 피화인의 신분은, 자연스런 결과겠지만, 양반(관원)이 압도적인 다수를 차지했다(190명, 79.5퍼센트). 그들 대부분은 문과 급제자(120명, 63.2퍼센트)였으며, 관직이나 경력 등을 볼 때 당시 중앙 조정(주로 문반)의 상하에서 핵심적 역할을 담당하던 신하들이었다. 조선전기 중앙에 설치된 관직(741과窠)과 대비하면, 갑자사화에서는 중앙 관원의 4분의 1(25.6퍼센트) 이상이 처벌된 것이다(앞서 말했듯이 이 조사에 포함시키지 않은 국문·하옥·파직 등을 더하면 그 비중은 더욱 높아질 것이다).[82]

넷째, 가장 중요한 관원인 대신과 삼사로 범위를 좁혀보면 대신보다는 삼사가 훨씬 큰 피해를 입었음을 알 수 있다. 이것은 갑자사화 또한,

무오사화와 비슷하게, 삼사를 제압하는 데 큰 목적이 있었음을 보여주는 중요한 증거다.

그러나 질적인 부분에서는 오히려 대신의 피해가 더욱 치명적이었다고 판단된다. 사화의 발단을 제공한 두 인물이 모두 대신이었고, 연산군이 '갑자육간'이라고 지목한 이극균(좌의정)·이세좌(예조판서)·윤필상·성준·한치형(이상 영의정)·어세겸(좌의정)은 모두 당대 최고의 대신들이었으며(10.5.15갑진), 부관참시된 한명회·정창손·심회(이상 영의정)·이파(찬성) 등도 전대를 대표하는 훈신이었기 때문이다.[83]

이런 측면은 '훈구-사림'의 개념과 관련해 중요하게 음미해야 할 부분으로 생각된다. 사화는 말 그대로 '사림들이 피화한 사건'이다. 그리고 앞서 살펴본 대로 무오·갑자사화 모두 피화인의 많은 부류는 삼사 관원이었다. 즉 사림과 삼사는 밀접한 관련성을 갖고 있는 것이다. 그러나 이 책의 첫머리에서 설명했듯이, 국법에 명시된 대신과 삼사의 고유한 임무는 해당 관원의 개인적인 성향보다 우선적인 규정력을 가졌고, 상하의 관직 체계는 긴밀한 인적 연속성을 갖고 끊임없이 이동했다. 그러므로 이런 사실을 고려한다면 '사림'과 '훈구'라는 개념도 고정적이며 서로 대립적인 별개의 실체로 파악하기보다는 서로 연결되는 유동적인 집단으로 이해하는 것이 좀더 논리적이며 실증적인 견해가 아닐까 생각된다.[84]

끝으로, 다소 부수적인 사항이지만 피화인 중에서 가장 젊은 사람은 24세로 유배된 윤여해尹汝諧였고, 가장 고령은 각각 82세와 81세로 사형당한 엄산수嚴山壽(소의 엄씨의 아버지)와 정인석鄭仁碩(소의 정씨의 아버지)이었다(10.3.27무자). 그 밖에도 박은朴誾과 이수정이 20대로 처형되었고,

성준·성현·이극균·홍귀달(이상 60대)·윤필상·이덕숭(이상 70대) 등 주요한 대신들도 고령에 참화를 겪었다.

갑자사화의 양상이 끔찍했다는 사실은 이런 피화인의 객관적인 숫자와 형량만으로도 충분히 확인할 수 있을 것이다. 특히 사화 초반 이세좌와 홍귀달을 처벌하는 과정은 이 사화 내내 지속된 집요함이나 참혹함을 집약하고 있다고 말할 만하다. 연산군은 형벌이 제대로 집행되었는지를 세세한 부분까지 확인했고, 처벌의 범위를 비이성적으로 확대시켰다.[85] 그가 이세좌의 아들·사위·아우 등을 처벌하면서 의정부·육조·삼사 같은 주요 관서는 물론 그런 문제를 의논하는 직무와는 거의 무관한 사재감·사섬시司贍寺·내섬시內贍寺·군기시·장악원·종부시宗簿寺·사옹원·예빈시·상의원까지 소집해 당연히 예상된 찬성을 확인하는 장면은 거대한 폭력에 드물지 않게 수반되는 희극성까지 느끼게 한다(10.3.21임오).

재산의 몰수

갑자사화와 관련해 흥미로운 양상의 하나는 이런 직접적인 극형과 함께 재산 몰수라는 경제적 처벌도 병행되었다는 사실이다. 사실 죄인의 재산을 몰수하는 것은 정치적 숙청에 일반적으로 수반되는 조처지만,[86] 갑자사화와 관련해서는 좀더 주의 깊게 살펴볼 필요가 있다.

모든 실정失政이 그렇듯이, 치세 중반 이후 연산군이 시도한 많은 왕권 행사의 궁극적인 문제점은 국가 재정의 고갈과 정무의 태만이었다.

신하들의 수많은 간언은 결국 그것으로 수렴되었고, 국왕은 바로 그런 발언을 능상의 핵심적인 사안으로 판단한 것이었다. 그러므로, 특히 전자와 관련해서, 국왕의 과도한 사치를 비판해온 신하들의 재산이 국왕이나 국가 경제의 규모와 비교해 과도하게 많다면 그들의 발언은 그만큼 설득력을 잃을 것이며, 국왕의 분노와 처벌은 상대적으로 타당성을 지닐 수도 있다.

사화 이후 연산군은 과거의 수많은 쇄미한 발언까지 집요하게 추궁해 처벌했지만, 가장 큰 분노를 품고 있었던 주제는 절용을 촉구한 간언이었다. 그 핵심적인 문건은 재위 8년 3월 당시 삼정승이었던 한치형·성준·이극균이 올린 시폐 10조였다. 사화 직후 성준을 유배지인 직산稷山에서 압송해 국문한 장면은 그런 국왕의 노여움을 또렷이 보여준다. 당시 74세의 고령이었던 성준은 병으로 걷지도 못하는 상태였지만 목과 발에 칼과 차꼬를 차고 형틀에 묶인 처참한 모습으로 옥졸에게 떠메어 국왕 앞에 도착했다. 그런 그에게 연산군이 처음으로 한 행동은 그 앞에서 시폐 10조를 낭독한 뒤 그 상소의 주동자를 실토하라고 신문한 것이었다. 그런 뒤 연산군은 "사관이 나를 걸·주라고 써도 개의치 않을 것"이라고 호언하면서 그 상소를 『승정원일기』와 시정기時政記에서 삭제시키고 빈청에서 불태웠다(10.5.3임진·4계사).

국왕의 분노는 그래도 식지 않았다. 그는 이른바 '갑자육간'의 동성 및 이성 8촌까지 처벌하라고 지시하면서도 그들이 국왕이 쓰는 물건은 모두 불가하다고 중지시키고 그 수량을 언제나 각 관서에서 보고하게 해 번거롭게 논계한 사실을 가장 큰 이유로 들었다. 요컨대 그들은 본래 말해서는 안 되는 국왕의 절용을 촉구해 정사를 어지럽힌 신하라는 것이었다(10.윤4.13계유·26병술; 10.5.15갑진). 연산군은 1년여 뒤 궁궐에서 쓰는 물건은 의정부나 사헌부에 아예 보고하지 말라고 지시하면서도 한치형과 성준의 무엄한 행동을 떠올렸다(11.7.10계사).

재산 몰수는 추쇄도감을 따로 설치할 만큼 철저히 진행되었다. 그 작업의 궁극적인 목적은 물론 고갈된 재정의 보충에 있었으므로 몰수한 재산은 대부분 국고로 귀속되었지만(10.11.23기유)[87] 윤우 등 외척이나(10.7.29정사) 신수영·윤탕로 같은 근신에게도 일부가 하사되었다(12.8.29병자).[88]

앞서 말했듯이 몰수된 재산의 규모는 면밀히 살펴볼 필요가 있다. 기록에 남아 있는 것은 윤필상과 성준·이파에 관련된 사항이다.[89] 가장 주목할 만한 내용은 윤필상의 재산인데, 그는 집 5채, 무명 3만여 필, 양곡 1000여 석이라는 거대한 부를 축적하고 있었다(10.4.27무오).[90] 성준도 집이 세 채였으며(12.8.29병자) 이파는 재산이 적었다(10.4.27무오).

윤필상의 재산이 어느 정도의 규모인지를 정확히 계산하기는 어렵지만, 이런저런 근거에 기대 어느 정도는 추정할 수 있다. 먼저 집의 가격은 신승선과 남천군南川君 이쟁李崢의 가옥이 각각 면포 9000필(11.2.3기미)과 1만5500필(11.2.19을해)이었다는 기록을 근거로 면포 1만 필 정도에 해당한다고 보면 적당할 것으로 생각된다. 그럴 경우 윤필상의 집은 면포 5만 필이 되며, 기존의 3만 필과 더해 모두 8만 필이 된다. 당시 흉년을 기준으로 면포 1필은 쌀 2말로 거래되었고(8.11.23임진) 당시는 20말이 1석이었으므로[91] 윤필상의 재산을 쌀로 환산하면 8000석(16만 필)이 된다. 여기에 이미 있던 1000석을 더하면 그의 재산은 모두 9000석이라는 계산이 나온다. 이 수치를 앞서 연산군 5년의 세입(20만5584석 14두)과 대비하면, 윤필상은 1년 국가 예산의 4.5퍼센트에 해당하는 재산을 소유했다고 추산할 수 있는 것이다.

물론 이 세입 수치는 전세만 포함한 것이며 요역과 공납은 합산되지 않았으므로 전체적인 국가 예산은 이것보다 훨씬 늘어날 것이다. 이런 측면을 충분히 고려해야겠지만, 그럼에도 한 개인이 국가 전세의 4퍼센트가 넘는 재산을 소유했다는 것은 매우 거대한 부라고 말하지 않을 수 없다.[92] 그렇다면 적어도 윤필상(을 포함한 일부 대신들)은 국왕의 절검을 촉구하는 데 일정한 논리적·도덕적인 모순을 지녔으며, 그런 측면을 겨냥한 국왕의 분노와 처벌에는 나름의 타당성이 있었다고 인정된다.

그러나 이런 측면이 연산군의 과도한 사치를 부정하거나 정당화하는 논리로 연결될 수는 없다고 생각한다. 이미 보았듯이 그는 일반적인 소비 외에도 금액으로 정확히 환산하기 어려운 수많은 진상과 토목공사와 사냥·잔치 등을 시행했다. 그리고 그 규모는 갑자년 이후 급격히 팽창했다. 그의 거대한 지출 규모는, 뒤에서 보듯이, 이런저런 명목으로 보상한 가옥이나 귀금속의 대가만 보아도 충분히 짐작할 수 있다.

여기서 한 가지 더 생각해볼 문제는 『연산군일기』의 신빙성이다. 앞서도 인정했듯이 『연산군일기』는 다른 왕대의 실록보다 왜곡이나 과장의 가능성이 좀더 많으며, 그런 만큼 더 신중하고 비판적으로 읽어야 한다는 데 동의한다. 그러나 이런 측면을 빌미로 그 자료의 신뢰성 자체를 부정하려는 시도는 성립되기 어렵다고 다시 한번 강조하고 싶다. 윤필상 등의 재산과 관련된 기록은 그런 판단을 보강해주는 또 하나의 중요한 증거다. 중종반정 이후 『연산군일기』를 편찬한 신하들이 폐주의 악행을 고의로 부풀리거나 날조했다면, 당시 그런 폭정에 시달린 신하들의 흠결은 최대한 덮어주거나 축소했을 것이다. 그러나 오랫동안 중요한 대신으로 활동하다가 연산군에게 비참하게 처형된 윤필상의 재산 내역을 정확히 기재하고 그런 막대한 축재를 준엄하게 비판한 것은 그 편찬자들이 공정하고 균형 잡힌 인식과 서술을 견지했다는 핵심적 증거가 될 것이다.

요컨대 사치에 따른 재정의 고갈을 중심으로 한 경제 문제는 갑자사화의 중요한 요인으로 작용했다. 그렇게 된 근본적인 원인은, 언제나 그렇듯, 경제가 국가와 개인의 생존과 발전에 가장 일차적인 조건이기 때문일 것이다. 연산군은 그동안 자신의 소비를 제지해온 신하들의 발언에 매우 깊은 분노를 품고 있었다. 그리고 일부 신하들은 거대한 부를 축적하고 있었다는 점에서 그의 분노는 일부 타당한 측면이 있었다. 그러나 그의 사치가 일반적인 국왕의 수준을 훨씬 뛰어넘었다는 것은 분명했다. 경제 문제는 갑자사화의 중요한 원인이자 현상이었지만, 거대한 폭정이 대부분 그렇듯, 연산군의 폭정도 복합적인 원인들과 현상들로 구성되었다. 앞서도 지적했지만, 폭정의 가장 중요한 원인과 현상은 본질과 비본질을 혼동하거나 우선순위를 뒤바꾼 국왕의 판단 착오였다.

숙청의 일단락

사화가 시작된 이후 가혹한 처벌은 그 수준을 더욱 높여가면서 일상화되었다. 사실상 그 과정은 폐위될 때까지 지속되었고, 피의 숙청을 개시한 지 두 달쯤 지났을 때 국왕은 「갑자년 흉사정죄안凶邪定罪案」이라는 죄인 명부를 작성했다(10.윤4.24갑신·25을유). 그는 이제 폐해가 절반 정도 교정됐다고 평가하면서 완전히 바로잡으려면 적어도 2~3년, 길게는 10년 정도 필요할 것이라는 절망적인 예상을 내놓았다(10.윤4.9기사; 10.5.21경술·23임자; 10.6.2신유·4계해·19무인).

그러나 숙청의 맹렬한 기세는 갑자년을 넘기면서 일단 수그러든 것으로 보인다. 이듬해 1월에도 국왕은 준엄한 법률을 세워 3~4년 동안 용서 없이 운용할 것이라는 의지를 다시 한번 확인했지만(11.1.11정유) 주목할 만한 변화들이 나타났기 때문이다. 우선 그 직후 종묘·사직과 혜안전惠安殿(폐비 윤씨의 사당)에 친제를 드리고[93] 백관의 하례를 받았으며 사면령과 신하들에 대한 포상을 실시한 것이다(1.1.21정미).[94] 이런 의례는 중요한 숙청이 이제 일단 완결되었다는 의미 있는 신호였다.

그런 조짐은 신하들에 대한 평가의 변화에서도 읽을 수 있다. 사화를 시작한 직후 연산군은 "지금의 삼공육경은 자리를 채운 것에 지나지 않는다"면서 노골적인 불만을 나타냈지만(10.4.5병신), 이듬해 초반부터는 태도가 훨씬 완화되어 "그 자리에 모두 마땅한 사람을 얻어 그들의 보좌를 받은 결과 나라와 조정이 엄숙하고 화목해졌으며 풍속도 바로잡혀 세상이 태평하게 되었다"는 대단히 만족스러운 평가를 여러 차례 내놓은 것이다(11.2.17계유; 11.5.1을유; 11.6.18신미; 11.8.25정축; 11.10.10신유).[95] 이제 간흉이 모두 제거되어 나라가 무사하다고 판단한(11.4.23무인) 연산군은 자신의 그런 치적을 화려한 의례로 자축했으며, 신하들은 국왕과 왕비에게 각각 '헌천홍도경문위무憲天弘道經文緯武'와 '제인원덕왕비齊仁元德王妃'라는 존호를 바쳐 칭송했다(11.8.26무인).

치세 마지막 해에 연산군이 가졌던 만족감과 자신감은 이렇게 대단했다.

> 생각건대 나 한 사람이 대업을 이어받은 것은 참으로 재상 모두의 협심과 찬조에 힘입은 결과다. 밖으로는 변방에 경보가 없고 안으로는 간특한 무리가 없어 기강이 엄정하고 조야가 청명하니 승평한 세월에 올려놓았다고 할 만하다(12.1.10경인). (…) 지금 나라의 야박한 구습을 혁신해 순정하게 만들었으니 세상의 법도가 태평해진 것을 기뻐한다(12.2.20경오).[96]

그러나 아마도 이런 평가에 공감하는 사람은 국왕 자신과 소수의 측근 밖에 없었을 것이다.

지금까지 보았듯이 300명에 가까운 대규모의 인원을 참혹한 방법으로 처벌하는 거대한 폭력으로 신하들을 완벽하게 제압한 연산군은 자신의 욕망을 전혀 제한받지 않고 자유롭게 현실화할 수 있었다. 그것은 이전부터 추진해온 익숙한 사안들이었지만, 그 규모와 수준은 훨씬 확대되었다. 갑자사화 이후 반정으로 폐위될 때까지 꼭 2년 반 동안 연산군이 보여준 행태는 황음이라고 표현할 수밖에 없는 것이었다.

제4장
폭정과 폐위

연산군 11~12년

1. 일상화된 폭정

제압된 신하들

유례없이 잔혹한 대규모의 옥사가 시작된 직후부터 신하들은 완전히 제압되었다. 국왕의 첫 목표는 역시 삼사였다. 다른 사안과 비슷하게 그는 "지금 언관을 처벌하는 것은 언로를 막으려는 의도가 아니라 바로 언로를 여는 조처"라는 도착된 인식을 강변했다(10.윤4.28무자). 그 결과 홍문관의 언론권은 부정되었으며(10.3.14을해·17무인) 대간도 이론을 제기할 수 없게 되었다(10.6.16을해). 언관의 순치된 모습은 이세좌와 홍귀달에게 내려진 형벌이 가볍다고 즉각 지적하거나, 자신들은 이세좌가 방면되었을 때 그것을 문제 삼지 않은 잘못을 저질렀으니 하옥되겠다고 자청한 사례 등에서 또렷하게 나타났다(10.3.12계유·14을해).

국왕은 발언한 자들을 죽이거나 유배 보낸 뒤 조정이 자신을 두려워하는지 시험하려고 대간을 불러 질문하니, 대간은 서로 돌아보며 감히 다른 의견을 아뢰지 못했다. 국왕은 생각대로 되었다고 여겨 황락荒樂을 더욱 마음대로 즐겼다(10.6.16을해).[1]

대신이나 승지도 마찬가지였다. 윤필상 등 재상은 "이런 정치를 신하들이 폭정이라고 하지 않겠느냐"는 국왕의 의도된 질문에 "지금 능상의 풍조가 있고 최근 재상들도 전하께 순종하지 않는 자가 있었으니 감히 누가 폭정이라고 하겠습니까"라는 당연한 대답을 올렸으며(10.3.30신묘) 승정원도 "신하들이 스스로 지은 죄"라고 자복했다(10.3.23갑신). 난언을 한 죄로 처벌된 지언池彦·이오을李吾乙·미장수未長守 등이 살던 광주廣州와 고양을 혁파하라는 왕명에 당초 신하들은 두 곳 모두 선왕의 능침이 있다고 반대했지만, 국왕이 능상의 풍조를 거론하자 "다시 생각하니 하교가 지당하다"고 즉각 태도를 바꾼 것도 위축된 모습을 잘 보여준다(10.4.25병진). 당시 모든 일은 결론을 미리 내린 뒤 수의했기 때문에 재상들은 모두 "성상의 하교가 지당하다"고 말할 수밖에 없었다(10.4.23갑인; 10.5.2신묘). 신하들의 이런 모습은 물론 구차한 것이 틀림없지만, 당시의 엄혹한 상황을 감안하면 그런 행태를 비난하는 것은 그 당위성만큼이나 공허할 것이다.

갑자사화 이후 거의 모든 일이 그렇지만, 신하들에 대한 억제도 더욱 다양한 방법으로 심화되었다. 우선 국왕은 신하들의 교류를 엄금했다. 분경奔競(인사 청탁)은 물론 금지되었고(10.윤4.12임신) 일상적인 방문도 허락되지 않아서 서로 혼인한 사이라도 왕래할 수 없었다. 위반한 사실이 적발되거나 그것을 비호하면 당연히 엄벌에 처해졌다(12.2.17정묘).

다음으로 신하들에 대한 예우도 격하되었다. 재상과 대간이라도 벽제辟除하지 못하게 했고(10.4.21임자) 임금 앞에서 신하는 존칭할 수 없다는 이유로 재상에게도 존칭을 금지했으며(10.윤4.9기사) 승지는 어명을 받든다는 명분에서 영의정의 윗자리에 앉게 했다(10.7.11기해). 대신이 사망하면 그를 추모하는 의미로 조시朝市를 정지하는 것도 허례라는 이유로 중단되었다(11.5.16경자).

이런 격하 조처는 곧 모욕에 가까운 천대로 이어졌다. 국왕이 거둥하고 환궁할 때는 의정부·육조·승지·삼사 등 모든 신하들이 와서 문안하게 했는데, 그때 비가 와서 진흙탕이 되더라도 자리를 깔 수 없었다(10.8.3경신; 11.10.19경오). 대신과 유생들은 각각 도로와 담장 건축을 감독하는 데 동원됐으며(10.7.13신축·21기유) 대간과 승지는 신하들의 비리를 감찰하거나 왕명을 전달하는 본연의 임무가 아니라 사냥의 진행 상황을 규찰하는 데 투입됐다(10.8.29병술; 11.10.25병자). 동·서반 품관을 사냥 몰이꾼으로 동원하거나(11.9.24을사) 문관과 유생들에게 국왕의 가마를 메게 한 조처는 특히 모욕적이었을 것이다(12.3.15을미). 연산군은 이런 조처를 실제적인 필요보다는 신하들을 길들이거나 이미 길들여진 그들의 모습을 확인하는 방편으로 사용했을 것이다.

완전히 제압된 신하들의 모습을 보여주는 가장 대표적인 제도는 재위 11년 후반부터 시작된 허한패許閑牌의 사용으로 생각된다. "한가롭게 쉬는 것을 허락한다"는 그 패의 의미대로 국왕의 소집이나 업무로 예궐한 신하들은 그 패가 내려진 뒤에야 퇴궐할 수 있었다(11.10.25병자; 11.11.24

을사). 그 때문에 국왕이 사냥이나 유흥으로 금표에 행차해 늦게 환궁하는 날이면 재상들은 한밤이 되어도 귀가하지 못하고 대기해야 했다(11.3.8계사).

신하들은 이런 억압에 시달렸지만, 도리어 더욱 신실한 충성을 강요받았다. 모든 신하는 임금을 섬기는 도리를 판자에 새겨 벽에 걸어놓고 보아야 했다(11.4.22정축). 관원들의 사모 앞뒤에 각각 '충忠·성誠'이라는 글자를 새기게 한 조처는 희극적이기까지 하다(12.5.25갑진). 연산군은 사헌부와 사간원이 서로를 국문하고 재상과 대간이 서로를 탄핵하게 했으며(10.5.2신묘·17병오) 조하·조참 때는 대간과 감찰이 신하들을 규찰케 함으로써(11.9.21임인) 신하들끼리 감시하고 대결하는 구도를 만들었다.

이런 '동토凍土의 왕국'에서 조정과 사회의 분위기가 급변하는 것은 당연했다. 앞서 보았듯이 피화인의 다수는 언관이었기 때문에 선망되던 청요직이었던 그 자리는 기피하는 불길한 관직으로 전락했다(10.4.7무술). 나아가 사람들은 벼슬 자체를 꺼려 자식들에게 학문을 배우지 못하게 할 정도였다(10.5.18정미). 보신하기 위해 은둔하는 현상은 향리로 물러가 있는 관원과 내관을 처벌하는 법률을 입안할 정도로 심각했다(10.5.24계축·26을묘).

유생과 관원의 수준이 저하되고 풍조가 비루해지는 것도 자연스러운 결과였다. 누구보다도 국왕이 "유생들은 글을 읽어 급제하는 데만 힘써 조정의 법도를 모르는 무뢰배들"이라고 폄하했기 때문에 유생들은 공부 대신 인사 청탁에 주력하게 되었다(12.1.28무신).[2] 월과月課 등 문한 활동을 사실상 폐지한 결과 관원들의 학문 수준도 크게 떨어졌다(10.5.15갑진).

신하들은 이런 시대에 살아남을 수 있는 자구책을 마련할 수밖에 없었다. 앞서 본 전면적인 순종과 아부와 미봉은 가장 일반적인 방법이었지만(10.윤4.23계미) 국문받을 경우 이미 죽은 사람들에게 죄를 전가해 모면하는 것도 자주 쓰인 수단이었다(10.6.6을축). 그 때문에 살게 된 사람들이 적지 않았다는 기록이 보여주듯이, 그것은 생존을 위한 고육책이었다.

신하들에게 강제한 이런 억압은 독존의 존재인 국왕의 위상을 더욱 드높이려는 의도의 다른 측면이었다. 앞서 언급했듯이 연산군의 궁극적인 목표는 절대왕권의 확립과 행사였다. 그동안 신하들의 제지와 간언으로 불편했던 상황은 이제 완전히 사라졌다. 그가 상정한 목표는 사실상 황제와 동등한 수준에 도달하는 것이었다. 그런 목표의 세목은 이미 무오사화 이후부터 추진해온 익숙한 것들이었다.

왕권의 절대화

자신의 위상을 황제와 견주거나 절대화시키려는 의지의 편린은 일찍이 유서지보諭書之寶를 시명지보施命之寶의 크기에 맞춰 새로 제조하라고 지시하거나(1.5.16무술), 관원들이 숙배肅拜할 때 거칠고 얇은 종이로 서계하니 국왕을 공경하는 뜻이 없다면서 깨끗하고 두꺼운 종이를 쓰라는 지시에서도 찾을 수 있을 것이다(6.7.17기사).

갑자년 이후 그런 생각은 좀더 다양하고 확실한 방법으로 구체화되었다. 우선 조정은 위의와 광채를 갖춰야 한다는 이유로 조회에 참석하는 당상관에게 모두 사라능단紗羅綾緞으로 된 의복을 입게 했다. 그러나 그 지시로 사라능단의 값이 폭등하자 가난한 관원은 여자 옷으로 관복을 만들 수밖에 없어 조회 때 절반 이상이 여자의 원삼을 입는 촌극이 빚어지기도 했다(10.윤4.25을유; 10.5.10기해; 11.6.13병인; 11.11.26정미).

자신이 착용하는 팔채용문흉배八綵龍文胸褙를 금으로 수놓게 하고 (10.6.20기묘) 잔치에 사용하는 거문고·북 같은 악기들도 모두 침향沈香과 순금으로 장식케 한 것도 비슷한 맥락에서 내려진 지시였다(11.7.8신묘; 11.12.6병진). 앞서 중궁과 함께 존호를 받은 사실도 언급했지만, 국왕은 무려 황금 1000냥을 들여 주조한 금정金鼎에 중궁의 덕업을 새기게 했다(11.7.9임진·21갑진).

연산군의 독존의식은 학문과 종교의 절대적인 존재라고 할 수 있는 공자에게도 적용되었다. 연산군은 공자가 성인이기는 하나 신하의 신분이니 사배 대신 재배만 하게 했다(12.8.28을해). 이런 판단과 맞물려 공자의 위패는 성균관이 철거되면서 문묘를 떠나 태평관-의정부-종학-장악원-서학을 전전하게 되었다(11.1.25신해). 역귀를 몰아내는 구나驅儺의례와 관련해서도 연산군은 음력 8월(중추)에는 천자만이 그것을 거행할 수 있다는 사실을 『주례周禮』와 『문헌통고文獻通考』를 상고해 알았지만, 실시해도 무방하니 앞으로는 3월, 8월, 12월에 지내라고 지시했다(12.1.11 신묘).

가장 다양하게 시행된 조처는 내관의 존중과 관련된 사항일 것이다. 앞서도 연산군은 국왕을 가장 가까이서 모시는 관원이라는 이유로 승지를 영의정보다 윗자리에 앉게 했지만, 친밀도에서 내관은 승지를 훨씬 뛰어넘는 집단이었다. 우선 내관을 업신여기지 못하게 하는 절목을 마련하고 그것의 위반 사례를 사헌부에게 규찰하게 했으며, 내관을 일반 관원과 동등하게 대우해 품계가 당상관 이상일 경우는 구종(驅口)과 반인(伴人)을 지급하고 벽제할 수 있도록 허락했다. 또한 내관이 지방에 내려갈 경우는 거쳐가는 경로를 청소하고 식사와 각종 편의를 제공하도록 했으며, 미흡할 경우는 관찰사까지 처벌했다(10.3.12계유; 11.3.23무신·28계축; 11.4.8계해; 11.8.4병진). 내시부의 인원도 확충해서, 상선부터 9품까지 품계마다 체아직을 두세 명씩 더 두었다(10.10.7갑자).

내관의 우대와 관련된 대표적인 조처는 승명패承命牌의 제작과 사용이었다. 국왕의 명령을 받든다는 의미의 그 패는 주로 내관들이 소지했는데,³ 그것을 가진 사람을 보면 말 탄 사람은 모두 내리고 걸어다니는 사람은 무릎을 꿇어야 했다(10.윤4.6병인; 10.7.13신축). 어길 경우는 물론 중벌이 내려졌는데(10.윤4.9기사), 실제로 승명패를 소지한 내관 최공崔恭을 보았지만 미처 말에서 내리지 못한 진사 강이온姜利溫은 참형되어 효수되었다(10.9.11무술).

처음에 승명패는 상아로 130개를 만들었는데, 희귀하고 비싼 소재였기 때문에 곧 오매烏梅나무로 제작하도록 변경되었다. 그러나 나무는 쉽게 망가진다는 단점이 있자 은(30개)과 주석(100개)으로 다시 만들어 품계에 따라 차등을 두고 사용하도록 했다(10.3.19경진·26정해·29경인; 11.7.2을유).⁴

승명패는 그 금제와 처벌이 가혹했고, 그것을 소지하고 수행하는 임무 또한 혹독한 수탈과 패행이었기 때문에 악명이 높은 것은 당연했다. 백성들은 '승명'의 발음이 '승냥(豺狼)'과 비슷하다는 점에 근거해 그것을 가진 사람을 보면 승냥이가 온다면서 두려워했다(10.9.11무술; 11.8.4병진).

경직되는 태도

사화 이후 연산군의 태도와 인식은 당연히 더욱 경직되어갔다. 그런 측면을 보여주는 또 하나의 좋은 사례는 재변을 해석하는 태도의 변화였다.[5] 재위 중반까지는 연산군도 재변을 어떤 잘못에 대한 하늘의 경고로 받아들여 반성하는 태도를 보였다. 예컨대 겨울이 아닌데도 우박과 싸락눈이 내리자 경연을 오래 폐지하고 신하들을 자주 접견하지 않은 자신의 탓이라면서 반성했으며(2.9.14정사)[6] 천둥과 번개로 한치형과 우의정 성준 등이 사직하자 자신에게 허물이 있다면서 만류한 것이다(4.10.8경오). 오랫동안 비가 오지 않으니 반성해야 할 때라면서 모든 토목공사를 중지하자는 특진관 박건의 건의를 윤허하기도 했다(7.5.28을해).

그러나 이런 태도는 자의적 왕권 행사가 심화되면서 사라져갔다. 기본적으로 연산군은 신하를 상징하는 음기陰氣가 국왕을 나타내는 양기陽氣를 위협하는 현상으로 재변을 파악했다. 즉 그것은 신하들이 강성하기 때문에 나타나는 불길한 징조라고 본 것이다(4.9.2정유). 지진도 비슷하게 생각했다(9.8.24무오). 삼사가 서로 논박해 조정이 불화하기 때문에 재이가 발생하는 것이라고 해석한 경우도 있었다(7.8.29갑술).

앞서도 언급했듯이 연산군 후반에는 자연재해에서 기인한 피해가 상당히 컸다. 재위 8년 8월 경상도에 큰 장마가 져 민가 400여 호가 유실되고 사망자도 많이 발생하자 조정에서는 즉각 하삼도에 구황을 실시했으며(8.8.27병인) 연산군도 적극적으로 대처했다.

내가 즉위한 이래 정치에 잘못이 많아 천심을 흡족케 하지 못해 재변이 자주 일어났으며 해마다 흉작이었다. 올해는 일찍 가물고 늦게 장마가 져 농사에 큰 피해가 났으며, 가옥이 떠내려가거나 유실되어 압사하거나 익사한 백성들이 많이 발생했으니 근래 없던 극심한 재앙이었다. (…) 옥사와 소송에 원통하고 그릇된 부분이 반드시 많을 것이며, 산림에는 능력이 있어도 펼 수 없어 한탄하는 사람이 없지 않을 것이다. 중앙과 지방에 명령해 원통하고 지체된 옥사를 신속히 판결하고 유일을 등용해 근신하는 나의 뜻에 부응하도록 하라(8.8.29무진).[7]

그러나 이런 이례적인 반성의 태도는 하루 만에 바뀌었다. 원인은 세자를 책봉할 때 거행하는 회례연이었다. 연산군은 "가을에 홍수가 지고 겨울에 천둥이 치는 재변은 예전에도 있었다"면서 "하늘의 경계를 조심하지 않는 것은 아니지만, 나는 부덕한 사람이므로 회례연을 거행하겠다"고 밝혔다(8.8.30기사).[8]

9년에는 태도가 더욱 경직되었다. 동지사同知事 성현은 "일식과 월식은 정해진 자연의 법칙이지만 군주가 진정으로 수양하고 반성하면 일식할 때라도 일식하지 않는다"고 아뢰었다. 연산군은 과학적 근거가 희박한 이 발언의 허점을 놓치지 않았다. 그는 그것이 사실이냐고 반문하면서 『통감강목』의 사례를 인용해 일식과 월식이 군주에게 달렸다는 말은 믿을 수 없다고 반박했다(9.2.15임자·16계축). 구체적인 자료에 근거해 반론을 제기한 이런 사례는 연산군의 지력이 그리 낮지 않았음을 보여주는 또 하나의 증거가 될 것이다.

며칠 뒤 부제학 안윤손이 "우박이 내렸으니 하늘의 경계를 조심해야 한다"고 간언하자 연산군은 다시 한번 불쾌하게 반응했다. "나는 우박이 내린 것을 모르겠는데, 너희들은 재변을 말하고 싶어하기 때문에 쉽게 본 것이다(9.2.20정사)." 지진과 관련해서도 그것은 일어나지 않은 해가 없으니 그 때문에 잔치와 사냥을 중지할 수는 없다고 하교했다(9.8.29 계해).

재위 중반 이후 경직되어온 이런 태도는 갑자사화 이후 완전히 고착되었다. 연산군은 거의 모든 이례적인 자연현상을 무차별적으로 능상과 연결시켰다. 예컨대 봄이 되어도 춥자 음기가 왕성하기 때문이냐고 물었고(10.3.13갑술; 10.4.17무신), 큰비는 흉악한 무리를 제거한 덕분이라고 해석했다(10.윤4.17정축; 10.5.8정유). 그 밖에도 5월의 우박(10.6.16을해)이나 가을의 개화開花(10.7.25계축), 청명淸明의 추위(11.2.23기묘), 10월의 우레(11.10.16정묘), 4월의 눈(12.4.11경신) 같은 이상 현상을 이런저런 현실 상황과 관련지어 자신에게 유리하게 해석했다. 그는 그때마다 신하들에게 답변을 요구했는데, 당연히 신하들은 국왕이 예상하는 답변을 올릴 수밖에 없었다. 폐위 직전에는 재변에 관련된 보고 자체를 올리지 말도록 지시하면서 관련 부서인 관상감을 혁파하고 사력서司曆署로 낮추었다(12.7.10정해 · 20정유).

요컨대 그는 재변이 어떤 일 때문에 나온다는 인식은 잘못이라고 판단한 것이었다(10.6.16을해). 전통시대에 불가항력의 신비한 현상으로 받아들여져 반성의 계기로 작용하던 자연적 이상 현상조차 무시하는 국왕에게 더 이상 기릴 것은 없었다.

제도의 변개

연산군은 주요 제도를 크게 변개하거나 완전히 혁파하기 시작했다. 우선적으로 폐기한 대상은 그동안 가장 번거롭고 거추장스러웠던 경연과 삼사였다. 연산군은 경연관을 진독관으로 고쳤다가 아예 폐지했으며(11.1.4경인; 12.5.1경진) 홍문관과 사헌부 지평, 사간원 정언, 그리고 대간의 서경도 없앴다(대신 헌납을 1명 더 두었다. 11.1.13기해).

궁궐과 너무 가까워 금표에 저촉된다는 이유로 여러 관서들의 위치도 옮겨졌다. 유교국가에서 가장 중요한 정신적 상징성을 지닌 두 기관인 성균관과 문묘는 각각 원각사와 도성 남쪽으로 쫓겨갔으며, 성균관 관원과 유생은 태평관으로 옮겨졌다(10.7.10무술·11기해; 10.10.18을해). 그 밖에 조지서造紙署는 홍제원洪濟院 위로(10.7.14임인), 승정원은 인정문 서쪽 회랑으로(11.3.17임인) 이동되었다.

제도의 변개는 계속 가속화되었다. 봉조하·돈녕부·성균관·승문원·통례원·사옹원·선공감·사역원·호조·형조·훈련원 등 여러 관서의 하위 관직이 대폭 감축되었고(12.1.6병술·24갑진; 12.3.1신사; 12.6.13신유) 소요되는 비용이 1년에 1000석이 넘는다는 이유로 종학宗學도 혁파되었다(11.11.15병신). 가장 핵심적 조처는 사간원(12.4.25갑술)과 대제학(12.8.18을축)을 폐지한 것이라고 생각된다.

이런 행동의 주요 동기는 불만스러운 제도를 완전히 종식시키려는 정치적 목적과 거대한 사치에서 비롯된 재정의 고갈을 해소하려는 경제적 필요였다. 전자는 흡족스럽게 달성되었지만, 후자는 전혀 그렇지 못했다. 긴요하지 않은 모든 비용을 줄여 계평 등에게 지급하는 데 사용하라는 왕명(12.4.28정축)에서 알 수 있듯이 그것은 본말이 전도된 시도였다. 실제로 장악원은 계속 확대되어 정5품 협률協律(1명)부터 종9품 부제우副齊羽(14명)까지 체아직을 가설하고 당상관을 4명 두었다(11.3.11병신; 11.6.1갑인). 결국 신설한 관원이 혁파한 관원의 곱절이나 되어 녹봉을 충당할 수 없게 됨으로써 관직을 줄여 재정을 확보하려던 연산군의 시도는 완전히 실패했으며(12.2.10경신) 재정 악화는 더욱 심각해졌다(11.11.6정해).

발언의 봉쇄

연산군은 국왕의 행동이나 궁궐의 사무에 관련된 대화나 정보의 교환을 이전보다 더욱 철저히 봉쇄했다. 규제 대상은 사실상 자신을 제외한 모든 사람이었다. 그는 국왕에 관련된 일은 발설할 수 없다고 규정하면서 상하 관원들이 그 친족과 이런저런 의견을 나누다가 적발되면 당사자는 촌참寸斬(신체를 마디 내어 죽이는 형벌), 부자·형제는 참형, 동성·이성 사촌은 장형과 전가사변全家徙邊의 중형에 처하게 했다(11.1.12무술; 12.7.9병술).

이런 기본 방침에 따라 세부 조항들이 마련되었다. 우선 발언자를 식별할 수 있게 했다. 연산군은 어떤 사안에 재상들이 제시한 의견을 초록해 보고하고, 입계한 내관·승지·주서·사관의 이름을 적은 '고기考記'라는 서류를 만들어 뒷날 상고하는 데 증거로 삼게 했다(10.4.7무술; 10.5.10기해·14계묘). 재상이 입궐할 때는 하루 전에 아뢸 사안을 미리 알리게 했다(11.1.4경인).

가장 철저히 단속한 대상은 물론 대간이었다. 연산군은 나라가 평안한데도 대간이 자주 상소하는 것은 매우 옳지 못하다고 전제하면서, 그래도 아뢸 일이 있으면 그 연유와 성명을 미리 아뢰고 입궐한 회수를 연말에 보고하게 했으며, 긴요하지 않은 일로 여러 번 온 사람은 제서유위율制書有違律로 처벌케 했다(11.1.5신묘).

앞서 본 대로 당시 궁궐에는 국왕의 다양하고 호화로운 기호를 충족시키기 위해 수백 명의 장인들이 상근했는데, 그들의 입도 단속할 필요가 있었다. 업무별로 100명을 채우라는 지시를 감안하면 장인의 숫자는 대단히 많았을 것이다(11.2.24경진). 장인들이 궁궐의 일을 누설하거나 궐 안에서 만든 물건을 유출할 경우 당사자는 물론 중벌에 처하고 그의 가장 가까운 세 이웃三切隣과 그가 소속해 있는 관서의 관원 및 제조들도 처벌하도록 규정했다(10.8.7갑자·13경진). 대궐로 들어간 물건과 관련된 사항도 물론 발설할 수 없었다(10.5.23임자). 잔칫상을 배설한 사람의 이름을 상 아래 쓰게 해 음식이 잘못되었을 경우 책임을 추궁하도록 한 조처는 편집증에 가깝다고 할 만하다(10.6.12신미).

국사의 전파를 금지하는 절목은 다음과 같이 상세하고 엄격하게 규정되었다.

1. 궁궐 안의 일과 따로 승정원에 전교한 일은 외부 사람들이 듣거나 알지 못하게 한다.
1. 모든 국무는 의정부 녹사錄事와 사헌부·사간원 서리書吏 외에는 전사傳寫할 수 없다. 의정부와 대간은 직접 보기만 하고 다른 사람에게 전달해서는 안 된다. 위반자는 장 80대에 처한다.

1. 승정원은 출입을 엄격히 통제해 각사의 공무를 가진 녹사·서리 외에는 출입을 허락해서는 안 된다. 위반자는 장 100대에 처한다.
1. 국무를 쓰기를 요청한 각사의 서리와 그것을 쓰는 것을 허락한 의정부 녹사 및 대간 서리는 모두 장 100대에 처한다.
1. 각사 관원은 왕명을 받들어 전달하는 공문만을 시행할 뿐이며 그 내용을 다른 사람에게 전파하는 것 역시 안 된다. 위반자는 모두 장 80대에 처한다(10.윤4.23계미).[9]

이처럼 현실에서 이뤄지는 다양한 발언을 단속한 연산군은 역사 서술과 관련된 기록도 통제했다. 우선 즉위한 이후 올라온 소疏·차箚를 모두 삭제시켰다(10.6.15갑술). 가장 중요한 것은 사관의 기록이었다. 연산군은 학문은 만고의 진리가 아니며 『춘추』의 기록도 모두 믿을 수는 없다고 주장하면서 사관에게 인사와 치민治民 같은 기본 사항만 기록하도록 했다. 그는 써서는 안 될 일은 쓰지 말라고 지시했는데, 이런 모호한 규정은 그만큼 포괄적인 구속력을 가졌을 것이다. 요컨대 신하는 임금의 행동을 시비할 수 없다고 연산군은 생각한 것이었다.

그런 선례라면, 쉽게 떠올릴 수 있는 대단히 적합한 사건이 이미 있었다. 그는 그런 범죄의 가장 대표적인 보기로 김일손과 그의 사초에서 비롯된 무오사화를 들면서, 이제부터는 아예 가장사초家藏史草를 작성하지 못하게 했다(10.5.9무술; 12.4.18정묘~20기사; 12.7.9병술). 사실상 이것은 실록 편찬을 금지하는 조처였다.

그 밖에도 연산군은 구차할 정도로 사소한 금제들을 양산했다. 이웃을 연좌시키는 법률을 만들었고(10.12.24경진) 도성에서는 시사時事를 비방

한 사람이 있는지를 매달 초하루와 보름에 보고하도록 했다. 그 결과 사람들은 길에서 눈짓만 나눌 뿐 서로 이야기할 수조차 없었다(11.7.18신축). 관원과 별감別監, 종친과 재상이 사소하게 접촉하거나 한자리에 있는 것 자체도 엄금했다(10.5.27병진; 11.9.8기축). 발언의 통제는 외국으로 파견된 사신들에게도 적용되었다. 국왕은 중국에 가는 통사通事들이 교역하면서 본국의 일을 누설하는 것은 국가를 반역하는 죄와 다름없으니 당사자는 능지처사하고 처자는 중벌에 처하라고 하명했다(11.4.18계유).

연산군은 문서와 패찰을 만들어 이런 규제의 핵심 내용을 압축적으로 정형화했다. 우선 대궐을 출입하는 사람들과 승정원의 서리書吏들이 국사를 말하는 것을 금지하는 명령을 널에 써서 궐문과 승정원에 걸게 했다(10.5.15갑진). 신하와 장인들이 궁궐이나 기밀에 관련된 일을 누설하지 말아야 한다는 경고는 그들을 경계하는 글[警策臣工文]에 집약되었다(10.6.4계해).

가장 널리 알려진 조처는, 앞서 보았던 허한패나 승명패처럼, 신언패愼言牌의 제작과 패용일 것이다. 그 패 또한 이름 자체에 제작 목적과 용도를 노골적으로 담고 있지만, 거기에 새겨진 문구는 더욱 직설적이었다. "입은 화의 문이고 혀는 몸을 베는 칼이다. 입을 닫고 혀를 깊이 감추면 몸이 편안하고 어디서나 굳건할 것이다[口是禍之門, 舌是斬身刀. 閉口深藏舌, 安身處處牢](10.3.13갑술)." 연산군은 자신의 사적인 행동을 가장 가까이서 보고 들을 수 있는 환관들에게 우선 그 패를 채웠으며, 얼마 뒤에는 조정 관원들도 패용하게 했다(11.1.29을묘). 얼마 뒤 그 패의 뒷면에는 "면전에서 따르는 것은 구차한 순종이며, 물러가서 비난하는 것은 의견을 번복하는 행위다. 언제나 마음이 변치 말아야 임금을 섬기는 도리가 올바르게 된다[面從爲苟順, 背非卽反覆. 始終心莫, 事君道乃直]"는 훈시가 추가로 새겨졌다(11.3.9갑오·12정유). 연산군은 궁궐 일을 누설한 제용감의 침선비針線婢 가야지加也之 등을 처형한 뒤 "군상君上을 업신여긴 사람이 나라의 중대한 일을 함부로 떠들다가 발각된 죄[慢上之人, 議國重事, 騰口發罪]"라는 죄목을 어필로 적기도 했다(10.4.16정미).

너무 철저해서 허황되기까지 한 이런 발언의 통제가 시행된 결과 사회 전체는 당연히 급속도로 냉각되었다. 역설적인 말이지만, 이론적으로 만인 위에 군림하는 국왕만이 자유로운 전제적 왕정은 더욱 완벽하게 구현되고 있었다.

토목공사의 확대

갑자사화를 일으킨 직후부터 연산군은 대규모의 토목공사를 시작했다. 물론 목적은 유흥을 즐기는 장소를 넓히려는 데 있었다. 가장 핵심이 되는 장소는 창덕궁, 특히 그 후원이었고 폐위를 얼마 남겨놓지 않은 시점부터는 경복궁으로 확장되었다. 우선 연산군은 창덕궁 전역의 건물을 수리·치장했으며, 나례를 자주 감상하던 인양전을 넓히고 청기와를 입히며 금으로 단청하라고 지시했다. 청기와는 인정전과 선정전에도 이었다(10.윤4.19기묘; 11.11.6정해). 잔치에 참석하는 인원을 수용하기 위해서 강녕전의 보조 계단[補階]을 1000명이 앉을 수 있도록 넓히기도 했다(11.11.5병술).

당시 연산군이 추진한 주요 공사는 다음과 같았다.

① 차양각遮陽閣 · 환취정環翠亭 · 명정전 계단 아래 돌을 까는 것, ② 수라간水剌間 · 인정전仁政殿 · 문소전文昭殿에 온돌을 조성하는 것, ③ 모화관과 황부黃阜의 열무정 · 망원정 · 연영문延英門 · 선정전~숙장문肅章門에 어로御路와 은구隱溝(지하 수로-인용자)를 만드는 것, ④ 승정원의 겨울 · 여름 좌청坐廳과 온방을 수리하는 것, ⑤ 명정전의 보조 계단과 좌우 행랑 · 빈청 · 경양문景陽門 남쪽~선인문宣仁門까지 담장을 쌓는 것, ⑥ 사복시 대문 맞은편과 서쪽에 남향으로 문을 만들고, 함춘원 남쪽 모퉁이부터 사복시 담장 모퉁이까지 담장을 쌓으며 그 사이에 대문을 만들고 좌우에 협문夾門을 두는 것, ⑦ 사복시 · 선인문 · 이궁 · 사복청에 새 문을 만들고 좌우에 담장 쌓는 것, ⑧ 창덕궁 협양문協陽門과 궁방弓房~누상고樓上庫를 수리하는 것, ⑨ 창경궁의 홍문관 남쪽 행랑 4칸, 대내의 행각行閣 35칸, 월랑月廊 85칸을 조성하는 것(10.8.28을유).

가장 대표적인 공사는 서총대瑞蔥臺의 신축이었다. 인양전의 증축과 함께 시작되어 2년여 만에 완공된 서총대는 특히 용을 새긴 돌난간이 대단했는데, 10길(약 20미터)이 넘는 높이에 1000명이 앉을 수 있는 규모였다고 한다. 그 앞에는 큰 연못을 팠다. 이런 규모에 걸맞게 이 공사에는 100명의 감독 관원과 수만 명의 역군이 투입됐다(12.1.21신축). 광경문廣慶門 · 양화문陽華門 등을 신축하거나(10.5.17병오) 1000명의 역군을 동원해 폐비의 사당인 혜안전을 증축하기도 했다(12.7.8을유).

재위 마지막 해부터 연산군은 경복궁 경회루로 관심을 옮겼다. 서총대도 그런 부분이 있지만, 『연산군일기』에 기록된 그 공사의 규모나 내용은 사실성을 의심케 할 정도로 거대하고 화려했다. 우선 경회루 연못 옆에는 1300여 명의 장인과 군인을 동원해[10] 만세산萬歲山이라는 인공 동산을 조성하고 거기에 봉래궁蓬萊宮・일궁日宮・월궁月宮・예주궁蘂珠宮・벽운궁碧雲宮 같은 이름을 가진 건물을 만들었다. 그 건물들에는 각종 채단綵緞과 금박・관등觀燈을 장식했는데, 1만 냥의 비용이 들었을 정도로 사치스러웠다고 한다.

그리고 수백 명이 탈 수 있는 규모의 황룡을 조각한 배[黃龍舟]를 만들어 연산군은 그것을 타고 만세산을 오갔다.[11] 얼마 뒤에는 만세산 옆에 영충산迎忠山과 진사산嗔邪山이라는 동산을 더 만들었는데, 그 이름대로 영충산은 충신이 복락을 누리는 모습을, 진사산은 간신이 고통받는 모습을 상징했다. 이런 경회루와 만세산 일원에서는 흥청・운평 3000여 명이 음악을 연주했고, 밤에는 밀랍 횃불[蠟炬] 1000자루를 대낮처럼 환히 밝혔다고 한다(12.3.17정유・23계묘; 12.4.8정사・10기미・12신유; 12.5.1경진).

이처럼 정궁正宮을 확장하는 공사와 함께 연산군은 이궁離宮을 지으려는 의도도 표출했다(10.7.28병진). 그 계획은 곧 실행에 옮겨져 장의사동藏義寺洞(11.6.29임오)과 소격서동昭格署洞(12.2.14갑자), 장단長湍의 석벽石壁 등에 이궁이 조성되었다. 그 건물들에는 모두 청기와를 입혔고, 투입된 목공과 석공에게 지불된 한 달 급료는 1000석이 넘었다. 특히 장의사동에 세운 이궁은 지대가 높아 물을 끌어올려야 했는데, 그 도랑의 길이는 1000척(약 303미터)이 넘었고 그것을 파는 공력도 당연히 막대했다(11.7.15무술・20계묘).

그 밖에 탕춘정蕩春亭(또는 탕춘대)이라는 정자도 그 규모나 시설이 남달랐다고 한다(12.2.30경진; 12.3.7정해).[12] 궁궐 밖의 대표적인 유흥지인 모화관과 열무정閱武亭 · 칠덕정七德亭 · 희우정喜雨亭 등도 보수하거나 신축했다(10.7.5계사; 10.8.28을유). 망원정은 헐고 2000명을 수용할 수 있는 규모로 다시 지었는데, 시야를 가리는 집들은 양화楊花에서 마포까지 모두 헐어 빈터로 만들었다. 이로써 망원정은 이름에 걸맞은 조건을 갖추게 되었다(12.7.20정유; 12.8.2기유 · 9병진).[13] 망원정부터 숭례문까지 길이 좁은 구역은 말 10마리가 나란히 나아갈 수 있을 만큼 넓힌 것도 덧붙일 만하다(11.5.28임자). 후원에 영산홍映山紅 1만 그루를 심은 것도 특기할 만한데, 국왕은 도성의 인가에 진기한 화초가 있으면 무단으로 빼앗아 궁궐을 장식했다(11.1.26임자; 11.4.25경진).

서술 중에도 부분적으로 언급했지만, 이런 다양한 토목공사에는 전국에서 징발한 2000명 이상의 군사가 동원되었다(10.3.18기묘; 12.7.8을유).[14] 그들의 처지는 비참해서, 밤낮으로 일하느라 얼고 굶주려 죽는 사람이 속출했다고 한다(11.3.6신묘; 11.12.16병인).

앞서도 말한 대로 이런 토목공사의 규모는 만세산에 부속된 건물의 숫자, 경회루 연못의 크기와 수백 명 수용 가능한 규모의 배 같은 물리적인 조건들을 감안할 때 실재했다고 믿기 어려운 부분이 분명히 있다고 판단된다.[15] 이런 측면은 『연산군일기』의 신뢰도를 저하시키는 요인으로 인정된다. 그러나 그런 시설의 규모나 비용 등은 과장되었을 가능성이 있다고 해도, 해당 사실 자체를 부인하기는 어렵다고 생각한다. 그리고 앞서 말했듯이, 관련 사항을 합리적으로 축소해서 받아들인다고 해도 연산군의 황음 자체를 부정할 수는 없을 것이다.

이처럼 자신의 유흥 장소를 확충한 연산군이 다음으로 착수한 일은, 이전과 비슷하게, 시선과 접근의 차단이었다. 민가 철거와 금표 설치로 대표되는 그 폭거 또한 앞서의 수준을 훨씬 뛰어넘는 규모와 방식으로 자행되었다.

민가 철거의 재개

우선 연산군은 가장 중요한 유흥지인 궁궐의 담장을 높여 외부의 시선과 접근을 엄단했다. 기록에 따르면 그 담장은 이중으로 만들어졌는데, 사슴뿔처럼 삐죽삐죽한 목책인 녹각책鹿角柵을 일단 설치한 뒤 그 안팎에 녹각성鹿角城이라는 성벽을 조성했다고 한다(10.5.11경자 · 22신해). 빈청에도 담장을 높이 쌓아 신하들의 접근을 막았다(10.8.8을축). 성균관의 서재西齋 바깥쪽에도 담장을 조성했는데, 화재를 막으려는 의도라고 해명했지만 후원에서 희첩들과 노는 것을 유생들이 엿보지 못하게 하려는 목적이었다(10.5.11경자).

연산군이 가장 주력한 조처는 민가를 철거한 뒤 금표를 세워 해당 지역을 완전한 공터로 만드는 것이었다. 연쇄적으로 이뤄졌다는 측면에서 두 조처는 서로 표리관계에 있지만, 인구는 도성에 좀더 밀집되었으므로 민가 철거는 주로 도성에서 자행되었고 금표 설치는 대체로 경기도에서 실시되었다고 볼 수 있다.

민가 철거부터 살펴보면, 연산군의 궁극적인 목표는 궁궐에 인접했거나 궁궐을 내려다볼 수 있는 지역, 나아가서는 성문을 바라볼 수 있는 일대의 민가를 모두 철거시키는 것이었다(11.11.16정유). 이런 허황하고 무자비한 목표를 이루기 위해서 연산군은 천무청遷撫廳이라는 전담 관서를 신설하고 형조참판 안처량을 철가인 안접제조撤家人安接提調로 삼았다(10.7.20무신). 철거를 독려하고 감시하는 데는 병조·공조·한성부의 당상관과 승지 같은 고위 관원들이 차출되었으며, 내수사 노비들은 일선에서 폭력을 동원해 작업을 밀어붙였다(10.7.16갑진; 11.11.18기해; 12.5.8정해; 12.6.25계유). 그 결과 도성의 민가 절반가량을 철거함으로써 연산군은 자신의 목표를 이뤘다(10.8.29병술).[16] 민가를 철거한 뒤에는 목책이나 담장·토성·석성 등을 쌓아 더욱 철저하게 격리시켰다(10.7.12경자·13신축).[17] 곳에 따라 달랐지만, 그런 시설의 높이는 3~6미터로 상당했다(10.8.22기묘; 10.10.25임오).

외부인의 접근과 출입을 차단하려는 연산군의 병적인 집착은 여기서 그치지 않았다. 그는 성벽 위로 올라가 궁궐을 내려다볼 수 있다면서 그 주변 민가 뒤에는 사람 키의 한두 배 정도로 가시를 두르게 했다(10.10.20정축; 12.5.17병신). 특히 집중적으로 설치한 곳은 흥인문興仁門부터 수구문水口門을 거쳐 남산에 이르는 성벽이었다(11.3.20을사). 성벽도 울퉁불퉁하면 사람들이 잡고 올라갈 수 있으므로 매끄럽게 다듬도록 지시했다(11.11.18기해). 그런 성벽을 쌓는 공사에는 군사 3000명이 동원되었다(10.8.28을유).

백성들의 가장 기본적인 생활 터전을 파괴한 자신의 이런 폭거에 연산군도 일말의 죄책감을 느끼기는 한 것 같다. 그는 여염이 쓸쓸하고 생활이 어려운 것을 보니 참으로 가엾다면서 철거한 인가에 쌀과 베를 내리라고 했지만, 시행된 보상은 헐린 가옥 중 큰 집은 쌀 2석, 작은 집은 쌀 1석을 주는 하찮은 것이었다(10.7.13신축; 10.8.2기미).

연산군은 철거 상황을 직접 시찰하기도 했으며(10.7.14임인; 12.6.24임신)

기한 안에 완수하지 못하면 어김없이 처벌했다(11.11.18기해; 12.5.8정해; 12.6.25계유). 서총대 공사의 경우 전라도에서 징발한 군사 960명 중 780명이 오지 않자 인솔자인 장성현감 이중식李仲植을 문초하라고 지시하기도 했다(12.8.1무신). 이런 토목공사의 규모와 종류가 얼마나 크고 다양했는지는 거기에 동원된 군사들에게 붙여진 이름으로도 짐작할 수 있다. 그들은 축장군築墻軍, 축성군築城軍, 서총정군瑞蔥亭軍, 착지군鑿地軍, 이궁조성군造成軍, 인양전조성군, 재목작벌군材木斫伐軍, 유하군流下軍 등 임무에 따른 다양한 명칭을 갖고 있었다(12.9.2기묘).

이런 토목공사와 민가 철거가 민생에 막대한 피해를 주었으리라는 정황은 지금까지의 서술만으로도 충분히 짐작할 수 있다. 다음의 여러 기록은 그런 상황을 핍진하게 묘사하고 있다.

이때 토목공사를 크게 일으켜 해마다 쉬지 않고 중앙과 지방의 백성들을 징발해 노역에 동원하니 굶주리고 얼어 죽는 사람이 연이었다. 역사를 감독하는 관리들은 거의 모두 탐욕스러워 재물을 가로채 사리를 채우니 전국이 시끄러웠다(10.12.13기사).

그때 명령은 엄하고 노역은 고달파 죽은 군인의 시체가 거리에 쌓였으며, 굶주려 죽음에 임박한 사람도 줄지었다. 길옆에 사는 사람들은 집 앞에 시체를 그대로 놓아둔 죄에서 벗어나려고 발을 묶어 끌어 옮겼는데, 도성 문 밖에 이르렀을 때는 모두 죽어 있었다(11.3.6신묘).

철거된 집이 수만 호였는데, 한성부가 기한을 못 박아 철거를 독촉하니 재목이나 기와를 실어갈 수 없어 버려둔 채 돌아보지 않았다. 사람들은 의지할 곳이 없어 길가에 둘러앉아 소리를 삼키면서 눈물을 삼켰다(11.11.18기해).

이때 국왕이 성터를 직접 자주 살피고 그때마다 인가를 쇄출하니 사족의 부녀들이 갑작스러운 나머지 길에 엎드려 일반 백성[常人]과 구별되지 않았다. 노모가 있는 사람은 그 아들이 직접 업었고, 아들이 없으면 건장한 계집종에게 업혀 피했다. 한성부의 오부五部 관원들이 직접 막대기를 들고 몰아냈는데, 잘 걷지 못해 매를 맞는 사람은 절반이 사족의 부녀들이었다(12.6.24임신).[18]

이렇게 가차 없이 도성 안의 민가를 철거해 백성들의 접근을 차단한 연산군은 이제 더욱 넓은 유흥지와 사냥터를 확보하는 데 주력했다. 그것은 금표의 설치였다.

금표의 확장

금표는 도성 안에서 민가를 철거한 곳에도 설치되었지만 주로 경기도 일대에 세워졌다.[19] 주요 목적은 사냥과 군사 훈련을 할 수 있는 완벽한 공터를 확보하는 것이었다(10.8.7갑자). 금표는 갑자사화 이후부터 지속적으로 확대되어(10.8.6계해 · 16계유 · 19병자 · 24신사; 10.10.10정묘 · 25임오; 10.11.9을미) 최종적으로 재위 12년 2월 무렵에는 도성에서 사방 100리까지 팽창했다. 그 경계는 동쪽의 용진龍津, 서쪽의 임진, 남쪽의 용인, 북쪽의 대탄大灘이었는데, 그 안에는 광주廣州 · 양주楊州 · 포천抱川 · 영평永平 · 파주坡州 · 고양 · 양천陽川 · 금천衿川 · 과천果川 · 통진通津 · 김포金浦 등이 포함되었다(11.5.9계사 · 29계축; 11.7.1갑신; 12.2.2임자). 오늘날과는 약간 차이가 있겠지만, 당시 행정구역에 따르면 도성과 경기도의 절반이 문자 그대로 국왕의 사유지가 된 것이었다. 역설적이지만 전통적인 왕토사상에 비추어보면, 연산군은 그 이념을 가장 완벽하게 구현한 국왕이었다고 할 수 있다. 연산군이 자유로운 왕권 행사와 자의적인 황음을 동일시하는 중대한 오류를 저지른 데는 이런 논리적인 비약도 중요하게 작용했을 것이다.

그 이름대로 금표는 사람들의 출입을 금지하는 조처였다. 금지의 강도는 초저녁이라도 사람들이 마을 거리를 지나가지 못하게 했다는 데서 단적으로 느껴진다(12.1.5을유). 금표 안을 다닐 수 있는 부류는 역자驛子 통행패를 찬 사람뿐이었다(11.7.22을사).

육로뿐만 아니라 수로의 출입도 엄금했다. 전곶·홍제원洪濟院·연희궁衍禧宮 등지에는 고기잡이를 금지한다는 명령을 돌에 새겨 세우게 했다(10.7.17을사). 금표 안의 물길을 배로 오가려면 중앙에서는 공조, 지방에서는 소재 관청이 발급한 노인路引(통행증)을 지녀야만 했다(11.3.25경술).

이처럼 납득하기 어려운 금제禁制가 빚어낸 소극이지만, 금표가 설치된 지역에서 쫓겨난 것은 사람만이 아니었다. 재위 12년 5월 연산군은 전국에서 황새를 잡아 올려 멸종시키라고 지시했는데, 자신이 금표 안을 미행할 때 풀숲에 사람이 숨었다가 시해할 것을 늘 두려워하던 중 어느 날 황새를 사람으로 착각해 매우 놀랐기 때문이었다(12.5.23임인).

이처럼 비이성적인 금제를 작동시키는 데 삼엄한 감시와 처벌이 필요한 것은 당연했다. 감시의 임무를 일선에서 가장 적극적으로 수행한 부류는 내수사 노비들이었다. 연산군은 그들에게 금표 안의 주요 지역에 초소를 세우고 살면서 침입자를 감시하도록 했다.[20] 금표 침범을 막지 못할 경우 경기도 관찰사와 해당 지방 수령도 처벌하겠다고 경고했다(10.10.17갑술). 침범자의 유무는 석 달마다 서면으로 보고하도록 지시했다(11.3.25경술).

적발된 사람들에게는 엄중한 처벌이 적용되었다. 연산군은 금표 설치를 부당하다고 비난하거나 옛 땅을 생각해 원망하는 자는 삼족을 멸할 것이며(10.8.6계해) 금표를 침범할 경우 기시형棄市刑에 처하겠다고 경고했다(11.7.1갑신). 이런 경고는 실제로 집행되었다. 국왕의 명령을 받은 선전관과 의금부 낭청, 내수사 별좌別坐·서제書題, 군인 등은 동·서 금표에서 잡인을 잡아 의금부에 내렸으며, 실제로 처형한 뒤 죄명을 써서 효수한 것이다(10.8.18을해; 10.11.3기축; 11.2.5신유). 위법자가 어릴 경우는 성년이 되기를 기다려 처벌하게 했다(11.2.12무진). 정확한 숫자는 적혀 있지 않지만, 이런 철저한 금제를 위반해 갇혀 있는 사람은 매우 많았다고 한다(12.1.19기해).

당시의 도성처럼 제한된 공간도 아닌 상당히 거대한 지역의 출입을 원천적으로 봉쇄한 이런 조처가 백성들에게 막대한 피해를 준 것 또한 자명했다. 상식적으로 예상할 수 있는 가장 중요하고 일차적인 피해는 가옥과 농토의 박탈이었다. 가옥과 관련해서 연산군은 금표 안에 있는 종친들의 집은 후히 보상해주었는데, 고양에 있던 월산대군의 집은 면포 2750필, 남천군 이쟁의 집은 1만5500필을 지급했다(10.9.10정유; 11.2.19을해). 종친이라는 지위와 그에 상응할 가옥의 규모를 감안해도 앞서 도성에서 철거된 민가에 1~2필을 보상한 것에 견주면 이런 금액은 막대하다고 할 수밖에 없다(이런 보상과 관련해서는 뒤에서 좀더 자세히 서술하겠다). 백성들의 가옥에 보상했다는 기록은 나오지 않는 것으로 보아 보상

자체를 생략했거나 도성과 비슷한 미미한 수준이었을 것으로 추정된다.

농토와 관련된 피해도 컸다. 한 사평에 따르면 "추석이어서 곡식이 다 익었지만 수확하기도 전에 갑자기 내쫓으니 백성들이 울부짖었다(10.8.6계해)." 연산군은 금표 지역에서 난 밭곡식을 시가의 3분의 1밖에 쳐주지 않았다(10.7.21기유).

절도를 저지른 뒤 일종의 치외법권 지대인 금표 안으로 도망가는 바람에 도둑이 창궐하게 된 것도 중대한 폐해였다(10.10.17갑술; 12.2.2임자).[21] 자연스럽게도 그런 도둑의 상당수는 생활 터전을 빼앗긴 금표 지역의 주민들이었다(11.8.21계유).

쫓겨난 백성들은 이런 물질적 피해와 함께 커다란 정신적 충격도 겪었다. 그것은 조상의 묘소를 잃거나 방치하게 되었기 때문인데, 사람들은 기내 안의 분묘가 금표 안에 들어가니 매우 슬퍼했다(10.8.19병자). 연산군은 금표 안에 조상의 묘소가 있을 경우 이틀 동안 제사 지내러 들어가도록 허용했지만(11.7.22을사), 미봉책이라는 사실은 따로 지적할 필요가 없을 것이다.

기록에 따르면 금표의 설치로 쫓겨난 사람은 2만550여 명이고 묵게 된 전지는 5700여 결이었다(10.11.8갑오). 이런 상황이 불러온 결과는 지금까지의 서술에서도 충분히 짐작할 수 있는데, 한 사료의 묘사는 다음과 같다.

국왕이 고양·양주·파주·광주·영평 등지의 인가를 철거하고 금표를 세우니 쑥대밭만 멀리 보이고 사람은 보이지 않았다. 사족과 서인들은 무덤에 가서 제사를 지낼 때도 적국의 영토에 들어가듯이 잠입했다. 그러나 모두들 두려워해 감히 들어가지 못하는 사람도 있었다(11.7.22을사). (…) 경기도는 군현의 절반이 금표 안에 들어가니 요역이 다른 도보다 갑절이 되어 백성들은 편히 살지 못했으며, 수령들은 온갖 방법으로 침탈할 뿐 구휼하지는 않았다. 이 때문에 노인과 어린이들을 부축해 이끌고 다른 도로 옮겨갔으며 건장한 사람은 도둑떼가 되어 길에서 사람을 죽이고 재물을 빼앗았다(11.8.21계유).[22]

금표의 설치가 참혹하고 부당한 폭정이라는 사실은 연산군도 잘 알고 있었다. 재위 마지막 해 중국 사신이 오자 그가 지나는 길가의 금표는 모두 제거하고 서강·한강의 민가는 그가 돌아간 뒤에 철거하게 했는데, 금표 안에 민가가 드문 까닭을 물으면 봄여름의 사냥 때문에 어쩔 수 없이 백성들을 이주시켰기 때문이며, 모화관 주변의 담장도 조서詔書를 맞이하고 무술을 연마하는 곳이므로 잡인을 금지하려는 목적에서 설치한 것이라고 대답하도록 지시했다(12.1.21신축). 이제 연산군은 거의 완벽하게 확보된 이런 광활한 공터에서 자신의 목표였던 사냥과 유희를 마음껏 즐길 수 있었다.[23]

사냥에의 몰두

치세 후반 연산군은 사냥에 몰두했다. 장소는 물론 금표를 설치해 확보한 지역이었다. 광활한 사냥터를 얻은 만큼 대규모의 인원이 동원됐다. 군사는 보통 3~5만 명이었으며 그들의 군수품을 운반하는 종자는

8~9만 명에 이르렀다(10.8.27갑신; 11.9.5병술; 12.2.19기사). 한번은 군사가 4만 명을 채우지 못하자 전·현직 관원들에게 품계에 따라 지급한 종자[從子] 를 가선대부嘉善大夫(종2품 하계) 이상은 10명, 통정通政대부(정3품 상계) 이 하는 5명씩 내게 해 5만 명을 확보한 뒤 흡족하게 사냥한 적도 있었다 (11.10.2계축·19경오).

이런 대군을 이끌고 한강을 건널 때면 백성들의 배 800여 척을 동원 해 배다리[舟橋]를 만들어 도하했다(10.9.30정사; 11.11.19경자). 군사는 전국에 서 징발했다. 그들에게는 물론 사냥에 동원되는 것이 큰 고역이었지만, 열흘 치 양식을 각자 준비하게 한 조처도 상당한 부담이 되었을 것이다 (12.2.21신미).

사냥에 관련된 관서가 점점 더 비대해지는 것은 자연스러운 현상이 었다. 먼저 사냥에 꼭 필요한 동물인 매를 기르는 응방이 계속 확대되었 다. 좌·우응방에는 응사鷹師와 대졸隊卒을 각각 200명씩 더 두었고, 별 응패別鷹牌도 50명을 증원했으며, 응방제조도 2명 더 늘렸다. 우응방 건 물도 31칸을 증축했다(11.4.26신사; 11.5.6경인·7신묘; 11.7.19임인). 노루 잡는 그물 100벌을 좌응방으로 보낸 뒤 지방에서 300벌을 더 마련하게 하기 도 했다(10.9.11무술). 이런 팽창의 원인과 결과 모두에 관련되겠지만, 재위 11년 후반 좌·우응방에서 기르는 매와 개는 수만 마리에 이르렀다 (11.9.14을미).

매와 함께 필수적인 동물인 말과 관련한 상황도 비슷했다. 우선 말 을 기르는 시설을 늘렸다. 궁궐 안에서는 대내 양마소大內養馬所를 용구龍 廐, 내사복內司僕을 인구麟廐라고 부르고 궁궐 밖에서는 흥천사興天寺를 기 구驥廐, 옛 병조兵曹를 운구雲廐라고 개칭했다(11.5.29계축). 이런 시설들에서 기르는 말은 수천 필에 이르렀으며(12.3.7정해) 말을 먹이는 데 드는 비용은 한 달에 2000여 석에 이르렀다(11.3.5경인). 이처럼 많은 말들을 지키기 위해 충철위衝鐵衛·보려대補旅隊에서 100명을 뽑아 분번으로 수직守直하게 했다(11.9.2계미). 용구에는 내승內乘 12명을 두어 문신과 무신을 번갈아 차정했다(12.1.7정해).

이런 시설에서 근무하는 사람들도 특별한 우대를 받았다. 용구에 근무하는 잡직인 이마理馬(정6품) 주치형朱致亨·정돈鄭敦·양돌석梁乭石은 정5~정7품의 녹직祿職을 받았으며(11.10.6정사), 조준방調隼坊·용구·인구의 서리書吏는 관직에서 물러난 뒤에도 그대로 일하면서 녹봉을 받을 수 있었다(12.7.12기축). 그 밖에 매와 개를 관리하는 해응관解鷹官, 응방의 재정을 담당하는 전전관典錢官, 완악한 사람을 적발하는 고완관考頑官 등의 관직을 신설한 것도 덧붙일 만하다(12.1.22임인).

연산군이 말에 많은 관심을 보인 데는 그의 재능도 상당히 작용한 것 같다. 그는 특히 말 타기를 좋아했고 매우 잘했는데, 말 위에서 처용무를 추거나 거꾸로 타는 등 못 하는 기예가 없었다고 한다(11.3.20을사). 털이나 골격이 특이한 말에도 많은 관심을 보여, 그런 말들을 바치라고 점마點馬 별감에게 지시하기도 했다(10.5.7병신).

사냥에의 탐닉은 기행에 가까운 행동으로 이어지기도 했다. 국왕은 사냥터에서 나무 위에 직접 올라가 짐승을 쏘기도 했고, 생포한 호랑이·곰·멧돼지·표범 등을 후원으로 들여와 사냥하기도 했으며, 성균관 대성전大成殿에 호랑이를 가둬놓고 벽에 구멍을 뚫어 활을 쏘기도 했다(10.11.11정유; 11.3.17임인; 12.2.13계해). 그는 궁궐 안에서 이런 일을 벌일 때면 흥청 100명에게 남자 복장을 입혀 활과 화살을 휴대해 따르게 했다

(12.8.20정묘). 또한 매일이다시피 궁궐 밖으로 사냥을 나갔는데, 궁궐 담장에 구멍을 뚫고 은밀히 드나들었기 때문에 바깥사람들은 전혀 몰랐으며 궁궐 안에서도 주위가 조용한 정황으로 국왕이 사냥 나간 것을 알았다고 한다(11.9.22계묘). 기록에 따르면 사냥 때문에 "경기·충청·황해·강원 등 네 도가 어수선하고 백성들은 곤고해 거의 모두 도망갔다(11.3.17임인)."

그러나 다른 사안들과 마찬가지로 연산군은 "사냥 때문에 나라가 망하는 것은 아니며 그렇게 말하는 자는 오로지 스스로 편안하려는 생각으로 말하는 것이니 형신刑訊해야 마땅하다"는 확고한 판단과 의지를 밝혔다(10.6.6을축). 가장 대표적인 황음은 역시 여색과 관련된 것이었다.

황음의 만연

여색의 탐닉과 관련된 사항은 지금까지 보아온 연산군의 자의적인 왕권 행사에서 극점을 형성했다고 할 만하다. 엽색행각이라고 표현할 수밖에 없는 그런 일들은 갑자년 후반부터 폐위될 때까지 만연했다. 다른 일들도 그랬지만, 연산군은 여색에의 탐닉에 관련한 자신의 행동을 궤변에 가까운 논리로 정당화했다. 그는 순 임금이 요 임금의 두 딸을 아내로 삼았다는 사실을 자주 거론했으며(10.윤4.25을유; 11.6.14정묘; 11.11.8기축) 예부터 호걸스러운 제왕들은 풍류와 여색에 많이 빠졌지만 국가의 흥망은 거기에 좌우된 것이 아니라 신하의 충성과 간사에 달려 있다고 주장했다(12.7.17갑오·19병신).[24]

앞서도 연산군은 황제와 동등한 지위와 권력을 갖는 것이 궁극적인 목표라고 말했는데, 그런 측면은 여색과 관련해서 자주 나타났다. 어렵지 않게 예상할 수 있듯이, 그가 가장 자주 거론한 사례는 당唐 현종玄宗과 양귀비楊貴妃였다. 사실 이 사례는 연산군대 초반은 물론 그 전대에도 자주 거론되었다. 그러나 그때는 여색 때문에 국정을 망친 대표적인 사례로만 지적되었을 뿐이다(2.3.4임오; 3.6.15을유 · 27정유; 3.8.3임신; 3.11.15임자 · 21무오).

그런 기조는 연산군의 폭정이 상당히 심화되었던 갑자사화 직전까지도 이어졌다(이런 사실은 그때까지도 신하들이 비판적 발언을 나름대로 제기하고 있었다는 것을 보여준다. 물론 연산군에게 이런 현상은 능상의 확산을 다시 확인시키는 또 하나의 증거였을 것이다). 예컨대 연산군 9년 1월 15일 (계미) 경연에서 『통감강목』을 강론하다가 양귀비가 처형되는 대목에 이르자 국왕은 그녀를 죽여야만 옳았느냐고 물었다. 속내를 드러낸 이 질문에 시독관 강징과 영사 유순은 그녀가 국정의 문란을 가져온 근본적인 원인이므로 당연하다고 대답했다.

그러나 이런 분위기는 갑자사화 이후 완전히 사라졌다. "나라의 안위는 신하의 충성과 간사에 달려 있는 것이므로 당 현종 때의 난리도 풍류나 여색 때문이 아니었다(12.7.17갑오)"는 국왕의 '선언' 앞에서 신하들은 동의할 수밖에 없었다. 그 결과 갑자년 이후 당 현종은 여색 때문이 아니라 이임보 · 양국충楊國忠 같은 간신들 때문에 나라가 멸망한 사례로만 자주 거론되었으며(10.11.24경술; 11.1.27계축; 11.3.10을미; 12.7.17갑오), 그가 삼천 궁녀를 거느렸다는 사실도 추가되면서(10.7.7을미; 12.4.28정축; 12.6.13신유) 국왕의 황음을 정당화하는 역사적 선례로 기능하게 되었다. 연산군은 한漢 성제成帝와 송 휘종徽宗도 조비연趙飛燕과 이사사李師師라는 애첩을 거느리고 후원에서 유희를 즐겼다면서 자신의 역사적 논거를 보강하기도 했다(12.3.8무자).

이런 논리적 정당화와 함께 그는 후궁을 많이 두는 것도 후사를 늘리려는 뜻인데 불초한 무리들이 망령되게 황음이라고 말한다면서(10.12.2무오) 흥청의 선발과 금표의 설치를 색황色荒이나 금황禁荒이라고 비난하는 자가 있으면 엄벌할 것이라고 천명했다(11.4.23무인).

이런 논리와 의지를 공언한 연산군은 자신의 구상을 대대적이며 지속적으로 실현했다. 우선 연산군은 기존에 있던 기녀의 숫자를 대폭 늘렸다. 이런 지시에 따라 장악원의 정원은 두 배인 300명으로 확대되었다(10.10.1무오). 장악원은 곧 원각사圓覺寺로 옮겨져 가흥청 200명, 운평 1000명, 광희 1000명을 상주시키고 총률總律 40명에게 날마다 가무를 가르치게 했다(11.2.21정축). 기녀를 선발할 때 딸을 숨기다가 적발되면 아버지를 처벌했는데, 140명이라는 적지 않은 인원이 여기에 연루됐다(10.7.17을사). 15~25세의 재주와 자색이 있는 여성만 선발하면 많은 인원을 확보하기 어려울 것이라는 장악원 제조 이계동李季同과 임숭재任崇載의 충고에 따라 나이 제한도 풀었다(10.12.13기사). 그 밖에 피리를 잘 부는 미모의 젊은 여성을 도성에서 철저히 찾게 했으며(12.1.21신축) 21~30세로 역시 미모를 갖춘 미혼의 여의女醫를 선발하라는 지시도 하달되었다(11.9.30신해; 12.6.22경오).

연산군의 엽색행각에서 가장 널리 알려진 것은 흥청·운평·광희 등으로 대표되는 기녀들과 관련된 사항일 것이다. 이제 보듯이 그 인원과 시설, 그리고 거기에 들어가는 비용은 실로 엄청났다.[25]

갑자년 끝머리에 만들어진 그 기녀들의 명칭은 원래 악곡의 이름이었다. 처음에는 흥청·운평·광희만 신설되었는데, 가장 서열이 높은 흥청은 "사악한 더러움을 깨끗이 씻는다(蕩滌邪穢)"는 뜻이고 운평은 "태평한 운수를 만났다(運際太平)"는 의미였다. 흥청은 국왕과 동침한 천과(天科)와 그렇지 못한 지과(地科), 동침했으되 만족스럽지 못한 반천과(半天科)로 다시 세분되었으며, 흥청과 운평 사이에는 가흥청(假興淸)이라는 중간 단계가 있었다(10.12.22무인·24경진·30병술). 연산군은 이들이 같은 기녀라도 명칭과 등급이 명백히 다르다면서 서로 이야기하는 것도 금지했다(11.11.24을사).

그 뒤 운평 1000명을 더 선발해 계평(繼平)이라는 조직을 새로 만들었으며(12.2.19기사) 채홍(採紅)·속홍(續紅)·부화(赴和)·흡려(洽黎) 같은 집단도 추가로 생겨났다. 가장 총애를 받은 부류는 숙화(淑華)·여원(麗媛)·한아(閑娥) 같은 작호를 사용했다는 사실에서 알 수 있듯이, 이들은 원래 천한 신분인 기녀였지만 점차 후궁이나 궁인(나인)과 동일한 지위로 격상되었다(12.9.2기묘).

이런 조직의 정비와 함께 정원도 늘어났다. 처음에 정원은 흥청 300명, 운평 700명, 광희 1000명이었는데, 운평의 정원은 곧 1000명으로 늘어났다(11.1.15신축·27계축). 4개월 뒤 운평과 광희는 정원을 거의 채웠지만, 선발 기준이 엄격했기 때문으로 생각되는데, 흥청은 300명 중 93명밖에 뽑지 못했다(11.4.4기미).[26] 그 뒤 운평은 모든 고을에 배치시켰으며 전국에서 300명을 더 선발했다(11.8.15정묘; 12.2.14갑자).

선발 기준은 물론 미모와 기예가 가장 중시되었을 것이다. 구체적으로 밝혀진 사항은 운평의 신장과 관련된 것인데, 포백척(布帛尺)을 기준으로 키가 이마에서 발끝까지 3척 5푼(약 142센티미터) 이상인 사람만 뽑게 했다(11.12.9기미).²⁷ 생략된 정수리부터 이마까지의 길이를 감안하면 실제의 전체 신장은 150센티미터 정도 되었을 것이며, 거기에 상당히 높고 화려했던 당시 머리장식의 높이를 추가하면 실제의 키는 좀더 크게 느껴졌을 것으로 추정된다. 그러나 당시의 평균 신장을 고려하면, 운평의 키는 상당히 컸을 것이다.

이런 여성들의 나이·이름·본관·입원入院 날짜·거주지·신장·비만 정도 등 자세한 사항은 『장화록藏花錄』이라는 책자로 만들어졌다(11.1.1.정해~3기축). 그 사항은 부절符節에도 기록되어 대궐에 들어갈 때는 반드시 패용하도록 했다(11.11.24을사·27무신).

물론 이들의 임무는 국왕 한 사람의 쾌락적 욕망을 만족시키는 것이었다. 그런 임무를 성공적으로 수행할 경우 그들은 상당한 후대를 받았지만, 유희의 대상이라는 그 본질적 성격과 극도로 예민한 국왕의 성격 때문에 큰 고통을 겪을 수밖에 없었다. 그들과 관련된 재정 지출과 폐단이 심각했던 것 또한 당연한 결과였다.

그들이 누린 호사부터 살펴보면, 흥청은 취홍원聚紅院, 가흥청은 진향원趁香院, 계평은 함방원含芳院이라는 독립된 건물에 기거했다(11.1.1정해·2무자; 12.3.19기해). 그 밖에도 뇌영원雷英院·연방원 같은 장소가 있었으며(12.7.1무인),²⁸ 미모가 떨어지고 의복이 남루한 사람은 집람원集藍院이라는 처소에 따로 살게 했다(12.5.9무자). 모두 7원院 3각閣으로 구성된(12.9.2기묘) 이런 건물들의 이름은, 이 시기에 연산군이 시행한 조처가 대부분 그렇듯이, 거주자의 특징을 노골적으로 드러내고 있다.

이런 외형적인 건물보다 더욱 중요한 것은 풍족한 재정 지원이었다.

연산군은 그들을 후히 예우하지 않을 수 없다면서 호화고護花庫라는 창고를 따로 설치했는데, 전국의 전세 절반이 그리로 들어갔다(12.4.29무인). 그 결과 연산군 11년 후반에는 국고로 먹고 입는 나인이 1000명이나 되어 군자창·풍저창·광흥창 등이 모두 비었다고 한다(11.11.3갑신).

그 지위상 흥청은 특히 융숭한 대우를 받았다. 우선 그들의 재정이나 경비警備 등을 전담하는 두탕호청사杜蕩護淸司라는 관서가 설치되어 제조 3명(1품), 부제조 6명(정3품), 낭청 10명의 적지 않은 인원이 배치됐다(12.6.29정축; 12.7.14신묘). 자신의 치세가 장구하리라는 자신감(이나 기대)도 함께 읽을 수 있는데, 연산군은 흥청을 포함한 궁인들에게 10년 동안 지급할 장醬을 만들 비용을 미리 확보하라고 지시했다(12.5.29무신).[29] 국왕이 흥청에게 하사하는 물품은 「호화첨춘기護花添春記」라는 장부에 기재했다(11.6.28신사).

연산군은 흥청을 범상한 예절로 대우해서는 안 된다면서 시재試才할 때는 제조提調라도 의자를 치우고 땅에 앉게 했다(11.2.13기사). 흥청의 이름을 함부로 부를 경우는 엄중히 논죄하고(11.9.23갑진) 광희나 운평을 창기나 악공이라고 부르면 처벌했다(11.4.4기미). 앞서도 말했듯이, 이런 기녀들은 점차 궁인(나인)으로 대우받았으며, 특히 천과 흥청은 모든 사항을 후궁과 동일하게 예우하도록 규정되었다(11.11.3갑신).

드물지 않게, 과도한 예우는 희극적인 결과로 이어진다. 궁인의 예우와 관련해 나타난 가장 대표적인 사례는 그 칭호를 135개나 만든 조처일 것이다(11.9.20신축). 가인佳人·재인才人·여인麗人·미인美人·선인嬋人·연인姸人 등 여성적 아름다움을 표현하는 거의 모든 단어를 동원한 듯한 이런 번다한 조처는 연산군의 편집증적인 성향을 보여주는 또 하

나의 좋은 사례일 것이다.[30]

이런 지나친 예우가 이례적인 변동과 폐단을 가져온 것 또한 충분히 예상할 수 있다. 가장 직접적인 현상은 궁인과 그 친족들의 위세가 매우 커졌다는 사실이었다. 궁인들의 행차는 대단히 거창해졌다. 그들이 본가에 갈 때면 내관은 물론 승지와 주서가 뒤를 따랐고, 군복을 입은 내금위·선전관이 인도했으며, 의금부 나장 10명이 벽제했다(11.9.22계묘). 흥청의 집에서는 행렬을 인도한 수장격인 승지에게 채단으로 답례했기 때문에 승지를 '채단장사採段長師'라고 조롱하는 말까지 생겨났다(11.8.12 갑자).

지방에 갈 경우는 관찰사까지 동원됐다. 재위 11년 6월 흥청 낙동산樂同産과 운평 녹양춘綠楊春이 병든 어머니를 보러 원주原州에 가자 연산군은 강원도 관찰사에게 여의를 보내 진찰하고 투약하게 했으며, 차도가 있어 돌아올 때는 말을 내주고 국고에서 여비를 지급하도록 했다(11.6.20 계유). 특정한 직임을 가진 궁인이 본가에 갈 때는 언제나 제용감에서 면포 400필과 정포·백면포 각 50필을 주게 했다(11.9.27무신).[31]

다음으로, 국왕은 궁인(과 그 가족들)에게 가장 주요하고 값비싼 재화인 토지와 가옥을 대거 하사했다. 연산군은 흥청이 궁중에 들어오면 부모를 만날 수 없으니 부모를 모두 상경케 한 뒤 호조와 한성부에서 토지와 가옥을 주어 생업을 돕게 했으며, 그 형제자매도 모두 관역官役을 면제해주는 파격적인 특혜를 제공했다(11.6.20계유).

하사한 집의 크기는 15~16칸 정도였으며, 토지는 대지주들에게서 10결당 1결씩 바치게 해서 내려주었다. 천과 흥청에게는 토지와 가옥을 모두 주었지만, 지과 이하는 재능이 뛰어난 사람에게만 지급했다(11.7.28

신해). 그러나 하사의 수준은 총애하는 정도에 따라 물론 달라졌다. 받은 흥청의 이름은 밝혀져 있지 않지만 면포 3000필과 4000필에 이르는 신공제申公濟와 김환金煥의 저택을 구입해 내리거나(11.8.18경오·20임신), 역시 총애한 나주 출신의 천과 흥청 백견白犬에게는 상등 논 50결과 밭 30경耕을 하사하기도 했다(11.12.8무오). 이런 집들은 민가를 철거할 때 쓸 만한 가옥을 보고하게 해서 조달하기도 했다(11.11.16정유).

이렇게 되자 흥청과 그 친족·하인들은 국왕이 하사한 데 만족하지 않고 자신들이 직접 가옥을 탈취하거나 점유해 물의를 일으키기도 했다. 흥청이 좋은 집을 차지하고 아뢰면 국왕은 호조에 지시해 시가에 따라 강제로 구입한 뒤 선사했으며, 그 결과 도성의 좋은 저택들은 모두 흥청이 차지할 정도였다. 이런 무단 점유의 풍조는 흥청의 위세를 믿은 하인들에게도 퍼져갔다. 그들은 집을 무단으로 점거하고 주인을 내쫓은 뒤 후하게 뇌물을 받고 나서야 돌려주었다(11.8.20임신). 흥청의 아버지끼리 같은 집을 점거해 다투는 바람에 처벌당한 경우도 있었다(11.8.16무진).

가옥의 무단 점유와 관련된 폐해는 다음의 사료에 잘 나타나 있다.

그때 흥청·숙원·숙용 등의 부류로 총애를 받는 사람이 많았다. 그 집안 사람들이 그런 호칭을 패면牌面에 써서 도성 안에 있는 큰 집의 바깥문에 박은 뒤 독촉해 쫓아내면 사대부 집이라도 재산을 모두 버리고 허둥지둥 달아났다. 시정의 부랑한 무리들은 궁인에게 뇌물을 후히 바치고 친척이라고 가탁한 뒤 그 위세에 기대 행패를 부렸다. 그들은 도성을 횡행하면서 살 만한 인가를 선택해 '이것은 아무 나인의 집'이라고 씌어진 패를 건 뒤 고함을 지르며 무너뜨렸고, 조금도 거리낌 없이 남의 처첩을 가로챘다. 그 집

사람들은 놀라 당황하면서도 피해 달아나지 못할 것이 두려워 그에게 뇌물을 후히 주면서 봐달라고 부탁했다. 이 때문에 무뢰배들이 궁인의 친척이라고 가탁해 위세를 부리며 뇌물을 받으려고 했지만, 관가에 고소하는 사람은 하나도 없었다(11.8.16무진).³²

흥청 등에게는 여러 편의를 제공하는 방비房婢와 보인도 지급되었다. 먼저 방비는 흥청 2명당 1명이 배정되었는데, 그 결과 각사의 공천公賤들은 천과 흥청에게 거의 모두 사여될 정도였다(12.1.24갑진). 운평에게도 방비 2000명을 배정했으며(12.2.14갑자) 계평악 400명에게도 살 만한 집과 방비를 할당했다(12.2.29기묘; 12.3.1신사). 보인은 천과 흥청에게는 5명, 지과 흥청에게는 4명, 가흥청·운평·광희에게는 3명이 배당되었다(11.10.17무진).³³ 흥청들은 부자를 마음대로 보인으로 삼았고, 그 때문에 가세가 기울어 파산하는 사람도 상당수였다(11.10.17무진). 궁인을 성심껏 돕지 않는 보인은 장형(80대)에 처해졌다(11.6.21갑술).

옷감은 천과 흥청에게는 매달 정포正布 3필, 백저포白紵布 1필, 주紬 1필을, 지과 흥청에게는 정포 2필, 백저포 반 필, 백면포 반 필을 하사했다(11.7.6기축).³⁴ 그 밖에 솥·그릇·병풍·기름·숯 같은 다양한 물품도 지급되었다.³⁵ 국왕은 취홍원과 뇌영원의 땔감이 부족하자 남산의 마른 소나무를 공급하도록 한성부에 지시하기도 했다. 갑자년 이후 도성에서 철거가 대대적으로 자행되고 마구 벌목해 취홍원 등에 공급하니 내남산을 제외한 도성 인근의 모든 산들이 민둥산이 되었다고 한다(11.12.28무인).

이처럼 수많은 여성의 치장에 큰 비용이 드는 것은 당연했다. 그런 부담의 최종적인 귀착지는 물론 백성들이었다. 국왕은 궁인들에게 성장

盛裝할 것을 엄중히 지시했는데, 표의表衣나 아상복迓祥服을 마련하라는 지시는 지방 수령을 거쳐 결국 백성들에게 하달됐다. 가체는 전국에 1만 벌이나 올리게 했으며(11.1.3기축 · 4경인; 11.2.23기묘 · 24경진) 많은 분량의 연지燕脂(1000편片)와 분粉(1000근)을 중국에서 사오게 했다(11.1.19을사). 장단 석벽에 거둥할 때는 동행한 흥청 1000명에게 제공할 쌀과 국수를 경기도에서 마련하게 했다(12.8.8을묘).

궁인을 가장 극진히 예우한 사례는 원주 출신의 가흥청 월하매月下梅의 장례와 관련된 조처일 것이다. 먼저 월하매가 병석에 있을 때도 늘 문병하던 연산군은 재위 11년 9월 15일(병신) 그녀가 죽자 관련된 각사의 제조가 직접 염습을 담당하고 승지가 감독하라고 지시하면서 소루함이 있으면 고위 관원인 제조라도 장형을 면치 못할 것이라고 경고했다. 나아가 국왕은 직접 애도하는 시를 짓고[36] 여완麗婉이라는 시호를 내렸으며, 봉상시에서 제사를 주관하고 지제교知製敎에게 제문을 짓게 했다. 장사 지낼 때는 재상들도 참석하게 했으며, 장례를 담당하는 추혜서追惠署와 영혜실永惠室을 따로 설치하기도 했다. 그녀의 장지는 한강을 건너지 말고 금표 안에서 길지를 선정하게 했는데, 평소 유람하면서 볼 수 있도록 창릉 곁으로 결정됐다(11.9.15병신 · 16정유 · 28기유).

끝으로, 앞서도 잠깐 언급했지만, 이런 과정을 거치면서 궁인의 가족들도 상당한 우대를 받고 위세를 행사하게 되었다. 우선 천과 흥청의 부모에게는 면포 · 정포 각 50필, 백저포 · 명주 각 10필, 호초 3두가 지급되었다(11.8.19신미).[37] 다른 특혜들도 제공되었는데, 쌀을 지방에 공급하고 이문을 얻어 대가를 받는 환미還米[回換]를 그들에게 맡겼다.[38] 흥청의 아버지 이개똥李介叱同(7000석), 흥청의 오빠 검충檢忠(1만 석) · 안의성

安義成(7000석)·강계동姜繼同(1000석) 등이 그런 혜택을 누렸다(11.7.6기축~8신묘·14정유). 숙화淑華의 아버지 김소부리金小夫里는 나주羅州로 내려갈 때 나라에서 제공한 말을 타고 갔다. 이름에서 짐작할 수 있듯이 그는 나주의 종이었는데, 딸이 총애를 받은 관계로 전라도에서는 그를 사신처럼 접대했으며 수령이 술접대를 하기까지 했다(12.5.12신묘). 흥청 채란彩鸞의 큰오빠로 부장部將(종6품)이던 강응姜凝도 누이 덕분에 당상관으로 승진할 수 있었다(12.2.21신미). 흥청 등에게 지출한 이런 비용을 앞서 윤필상 등의 재산과 비교하면, 국왕과 신하라는 근본적 차이를 감안하더라도, 연산군의 막대한 지출 규모를 충분히 가늠할 수 있을 것이다.

이처럼 궁인과 그 가족·하인들은 상당한 호사와 위세를 누렸지만, 본질적으로 그들은 국왕의 쾌락적 대상이었기 때문에 그 한계는 명확했다. 그리고 쾌락의 속성이 그렇듯이, 국왕의 총애가 사라지면 그 혜택도 금방 휘발해버렸다. 국왕은 "아무리 사랑하는 흥청이라도 조금만 뜻에 어긋나면 곧 매질하라고 명령했으며, 그런 처벌은 그 부모까지 미쳤기 때문이다(11.12.22임신)."

그런 과정과 결과에 많은 폐단과 피해가 수반된 것은 당연했다. 우선 흥청에게 지급됐던 토지는 운평으로 강등될 경우 박탈됐다(11.6.21갑술). 전국에서 1000명이 넘게 징발된 운평들은 언제 잔치에 불려갈지 몰라 항상 치장을 하느라고 식사할 시간도 없어 허기로 쓰러지는 사람도 많았다(11.8.18경오).[39]

국왕 한 사람의 쾌락에만 봉사해야 한다는 속성상 궁인들은 연애나 결혼이 금지됐으며, 기혼자는 강제로 별거해야 했다. 기혼과 미혼을 막론하고 임신과 출산도 엄금됐다. 이런 금령들을 어길 경우 당연히 가혹한 처벌이 뒤따랐다. 대표적인 사례로 연산군은 몰래 만나 부부의 정을 나눈 운평 소진주笑眞珠와 남편 하옥정河玉貞을 능지형에 처한 뒤 시신을 두루 보게 하고 일족도 장 100대를 때린 뒤 전가사변 시켰으며 그녀가 살던 고을도 혁파했다(12.5.17병신). 그의 분노는 이래도 풀리지 않아서 그녀와 이름이 같거나 이름 중에 소笑·진眞·주珠 자가 들어 있는 사람은 모두 고치게 했다(12.6.15계해). 조사 결과 이세좌의 셋째 아들인 이세걸도 적선아謫仙兒를 첩으로 삼은 사실이 드러나 참수됐으며, 적선아도 그런 '흉인'을 남편으로 두었기 때문에 내전 잔치 때 비파를 연주하라는 명령을 받자 내키지 않는 기색을 보였다는 죄목으로 장 100대를 맞고 변방의 관비로 보내졌다(10.5.5갑오·6을미).

출산과 관련해서는 더욱 끔찍한 조처가 내려졌다. 임신한 궁인과 그 남편은 각각 장형과 중벌에 처하고 아이는 태어나는 즉시 묻게 한 것이다. 가흥청 무산아巫山兒·만림홍滿林紅·서상월西廂月·두계춘杜溪春, 운평 응시생應時生·완사선浣沙仙, 계평 소옥진笑玉眞·대중래待重來·가운래駕雲來 등 70여 명과 그 남편들이 이런 처벌을 받았다. 이렇게 쫓겨난 운평이 많아 열흘마다 한 번씩 다시 간택했기 때문에 '순간택旬揀擇'이라는 말이 생길 정도였다(11.9.16정유; 12.1.14갑오; 12.5.9무자·10기축·15갑오; 12.6.20무진·23신미; 12.7.4신사·13경인; 12.8.19병인). 관기도 철저히 단속되어 첩으로 삼을 수 없도록 규정됐으며, 결혼관계와 거주지는 장악원의 장부에 기록되었다(10.5.5갑오). 기생이 의복과 화장을 제대로 갖추지 못하면 남편을 장형에 처하기도 했다(10.6.8정묘).

혼인까지는 아니지만 간통할 경우도 중형이 집행되었다. 이런 금령이 내려진 뒤에 간통한 사람은 장 100대에 처해졌고 세 번 이상 간통했을 경우는 해당된 남녀를 함께 효수했다. 관원들에게도 그런 범죄자를 검거하지 못한 책임을 물어 중앙에서 총률은 장 100대에 섬으로 정역定役됐고, 외방에서 관찰사는 장 100대에 파직, 수령과 색리色吏도 장 100대에 섬으로 정역됐다(12.5.14계사). 운평과 간음한 평민은 기훼제서율棄毁制書律로 처벌되었다(11.10.13갑자).

이런 비이성적인 금제와 처벌은 그 자체로 심각한 폐해였지만, 당시 이런 여성들에게 일정한 재산이나 지위를 가진 남성과의 접촉은 연애감정만의 문제가 아니라 생계의 한 방편이기도 했다는 데서 더욱 큰 피해가 발생했다. 즉 그들 중에는 처첩이 되어 생계를 유지하는 부류가 많았는데, 이처럼 그런 경로를 원천적으로 봉쇄하자 의탁할 곳이 없어 거리에서 걸식하는 사람까지 생겨난 것이다(11.10.13갑자).

연산군의 가장 중요한 관심사였던 발언의 금지와 관련된 처벌도 물론 엄중히 적용됐다. 흥청·운평 등이 궁궐 일을 누설할 경우 당사자는 참형, 그 자녀는 전가사변에 처해졌으며, 그 부모와 시부모까지 엄중히 논죄하고 재산은 고발자에게 주도록 했다(10.12.26임오; 11.1.1정해).

호사와 예우를 누리기도 했지만, 이런 비인간적인 금제에 옥죄이던 흥청들은 불만을 몰래 토로하다가 적발돼 처벌받기도 했다. 흥청 두 사람은 밥 속에 몰래 "이렇게 고생하고 있지만, 중국 사신이 오면 흥청을 모두 풀어준다고 한다"는 내용의 언문 편지를 넣어 은밀히 교신하다가 적발되어 장 100대에 처해지기도 했다(12.7.28을사).

흥청·운평 등에게 지급된 방비들의 피해도 극심했다. 지방 관아의 종이었던 그들은 수천 명에 이르렀다. 도성으로 징발된 그들은 의탁할 곳이 없어 어린아이를 업은 채 길에서 걸식하면서 운종가雲從街에서 노숙

했는데, 역질疫疾이 크게 퍼져 70~80퍼센트가 사망했다(11.11.20신축). 그들의 비참한 생활과 국왕의 가혹한 처사를 잘 보여주는 사례는 재위 12년 5월 망원정에 행차할 때 발생했다. 그때 길가에서 걸식하던 흥청의 방비가 적발되었는데, 그는 13일을 굶은 상태였다. 그러나 국왕은 그런 참상에 동정을 표시하기는커녕 잔인한 추리력을 발휘했다. 그는 사람이 그렇게 오래 굶었으면 반드시 죽었을 것이라고 의심하면서 도성이 아니라 출입이 금지된 금표에서 걸식했다는 죄목으로 국문을 지시한 것이다 (12.5.26을사).[40] 이런 고통스런 환경을 참다 못한 방비들은 도망가기도 했는데, 그럴 경우는 장 100대에 처하고 얼굴에 '도망' 이라는 글자를 자자 刺字했으며 그 부모는 장 80대를 때렸다(12.6.14임술).

지방관들도 이런저런 처벌에서 자유롭지 못했다. 앞서 말했듯이 운평은 전국에서 뽑았는데, 그때 해당 수령들은 운평의 마음과 행실心行이 순근純謹한지 불초한지를 보고해야 했다. 판단의 기준 자체가 모호한 데 더욱 큰 원인이 있겠지만, 실상이 보고와 다를 경우 수령은 장 100대에 다른 도로 충군되었으며, 해당 지역의 권농勸農과 이정里正도 장 100대에 전가사변 당했다(11.11.24을사). 목사(정3품)에서 현감(종6품)에 이르는 지방관들도 흥청에게 보인을 지급하지 않거나 의복·치장·물품에 소요되는 비용을 주지 않은 죄목으로 처벌받았다.[41]

물론 국왕의 기호를 만족시켜 포상받은 관원들도 있었다. 미녀와 준마를 선발하는 '특수한' 임무를 띤 채홍준 체찰사採紅駿體察使 이계동은 미녀 63명과 준마 150필을 바친 공로로 큰 칭찬과 함께 노비 10구를 하사받았다(11.8.10임술).[42] 의관 중에서 보양補陽하는 방법을 아뢴 김흥수金興守·고세보高世輔·하종해河宗海·김공저金公著는 자헌資憲대부(정2품 하계)~가선嘉善대부(종2품 하계)라는 높은 품계로 승급되기도 했다(12.2.5 을묘).

이런 궁인과 관련해 연산군이 가진 생각은 폐위 직전까지도 명확했다.

> 옛날에 삼천 궁녀를 두었는데, 궁궐 안에는 반드시 사람이 많이 필요하기 때문이다. 계평은 그 인원이 1000명에 이르고 방비房婢도 있지만, 이것은 모두 사악한 허물을 깨끗이 씻고 태평함을 보호하는 기상이다. 무릇 궁금宮禁의 일은 중요하니, 모든 일은 위를 먼저하고 아래를 나중해야 한다. 윗사람을 위하는 일은 아래보다 백배를 힘써 아랫사람들이 손발을 놀릴 수 없게 해야 마땅하다. 앞으로는 아래의 긴요치 않은 모든 비용 중에서 줄일 수 있는 것은 줄여 계평 등에게 지급하는 비용에 보태라(12.4.28정축).[43]

이런 조처들은 거의 대부분 음행으로 귀결되었다. 대표적인 사례로는 '거사擧숨'라는 시설을 들 수 있다(11.6.18신미). 아마도 가마 같은 기구였다고 추정되는데, 연산군은 들고 다닐 수 있는 작은 방을 만들어 행차 중에도 성욕이 발동하면 그것을 설치하고 흥청과 음행을 했다고 한다(12.7.7갑신 · 18을미). 또한 경회루 연못 옆과 동궁 월랑에 작은 집을 짓고 음행을 즐겼는데, 각각 '음궁淫宮'과 '음실'로 불렸다(12.7.3경진; 12.8.20정묘).

추문의 확대

연산군의 여성 편력과 관련해 특기할 만한 사항은 신하나 종친의 부인과도 적지 않은 추문을 일으켰다는 것이다(10.윤4.25을유). 사실이라면 그런 행동은 그 성격상 일반적인 정치적 탄압이나 경제적 수탈보다 당사자에게 더욱 깊은 분노와 원한을 심어주었을 것이다(실제로 중종반정을 주도한 박원종[1467~1510]은 누이 박씨와 관련된 추문에 커다란 분노와 원한을 품었다고 기록되어 있다(중종5.4.17임인)).

연산군이 그런 부인들과 접촉한 계기는 각종 잔치나 행사였다. 갑자년 이전부터도 연산군은 신하의 부인이 국왕에게 부름을 받아 궁궐에 나아오는 것은 큰 경사인데 사정이 있다고 핑계 대면 안 된다면서 빠짐없이 예궐하라고 하명했고(9.12.17경술), 즐기던 나례를 구경할 때 동석하게 했다(9.12.21갑인). 당시 잔치는 하객만 보통 남녀 200명 이상이었으며,[44] 거기에 흥청 등을 포함하면 1000명을 훌쩍 넘는 큰 규모였다.[45] 이렇게 인원이 많아 식별하기 어려워지자 연산군은 명단을 미리 조사하거나 여객에게 '누구의 부인'이라고 쓴 쪽지를 달게 해 신원을 파악한 뒤 미모가 뛰어난 부녀자를 지목하는 방법을 사용했다(10.6.5갑자·6을축·25갑신; 11.5.5기축; 11.8.25정축).

기록에 따르면 신하들의 부인 중에서 연산군이 관계한 첫 번째 대상은 윤은로의 부인이었고(10.6.25갑신) 그 뒤 좌의정 박숭질, 남천군 이쟁, 봉사奉事 변성邊成, 총곡수叢谷守 이신李愼, 참의 권인손權仁孫, 승지 윤순尹珣, 생원 권필權弼, 중추中樞 홍백경의 아내 등과 추문이 있었다(11.4.12정묘; 12.7.28을사). 폐위되기 직전에는 성종의 숙의 남씨까지 강간했다고 한다

(12.8.5임자).

사평은 연산군뿐만 아니라 관련된 부인들도 강하게 비난했다. 그녀들은 잔치에 참석할 때 점차 화려하게 치장했으며, 망원정 등에 국왕과 함께 유람해서는 편복 차림으로 흥청들과 함께 말을 달리는 등 아녀자의 품행을 거의 잃었다는 것이다. 특히 박숭질의 아내 정씨鄭氏는 젊고 아름다워 가장 총애를 받았는데, 관계한 뒤부터는 날마다 단장하고 궁궐을 바라보며 그리워했다고 한다(11.8.25정축 · 28경진).

이런 추문 중에서 가장 널리 알려져 있으며 논란이 많은 사례는 월산대군의 부인 박씨와 관련된 사항일 것이다. 큰어머니와의 이 추문은 패륜성뿐만 아니라 그 사실성 자체를 의심받고 있다. 그런 의구심의 핵심적인 근거는 그녀의 나이다. 즉 당시 그녀는 상당한 나이였다고 추정되는데, 미모에 집착하던 연산군이 그렇게 늙은 여성에게 과연 연애감정을 가질 수 있었으며, 나아가 결국 그녀가 임신하자 자살했다는 기록과 관련해 정말 그녀가 수태할 수 있었는가 하는 물리적 가능성에 의문이 제기되고 있는 것이다.[46]

이런 논란을 진정시키는 가장 좋은 방법은 최대한 사실에 기초한 상태에서 신중한 추정을 시도하는 자세일 것이다. 앞질러 말하면, 가장 관건인 박씨의 나이는 정확히 알기 어려웠다. 해당 사항은 실록이나 『선원계보璿源系譜』 같은 기본적 자료는 물론이고 남편인 월산대군과 아버지 박중선에 관련된 기초 자료인 〈월산대군 이정 신도비〉와 〈박중선 신도비〉에도 나오지 않았다.[47] 그러므로 그녀는 일단 남편과 같은 나이라고 추정하는 것이 가장 온당할 것으로 생각된다.[48]

월산대군에 관련된 사항은 비교적 소상히 밝혀져 있다. 그는 단종 2

년(1454) 12월 18일(갑오)에 당시 수양대군의 맏아들로 태어난 뒤 성종 19년(1488) 12월 21일(경술)에 34세의 나이로 요절했다. 성종은 그보다 세 살 아래였다(세조3.7.30신묘 탄생). 월산대군은 세조 12년(1466) 8월 19일(무오) 12세의 나이에 당시 병조참판 박중선(1435~1481)의 1남 7녀 중 장녀와 결혼했다. 그러니까 일단 박씨는 연산군보다 22세 연상이었으며, 연산군 12년 7월 52세로 사망했다고 가정할 수 있다.

연산군이 박씨에게 관심을 갖게 된 계기는 월산대군 집에서 자라던 세자가 장성해 입궐하면서 그녀가 함께 들어온 것이었다(12.6.9정사). 앞서 말한 대로 그녀가 사망하자 국왕의 아이를 임신하게 되어 음독자살했다는 소문이 돌았다는 기록(12.7.20정유)은 가임 연령을 고려할 때 사실로 받아들이기 어려운 부분이 있다고 생각된다(그것은 당시에도 '소문'이었다).

그러나 그렇다고 해도 재위 기간 전반에 걸쳐 연산군이 그녀에게 특별한 관심을 기울인 것은 분명한 사실이었다고 판단된다. 이런 판단을 뒷받침하는 가장 중요한 증거는 연산군이 그녀에게 매우 커다란 경제적인 지원을, 그것도 매우 빈번하게 했다는 사실이다. 국왕은 자신의 큰어머니에게 다양하고 풍부한 물품을 이례적으로 자주 선사했다.

먼저 시점을 살펴보면, 연산군은 상당히 일찍부터 그녀에게 물품을 하사하기 시작했다. 빈도는 신하들을 완전히 제압한 갑자년 이후에 좀 더 높아졌다(18회 중 11회[61.6퍼센트]). 윤허하지는 않았지만, 그녀에게 녹봉을 지급하거나(5.11.4경신 · 12무진 · 23기묘) 시장柴場을 돌려주려고 할 때(8.8.10기유) 삼사의 반대에 부딪힌 적도 있었다.

가장 중요한 것은 그 품목과 수량이다. 종류별로 총량을 계산해보면 쌀(중미 포함) 935석, 콩(황두 포함) 285석, 정포 2570필, 면포 2670필, 마

〈표 9〉 연산군이 박씨에게 하사한 물품

번호	날짜	품목 및 수량	비고
1	5.8.20정미	쌀·콩 50석, 정포·면포 300필	-
2	6.8.11계사	쌀 50석, 황두黃豆 30석, 면포·정포 각 150필, 호초 1석	-
3	6.10.21임인	면포·정포 각 250필, 정주鼎紬 50필, 수주水紬 30필, 쌀 100석, 참기름(眞油) 3석, 꿀(淸蜜) 2석, 호초 1석	-
4	7.4.5임오	면포·정포 각 200필, 쌀 50석, 콩 30석	-
5	8.4.14을묘	쌀 50석, 면포 150필, 정포 100필	원자가 그 집에서 기거하고 있다는 이유
6	8.8.1경자	면포·정포 각 100필, 쌀 50석	-
7	8.9.15갑신	면포·정포 각 250필, 쌀 100석, 후추 3석	-
8	10.1.8경오	쌀 40석, 황두 20석, 마포麻布·면포 각 100필, 밀가루 3석, 기름·꿀 각 1석, 황랍黃蠟 20근	상사를 당했다는 이유
9	10.3.4을축	쌀 100석, 황두 50석, 제용감 면포 250필, 마포 150필, 호초 3석	-
10	10.4.2계사	중미中米 70석, 황두 30석, 호초 1석, 면포·정포 각 20필	-
11	11.1.16임인	쌀 50석	-
12	11.4.10을축	쌀 100석, 황두 50석, 사섬시 면포·정포 각 200필, 제용감 면포·정포 각 200필	-
13	11.6.12을축	면포·정포 각 150필	-
14	11.6.13병인	쌀·콩 각 50석	-
15	12.1.11신묘	쌀 50석	-
16	12.2.14갑자	노비 50구	-
17	12.4.13임술	쌀 50석	-
18	12.7.1무인	면포·정포 각 500필	-

포 250필, 정주 50필, 수주 30필, 호초 9석, 참기름 3석, 기름 1석, 꿀 3석, 밀가루 3석, 황랍 20근, 노비 50구 등 종류도 다양하고 분량도 매우 많았다. 금표에 포함된 그녀의 토지를 바라는 가격대로 보상하게 한 것도 상당한 경제적 특혜가 분명했다(10.9.3경인). 그 밖에도 성종 때 승평부昇平府 부인에 책봉된(성종 23.7.17을유) 박씨를 승평부 대부인으로 승급시킨 뒤 그것을 기념하는 책자를 만들고 문신들에게 책문을 짓게 한 것도 특별한 관계가 아니고서는 좀처럼 있기 어려운 지시일 것이다(12.6.9정사 · 13 신유).

요컨대 가능성 있는 추정에 의거한 나이로 판단할 때 성적인 접촉이나 가임의 개연성은 낮거나 없었다고 유보하더라도, 연산군이 그녀에게 이례적으로 커다란 관심을 보였다는 것은 분명한 사실로 판단된다. 그러나 사견을 조심스럽게 말한다면, 말년의 도착적인 행태를 볼 때 연산군이 실제로 그녀를 총애했을 가능성은 적지 않다고 생각한다.

재정 지출의 급증

앞서도 지적했듯이, 모든 폭정은 그 자체로도 커다란 폐해가 분명하지만, 궁극적인 문제점은 국정의 두 축인 정치와 경제의 악화로 귀결된다는 데 있을 것이다. 연산군의 폭정도 이런 원리에서 벗어나지 않았다. 지금까지 살펴본 그의 모든 폐정은 서로 상승 작용을 일으키면서 이 두 가지 문제로 수렴되었다. 먼저 국가 경제와 관련된 부분을 살펴보자.[49]

앞서 연산군 때 재정 규모를 급증시킨 가장 중요한 계기는 '신유공안' 이었다고 지적했듯이, 과도한 지출과 관련된 대표적인 사항은 공납(진상)이었다. 공납의 부담과 폐단은 따로 설명할 필요가 없을 정도로 그 제도 자체에 내재한 것이었다. 다시 말해서 그것이 유발하는 문제점은 연산군대에 국한된 것이 아니라 다른 왕대에도 보편적으로 나타났다. 그리고 연산군을 축출한 이후의 국왕들도 그 규모를 다시 줄이지 않고 대체로 유지했다는 사실은 호사를 향한 욕망의 보편성을 알려준다.

그러나 이런 측면을 감안하더라도 연산군 말년의 상황은 대단히 심각했다고 판단된다. 우선 연산군은 진상품을 마련하고 수송하는 데 관찰사와 수령 등 거의 모든 지방 관원들을 동원했으며, 기한에 늦거나 운반 과정에서 파손되면 엄벌에 처했다(10.5.19무신; 12.1.6병술; 12.8.1무신).⁵⁰ 철쭉·치자·동백·장미 같은 화초는 죽지 않도록 뿌리에 흙을 붙여서 바치게 했으며(11.4.9갑자) 희귀한 조수鳥獸나 수목을 죽이거나 잃어버리면 내관과 수직한 사람을 처벌했다(12.3.17정유). 공납을 얼마나 독촉했는지는, 앞서 본 다른 사례들처럼, '추비전패追飛電牌'라는 이름의 패가 사용되었다는 사실에서도 짐작할 수 있다(11.7.17경술). 이런 과정에서 유발되는 백성들의 부담과 고통은 따로 말할 필요가 없을 것이다(11.7.14정유).⁵¹

연산군은 다양한 물품을 대규모로 징발했는데, 특히 수량이 많다고 판단된 사례는 〈표 10〉과 같다. 이런 물품들의 가격을 정확히 추산할 수는 없지만, 진주(3만1000개)나 종이(5만 권), 가체(5만 개), 구리·철(1만 근) 등은 그 품목과 수량으로 미루어 상당한 부담이었을 것이다.

연산군이 특히 좋아한 음식은 쇠고기와 왜전복(11.7.24정미), 사슴의 꼬리와 혀, 얼어 열매[於乙於實] 등이었다. 쇠고기는 매일 10여 두를 소비할 정도로 좋아했는데, 태를 특히 즐겼으며 날로도 자주 먹었다고 한다.

〈표 10〉 연산군 후반의 주요 진상품

번호	날짜	품목
1	10.6.8정묘	괴석怪石 200개, 등잔석 300개
2	10.6.10기사	생선 1500마리
3	10.6.21경진	규화배葵花盃 1000개, 앵무배鸚鵡盃 100개
4	10.7.7을미	은구어銀口魚 1만 마리[尾]
5	10.9.5임진 · 6계사	진주 3만1000개
6	10.10.22기묘	호피 200장
7	10.11.8갑오	금귤金橘 1000개
8	11.11.28기유	생꿩 4~5만 마리
9	11.11.29경술	백지 5만 권
10	11.12.23계유	가체加髢 5만 개
11	12.2.17정묘	구리 · 철 1만 근

이런 국왕의 기호에 따라 사축서에서는 기르는 소의 숫자를 늘려야 했다(11.4.20을해; 11.12.21신미; 12.3.14갑오; 12.6.23신미). 사슴은 당연히 소보다 구하기 어려웠기 때문에 꼬리 1개는 포 30필에 해당할 만큼 비쌌다(11.8.2갑인). 얼어 열매는 팥보다 약간 크며 달고 신맛인데, 즙을 내 꿀에 타서 장을 만들면 매우 시원하고 상쾌했다. 국왕은 주색에 빠져 번열증煩熱症이 났기 때문에 그것을 애용했다고 한다(11.10.29경진). 호랑이 · 여우 · 산양 등의 가죽도 탐냈고(12.2.7정사; 12.3.17정유) 뱀도 날마다 바치게 했다(12.8.1무신). 그 밖에 특이한 진상품으로는 코끼리 발[象足]과 누런 물소[黃犀](10.5.12신축)나 호랑이 이빨(10.6.28정해) 등도 있었다.

연산군의 지출 규모를 가장 명확하게 보여주는 자료는 각종 물품을 구입하면서 지불한 대가일 것이다. 갑자년부터 폐위될 때까지 기록된 주요한 내역은 〈표 11〉과 같다. 관련 사항이 부풀려졌을 가능성을 감안하더라도 연산군이 대단한 금액을 지출했다는 사실은 충분히 나타난다. 일별해서도 알 수 있지만, 그가 특히 탐닉한 물품은 귀금속이었다. 이것은 물론 여색과 관련이 깊었는데, 장사치들은 국왕의 절제 없는 소비 행태를 이용해 가격을 부풀려 폭리를 얻었다고 한다(11.6.9임술; 11.8.12갑자; 11.9.22계묘).

재정이 악화되는 것은 당연했다. 그런 조짐은 갑자년부터 나타났는데, 당시 호조의 보고에 따르면 황금을 사는 데 정포 2만9000여 필을 지급해야 하지만 제용감에는 1만 필밖에 남아 있지 않았다. 일단 부족분은 사섬시의 정포로 지급하게 했지만(10.6.22신사) 곧 사섬시의 면포도 모자라게 되었다. 석 달 뒤 금과 진주의 대가로 정포 17만7114필이 다시 필요했지만 이번에는 사섬시에도 17만2700필밖에 남아 있지 않았다(10.9.21무신). 그해에 중국 사신이 자주 오고 상사賞賜가 많아 공물이 벌써 떨어졌으니 이듬해의 공물을 미리 받아야 한다는 호조판서 이계남의 보고도 갑자년 이후 악화된 재정 상황을 잘 보여준다(10.8.15임신).

이렇게 국고가 비었지만 호조는 처벌이 두려워 그런 상황을 보고하지 못했다(11.11.15병신). 간언은 고사하고 정확한 상황 보고도 올라오지 않는데도 국왕은 지금 용도가 호번浩繁하다면서 거침없이 재정 규모를 확대했다(12.1.16병신). 우선 큰 관심을 보이던 귀금속과 관련해서는 주요 산지인 함경도 단천군端川郡에서 한 사람이 이틀에 세은稅銀 2냥을 바치게 했다(10.7.13신축). 노비 신공도 1인당 1필을 더 부과했으며(11.9.30신해)

〈표 11〉 연산군이 구입한 물품 내역과 금액(10~12년)

번호	일시	내역	금액
1	10.4.7무술	종 석을동石乙同이 바친 진주	-
2	10.7.26갑인	숙의 민씨의 가옥	면포 2900필
3	10.7.28병진	제안 대군齊安大君의 가옥	면포 5500필
4	10.9.10정유	월산대군 가옥(고양高陽 소재)	면포 2750필
5	11.2.3기미	거창부원군 신승선의 가옥	면포 9000필
6	11.2.9을축	양인 귀생貴生이 바친 진주	면포 7350필
7	11.2.19을해	남천군 이쟁의 가옥	면포 1만5500필
8	11.2.24경진	한순韓恂의 가옥	면포 2500필
9	11.5.10갑오	대방부인帶方夫人과 구수영具壽永이 바친 산호 등 각종 귀중품	면포 1040필
10	11.5.12병신	이계산李戒山이 바친 진주	면포·정포 각 2606필
11	11.8.4병진	김성손金成孫이 바친 정철正鐵 5000근	쌀 2만 두
12	11.8.4병진	덕생德生이 바친 소목蘇木 2000근	면포 8000필
13	11.8.7기미	흥청 인비仁非가 바친 면포 7500필	쌀 1만 석
14	11.8.12갑자	소로少老가 바친 진주 3200개 및 몽민夢民이 바친 진주 4800개	-
15	11.8.23을해	의동義同이 바친 11승 흑마포 1000필	정포 1만 필
16	11.9.2계미	어리산於里山이 바친 면포 7500필	쌀 7500석
17	11.9.4을유	장마가동張亇加同이 바친 정철 10,000근	면포 1만 필
18	11.9.7무자	사노私奴 말똥末乙同이 바친 동철銅鐵 25,000근	면포 2만5000필
19	11.9.11임진	백동白同이 바친 정철 16,000근	면포 1만6000필
20	11.9.20신축	용부用富가 바친 진주 5812개	면포로 지급
21	11.9.25병오	이귀손李貴孫이 바친 왜우피倭牛皮 1000장	면포 10,000필
22	11.9.25병오	말산末乙山이 바친 동철 10,000근	면포 20,000필
23	11.9.25병오	김정동金正同이 바친 강사礓砂 500근	면포 1000필
24	11.9.28기유	숙용 장씨(장녹수)가 바친 진주 2470개	면포 1만5205필
25	11.9.30신해	최감동崔甘同이 바친 진주 2050개	시가대로 정포 지급
26	11.9.30신해	안손安孫이 바친 오승 면포 10,000필	쌀 20만 두
27	11.9.30신해	최감동이 바친 진주 2050매	(면포?) 7012필
28	11.10.1임자	김후동金厚同이 바친 녹반綠礬·백반白礬 6000근	녹반 1근당 면포 4필, 백반 1근당 면포 3필
29	11.11.20신축	휘순공주의 가옥 2채	(면포?) 5000필
30	11.12.9기미	이윤종李允宗의 가옥	면포 2450필
31	11.12.17정묘	성희成熙의 가옥	면포 1000필
32	12.1.6병술	십품금十品金 200냥, 화은花銀 1000냥	면포 2만3000필
33	12.2.2임자	원보륜元甫倫의 가옥	면포 400필
34	12.2.15을축	정미수鄭眉壽의 가옥	(면포?) 5000필
35	12.4.1경술	숙용 장씨가 바친 진주 2299개	전례대로 지급
36	12.4.9무오	최감동이 바친 진주	면포 1만609필
37	12.8.15임술	한천동韓千同이 바친 황금 350냥	포로 지급

제용감에 저축된 명주·면포가 없다는 이유로 지방에서 더 상납하게 했다(12.5.10기축·14계사).

가장 커다란 규모의 추가 징세는 폐위 직전의 조처일 것인데, 경상도와 전라도의 원전元田(각 290만 5440결과 360만 8221결)에서 3결마다 면포 1필씩을 걷게 했다(12.6.28병자). 그러니까 이것은 모두 651만 3661결에서 217만 1220필을 걷은 대대적인 징발이었다(이 수치를 앞서의 기준에 따라 환산해보면 10만 8561석이 된다. 윤필상의 총 재산이 9000석이었던 것을 떠올리면 연산군의 지출 규모를 가늠할 수 있을 것이다).

요컨대 연산군은, 왕정체제에서 독존의 지위인 국왕이라는 사실을 감안하더라도, 지나친 재정 지출을 자행했다고 지적하지 않을 수 없다. 일부 신하들은 축재에서 기인한 도덕적인 약점을 지닌 것이 사실이었다. 그러나 그것에 대한 연산군의 분노와 처벌은 그 자신의 행태를 볼 때 정당화될 수 있는 소지가 희박했다. 그의 소비는 채울 수 없는 욕망의 극한으로 질주한 광기 어린 방종이었을 뿐이다.

정무의 태만

모든 폐정의 궁극적인 문제인 정무의 태만은 굳이 상술할 필요가 없을 것이다. 다만 갑자사화 이전까지는 연산군도 간헐적이나마 민생에 관심을 표명했다는 사실은 지적할 필요가 있다. 재위 초반에는 군역이 과중해 백성들이 생업을 유지하기 어려우니 군정도 허소하게 되지 않고 백성도 생업에 안정할 수 있는 방도를 찾으라고 병조에 지시했으며(2.1.3

임오) 함경도에 역질이 퍼져 300여 명이 사망하자 즉시 의원을 파견해 구호하도록 했다(2.5.2무신). 홍문관원을 전국으로 보내 변방의 방비를 살피고 각 고을의 불법을 살피게 했으며(4.9.17임자) 지방에 역사가 과중하고 각사의 노비들이 피폐하니 대책을 마련하라고 하교했다(5.1.13계유). 전라도에 기근이 심각하자 "백성들이 굶주리는 것을 매우 근심한다"면서 의정부의 건의에 따라 전라도와 강원도에서 전죽箭竹 100포기와 당귀當歸 뿌리 20석을 진상하게 하려던 계획을 취소하고 구황 대책을 마련하라는 전교도 주목된다(6.1.27임오; 6.8.11계사).

재위 8년부터는 가뭄과 수해 등 자연재해가 더욱 심각해졌는데, 국왕도 가뭄을 걱정하면서 민생을 구휼하라는 전교를 내렸다(8.4.19경신). 흉년과 전염병으로 도성에서 사망한 사람이 매우 많으니 의원을 배정해 치료하자는 의정부의 건의를 가납했으며(9.2.3경자) 요즘 매년 흉년이 들었으니 구휼에 힘쓰고 중국 사신을 접대한다는 명목으로 백성을 괴롭히는 수령들을 조사해 처벌하라고 각도 관찰사들에게 지시했다(9.2.7갑진; 9.4.26임술). 구체적으로 경기도에서는 각 고을 군자창軍資倉에 비축된 묵은 콩 4552섬과 남양南陽·강화·인천·교동 등지에 있는 별창別倉의 구황救荒 소금 300석을 백성들에게 내주어 구제하라고 명령했다(9.4.4경자). 이런 지시는 그 시기에 자행된 여러 폐정을 덮기에는 크게 부족했지만, 국정과 민생에 대한 관심을 완전히 놓지는 않았다는 증거로 평가할 수 있을 것이다.

그러나 갑자년 이후는 이런 부분적인 시혜도 전혀 찾아볼 수 없었다. 당시 국왕의 일과는 대부분 사냥과 유흥이어서 궐 안에 머무르는 경우가 드물었기 때문에 국무는 현지에서 구두로 처리하게 되었다(10.8.6계해; 11.5.6경인). 그 결과 5~6개월이 되도록 전교가 내려오지 않거나, 관원들은 국왕을 뵐 수 없어 숙배하지도 못할 지경이었다(11.10.13갑자). 외교에도 큰 차질이 빚어졌다. 중국을 제외한 일본·여진 사신들은 국왕의 잦은 출타로 도성에 오래 머물러도 알현할 수 없었으며, 진상을 수송하느라 역로가 분주해 말을 갈아타지도 못한 채 걸어서 간신히 도성에 도착했기 때문에 원망과 분노가 심각했다(10.8.11무진).

또 하나의 폐단은 죄수의 처결이 크게 지연되었다는 것이다. 재위 초반에도 중한 죄수의 처결이 7년이나 미결된 사례가 있었지만(4.9.15경술) 갑자사화 이후는 수감된 인원이 많아지면서 문제가 더욱 커졌다. 당시 하옥된 사람은 의금부에 170명, 전옥서에 40여 명이었는데, 감옥이 좁아 죄수들은 눕지도 못하는 상태였다(10.7.21기유). 신속히 처결하자는 의금부의 건의를 윤허하고(10.12.10병인) 감옥을 증설했어도(11.7.3병술) 상황은 나아지지 않은 것 같다. 의금부의 보고에 따르면, 하옥된 죄수가 160명인데 해가 지났어도 죄상을 밝히지 못한 것이다(11.12.7정사). 폐위 직전까지도 밀위청에는 죄인의 족친 400여 명이 갇혀 형신을 받고 있었다(12.7.1무인).

끝으로, 정무의 태만은 아니지만 국왕은 황음에 침윤되면서 모후에 대한 관심도 접은 것으로 생각된다. 사화 직후 연산군은 폐비의 추숭을 대대적으로 실시해 시호를 제헌齊獻으로 개정하고 회묘를 회릉懷陵으로 격상시킨 뒤 석물과 수호군을 다른 능과 동일하게 조성했다. 또한 폐비의 일을 밝히는 교서를 짓고 효사묘를 혜안전으로 고친 뒤 종묘의 의식대로 공향供享하게 했다(10.3.23갑신=25병술·28기축; 10.4.1임진).[52] 그 뒤에도 그는 "임인년(성종 13년, 1482)의 변고는 뼈를 갈아 가루가 되어도 잊기 어렵다"고 되뇌었다(12.2.1신해).

그러나 실제의 행동을 볼 때 이런 원한은 점차 현실의 쾌락 속에 용해되어 희석된 듯싶다. 연산군은 재위 11년부터는 모후의 기일에도 유흥을 즐겼다(11.4.13무진; 12.8.15임술). 나아가 폐위 직전에는 모후의 국기國忌를 거행하지 않겠다고 공식적으로 전교했다. 이유는 존숭하는 전례에 부족함이 없고, 성종이 남긴 뜻을 따르지 않을 수 없다는 것이었는데(12.8.16계해), 뒤에서 보듯이 일찍부터 부왕에게 커다란 증오를 여러 차례 내보인 그였기에 이 전교는 진실성이 의심된다. 아마도 그의 진정한 속마음은 "어머님 나이야 길든 짧든 운수라고 단념하지만 나만은 타고난 그대로 살리라[莫問慈齡長短運, 臣曾期表與天眞]"는 시에 가장 잘 담겨 있지 않을까 싶다(12.1.1신사).

2. 폭정의 종결

불안해하는 폭군

자신의 폭정을 자인한 연산군이 반란의 가능성을 경계하는 것은 당연했다. 그런 위구심의 편린은 갑자사화 직후부터 나타났다. 연산군은 "전조의 임금처럼 급히 파천해야 하는 창황한 일이 발생하면 미리 말을 준비하지 않아서는 안 된다"면서 좋은 말을 많이 준비하도록 지시한 것이다(10.5.21경술; 10.8.8을축).

그 뒤 대비책은 더욱 다각적으로 철저하게 마련되었다. 우선 궐문에 창과 칼을 항상 설치케 하고 무장한 군사들에게 창덕궁 주변을 철저히 경계하도록 했다(10.5.15갑진; 10.6.10기사 · 11경오). 대궐 근처에 무기를 두어 뜻밖의 사태에 대비해야 한다는 판단에 따라 돈화문敦化門과 요금문 밖에 건물을 신축해 군기시의 무기를 옮겨놓게 했으며(11.6.19임신) 행차할 때도 창검으로 무장한 군사들이 대가大駕 주변을 세 겹으로 호위하도록 했다(10.6.3임술).

호위부대도 확충되어 내금위를 충철위로 개칭하고 200명을 정원으로 삼은 뒤 소적위 300명을 그 아래에 따로 설치했다(11.5.13정유·15기해). 각문을 수직하는 군사도 60명을 더 배치했으며 칼날과 활시위를 대궐 쪽으로 향하지 못하게 엄금했다(12.2.10경신). 일 없이 궐문 밖을 서성이는 잡인을 금지하고, 보안 상태를 사흘마다 한 번씩 서면으로 보고하도록 했다(12.3.5을유).

이처럼 삼엄하게 경비했어도 폭군의 불안은 더욱 커졌고(11.9.14을미), 재위 마지막 해에는 거의 체념하는 심리까지 드러냈다. 그해 1월 잔치 석상에서 국왕은 "공명功名도 죽은 뒤에는 모두 공허하니, 평시에 즐겁게 취해 편한 것만 못하다. 청년이라도 저승의 객이 되면, 이승으로 돌아오기 어려우니 한탄한들 어쩌리[功名身後盡空虛, 不似平時樂醉舒. 一作青年黃壤客, 難回於世恨何如]"라고 읊은 뒤 그 아래에 "군자는 죽음을 걱정하지 않지만 천운을 만나면 어찌 슬픔이 없겠는가"라고 썼다(12.1.15을미). "역사를 살펴보건대 신하가 임금을 능멸해 죄목을 따지고 폐위시킨 것이 옳은 일인가"라는 질문도 폐출의 의구심을 진하게 드러낸 발언이었다(12.1.27정미).

가장 정확한 예측은 반정을 열흘도 남겨놓지 않은 시점에서 나왔다. 후원에서 나인들과 잔치하던 연산군은 스스로 피리를 연주하더니 "인생은 풀에 맺힌 이슬 같아서 만날 때가 많지 않은 것"이라는 처량한 시를 읊으며 눈물을 흘렸다. 가장 총애받은 숙원 장씨(장녹수張綠水)와 숙원 전씨(전비田非)도 따라서 슬피 울었다. 연산군은 "지금 태평한 지 오래니 어찌 불의의 변고가 있겠느냐'고 위로했지만 "만약 변고가 있게 되면 너희들은 반드시 죽음을 모면할 수 없을 것"이라고 예측했다(12.8.23경오). 그 직후에도 국왕은 "지금 불의에 변고가 있으면 그 몸을 잊고 나라를 위해 죽을 자가 있을까"(12.8.25임신)라고 탄식했는데, 그가 예상한 '불의의 변고'는 꼭 8일 뒤에 발생했다.

반정과 폐위, 그리고 사망

연산군의 폭정을 감안하면 반정은 거의 필연적인 결과였다. 역사상의 정변들이 때때로 그러하듯이, 반정의 분위기는 오래전부터 무르익었지만 세부 계획은 치밀하게 준비되지 않았던 것 같다(이하 12.9.2기묘; 중종 1.9.2무인).[53] 반정의 핵심적 주동자로서 그 뒤 '삼대장三大將'이라는 정형화된 표현으로 불리는 박원종·유순정柳順汀·성희안成希顔은 "큰 계획을 정했지만 모의에 참여할 만한 사람이 없었다"고 안타까워했다거나, 임사홍·신수근·신수영·신수겸愼守謙 등 연산군의 총신들을 베자 "사전에 약속하지 않았던 사람들이 구름같이 모여들었다"는 기록은 이 거사가 사전에 면밀하게 준비되지는 않았지만 일단 시작된 뒤에는 폭발적인 호응을 받았다는 측면을 보여준다.

이처럼 시작은 조금 급작스러웠지만, 거사의 과정과 결과는 순조로웠다. 연산군 12년 9월 1일 저녁, 동대문 부근의 훈련원訓練院에 집결한 반정군은 먼저 진성대군晉成大君에게 반정의 경위와 추대 의사를 아뢴 뒤 3경(밤 11~1시)에 창덕궁을 포위했다. 이 소식을 보고받은 연산군은 턱이 떨려 말을 잇지 못했다.

겁에 질린 국왕의 모습대로, 상황은 금방 판가름 났다. 동틀 무렵까지 창덕궁은 숙위宿衛하던 군사와 시종·환관·나인들이 모두 도망가 텅 비었고 결국 정문인 돈화문이 열렸다. 박원종 등은 환관을 보내 연산군에게 옥새를 내놓고 동궁으로 옮기라는 의사를 전달했으며, 연산군은 순순히 따랐다. 가장 중요한 장소인 창덕궁의 상황을 종결한 반정군은 경복궁으로 가서 성종의 계비이자 중종의 생모로 당시 왕실의 최고 어른이던 정현왕후에게 반정을 일으켜 연산군을 폐위시켰다는 사실과 진성대군을 옹립하겠다는 계획을 아뢰었다. 대비는 윤허했고, 그날 신시申時(오후 3~5시)에 진성대군이 경복궁 근정전勤政殿에서 즉위함으로써 조선 최초의 반정이라는 거대한 사건은 만 하루도 안 되어 성공했다.

연산군의 운명도 곧 결정되었다. 폐주는 강화도 교동으로 유배되었다.[54] 왕비 신씨愼氏도 사가私家로 쫓겨났으며, 세자 이황李顗과 왕자들은 각 고을로 안치되었다. 연산군은 두 달 만인 11월 6일(신사)에 31세로 유배지에서 세상을 떠났다(중종1.11.8계미). 실록과 야사 모두 역질이 원인이었다고 기록했다.[55]

이렇게 급속한 죽음은 의외이기는 하지만, 인위적인 결과였다고 생각되지는 않는다. 그는 젊은 나이였지만 여러 질병을 앓았던 것으로 기록되어 있다. 즉위 직후부터 그는 여러 증상을 호소했는데, 소변이 잦았고(1.1.8임진), 얼굴에 종기[面瘡]가 나서 중국에서 약을 구해오고 조제법을 물어보게 했다(1.1.8임진·10갑오·11을미·20갑진). 흉격통胸膈痛(1.2.5기미)·치통(1.4.3병진)·이질痢疾 증상(1.6.10신유)도 있었고, 정확한 병명은 밝히지 않았지만, 허리 아래도 병이 있어 발이 시리고 쑤셨으며(1.4.22을해) 뜸뜬

연산군과 부인 신씨의 묘
사진 왼쪽이 연산군, 오른쪽이 신씨의 묘소다. 일반적인 왕릉보다는 규모나 격식이 훨씬 초라하다. 연산군의 비석에는 앞뒤로 '燕山君之墓'와 '正德八年(1513, 중종 8)二月二十二日葬'이라고 새겨져 있고, 신씨의 비석에는 '居昌愼氏之墓'와 '嘉靖十六年(1537, 중종 32)六月二十六日葬'이라고 씌어져 있다. 1991년 10월 25일 사적 제362호로 지정되었다. 서울시 도봉구 방학동 산 77 소재.

자리가 곯기도 했다(1.5.17기해). 글자를 반듯하게 쓰지 못할 만큼 손이 떨렸고(1.5.28경술) 얼굴에도 부스럼이 나 진물이 항상 흘렀다(1.8.8무오; 4.10.4병인). 열기가 가슴을 답답하게 하고 그 통증으로 비위脾胃가 상했으며, 기침이 잦아 밤새도록 잠을 이루지 못할 정도로 괴로워하기도 했다(2.10.19임진; 2.11.8신해). 감기를 심하게 앓기도 했고(2.11.22을축; 3.1.2갑진), 안질이 있어 안개가 앞을 가리는 것 같았으며(3.2.27기해 · 30임인; 3.3.4병오 · 11계축), 눈썹 위에 붉은 무리[赤暈]가 솟아 가려워했다(3.10.22경인).
20세의 젊은 국왕은 자신의 고통을 스스로 이렇게 토로했다.

나는 즉위한 이후 몸에서 병이 떠나지 않아 먹어도 달지 않고 자도 자리가 편치 않아 구정물을 마시고 썩은 고기를 먹는 것과 같다(2.2.21기사). (…) 한 가지 병이 나으면 다른 병이 또 생겨, 누워서 앓은 것은 아니지만 기운이 없으며 식사는 이전보다 줄지 않았지만 편안히 자지 못한다. 의원이 진맥해도 약효가 전혀 없어 약을 중단하고 조리하고 있다(2.10.26기해).[56]

재위 중반에도 갖은 증상이 계속됐다. 아침에 일어날 때는 현기증을 느꼈고(7.2.22을사) 입과 머리에 종기가 생겼으며(6.5.5무오; 8.1.23병신) 배꼽 아래가 결핵結核되기도 했다(8.5.26정유). 오른쪽 눈이 아프고 붓기도 했고(9.1.24임진) 가려움증과 설사를 겪었으며(10.3.14을해) 급기야는 피를 토하기까지 했다(8.8.13임자).
이런 평소의 건강 상태와 갑자기 악화된 거주환경 등을 감안하면, 그는 자연사했다고 판단된다.[57] 그리고 이처럼 허망할 정도로 급속한 죽음에는 그의 개인적인 성향도 중요하게 작용했다고 추정된다. 연산군이 추구했던 가장 중요한 가치의 하나는 쾌락이었다. 쾌락의 본질적 속성의 하나는 허무다(바로 앞서 본 연산군의 시와 발언[12.1.15을미]은 그런 측면을 잘 보여준다). 그러니 쾌락의 한 극점을 추구한 연산군의 마음에는 그만큼 허무도 넓게 자리잡고 있었을 것이다. 그 쾌락을 지탱해준 현실적 기반이 무너졌을 때 그 상실감의 충격에 실린 허무의 감정은 그의 전 존재를 강타했을 것이다. 그러면서 그는 그 충격을 이기지 못하고 금방 삶의 의지를 놓아버렸다. 다시 말해서 그가 폭정을 자행하게 된 핵심적인 요인의 하나인 자기 제어의 부족은 그의 사망에도 결정적으로 작용한 것이었다.

연산군이 세상을 떠났다는 소식을 들은 중종은 왕자군의 의례로 장사 지내게 했으며 소선으로 수라를 올리게 하고 경연을 정지했다(중종 1.11.8계미). 연산군은 일단 교동에 안장되었다가 6년 뒤 폐비 신씨의 상언에 따라 경기도 양주 해촌海村(현재 묘소가 위치한 서울시 도봉구 방학동 산 77)으로 옮겨지도록 결정되어(중종7.12.12임자) 이듬해(1513) 2월 22일에 안장되었다.

이로써 30년에 걸친 연산군의 일생과 12년에 걸친 치세는 끝났다. 이제 그 개인과 관련된 몇 가지 문제를 좀더 살펴본 뒤 지금까지의 서술을 종합하면서 이 책을 끝맺으려고 한다.

3. 개인적 사항들

비빈과 자녀들

연산군은 정비 1명과 후궁 10명을 두었으며 그 밖에도 신원이 밝혀지지 않은 여성이 4명 더 있었다(〈표 12-1〉참조).[58] 먼저 폐비 신씨의 가문(본관 거창)은 성종대부터 상당한 위상을 지녔다. 연산군의 국구인 신승선(1436~1502)은 임영대군臨瀛大君(세종의 4남)의 사위로 세조 12년(1466)에 급제한 뒤 성종 때 이조·병조·예조판서·좌참찬·우의정 등의 요직을 역임하고 익대·좌리3등공신과 거창군에 책봉되는 화려한 경력을 쌓았다. 그는 병조판서이던 성종 19년(1488) 3녀가 세자비로 간택되었으며, 연산군 때 들어와 좌의정(1.3.20계묘)을 거쳐 영의정(1.10.4계축)까지 오른 뒤 동왕 8년 67세로 세상을 떠났다(8.5.29경자).

국구와 영의정이라는 드물게 화려한 그의 영화는 자식들에게까지 이어졌다. 그는 3남 4녀를 두었는데, 국왕의 처남이므로 당연한 결과겠지만, 신수근(좌의정)·신수겸·신수영(이상 형조판서) 모두 연산군 때 현달했다. 특히 신수근은 첫째 부인이 권람의 딸이었으며, 슬하의 2녀가 중종비 단경端敬왕후가 됨으로써 2대에 걸쳐 국구가 되는 이례적인 기록을 남겼다. 그러나 세 형제 모두 반정으로 제거됨으로써 이 가문의 성세는 일거에 몰락했다.

폐비 신씨는 연산군보다 31년 뒤인 중종 32년(1537) 4월 8일(병진)에 세상을 떠났고, 자신의 청원으로 이장된 남편의 묘소 곁에 묻혔다. 후궁 중에서는 장녹수라는 본명으로 더욱 잘 알려진 숙원 장씨와 숙원 전씨, 숙원 김씨 등이 언급할 만한데, 세 사람 모두 폐주의 폭정을 유도했다는 죄목으로 반정 직후 참형되었다.

다음으로, 연산군은 모두 8남 7녀를 두었는데 부왕의 운명처럼 모두 비극적인 생애를 살았다(〈표 12-2〉참조). 특히 가장 중요한 세자 이황과 창녕대군 이인, 양평군 이성, 이돈수는 반정 직후 삼정승 유순·김수동·박원종, 청천菁川부원군 유순정, 무령부원군 유자광, 능천綾川부원군 구수영具壽永 등 1품 이상 고관들의 주청으로 부왕보다 먼저 사사되었다(중종1.9.24경자). 이로써 연산군의 혈통은 사실상 완전히 끊어졌다.

부왕과 대비에 대한 증오

연산군에게서 주목할 만한 측면은 불행한 개인사 때문에 부왕과 대

⟨표 12-1 연산군의 비빈⟩

번호	칭호	생몰년	아버지(본관)	자녀	비고
1	폐비 신씨	?~1537(중종32)	신승선慎承善(거창)	폐세자 이황 외 5남 1녀	성종19.2.6 가례 올림
2	숙의 이씨	?~?	이공拱李拱(양성)	양평군 이성	-
3	숙원 장씨	?~1506(중종1)	장한필張漢弼(미상)	이영수	본명 장녹수. 반정 후 참형
4	후궁 정금	?~?	-	이함금	-
5	숙원 전씨	?~1506	-	1녀	본명 전전비田田非. 반정 후 참형
6	숙의 윤씨	?~?	윤훤尹萱(해평)	-	-
7	숙의 곽씨	?~?	곽린郭璘(현풍)	-	-
8	숙의 권씨	?~?	권령權齡(안동)	-	-
9	숙의 민씨	?~?	민효손閔孝孫(여흥)	-	-
10	숙원 최씨	?~1506	-	-	본명 김귀비金貴非. 반정 후 참형
11	숙원 김씨	?~?	-	-	-
12	?	?~?	-	이돈수	
13	?	?~?	-	1녀	
14	?	?~?	-	1녀	
15	?	?~?	-	1녀	

비에게 커다란 증오를 드러냈다는 것이다. 먼저 부왕과 관련해서, 연산군은 즉위 직후부터 그에게 패륜에 가까운 악행을 저질렀다. 그는 성종의 초빈初殯 때부터 부왕이 기르던 사슴을 쏘아 죽여 구워먹고[59] 부왕의 영정을 걷어 손으로 때렸으며, 나중에는 그것을 표적으로 삼아 활을 쏘

〈표 12-2 연산군의 자녀〉

번호	모후	성별	성명	생몰년	배우자
1	폐비 신씨	남	–	1494.2.23~1494.3.29	–
2		1남	폐세자 이황	1497.12.18~1506.9.24	정세명丁世明의 딸(본관 창원)
3		2남	창녕대군 이인李仁	?~1506.9.24	–
4		남	이영수李榮壽	?~1503	–
5		남	이총수李聰壽	?~1503	–
6		남	이인수李仁壽	1501~?	–
7		여	여휘순徽順공주 이수억李壽億	?~?	구문경具文璟
8	숙의 이씨	남	양평군楊平君 이성李誠	?~1506.9.24	–
9	미상	남	이돈수李敦壽	?~1506.9.24	–
10	미상	여	–	?~?	신거홍愼居弘(본관 거창)
11	숙원 장씨	여	이영수李靈壽	1502~?	권한權䎘
12	숙원 전씨	여		?~?	–
13	후궁 정금	여	이함금李咸今	?~?	–
14	미상	여	이복억李福億	1499~?	–
15	미상	여	이복합李福合	1501~?	–

기도 했다. 성종이 세운 옛 법률을 모두 폐지하고 성종을 위해 제사를 올리는 사람들을 처벌했으며, 부왕의 기일에 사냥을 하거나 선릉宣陵에서 연회를 베풀기도 했다. 가장 극단적인 행동은 대취하자 선릉을 파오라고 지시한 사례일 것이다(11.12.24갑술; 12.4.3임자; 12.7.10정해). 세자의 군건한 기상이 성종과 똑같다고 보고한 내관 박성림朴成林에게 칼을 휘둘러 죽일

뻔한 것도 상식 밖의 일이었다(11.12.23계유). 그 외에도 성종이 20년 넘게 거처하거나 집무한 대조전大造殿과 수문당修文堂을 개축하고(2.8.19계사 · 22병신) 숭문당을 희정당으로 개명했으며(2.12.8신사) 선정전의 월랑을 고친 것도 비슷한 감정의 발로라고 볼 수 있을 것이다(8.1.30계묘). 요컨대 연산군은 자신의 친아버지를 원수처럼 여긴 것이었다(8.10.24계해).[60]

그는 조모인 소혜왕후(인수대비)에게도 깊은 적개심을 드러냈다. 앞서 보았듯이, 그 까닭은 그녀가 폐모의 죽음에 결정적인 영향력을 행사했다고 판단했기 때문이었다. 아울러 그녀가 자신의 패행을 걱정해 대신들에게 제지하라고 부탁한 것도 한 원인으로 추정된다.

기록에 따르면, 연산군은 소혜왕후의 승하에 큰 영향을 주었다. 왕후는 국왕의 무도한 행동을 늘 근심했는데, 그것을 불만스러워하던 연산군은 어느 날 처용탈을 쓰고 처용무를 추면서 칼을 휘두르며 그녀에게 다가갔다. 왕후는 그런 행동에 크게 놀라 곧 병들었으며, 오래지 않아 세상을 떠났다는 것이다(11.10.9경신).[61]

이런 사실의 진위는 미뤄두더라도, 연산군 10년 초반부터 위독했던 (10.1.5정묘 · 7기사 · 9신미)[62] 소혜왕후는 바로 승하했다(10.4.27무오). 갑자사화를 일으킨 직후였기 때문으로 생각되는데, 연산군은 조모에 대한 불만을 숨기지 않았다.

> 대행대비는 조정에 오래 계셨지만 나라에는 별로 이렇다 할 일이 없고 자친慈親이어서 모셨을 뿐이다. 의경대왕懿敬大王(덕종―인용자)보다는 조금 높이고 안순왕후보다는 조금 낮추면 정리에 매우 합당할 것이다(10.4.27무오). (…) 무릇 상사는 자연히 차등이 있는 것이다. 지금 대행대비는 정리로 말

하면 자친慈親이지만 의리로 말하면 의절義絶되었다. 모든 일은 정리와 의리가 부합된 뒤에라야 시행할 수 있다. 상제를 이루지 못하는 것으로 의논을 정하는 것이 어떻겠는가(10.4.29경신).[63]

즉 그는 상례 자체를 생략하려고 의도했던 것이다. 그럴 수는 없다는 신하들의 반대에 부딪히자 국왕은 날을 달로 계산하는 이일역월제以日易月制를 채택하는 것으로 물러났지만, 49재(5월 17일)를 치르기도 전에 입관하려고 했다. 그동안 정무에는 극도로 태만했으면서도 이때는 "상사를 당하면 며칠 뒤에 집무할 수 있느냐"고 서두른 것은 촌극에 가깝다.

그 뒤에도 그는 아예 상복을 입지 않으려고 했지만 우의정 허침許琛의 반대로 단념했다(10.4.27무오~29경신; 10.윤4.1신유·2임술). 그러나 승하한 지 27일이 지나면 조회와 연회를 열고 풍악과 육선肉膳을 재개해도 된다면서 관련 사항을 시행해 재궁이 빈전에 있는데도 음악 소리가 날마다 시끄러웠다(10.윤4.18무인·20경진·24갑신).

사평은 이런 국왕의 행동을 강하게 비판했다. "국왕은 소혜왕후의 상기를 단축하고 국기國忌를 시행하지 않았으며, 두 아우를 죽이고 그 첩을 여러 군君에게 나눠주어 난행하게 한 뒤 삼년상까지 폐지하니 강상綱常이 모두 없어졌다(10.5.11경자)."[64] 그 뒤에도 연산군은 소혜왕후의 부묘는 이미 섭행하게 했으니 백관들은 진하지 말라고 지시했다(12.8.24신미).

이런 의례의 단축이나 생략은 소혜왕후에만 그치지 않았다. 연산군은 왕실의 가장 중요한 존재인 태조의 기일에도 육선을 들었는데, 개국했다고 해도 먼 조상이고 기신제를 지내고 있으며 육선의 사용 여부로 효성을 판단할 수는 없다는 이유였다(10.9.23경술). 나아가 그는, 바로 앞의 사평에서 지적한 대로, 일반적인 삼년상도 폐지했으며(10.5.11경자) 국상도 27일 만에 제상除喪하기로 결정함으로써(11.6.30계미) 실질적으로 상례 자체를 폐지하는 수준에까지 이르렀다.

연산군이 이런 극단적인 감정과 행동을 투사하게 된 가장 직접적인 원인은 물론 폐비 사건일 것이다. 또한 태조나 삼년상에 관련된 조처에서 보듯이, 이후 그것은 이성적 근거를 상실한 패행으로 번져갔다.

특히 성종과 관련된 행동은 좀더 주의 깊게 살펴볼 필요가 있는데, 앞서도 언급했듯이 그것의 근본적인 동기는 부왕이 남긴 정치적 유산에 대한 비판적 인식이었기 때문이다. 지금까지 보았듯이, 연산군이 척결하려고 했던 가장 핵심적인 문제는 신하들, 특히 삼사의 능상이었다. 그가 능상으로 지목한 핵심은 삼사의 고유 임무인 언론활동이었다. 삼사의 그런 기능이 강화되어 하나의 제도로 자리잡게 된 중요한 계기는 성종의 통치였다.

성종은 자신의 치세에 최종적으로 완성된 『경국대전』의 규정을 많은 어려움과 불만에도 현실 정치에서 구현하려고 노력했으며, 그런 왕권의 작용에 힘입어 삼사는 자신의 기능을 제도적으로 보장받을 수 있게 되었다. 거기서 도출된 가장 중요한 성과와 변화는 삼사의 위상이 제고됨으로써 국왕·대신과 함께 국정 운영의 한 축을 담당하는 정치적 정립 구도가 형성된 것이었다.

그러나 삼사의 본질적인 임무가 국왕과 신하에 대한 광범하고 강력한 간쟁과 감찰이라는 사실을 감안하면, 이런 변화는 그동안에도 상대적으로 전제성이 부족했던 조선 왕정의 특징을 더욱 고착시키는 것이었다. 전제적 왕권을 꿈꾼 국왕에게 이런 정치적 유산은 매우 불만스러운 것임이 분명했다. 그는 그런 유산을 거의 인정하지 않았으며, 나아가 적극적인 처분과 변개를 시도했다. 그 과정이 지금까지 살펴본 그의 치세였다.

세자 시절부터 삼사의 언론활동을 부정적으로 생각해온 연산군은 근본적으로 그들의 언론을 용인하거나 지원했던 성종의 잘못된 정책 때문에 능상의 폐해가 발생했다고 판단했다. 이런 정치적 견해의 차이는 폐모 사건이라는 개인적인 원한과 맞물리면서 증오의 수준으로 비화했다. 삼사가 연산군을 비판하는 논거로 거의 언제나 성종의 선정善政을 거론한 것도 부왕에 대한 불만을 증폭시킨 한 요인으로 작용했다고 생각된다.

실록의 과장을 감안하더라도 성종의 통치는 널리 숭앙되었으며,[65] 유생을 양성하고 학문을 진흥시킨 업적은 더욱 중시되었다(1.5.22갑진).[66] 당연히 삼사가 가장 찬양한 성종의 미덕은 납간納諫이었다. 삼사는 연산군이 자신들에게 노골적인 반감을 드러낼 때마다 성종의 언론 우용을 상기시키면서 불교 억압, 경연 참석, 사냥 자제 등 요컨대 모든 문제에서 항상 성종을 본받아야 한다고 촉구했다(그런 발언은 매우 많다. 대표적으로 1.1.13정유 · 22병오 · 24무신; 1.2.28임오; 1.6.29경진; 1.7.25병오; 1.9.4갑신; 2.3.18병신; 2.4.23경자; 3.4.22계사; 3.9.12경술; 3.10.14오; 6.3.11을축; 8.3.10임오 등).[67]

그러나 그때마다 연산군은 "성종께서는 모든 임금 중에서도 뛰어난 진실로 드문 성군이시지만, 나는 덕이 적은 사람이어서 힘써 노력해도 미치지 못한다"면서 따르지 않았다(3.10.14임오; 4.6.13무인; 7.12.23정묘; 8.3.10임오 · 29신축; 8.8.25갑자; 10.10.1무오 등). 책임 회피와 함께 깊은 열등감이 드리워져 있는 이런 심리는 주목할 만하다.[68]

치세의 종결을 몇 달밖에 남겨두지 않은 시점에서 "지금은 대신과 대간이라는 두 마리 호랑이가 싸우는 것과 같으니 참으로 아름다운 모습이 아니다"라는 성종의 자평대로(성종25.5.5임진) 성종 후반, 그리고 앞서 본 대로 격렬하고 극단적인 감정이 실린 노골적인 폭언을 대신에게 투사한 연산군대 초반의 삼사는 분명히 일정한 문제점을 갖고 있었다고 판단된다. 그러므로 능상과 관련된 연산군의 어떤 진단과 처방은 날카롭고 정확했다고 말할 수 있다(특히 무오사화가 그렇다고 생각한다).

모든 개혁과 변화는 기존의 체제를 비판하거나 부정하는 데서 출발한다. 그 성패는 마치 성공적인 수술과도 같아서, 문제의 원인을 파악하는 신중하고 정확한 진단이 필수적으로 선행되어야 한다. 그리고 병력病歷을 꼼꼼히 확인하는 작업처럼, 그 진단에서는 시간의 퇴적 속에서 형성된 사건의 맥락을 깊이 고려해야 한다. 연산군의 중요한 오류는 그런 과정을 충분히 거치지 않은 채 불만스러운 부분을 부정하거나 척결하는 데만 주력했다는 것이라고 생각된다. 더욱 결정적인 오류는 그 과정과 이후의 국면에서 본질적 문제와 비본질적 사안을 혼동하거나 우선순위를 뒤바꿈으로써 본래의 목표에서 이탈해간 것이었다. 그런 과정의 최종적 결과는 거대한 폭정과 강제적인 폐위였다.

편집증적 심리와 행동

지금까지 살펴본 수많은 행동 자체에서도 유추할 수 있지만, 연산군은 적어도 정상에서는 벗어난 심리와 정신 상태를 갖고 있었다고 판단된다. 치세 말년에는 폐비 사건의 충격 때문에 정신병[狂疾]을 앓았다는 기록도 있지만(11.9.15병신)⁶⁹ 앞서 나열한 육체적인 질병과 달리 정신병의 문제는 정확히 판정하기 어려우며, 악의적인 왜곡이 개입했을 소지도 있을 것이다.

그러나 그가 남달리 심각한 편집증을 보였다는 사실은 분명하다고 여겨진다. 가장 대표적인 증거는 사소한 실수에도 민감하게 반응해 엄벌한 사례와 집요한 소급 처벌이다. 상통되는 두 행위 역시 갑자사화 이후 더욱 빈발했다.

먼저 전자의 첫 사례에는 유자광이 연루되었다. 사옹원 제조 유자광이 음식을 올리는 큰 소반이 매우 무거워 들기 어려우니 두 개에 나눠 차리자고 건의하자 연산군은 임금을 공경하고 조심하면 어찌 들기 어렵겠느냐고 질책하면서 국문을 지시한 것이다(10.1.1계해). 정언 하계증과 사재감 첨정 유계종柳繼宗은 무과 전시 때 국왕을 등지고 앉은 죄목으로 유배형에 처해졌고(10.4.10신축) 장령 심순문은 어의의 소매가 너무 좁다고 말한 죄목으로 사형이 선고되었다(10.윤4.25을유; 10.11.29을묘).⁷⁰

나인에게 부역을 면제하는 문서를 발급한 한성부는 전지를 받든 일인데도 얇은 종이에 정성 들여 글씨를 쓰지 않았다는 죄목으로 국문이 지시되었다(10.윤4.29기축). 내관 최호우崔好諤는 국왕 앞에서 일어났다는 죄목으로 장 80대를 맞았으며(10.5.29무오) 몸을 약간 흔든 운검 김부金府는 예모를 잃었다는 죄목으로 국문을 받았는데, 그는 원래 풍병이 있었다(10.11.25신해). 국왕이 추울까봐 걱정한 것이었을 텐데, 승지 권주權柱는 친제할 때 귀마개[耳掩]를 벗지 마시라고 계청했다가 국왕의 의물儀物을 마음대로 의논한 죄목으로 처벌당했다(11.1.19을사). 함경도 관찰사 박건은 연산군이 좋아한 사슴의 꼬리와 혀를 바치는 문서에 수효를 쓰지 않았기 때문에 국문당했고(11.8.2갑인) 강원도 관찰사 김선金瑄은 진상품의 목록을 적은 장계(膳狀)에 너무 크게 서명한 잘못으로 파직당했다(12.6.29정축). 운평 가학선駕鶴仙과 뇌영원 나인은 눈짓으로 서로 의사를 나눈 것이 적발되어 처벌되었다(12.5.19무술).

이런 사례들이 모두 그렇지만, 더욱 집요하고 이해하기 어려운 처사는 불만스러운 사람의 이름을 고치거나 거기에 들어간 글자의 사용을 금지한 행위일 것이다. 첫 번째 대상은 사간 이세걸李世傑이었다. 그는 아무런 잘못도 저지르지 않았지만, 공교롭게도 이세좌의 동생과 이름이 같았다. 우선 연산군은 그의 이름을 '충걸忠傑'로 고치게 했다가 그래도 한 글자가 같자 다시 '충순忠純'으로 개명시켰다(10.5.9무술).

가장 잘 알려진 사례는 내관 김처선에 관련된 조처일 것이다. 그가 음행과 방종을 자제하라는, 그야말로 무엄한 간언을 올리자 연산군은 극한적인 처벌을 집행했다. 연산군은 당사자는 물론 그의 양자 이공신李公信도 처형하고 칠촌까지 처벌했으며, 가산 몰수와 파가저택을 실시한 뒤 김처선의 본관인 전의全義도 혁파시켰다(11.4.1병진). 그러나 국왕의 분노는 이래도 풀리지 않았다. 두 달 뒤 그는 모든 관원과 군사 중에서 김처선과 이름이 같은 사람은 모두 개명하게 했다(11.6.16기사). 나아가 절기의 이름인 처서도 '조서徂暑'로 고쳤으며, 모든 문서에서 '처'자의 사용을 금지시켰다(11.7.14정유·19임인). 실제로 사인 성몽정은 교서를 지으면서 그 글자를 쓴 죄로 처벌될 뻔했지만, 금제가 선포되기 전에 지었다는 사실이 밝혀져 모면할 수 있었다(11.12.22임신). 하지만 상식적으로도 납득하기 어려운 이 조처는 결국 음운만 고쳐 쓰는 것으로 변경됨으로써

(12.6.24임신) 그 비합리성을 스스로 드러내고 말았다. 앞서 소개한 운평 소진주와 관련된 처사도 비슷한 사례였다.

익명서의 처벌과 관련된 일련의 조처도 유사했다.[71] 익명서는 물론 엄중히 처벌해야 할 범죄지만, 연산군의 대응은 남다른 데가 있었다. 그는 언문의 사용과 교육을 엄금하고,[72] 도성에서 언문을 알고 있는 사람의 필적과 익명서를 일일이 대조했으며, 서울의 가구 수와 사람들의 출입 상황을 보고하도록 했다. 나아가, 실현할 수 있었는지 의심스럽지만, 전국에서 언문과 한자를 아는 사람의 글씨를 4통씩 모아 써서 책을 만들어 궁궐과 의정부·사헌부·승정원에 한 권씩 보관해 뒷날의 상고에 대비하게 했다(10.7.19정미·20무신·25계축·27을묘). 그러나 피의자를 3년 넘게 감금했어도 한 가지 사실도 밝히지 못했다는 자인처럼 이처럼 철저한 수색과 대책은 실효를 거두지 못했다(12.1.19기해).

다음으로 집요한 소급 처벌은 갑자사화의 발단부터 그 뒤의 거의 모든 처벌을 관통한 현상이었다고 할 수 있다. 가장 대표적인 사례는 재위 11년(1505) 2월의 전교가 아닐까 싶다. 연산군은 놀라운 기억력과 집중력으로 이미 오래전에 지나간 일들을 들춰냈다.

① 재위 6년 10월 21일, 경회루에 거둥해 활쏘기를 할 때 윤필상·한치형·성준 등이 바람이 차다면서 들어갈 것을 권유한 일.

② 9년 11월 20일, 기생 내한매耐寒梅를 주제로 시를 지으라고 지시했으나 대사헌 이자건, 집의 이계맹李繼孟, 장령 이맥李陌, 지평 유희저柳希渚가 짓지 않은 일.

③ 8년 10월 28일, 기사관 이현보李賢輔가 입궐한 이조·병조 관원들이 정

무를 보는 건물인 정청政廳에 사관을 입시시켜야 한다고 주청한 일.

④ 3년 7월 6일, 경연에서 대간이 어사御史를 보내 각도를 감찰해야 한다고 주청했으나 지사 이세좌가 필요 없는 일이라고 반대한 일.

⑤ 9년 2월 15일, 대사헌 최한원崔漢源이 한어漢語의 진강을 반대하고 정언 정침鄭沈이 "임금은 일이 많아 어떤 한 가지에 집중하기는 어려울 것"이라고 말한 일.

⑥ 3년 7월 29일, 기사관 이유녕李幼寧이 왕명을 전달하는 내시인 승전색承傳色을 정청에 출입할 수 있도록 허용해야 한다고 계청한 일.

⑦ 5년 1월 13일, 정언 윤은보尹殷輔와 지평 권세형權世衡이 유자광의 아첨을 고발한 일.

⑧ 4년 9월 14일, 한치형이 창경궁 자순대비의 침전寢殿에 화재가 났다는 이유로 열무를 중지해야 한다고 아뢴 일.

⑨ 9년 9월 2일, 대사간 유헌, 사간 곽종원郭宗元, 집의 유세침, 장령 유숭조柳崇祖·유희철, 헌납 정사걸鄭士傑, 정언 김언평金彦平·서후徐厚가 "경상감사·도승지 등을 지낸 이점李坫이 흰 꿩을 바친 일은 아첨한 것이므로 파직하고 국문해야 한다"고 계청한 일(11.2.8갑자).

시기적으로 멀리는 8년 전까지 거슬러 올라가고, 사안으로는 연산군 개인에 관련된 일부터 다른 관원에 대한 탄핵까지 해당되며, 처벌 대상으로는 주요 대신부터 삼사 관원까지 망라한 이 사례는 연산군의 소급 처벌이 얼마나 집요했는가를 여실히 보여준다.

적지 않은 경우 극한과 극한은 상통한다. 예컨대 폭력적인 성향은 표면적으로 외향성이나 자신감과 결부되는 것 같지만, 심층적 심리에서 그것은 불안감이나 그에 따른 방어성과 더욱 긴밀한 관계를 갖고 있다 ("겁 많은 개가 사납게 짖는다"는 속담은 이런 논리를 압축하고 있다).

이런 측면은 연산군의 심리와 관련해서도 중요한 특징을 이룬다고 생각된다. 지금까지 보았듯이, 그는 매거하기 어려울 정도로 가혹하고 집요한 폭력을 행사했다. 그러나 그런 폭군의 내면은 매우 불안했다(물론 궁극적으로 그런 폭정은 균형을 상실한 결핍의 소산이며, 결핍은 불안과 동요를 낳는다는 측면에서 이런 논리는 순환적일 수도 있다).

그런 측면을 잘 보여주는 사례는 경연의 참석과 관련된 것이다. 그는 재위 내내 경연을 달가워하지 않았으며, 당연히 자주 참석하지 않았다. 그래도 갑자사화 이전까지는 경연의 중요성을 인정하면서 건강의 악화 등을 불참 사유로 들었지만(8.9.22신묘) 그 뒤에는 아예 그런 해명을 생략하고 불참을 공언했으며, 결국 야대와 윤대를 포함한 경연 자체를 폐지해버렸다(10.12.4경신).

그러나 주목할 사실은 연산군이 경연의 무용성과 불참을 대단히 빈번하게 공언하면서도 신하들의 반응을 그때마다 확인했다는 것이다 (10.4.23갑인; 10.8.9병인 · 15임신 · 29병술; 10.12.4경신; 11.2.6임술 · 17계유 · 18갑술; 11.5.27신해; 12.2.1신해; 12.7.14신묘). 당연히, 거기서 제기되는 질문과 답변은 정형화된 것이었다. 예컨대 국왕은 "내가 경연에 나가지 않는 것을 조정에서는 뭐라고 하는가"라고 물었고, 승지 권균은 "앞서 이미 정승과 육조판서 · 삼사에게 경연에 나가지 않겠다고 유시하셨는데 무슨 방해가 있겠습니까"라고 답변했다(10.8.29병술).

이처럼 정형화된 답변이 뻔히 예상되는데도 거듭 질문해 자신의 정당성을 확인하는 태도는, 신하들의 복종 상태를 점검하려는 의도도 있겠지만, 불안정한 내면의 심리가 반영된 결과라고 생각된다. 그리고 이런 마음은 대대적인 민가 철거와 금표 설치로 시도된 철저한 접근의 차단과도 상통할 것이다.

책을 마치며

　조선왕조가 개창된 지 1세기를 막 지난 시점에서 시작된 연산군의 치세는, 일단 긍정과 부정의 평가를 떠나, 대단히 독특한 시기였다. 시간에 지배되는 모든 사물의 본질을 압축한 '일치일란一治一亂'이라는 고전적 표현은 이 시기를 전후한 역사와 특히 합치된다. 개창 후 1세기를 지나면서 조선왕조의 제반 체제는 『경국대전』의 최종적 완성으로 일단 정비되었지만, 10여 년 만에 연산군의 거대한 폭정으로 처참하게 해체되었다가 최초의 반정으로 다시 수습과 복구를 시작하는 거칠고 힘든 부침浮沈의 과정을 겪었다.
　연산군의 치세가 유례없는 정치적 파탄으로 전락한 가장 근본적인 원인은 물론 국왕 자신에게 있었다. 그는 강력하고 자유로운 왕권의 구축과 행사를 가혹한 숙청이나 극한적 쾌락의 추구와 동일시하거나 혼동하는 결정적인 착오를 저지름으로써 자신의 통치를 도산倒產시켰다.

그러나 당연히 연산군도 실패와 파멸을 목표로 삼지는 않았을 것이다. 그의 지상 목표는 능상의 척결을 통한 전제적 왕권의 확립이었다. 그가 그런 목표를 설계하고 추구한 일차적인 동기는 당시의 정치 구조에서 발원했다. 선왕인 성종의 치세에 이뤄진 가장 중요한 정치적 성과와 변화는 삼사의 위상이 제고됨으로써 기존의 국왕·대신과 함께 국정 운영의 한 축을 담당하는 정치적 정립 구도가 형성되었다는 것이었다.『경국대전』에 규정된 각 관서의 기능을 현실에서도 보장하려는 국왕의 구상과 의지로 구동된 이 체제는, 순조롭게 운용될 경우, 대신과 삼사가 견제와 균형을 유지한 상태에서 국왕이 최고의 결정권과 조정력을 행사하는 수준 높은 유교정치를 구현할 수 있는 방식이었다.

그러나 광범하고 강력한 간쟁과 탄핵의 임무를 띤 삼사의 활동을 용인한다는 측면에서 그것은 궁극적으로 왕권(그리고 대신의 권한도)을 제약하는 제도가 분명했다. 그동안도 전제성이 부족했던 조선의 왕정은 이런 제도의 형성으로 더욱 유화된 것이었다. 연산군은 바로 이런 체제를 청산하고, 왕정의 고유한 모습이라고도 말할 수 있는 강력한 왕권을 구축하려고 시도한 것이었다.

연산군이 즉위한 직후부터 삼사는 수륙재의 설행, 외척의 임용, 내시와 봉보부인에 대한 포상, 폐모의 추숭 같은 다양한 사안을 강력히 반대했고, 주요 대신들을 극단적인 표현으로 탄핵했으며, 자신들의 요구가 받아들여지지 않을 경우 빈번하게 사직했다. 그런 과정을 거치면서 국왕과 주요 대신들은 당시의 가장 큰 정치적 폐단이 삼사라는 데 공감했고, 명분과 기회를 면밀히 모색한 끝에 첫 번째 숙청을 단행한 것이었다.

무오사화는 그 규모와 기간, 처벌 수준 등 모든 측면에서 상당히 제한적인 숙청이었고, 표면적으로는 김종직·김일손 일파를 타격했지만 본질적으로는 삼사를 겨냥한 심층적 사건이었다. 그러므로 이 시점까지 연산군은 상당히 치밀한 정치력을 발휘했으며, 그의 통치는 일반적인 수준에서도 정당성을 가질 수 있었다고 생각한다.

그러나 파탄은 그 뒤부터 시작되었다. 무오사화로 삼사는 순치되었고, 국왕과 대신의 권력은 증대되었다. 하지만 자신의 정치적 구상을 본격적으로 실천할 수 있는 환경이 조성된 이 시점에서 국왕은 결정적인 판단 착오를 저질렀다. 그는 본질과 지엽을 혼동하거나 우선순위를 뒤바꿨고, 그 과정은 점차 황음의 수준으로 치달았다. 그 결과 삼사는 물론 대신까지도 강력한 간언을 제기함으로써 정치적 정립 구도의 상관관계는 대신과 삼사가 연합하고 국왕이 고립되는 형태로 변모한 것이었다. 본원적으로 견제와 비판의 관계에 있는 대신과 삼사가 인식을 공유했다는 사실은 이 시기 연산군의 폭정이 얼마나 심각했는가를 반증해준다.

갑자사화부터 폐위되기까지 2년 반은 그야말로 황무한 시간이었다. 역설적이게도, 그 시기에 국왕은 모든 행동을 제약받지 않음으로써 자신이 갈망한 전제 왕권을 온전히 구현할 수 있었지만, 수많은 편집증적 심리와 행동에서 보이듯이 그의 내면은 그만큼 파괴되어 있었다.

앞서도 말했듯이, 개국 후 1세기 동안 조선의 국왕들과 주요 신하들이 치열한 고민과 갈등과 시행착오를 거치면서 이뤄낸 가장 주요한 성과인 『경국대전』의 완성과 거기서 배태된 국가 운영의 핵심적 원리인 정치적 정립 구도의 형성은, 그 뒤 여러 변형을 겪었지만, 조선왕조가 멸망할 때까지 그 기본적 형태와 영향력을 유지했다고 말할 수 있다. 탄생과 성장과 소멸을 관장하는 자연의 섭리와도 비슷하게, 거의 모든 왕조는 그 초기에 왕위 계승을 둘러싼 격렬한 투쟁을 거친 뒤에야 비로소 체제의 안정기로 접어든다. 조선의 중앙 정치를 규정한 가장 핵심적인 두 제도 또한 그런 통과의례를 거쳐야 했다. 이 책에서 다룬 시기는 바로 그런 최초의 과정이자 가장 모진 시련이었다.

그러나 대부분의 시련이 중요한 교훈과 값진 성취의 밑거름이 되듯이, 조선왕조가 경험한 초유의 정치적 파탄 또한 그러했다. 이 시기의 가혹한 시련을 극복하면서 삼사의 기능과 정치적 정립 구도는 더욱 견고하게 확립되었고, 이제 조선에서 어떤 의미 있는 정치적 변화는 그런 구조를 유지한 상태에서만 이뤄질 수 있게 되었다. 이후 여러 변화와 발전이 형성되는 중앙 정치의 운영 원리가 현실에 더욱 견고하게 뿌리내리게 되었다는 측면에서 이 시기의 시련과 극복은 중요한 역사적 의미를 갖고 있었던 것이다.

주註

책을 시작하며
1 조금 덧붙이면, 근대의 역사는 바로 이런 가치의 집중과 세습을 파괴해 그것을 누릴 수 있는 사람과 지역의 외연과 기회를 확장하는 과정이었다고도 할 수 있다. 근대화의 가장 중요한 특징이자 성취 가운데 하나인 기술의 발전과 생산의 증대는 이런 흐름의 원동력이자 결과물이기도 했다. 그러므로 어떤 개인과 사회가 '근대화' 된 정도를 가늠할 수 있는 척도의 하나는 그들이 다양한 가치를 얼마나 인정하고, 얼마나 폭넓은 집단이나 지역이 그것을 향유할 수 있는가 하는 측면이 될 수 있다. 우리 사회와 관련해서 이런 측면은 여러 가지 생각할 여지를 남길 것이다.
2 연산군대 정치사에 관련된 주요 연구는 다음과 같다. 瀨野馬熊,「燕山朝の二大禍獄」,『瀨野馬熊遺稿』, 1936; 신석호,「조선 성종시대의 신구대립」,『신석호 전집』1, 신서원, 1996(「朝鮮成宗時代の新舊對立」,『近代朝鮮史硏究』1, 朝鮮總督府, 1944); 홍순창,「士禍와 黨爭과의 관계」,『대구사학』7·8, 1973; Wagner, Edward W., *The Literati Purges:Political Conflict in Early Yi Dynasty*, Cambridge: East Asian Research Center, Harvard University, 1974; 이태진,「조선시대의 정치적 갈등과 그 해결―士禍와 黨爭을 중심으로」, 이태진 편,『조선시대 정치사의 재조명』, 범조사, 1985; 권연웅,「燕山朝의 經筵과 士禍」,『九谷 黃鍾東敎授 停年紀念 史學論叢』, 1994; 최이돈,『조선중기 사림정치 구조연구』, 일조각, 1994;「조선중기의 비리 문제와 士禍」,『한국사 시민강좌』22, 1998; 이병휴,「사림 세력의 진출과 사화」, 국사편찬위원회 편,『한국사』28, 1996; 김돈,「제2장 연산군대의 군신권력관계」,『조선전기 군신권력관계 연구』, 서울대 출판부, 1997; 송수환,「甲子士禍의 새 해석」,『사학연구』57, 1999; 신동준,『연산군을 위한 변명』, 지식산업사, 2003; 김범,『사화와 반정의 시대』, 역사비평사, 2007; 변원림,『연산군―그 허상과 실상』, 일지사, 2008 등.

제1장

1 이런 측면은 많은 연구자들이 지적한 바 있다. 특히 Wagner, The Literati Purges, 2쪽; 이태진, 「조선왕조의 유교정치와 왕권」, 『東亞史上의 왕권』, 한울아카데미, 1993, 110쪽; 팔레(Palais, James B.), 「조선왕조의 관료적 군주제」, 조선시대사학회 편, 『동양 삼국의 왕권과 관료제』, 국학자료원, 1998, 98쪽; 이성무, 「조선시대의 王權」, 『조선의 사회와 사상』, 일조각, 1999; 吳宗祿, 「조선시대의 왕」, 『역사비평』 54, 2001, 295~296쪽; 오수창, 「國王과 臣僚의 역학관계」, 한국역사연구회 17세기 정치사 연구반, 『조선중기 정치와 정책』, 아카넷, 2003, 43~49쪽 등.

2 연산군이 전제적인 왕권을 추구했다는 사실은 여러 연구들이 지적한 바 있다. 김돈, 「제2장 燕山君代의 군신권력관계」, 63쪽; 장희흥, 「燕山君代 宦官政策과 內侍府의 위상강화」, 『경주사학』 21, 2002, 202쪽; 신동준, 『연산군을 위한 변명』, 132~152쪽; 김범, 『사화와 반정의 시대』, 157~161쪽; 함규진, 「왕의 투쟁―조선의 왕, 그 고독한 정치투쟁의 권력자』, 페이퍼로드, 2007, 79~145쪽 등. 특히 연산군을 다룬 한 장편소설은 그 제목에 그런 사실을 명시했다(박연희, 『황제 연산군』 1~5, 명문당, 1994).

3 김범, 『사화와 반정의 시대』, 38~64쪽.

4 『경국대전』 「이전吏典」에 규정된 주요 관서의 임무는 다음과 같다.
- 의정부: 總百官, 平庶政, 理陰陽, 經邦國.
- 이조: 掌文選・勳封・考課之政.
- 호조: 掌戶口・貢賦・田粮・食貨之政.
- 예조: 掌禮樂・祭祀・宴享・朝聘・學校・科擧之政.
- 병조: 掌武選・軍務・儀衛・郵驛・兵甲・器仗・門戶・管鑰之政.
- 형조: 掌法律・詳讞・詞訟・奴隷之政.
- 공조: 掌山澤・工匠・營繕・陶冶之政.
- 사헌부: 掌論執時政, 察百官, 正風俗, 伸冤抑, 禁濫僞等事.
- 사간원: 掌諫諍・論駁.
- 홍문관: 掌內府經籍, 治文翰, 備顧問.

5 성종~중종대 의정부 당상(의정議政~참찬參贊), 육조 관서, 삼사 장관(대사헌大司憲・대사간大司諫・부제학副提學)의 총인원과 재직 기간, 평균 나이, 재임용 상황 등을 조사해본 결과는 아래와 같았다. 우선 의정부 당상과 삼사 장관은 10세 정도의 나이 차이가 났다. 다음으로 재직 기간은 시간이 갈수록 짧아져서, 중종대 삼사 장관은 평균 3개월밖에 재직하지 못했다. 이런 사실과 함께 매우 주목되는 사항은 일단 체직되었지만 다시 그 관직에 임용되는 현상이 크게 늘어났다는 것이다. 그 결과 중종대 삼사 장관은 40퍼센트에 가까운 인원이 그런 발령을 받았다. 재직 기간의 단축과 재임용의 증가라는 독특한 인사 이동 방식의 출현과 정착은 삼사의 위상 제고라는 중요한 정치적 변화를 이해하고 설명하는 데 핵심적인 사항이라고 생각한다(김범, 『사화와 반정의 시대』, 232~235쪽).

⟨성종~중종대 의정부 당상·육조 판서·삼사 장관 인사분석표⟩

관서 및 조사 내용		성종	연산군	중종
의정부 당상	인원	99명(93명/4.0명)	71명(67명/5.9명)	306명(222명/7.9명)
	재직 기간	26.4개월	15.2개월	15.4개월
	평균 나이	55.3세	59.9세	57.7세
	재임용	6명(6.1퍼센트)	4명(5.6퍼센트)	84명(27.5퍼센트)
육조판서	인원	145명(129명/5.8명)	60명(56명/5.0명)	420명(287명/10.8명)
	재직 기간	14.5개월	16.1개월	6.8개월
	평균 나이	50.8세	53.8세	54.7세
	재임용	16명(11.0퍼센트)	4명(6.7퍼센트)	133명(31.7퍼센트)
삼사 장관	인원	150명(127명/6.0명)	103명(93명/8.6명)	465명(291명/11.9명)
	재직 기간	6.3개월	4.2개월	3.3개월
	평균 나이	46.5세	51.8세	46.6세
	재임용	23명(15.3퍼센트)	10명(9.7퍼센트)	174명(37.4퍼센트)

- 비고 : '인원' 항목의 괄호 안 수치는 실 인원 / 1년당 평균 인원수.

6 '훈구—사림' 문제에서 '사림' 이나 '사림정치' 라는 개념은 적극적으로 계승할 필요가 있다고 생각한다. 실제로 실록에서도 사림이라는 용어는 중종대 이후 빈번히 사용되고 있으므로 조선중기 이후의 지배 세력을 가리키는 용어로 그것을 도입하는 데 큰 무리는 없다고 본다. 다만 그들의 대척적인 세력으로 '훈구' 를 설정하고, 서로의 특징을 대립적으로 파악하는 데는 상당한 논리적·실증적 문제점이 있다고 생각한다. 이런 논의는 대표적으로 에드워드 와그너, 이훈상·손숙경 옮김, 「정치사적 입장에서 본 조선시대 사화의 성격」, 『조선왕조 사회의 성취와 귀속』, 일조각, 2007(원제 「정치사적 입장에서 본 李朝士禍의 성격」, 『역사학보』 85, 1980); 「신유학파의 사회적 배경」, 같은 책(원제 「李朝 士林問題에 관한 再檢討」, 『전북사학』 4, 1980); 정두희, 「朝鮮前期 支配勢力의 형성과 변천-그 硏究史의 인 성과와 과제」, 주보돈 외, 『한국사회발전사론』, 일조각, 1992, 107~125쪽; 『왕조의 얼굴—조선왕조의 건국사에 대한 새로운 이해』, 서강대출판부, 2010, 29~37쪽; 김범, 「조선전기 '훈구·사림 세력' 연구의 재검토」, 『한국사학보』 15, 2003; 「朝鮮王朝實錄에 나타난 '勳舊' 의 用例와 그 분석」, 『동방학지』 134, 2006; 송웅섭, 「中宗代 己卯士林의 구성과 출신배경」, 『한국사론』 45, 서울대, 2001, 176~177쪽 등에서 개진된 바 있다. 그러므로 사림은 '훈구' 와 '사림' 의 대립 구도보다는 성리학의 심화에 따른 지배 세력의 분화와 발전이라는 측면에 좀더 주목한다면 설득력과 실증성을 더욱 높일 수 있을 것으로 생각된다.

7 폐비 윤씨의 가계와 생애를 다룬 주요 연구는 송수환, 「갑자사화의 새 해석」, 130~131쪽; 한희숙, 「조선초기 성종비 윤씨 폐비·폐출 논의 과정」, 『한국인물사연구』 4, 2005; 「조선 성종대 폐비 윤씨 賜死事件」, 『한국인물사연구』 6, 2006; 지두환, 『성종대왕과 친인척』 2, 역사문화, 2007, 211~297쪽; 『연산군과 친인척』, 역사문화, 2008, 23~153쪽; 최선경, 『왕을 낳은 후궁들』,

김영사, 2007, 43~70쪽; 변원림, 『연산군―그 허상과 실상』 18~45쪽 등이다. 그 밖에도 박영규, 『한권으로 읽는 조선왕실계보』, 웅진지식하우스, 2008, 205~207쪽; 윤정란, 『조선 왕비 오백년사―왕비를 알면 조선의 역사가 보인다』, 이가출판사, 2008; 「왕의 권력을 넘보는 왕비는 죽어야 한다―폐제헌왕후 윤씨」, 『조선왕비 독살사건』, 다산초당, 2009, 56~105쪽; 임중웅, 『다시 보는 조선왕조 왕비열전』, 석천미디어, 2002; 『새롭게 꾸민 왕비열전』, 선영사, 2003; 김인숙, 『조선4대사화』, 느낌이있는책, 111~135쪽 등 조선의 왕실과 왕비를 다룬 대중서에서도 부분적으로 언급했다. 이하 윤씨와 관련된 사항은 특별한 내용을 제외하면 위의 연구들과 실록을 종합적으로 참고해 서술했다.

대부분의 연구에서는 윤씨의 생년을 미상으로 처리했지만, 최선경은 윤씨가 세종 27년(1445)에 태어났으며 성종 4년(1473) 숙의로 간택될 때는 29세로 성종보다 12세나 연상이었다고 주장했으며(같은 책, 49쪽) 윤정란도 같은 의견을 밝혔다(『조선왕비 독살사건』, 62쪽). 전거를 명시하지는 않았지만, 이런 판단은 『선원보감』 3 후비어제편(선원보감 편찬위원회 편, 1989, 계명사)의 내용에 의거한 것으로 여겨진다. 그러나 그 자료는 신빙성이 크지 않다는 평가(한희숙, 2005, 119쪽)에 따라 이 책에서도 생몰년을 알 수 없다고 보았다.

8 (大司憲蔡)壽曰, 尹氏之家素貧矣. (…) 但尹氏未上闕時, 臣常過 尹起畎家, 家甚頹落. (…) 且入闕後, 街童巷婦喧說云, 尹氏貧甚, 嘗自織斑布, 賣而奉母. 今乃至此, 八字之好, 豈偶然哉. 다음 날 시독관 이창신李昌臣도 비슷한 견해를 밝혔다(성종13.8.12무신).

9 윤기견의 이름은 '윤기무尹起畝' 라는 의견도 있다. 한희숙(「조선초기 성종비 윤씨 폐비·폐출 논의 과정」)·지두환(『성종대왕과 친인척』 및 『연산군과 친인척』)·최선경·변원림 등은 윤기견으로 보았고, 와그너와 송준호는 윤기무라고 판단했으며(『보주 문과방목』, 이 책에서는 www.koreaa2z.com/munkwa의 자료를 이용했다), 사료(『성종실록』과 『연산군일기』)에서는 둘을 혼용했다. 이 책에서는 『함안윤씨세보』에 윤기무는 윤기견의 동생으로 되어 있다는 지적에 따라 윤기견으로 썼다(지두환, 『연산군과 친인척』, 65쪽 주 29).

10 그때의 합격자를 등수대로 적으면 아래와 같다(괄호 안은 최고 관직). 최경신崔敬身(정랑), 강희姜曦(이조정랑), 신숙주, 이전수李全粹(예문제학), 유목로兪牧老(직강直講), 장계숙張季叔(감찰), 권기權琦(병조정랑), 신영손辛永孫(황해감사), 홍경손洪敬孫(동중추원사), 윤기견, 김지경金之慶(지중추부사). 여기서도 신숙주를 제외하고는 역사적으로 뚜렷한 족적을 남긴 사람은 없었다. 와그너·송준호, 『보주 문과방목』, 세종 21년 기미친시방己未親試榜 참조.

11 그 앞뒤의 국구들도 태종대의 민제閔霽(좌정승), 세종대의 심온沈溫(영의정), 문종대의 권전權專(공조판서), 단종대의 송현수宋玄壽(판돈녕부사), 세조대의 윤번尹璠(공조판서), 예종대의 한명회·한백륜韓伯倫(우의정), 연산군대의 신승선愼承善(영의정), 중종대의 신수근愼守勤(좌의정)·윤여필尹汝弼(판돈녕부사)·윤지임尹之任(영돈녕부사) 등 대체로 현달한 인물들이었다.

12 와그너·송준호, 『보주 문과방목』에서는 이씨와의 사이에서 2남을, 신씨와의 사이에서 1남 1녀를 두었다고 서술했다. 이 책에서는 지두환, 『성종대왕과 친인척』 2, 278~279쪽의 내용을 따랐다.

13 윤정란은 이런 사실을 근거로 윤씨가 후궁이 될 수 있었던 정치적 배경은 신숙주라고 판단했다(『조선왕비 독살사건』, 63쪽). 그러나 뒤에서는 윤씨에게는 공혜왕후나 소혜왕후·정희왕후처럼 지지 세력이 없었다고 서술해(76쪽) 다소 모순되는 시각을 보였다. 필자는 직계가 아닌 이 정도의 연관성을 근거로 신숙주가 윤씨의 정치적 배경이 되었다고 보기는 어렵다고 생각한다.
14 이상 윤기견의 가계와 관련된 사항은 지두환, 「제3장 폐비 윤씨」, 『성종대왕과 친인척』 2 참조.
15 성종의 왕비·후궁·자녀에 관련된 자세한 사항은 지두환, 『성종대왕의 친인척』 1~5 참조. 개략적인 사항은 제1권 12~15쪽 참조.
16 이한우, 『성종, 조선의 태평을 누리다』, 해냄, 2006, 400~414쪽; 신동준, 『연산군을 위한 변명』, 61~62쪽; 변원림, 『연산군—그 허상과 실상』, 21~22쪽.
조선 태조부터 중종까지 왕비·후궁·자녀의 숫자는 아래 표와 같다(지두환, 『성종대왕과 친인척』 1, 12~15쪽; 『연산군과 친인척』, 12~15쪽; 박영규, 『한권으로 읽는 조선왕실계보』, 47~97쪽의 내용을 토대로 작성).

〈조선 태조~중종대의 비빈과 자녀들〉

번호	국왕	왕비	후궁	소계1	대군	공주	왕자군	옹주	소계2
1	태조	2	4	6	8	3	-	2	13
2	정종	1	9	10	-	-	17	8	25
3	태종	1	9	10	4	4	8	13	29
4	세종	1	5	6	8	2	10	2	22
5	문종	1	2	3	1	1	-	1	3
6	단종	1	-	1	-	-	-	-	0
7	세조	1	1	2	2	1	2	-	5
8	예종	2	-	2	2	1	-	-	3
9	성종	2	10	12	2	2	14	11	29
10	연산	1	10	11	6	1	2	6	15
11	중종	3	9	12	2	5	7	6	20

17 대표적으로 신동준, 같은 책, 61~62쪽; 변원림, 같은 책, 22쪽 등에서 그런 견해가 보인다.
18 성종의 군호君號인 '者乙山君'은 형인 월산군의 발음을 고려하면 '잘산군'으로 읽어야 한다는 견해가 타당하다고 판단된다(이한우, 『성종, 조선의 태평을 누리다』, 49쪽).
19 이 표는 지두환, 『성종대왕과 친인척』 1~5를 바탕으로 작성했다. 참고로 후궁의 서열은 빈(정1품), 귀인貴人(종1품), 소의昭儀(정2품), 숙의淑儀(종2품), 소용昭容(정3품), 숙용淑容(종3

품), 소원昭媛(정4품), 숙원淑媛(종4품)이다.
20 김범, 『사화와 반정의 시대』, 26~27쪽.
21 淑儀尹氏, 主上所重, 予言亦以爲可. 尹氏居常卑服崇儉, 事事誠謹, 可屬大事. 尹氏知予此意, 辭曰, 我本無德, 長於寡婦之家, 無所見聞, 深恐負四殿選擇之意, 以累主上聖明之德. 予聞此語, 益以爲賢.
22 三月供日, 方禳書得於前谷城縣監李吉芬妾家, 使四非膽寫之. 諺文書, 其大者, 予造意而尹遘妻筆之, 其小者, 四非所筆也. 砒霜, 大夫人出給, 而并諺文盛于小柳箱, 使石同詐稱監察家使者, 投于權淑儀家, 皆予所謀也.
23 이 사건은 뒤에 좀더 자세하게 밝혀졌다. 성종 10년 6월 5일(경인) 폐서인하면서 내린 정희왕후의 의지에 따르면 윤씨는 방양서를 올려 주상의 침소에 나 있던 쥐구멍을 막았다고 했다. 또한 상자에는 비상과 함께 비상을 묻힌 곶감乾柿도 들어 있었으며, 상자는 백저포白苧布로 만든 보자기로 쌌다는 사실이 추가되었다.
24 자수궁은 문종 즉위년(1450) 3월 무안군撫安君(조선 태조의 7남 이방번李芳蕃)의 옛 집을 수리해 선왕들의 후궁이 거처하도록 만든 궁궐로 현재 서울시 종로구 옥인동玉仁洞에 있었다. 뒤에 광해군은 이곳에 왕기王氣가 서려 있으므로 그것을 눌러야 한다는 풍수설에 따라 같은 이름의 궁궐을 지었다.
25 王妃行養老宴于宣政殿(성종8.9.24무자).
26 성종의 다음 자녀는 재위 9년(1478) 나중의 정현왕후가 낳은 순숙공주順淑公主였다. 아들로는 재위 11년 숙의 하씨가 계성군桂城君을, 귀인 정씨가 안양군安陽君을, 숙의 홍씨가 완원군完原君을 낳았다. 중종이 되는 진성대군晉成大君은 성종 19년 3월 5일(기사)에 태어났다. 성종의 자녀와 관련된 자세한 사항은 지두환, 『성종대왕과 친인척』 1, 15~17쪽 참조.
27 그 전해인 성종 9년 6월 1일(신묘)의 실록 기사에는 중궁의 탄일과 관련된 내용이 실려 있지 않다.
28 하루 뒤인 6월 3일(계사) 승지들에게 하교한 내용에서는 "후궁의 방에 들어왔다"고 표현했는데, 이것이 좀더 정확한 내용으로 판단된다.
29 今中宮所爲, 語長難竟. 內間有侍妾房, 日昨予適此房, 中宮無故來入, 豈宜如此. 昔日中宮失德甚大, 嘗欲廢之, 卿等皆以爲不可, 予亦冀其悔悟, 今猶不悛, 或至陵我. (…) 法有七去, 中宮不可謂無子去, 遂誦多言去·不順去·妬去之語, 仍曰, 今當廢爲庶人, 卿等以爲何如.
야사인 『연려실기술燃藜室記述』에서는 『기묘록己卯錄』을 인용해 윤씨가 성종의 얼굴을 할퀴어 손톱자국을 냈다고 서술했다(권 6, 「성종조 고사본말」 윤씨폐사尹氏廢死).
30 上曰, 卿等皆以我爲輕擧六事, 然廢妃, 吾豈易而爲之. (…) 嚢在丁酉, 尹氏陰懷毒藥, 謀欲害人, 至以乾柿砒霜, 同置囊中, 安知不欲食我也. 或無子, 或半身不遂, 凡害人之方, 書諸小冊, 藏于篋中, 事覺, 大妃取之, 至今猶在. (…) 常見我, 未嘗和顔, 或言欲取我足跡, 而去之. (…) 又作僞書, 通于本家曰, 主上打我脇, 將率吾二子, 出居于家, 以安吾生也. 予偶得其書, 謂之曰, 俟改過, 乃相見, 尹氏悔過, (…) 予乃信之, 今反如此, 前日之言詐也. 且常參受朝日, 妃宜先我早起, 乃起于受朝還內之後, 其於婦道何. (…) 予生之時, 何能爲變, 我死必生亂, 卿等必有久生, 而目擊者.

31 中宮前日略不遵奉主上, 觀予以寡德與聽政, 亦有挾幼主臨朝之志, 凡古先臨朝后妃事, 皆甘心言之. 主上或時未寧, 不以介于懷, 遊花階捉鳥爲戱, 若己未安, 輒祈禱云, 吾庶幾無死, 有願見事. 恒言如是, 我輩常恐懼. 若遇主上不豫時, 則恐投毒御膳, 多方以備之, 中宮所經行處, 禁不置御膳.

32 정현왕후의 가계에 관련된 자세한 사항은 지두환, 『성종대왕과 친인척』 2, 172~195쪽 참조.

33 세조비 정희왕후와 성종비 정현왕후, 중종비 장경왕후章敬王后, 계비 문정왕후文定王后. 부마駙馬도 4명이나 나왔다(태종대 윤계동尹季童·윤우尹愚·윤암尹巖, 세종대 윤사로).

34 『연려실기술』에서도 「파수편破睡篇」을 인용해서 성종은 윤씨를 폐비한 뒤 그 죄를 언문으로 써서 내시와 승지에게 매일 읽어줌으로써 허물을 고쳐 중궁에 복위되기를 바랐지만, 그녀가 끝내 반성하지 않았기 때문에 사사했다고 썼다(권 6, 「성종조 고사본말」 윤씨폐사).

35 『연려실기술』 권 6, 「연산조 고사본말」 윤씨폐사. 『기묘록』을 인용한 내용이다.

36 『연려실기술』에서는 이 일을 계묘년(성종 14년)에 있던 것으로 잘못 서술했다. 아울러 윤씨를 사사한 때도 기유년(성종 20년) 여름 5월이라고 오기했다(권 6, 「성종조 고사본말」).

37 予豈有私怒哉. (…) 卿等何以國母爲言哉. 此無他, 欲阿媚元子, 爲後日之地也. (…) 尹氏辱我之事, 難以盡言. (…) 且尹氏指予所處之帳曰素帳, 其爲不道類此, 其得保首領幸矣. 今予年少, 然人之壽夭難知, 若不早圖, 其無漢呂后·唐則天之禍乎. (…) 元子若不爲孝子則已, 欲爲孝子, 則安敢以爲母乎. 雖百歲之後, 彼安敢處於吾所處之室乎. (…) 爾等以經筵官, 可知予意, 而言之如此, 爾等其尹氏之臣歟, 李氏之臣歟, 予不知也.

38 若我等直言責之, 則彼以手支頤, 怒目直視. 我等雖名爲親, 尙如此, 而況爲主上, 多發悖言, 至稱主上云, 幷足跡削去之, 又自稱蒙喪, 夏月解表衣, 常着白衣. 且曰, 我命長壽, 後日有可見之事, 彼有幼息, 故爲後日之計, 非偶然也.

39 실제로 성종대에 윤씨의 일을 거론하는 행위는 커다란 금기였던 것 같다. 성종 20년 11월 12일(병인) 설경說經 성희안成希顏은 자신이 처음 홍문관에 들어왔을 때 폐비 윤씨의 일을 언급하자 부제학 유윤겸이 크게 놀라면서 "채수와 권경우가 파출罷黜된 것은 모두 폐비의 일을 말했기 때문"이라고 엄격하게 제지했다고 한다.

40 최호원은 풍수지리에 조예가 깊은 인물이었다. 그는 성종 16년 1월 9일(임진) 도선道詵의 비보술裨補術에 따라 고려 때 세운 탑 등을 모두 다시 세워야 한다고 주청했다가 유교 윤리에 어긋난다는 이유로 삼사의 강력한 탄핵을 받아 다음 달에 고신告身을 빼앗기고 외방에 부처되었다(성종16.2.1계축). 같은 해 9월 8일(병진) 그는 고신을 돌려받았으며, 성종 18년 2월 23일(계사)에는 『태일력太一曆』의 편찬을 하명받았다. 그는 같은 해 8월 25일(임진) 숙신옹주肅愼翁主(조선 태조와 화의옹주 김씨의 소생으로 당성군唐城君 홍해洪海[본관 남양]에게 출가)의 장례일을 가리는 데도 길흉을 판단했다. 이런 사실로 볼 때 그는 윤씨 묘의 길흉을 파악하는 데 적임자였을 것이다.

41 崔灝元還自長湍復命, 仍啓曰, 臣往見長湍墓所, 乾坐巽向而水破丁, 龍虎低微, 圖局狹窄. 傍有古塚, 近麓有田皆起耕, 凡人用之則可也, 不合國用. 且墓前狹窄, 但爲二階, 若欲爲三階, 必補土乃可.
42 원문에는 "傳于禮曹曰, 廢妃尹氏墳墓俗節致祭儀品, 依王后考妃例"라고 되어 있다. 여기서 '王后考妃例'라는 부분은 "왕후로서 돌아간 비"로 해석하는 것이 타당하다고 생각된다. 현재 실록의 번역본에서는 '왕후의 고비'라고 해석되어 있는데, 고비가 무엇인지 명확히 밝히지는 않았다. '고考'는 '선고先考' 등에서 보이듯 사망했다는 뜻이다. 그럴 경우 '왕후의 돌아간 비'라고 해석할 수밖에 없는데, 아무래도 적절치 않은 것 같다.
43 그러나 성종은 폐비하는 문제와 원자를 세자로 책봉하는 문제를 연관시키지 않았다. "어미가 부덕하지만 그것을 어찌 아들과 연관시키겠는가. 다만 나이가 어리니 몇 년 뒤에 세자로 책봉해도 늦지 않을 것이다(성종11.11.9을유)." 그러나 『연려실기술』에서는 세자가 무도하자 성종은 "그것을 알지만 차마 폐출하지는 못하겠다"면서 괴로워했다고 기록했다(권 6, 「성종조고사본말」, 차천로車天輅, 『오산설림초고五山說林草藁』 인용).
44 김범, 『사화와 반정의 시대』, 246~258쪽.
45 奏聞副使吏曹判書李承召辭, 上引見語之曰, 鄭同奏帝云, 廢妃有毒疾, 是必爲我諱也. 然皇帝, 豈可欺也. 若鄭同必以毒疾爲辭, 欲實己言, 卿何以處之. 承召對曰, 皇帝必不問, 若問之則臣欲以有毒疾, 又有不德對之. 上曰, 若問有何不德, 當曰行壓勝之術, 又有不順之事.
46 대명 관계에서 민감한 사안은 이처럼 사실과 다르게 알리는 경우가 적지 않았다. 대표적으로 정종定宗이 왕위에서 물러나는 사유는 중풍[風疾]을 앓아 국정을 돌보기 어렵다는 것으로 알린 사례를 들 수 있다. 반정으로 연산군이 폐위되고 중종이 즉위했을 때도 연산군은 어릴 때부터 중풍과 현기증[風眩症]이 있었고 최근 세자가 창진瘡疹으로 요절하자 그 증세가 발작해 별궁에만 거처하기 때문에 중종이 왕위를 승계한 것이라고 설명했다. 실제로는 반정 직후 연산군은 강화도 교동喬桐으로 유배되었고 세자는 주살되었다(김경록, 「中宗反正이후 承襲外交와 朝明關係」, 『한국문화』 40, 2007, 226~227쪽).

제2장
1 실록의 자료적 가치에 관련된 종합적인 평가는 이성무, 『조선왕조실록 어떤 책인가』, 동방미디어, 1999, 62~69쪽. 실록에 관련된 연구 목록은 같은 책, 315~319쪽의 참고문헌 참조.
2 이때의 '군'은 왕자 군이 아니라 국왕을 참칭한 경우는 '군'으로 부른다는 『자치통감강목』의 범례에 따른 조처였다(오항녕, 『조선의 힘』, 역사비평사, 2010, 285쪽).
3 한명기, 『광해군』, 역사비평사, 2000, 20~26쪽.
4 그러나 이런 기간이 다른 실록과 비교해 그리 늦은 것은 아니었다. 태종 9년(1409) 9월 실록은 원칙적으로 선왕이 세상을 떠난 직후에 편찬하기로 합의했으며, 편찬 기간은 보통 4~5년이 걸렸다. 최초의 실록인 『태조실록』은 태종 13년에 완성되어(태조는 태종 8년에 붕어했다) 이런 원칙이 비교적 잘 지켜졌지만, 그 뒤 『정종실록』은 세종 8년(1426)에(정종은 세종 1년에 붕어), 『태종실록』은 세종 13년에 완결(태종은 세종 4년에 붕어)됨으로써 그런 규정은 일찍부터 위반되었다. 또 하나의 일기인 『광해군일기』는 반정과 이괄李适의 난, 정묘호란 등의 요인으

로 인조 11년(1633) 12월에야 마무리되었다(당시 광해군은 살아 있었고 인조 19년[1641]에야 별세했다). 이성무, 『조선왕조실록 어떤 책인가』, 99쪽 및 175~176쪽.

5 차용걸, 「조선왕조실록의 편찬태도와 史官의 역사의식(조선전기)」, 『韓國史論』 6, 국사편찬위원회, 1979, 161쪽; 이성무, 같은 책, 90~91쪽; 김경수, 「연산군일기 編纂官에 대한 一考察」, 重山 鄭德基博士 華甲紀念韓國史學論叢, 1996.

6 이런 문제점은 최근 연산군과 그의 통치를 긍정적으로 재평가하려는 시도와 관련해 두드러지게 나타나고 있다. 대표적인 연구자는 신동준(『연산군을 위한 변명』)과 변원림(『연산군―그 허상과 실상』)인데, 기존의 사실을 새롭게 파악하려는 시도는 높이 평가할 만하지만 전체적으로 근거가 부족한 주장이나 동의하기 어려운 부분이 많다고 생각되었다. 다소 길지만, 이 책과 동일한 주제를 다루고 있는 저서이기에 의견을 충분히 개진할 필요가 있다고 판단되었다. 독자들의 양해를 부탁드린다.

우선 신동준은, 그 제목에서 표방하고 있듯이, 연산군에 대한 전면적인 재평가를 시도했다. 그는 연산군을 "성리학의 왕도주의가 지배하는 상황에서 왕도주의를 표면에 내걸고 패도주의적 통치술을 구사한 진정한 패도주의자였다고 평가할 수 있다"고 전제하면서 "조선왕조 5백년을 통틀어 연산군을 제외하면 진정한 의미의 패도주의를 제대로 이해한 군왕은 없었다고 해도 지나친 말이 아니(135쪽)"라고 평가했다. 그러나 "연산군은 패도주의에 바탕한 자신의 위민사상을 제대로 펼쳐보지도 못하고 쫓겨나고 말았다. 반정세력이 자신들이 모시던 군왕의 패도주의적 통치행태를 폭군의 그것으로 난도질한 것은 필연적인 수순이었다(152쪽). (…) 역사에는 가정이 있을 수 없지만, 만일 연산군이 반정을 봉쇄하기만 했다면 연산군 역시 태종과 세조 못지않게 많은 업적을 남겼을지도 모를 일이다. 강력한 왕권을 바탕으로 국력증진을 추진했다면 이후 조선의 역사는 완전히 새롭게 쓰여졌을 가능성이 크기 때문이다(180쪽)"라고 아쉬워했다.

이런 인식에 따라 그는 연산군의 거의 모든 행동을 정당한 것으로 '변명' 하고 있는데, 특히 널리 알려진 그의 쾌락적인 행동 또한 '제왕의 풍류' 라고 두둔했다. "사실 태평성대에 군림하면서 낭만적인 기질을 지닌 제왕으로서 술과 여인, 시와 사냥 등을 즐기지 않은 경우는 그리 많지 않다. 성종과 연산군 역시 예외가 아니었다. 다만 두 사람은 표현방법과 내용에 차이가 있었을 뿐이다(61~62쪽). (…) 시와 술을 함께 하며 대신들과 즐겼다는 점에서는 성종과 연산군이 전혀 차이가 없다. 단지 연산군의 경우에는 그 규모가 크고 횟수가 잦았다는 차이밖에 없다(65쪽). (…) 사실 연산군의 사냥 행위는 성종의 그것과 본질적으로 다른 것이 아니었다. 단지 그 횟수가 잦았고 기분이 내킬 때 이를 참지 않고 곧바로 행동에 옮겼다는 것 등이 다를 뿐이다(72쪽). (…) 연산군은 미색을 탐하지 않았다(120쪽). (…) 술은 태평성세의 상징이었다(125쪽). (…) 반정세력은 이토록 정밀靜謐하면서도 운치 있는 피서법을 구사한 사람을 황당하게도 폭음暴淫을 위해 폭음暴飮을 일삼았다고 주장한 것이다. 과연 이같이 운치 있게 술을 마실 줄 아는 사람이 형편없는 주정뱅이가 될 수 있는 것일까. 상식적으로 생각해봐도 이는 있을 수 없는 일이다(127쪽)." 그러면서 "결론적으로 말해 제왕의 풍류가 설령 망국적 풍류로 치달았다 할지라도 망국의 근본원인이 될 수는 없는 것이다. 망국에 이르는 과정에서 제왕의 망국적 풍류는 어디까지나 지엽적인 문제일 뿐이다. 망국의 근본원인은 어디까지나 몸을 던져 나라를 건지겠다는 사직지신이 없었다는 데서 찾아야 한다(111쪽)"고 규정했다.

그러나 상식화되었을 정도로 널리 알려진 연산군의 패행을 '풍류' 나 나아가서는 '위민사상'으로 평가할 수 있는지는 대단히 의문스럽다. 그가 '변명'의 논거로 든 '표현 방법과 정도'는 모든 일에서 차이를 만드는 관건일 것이다. 그러므로 그런 관건적 차이를 무시한 채 두 사안을 동일시하는 것은 커다란 논리적 비약이라고 지적하지 않을 수 없다.

다음으로, 최근 발간된 변원림의 저서는 문제의 정도가 더욱 심각하다. 무엇보다도 그는 『연산군일기』의 신빙성 자체를 의심하고 있다. 대표적인 부분은 아래와 같다. "『연산군일기』에는 모순되는 기사가 많아, 실제로 이것이 사초에 근거한 것인가 하는 의심이 가는 곳이 많다. (…) 이러한 현상은 연산군 9년 이후의 기록에서 더욱 뚜렷이 보인다. 이 이후의 기록은 말도 되지 않는 것이 많으며, 다른 글은 없고 거의 연산군의 말과 편찬자의 설명뿐으로, 편찬자들이 상상에 상상을 더한 것이라는 생각을 금할 수 없는 내용이다(14쪽). (…) 연산군이 삼사의 항의에 굴복하지 않자, 삼사는 자신들은 할 일이 없으니, 사헌부·사간원과 홍문관을 없애자고까지 극언했다. 이것을 이용하여 『연산군일기』의 편찬자들이 갑자년 후인 12년 7월에 연산군이 홍문관과 사학四學을 없앴다는 이야기를 꾸며낸 듯하다(74쪽). (…) 이러한 기록들을 살펴보면, 연산군의 즉위로부터 8년까지는 사건의 기록내용에 모순이 없고, 연산군의 생각과 행동에도 일관성이 있다. 이에 비하여 10년부터의 기록은 그 내용 자체에 모순이 많고, 연산군의 행동도 그 이전과 전혀 달라 한 사람의 행동이라고는 생각할 수 없다. 또한 10년 이후에 8년까지에 있었던 사건을 다시 들먹이며 죄를 준 일들이 많다. 이러한 것을 통해 10년 이후의 기사는 8년까지의 사초 중에서 연산군을 모략하기 좋은 기사를 찾아, 이를 과장 내지 왜곡한 것이 아닌가 하는 의심을 금할 수 없다(106쪽). (…) 특히 연산군은 10년부터 12년 폐위되기까지 많은 시를 짓고 어제찬집청까지 마련하여, 자신이 지은 시집을 편찬했다고 한다. 그러나 이 시기에 지었다는 시들이 그 이전의 시들과 시상과 사용한 언어가 전혀 달라 실제로 연산군이 지었다고는 보기 어렵다(131쪽)."

나아가 그는 『연산군일기』의 내용이 『고려사』를 모방했다고 추단했다. "길거리에서 남의 소와 말을 빼앗아 썼다는 이야기는 『고려사』의 「우왕전」에도 보이니, 이를 모방하여 지어낸 것일 듯하다(149쪽). (…) 이러한 이야기는 연산군이 주색에 빠져 정사를 그릇되게 했다는 전제하에 「충혜왕전」이나 「우왕전」을 보고 이에 따라 만들어낸 악선전일 뿐이나, 그 시대인들의 상상력과 사고방식을 알기 위해 아래에 그 기사들을 분석해 본다(173쪽). (…) 장녹수의 이야기는 폭군에게는 반드시 그를 폭군으로 이끄는 요부가 있다는 전제하에, 진시황의 양귀비의 일을 각본으로 하고, 『고려사』의 기록인 우왕이 이인임李仁任의 집에 갔다가 이인임의 여종이 종과 결혼하여 낳은 딸 봉가이鳳加伊를 만나 음행을 하고 무척 사랑하여 궁으로 데려와 후궁을 삼았다는 이야기를 보고, 이에 따라 지어낸 것이 아닌가 한다(179쪽). (…) 그 당시에 어머니와 같은 숙모나 아버지의 첩은 서모를 강간하는 것은 패륜아의 전형으로 생각한 것으로, 실제로 연산군이 이러한 일을 행했다기보다는 실록 편찬자들이 연산군을 패륜아로 기록하기 위해 충혜왕이나 우왕에 대한 『고려사』의 기록에 따라 번안한 것으로 생각하지 않을 수 없다. 즉 충혜왕이 외삼촌 홍융洪戎의 계실 황씨黃氏와 서모 수비 권씨를 강간했다거나, 우왕이 공민왕의 후궁 정비定妃와 추문이 있었다는 기록들이 있다(182쪽). (…) 연산군 10년부터 12년 그가 폐위되기까지의 『연산군일기』의 기사도 연산군을 왕위에서 몰아낸 자들이 그들의 행위를 정당화하기 위해, 국초에 이성계李成桂가 왕위를 찬탈한 사건을 정당화하기 위해 『고려사』를 지은 것을 모방하여 지어낸 완전한 날조임을 의심할 여지가 없다(225~6쪽)."
이렇게 주장한 결과 그는 "오늘날의 역사학자들이 이러한 말도 되지 않는 우스운 『연산군일기』의 내용을 모두 사실로 믿고, 연산군이 스스로 자신이 폭정을 한다고 인정하고, 자신을 폭군이라 했다고 하니, 이들의 무비판적인 학문연구의 태도에 놀라지 않을 수 없다(225쪽)"고 혹평했다.
그러나 읽어서도 느낄 수 있지만, 그의 판단은 어떤 정확한 근거 없이 정황이나 추정에 의거해 제시된 주장들이다. 이런 방식으로 사료를 취사하거나 역사적 사실을 의심한다면 역사학은 그 존재 기반 자체가 흔들릴 것이다.
이런 측면 외에도 그의 책에서는 납득하기 어려운 대목들이 산견된다. 가장 심각하다고 생각된 부분은 아래와 같다. "이러한 연산군이 받은 교육과정을 보면 이 시기에는 어린아이들을 위한 『천자문』이나 『동몽선습』도 없었던 모양으로, 8세의 연산군은 하루 종일 『대학』, 『중용』과 『논어』의 글자를 그림 익히듯이 뜻도 모르고 외웠고, 10세부터 그 글자의 뜻을 배웠다. 10세의 어린아이에게 어른들도 제대로 이해하기 어려운 심오한 철학서인 『대학』, 『중용』, 혹은 공자와 그 제자인 어른들의 대화를 모은 『논어』를 가르치며, "문리를 해득하지 못한다" 하며, 연산군이 이러한 내용을 이해하지 못한다고 나무라니, 당시의 인물들이 제정신인지 이해하기 어렵다. 오늘날의 안목으로 보면 어린아이의 교육으로는 너무나 맞지 않는 교육제도다(56쪽). (…) 이와 같이 연산군에 대한 기록을 통해 그에게 어떠한 병이 있었는가를 추측해 보았으나, 그의 뼈를 분석해 보면 확실히 알 수 있을 것이다(118쪽). (…) 『연산군일기』에 이와 같이 상반되는 기록이 있어 믿을 만하지 않으니, 그가 정말 사냥을 이토록 자주 했는지 그의 뼈를 조사해 보았으면 한다(141쪽)."
사실관계의 오류로 지적할 수 있는 부분도 있다. 그는 "유형원의 『반계수록』에 조광조가 중종에게 신하들이 경연에서 왕 앞에 부복하게 된 것은 연산군 치세로서 성종 치세에는 이러한 일이 없었다고 기록했다(106쪽)"고 썼는데, 실제로 『반계수록』에서는 그것을 성종대 정희왕후의 수렴청정에서 시작된 일로 지적했다(제임스 B. 팔레 지음, 김범 옮김, 『유교적 경세론과 조선의 제도들-유형원과 조선후기』 2, 산처럼, 2008, 45쪽).
또한 기초적인 해석에 오류를 드러낸 대목도 있다. 그는 "(연산군이) 매양 궁중에서 스스로 처용희處容戱를 지어 음란하고 도가 없이 놀았"다는 내용과 관련해 "연산군이 처용놀이를 스스로 지었고 이것이 마치 왕이 놀기를 좋아하고 음탕하여 한 것같이 서술하고 있다. 그러나 처용놀이는 세종 이후 궁중에서 해마다 하던 악귀 쫓아내던 연중행사로 연산군이 지은 것이 아니다(123쪽)"라고 반박했다. 즉 그는 여기서 원문의 '지었다作'는 표현을 창작의 의미로 이해하면서 처용희의 창작 시기를 반론의 근거로 제시한 것이다. 그러나 여기서 '지었다'는 의미는 '창작'이 아니라 '공연했다'는 뜻이다. 처용희 자체도 세종대 이후 공연된 것이 아니라 고려 후기(『고려사』 고종 23년[1236], 충혜왕 후 4년[1343], 우왕 11년[1385])부터 시행되었다.

이런 측면들을 종합할 때 그는 명확한 근거 없이 사료를 자의적으로 의심하거나 사실을 해석함으로써 대단히 심각한 오류와 문제점을 드러냈다고 지적하지 않을 수 없다(그러나 최근 신동준은 서평에서 그 책을 매우 높게 평가했다. "사료비판을 소홀히 하는 국내 학계의 잘못된 관행에 정문일침頂門一鍼을 가한 일대 쾌거에 해당한다. (…) 그는 이번 역저에서 고금동서를 넘나드는 해박한 지식을 바탕으로 『연산군일기』의 내용이 얼마나 두서없이 날조된 것인지를 정밀하게 추적하고 있다. (…) 연산군의 패륜행보에 대한 기술이 『고려사』에 나오는 충혜왕 및 우왕 등과 꼭 닮아 있고, 심지어 연산군보다 한 살 많은 체사레 보르자에 대한 정적政敵들의 악의적인 기술과 흡사한 점 등을 밝혀낸 것은 전적으로 그의 공이다. 필자가 경기도 일대에 널리 분포했던 금표禁標와 관련해 갑자사화에 연루된 권신들의 소유지였을 가능성을 제기한 것과 관련해 변씨가 구체적인 사료를 들어 이를 뒷받침한 것은 탁월한 학술적 성과에 해당한다. 독일에서 연마한 탄탄한 '사상사학'이 빛을 발하는 대목이다"(「서평:진정한 의미의 '연산군을 위한 변명'—변원림, 『연산군—그 허상과 실상』」, 『신동아』 2008년 9월호, 654~657쪽].").

요컨대 그동안 부정적인 평가가 지배적이었던 대상을 새롭게 파악하려는 시도는 대단히 소중하고 높이 평가할 만하지만, 이처럼 자의적으로 이루어져서는 안 된다고 생각한다. 오히려 그런 시도는 그 대상에 대한 기존의 평가가 대체로 정당했음을 보여주는 반증일 것이다.

7 이 표는 국사편찬위원회에서 간행(1956)한 조선왕조실록을 토대로 작성했다. 그 영인본은 1면당 4단으로 조판되어 있다. 연도가 끝나는 부분에서는 그 4단이 모두 채워지지 않은 경우가 있었지만, 미세한 차이여서 전체적인 수치에 큰 영향을 주지는 않는다고 판단되었다(총 글자수와 개월당 글자 수도 마찬가지다). 아울러 『세종실록』에서 「오례五禮」「악보樂譜」「지리지地理誌」「칠정산내외편七政算內外篇」과 『세조실록』에서 「악보」는 제외하고 계산했다.

8 '책을 시작하며' 주 1의 논저들이 대부분 그렇다.

9 Wagner, *The Literati Purges*, 55쪽.

10 한 사례로 『한국사 시민강좌』 41집(일조각, 2007)에서는 역사소설과 드라마에 나타난 특징과 문제점을 집중적으로 조명한 바 있다. 여호규, 「고구려 드라마 열풍의 허(虛)와 실(實)—드라마 〈주몽〉을 중심으로」; 민현구, 「고려말·조선초의 영웅담에 담긴 역사성—김성한의 소설 『이성계』를 중심으로」; 정두희, 「〈단종애사〉와 텔레비전 드라마 〈한명회〉」; 이민웅, 「역사 소설에 그려진 이순신」; 최정운, 「조선시대의 민중세계를 다룬 소설 『임꺽정』의 공(功)과 과(過)」; 이태진, 「역사 소설 속의 명성황후 이미지—정비석의 역사 소설 『민비』의 경우」; 양동안, 「소설 『태백산맥』 속의 대한민국」.

11 박종화와 『금삼의 피』에 관련된 주요 연구는 윤병로, 「월탄 박종화의 역사소설론」, 『대동문화연구』 10, 1975; 「월탄 박종화의 『금삼의 피』론」, 『대동문화연구』 30, 1995; 송백헌, 「朴鍾和 歷史小說研究」, 『論文集』 10권 2호, 충남대 인문과학연구소, 1983; 강영주, 「박종화의 역사소설」, 『논문집』 18, 상명대, 1986; 조규일, 「월탄 박종화 역사소설연구」, 성균관대 박사논문, 1988; 「박종화 역사소설의 가공인물 연구(1)」, 『한민족문화연구』 3, 1998; 「박종화 역사소설연구(3)」, 『한민족문화연구』 9, 2001; 류재엽, 「한국근대 역사소설연구」, 국학자료원, 2002; 고석

호, 『월탄 박종화 역사소설연구』, 성균관대 박사논문, 2003 등이 있다.
이중에서 윤병로는 식민지 상황과 연결해볼 때 폐모는 빼앗긴 조국을 상징하며, 연산군의 자기 파괴는 자폭적인 민족 개개인의 심성일 수 있다고 해석했다(1995, 154쪽). 반면 강영주는 『금삼의 피』에서 연산군은 정치적인 문제는 신경 쓰지 않고 개인적인 복수와 향락을 일삼는 탕아로 묘사되어 있다면서 이런 부정적인 인간상은 결국 일제의 식민사관과 상응하는 것이라고 비판했다(4~5쪽). 두 견해 모두 소설 자체의 작품성보다는 그 작품의 시각을 당시의 현실과 다소 지나치게 연결시켜 해석했다고 생각되었다.

12 박유희, 「한국 사극영화 장르 관습의 형성에 관한 일고찰―'신필름'의 〈연산군〉 연작을 중심으로」, 『문학과영상』 제9권 2호, 2008, 344쪽.

13 월간 영화잡지인 『스크린』 374호(2009.2.27)에서도 「국왕열전―한국영화의 왕 캐릭터」라는 제목으로 연산군에 관련된 주요 영화를 다루기도 했다(http://movie.naver.com/movie/mzine/cstory.nhn?nid=481).

14 박유희, 「한국 사극영화 장르 관습의 형성에 관한 일고찰」, 336~356쪽. 지금과 달리 당시의 흥행 성적은 상영일수로 가늠되었다. 1962년은 영화의 흥행이 부진했는데, 한국영화에서 전편은 흥행 1위, 속편은 5위를 차지했다(각각 상영일수 36일과 17일). 그 해 최고 흥행작은 175일 동안 상영된 〈벤허〉였다(같은 글, 344쪽 주 19). 〈연산군―장한사모편〉은 신문들에서도 크게 다뤄졌다. 《서울신문》(1962.1.15); 《한국일보》(1962.3.31); 《서울신문》(1962.7.8); 《조선일보》(1962.12.15) 등. 〈폭군 연산〉과 관련해서 흥미로운 사실 한 가지는 그것이 현재까지 상영시간(3시간 26분)이 가장 긴 한국 상업영화라는 것이다(〈한국영화 기네스북〉, 『씨네 21』 388호, 2003).

15 김동호, 『한국영화 70년 대표작 200선』, 한국영화진흥공사, 1989.

16 김소영, 「사모의 멜로드라마」, 『근대성의 유령들』, 씨앗을뿌리는사람들, 2000; 안진수, 「역사의 부담과 작인성의 딜레마」, 『대중서사연구』 17, 2007, 364쪽 및 367쪽, 371쪽.

17 2009년 현재 〈왕의 남자〉를 제외한 역대 한국영화의 흥행 성적에서 5위까지는 아래와 같다. 1위 〈괴물〉(1302만 명), 3위 〈태극기 휘날리며〉(1175만 명), 4위 〈실미도〉(1,108만 명), 5위 〈디워〉(843만 명). 《조선일보》(2009.2.25).

18 두 연극의 세부 사항은 다음과 같다. 먼저 〈문제적 인간, 연산〉은 극본·연출: 이윤택. 공연단체: 극단 유. 초연장소: 동숭아트센터 동숭홀. 출연: 유인촌(연산), 이혜영(장녹수), 윤복희(폐비 윤씨), 김학철(임숭재), 정규수(김처선), 정동숙(김자원), 이용녀(인수대비), 박찬빈(성종), 하용부(이판수), 최지혜(정귀인), 문원영(엄귀인) 등. 수상: 1995년 한국연극협회 올해최우수 작품상, 연출상(이윤택), 제32회(1995) 동아연극상 희곡상(이윤택), 연기상(이혜영), 미술상(신선희), 제32회(1995) 백상예술대상 대상, 연기상(유인촌), 미술상(신선희), 인기상(정규수), 제3회(1995) 대산 문학상 희곡상(이윤택). 이상의 정보는 예술로 홈페이지(http://www.art.go.kr) 예술지식 디렉토리 〈문제적 인간, 연산〉 항목 참조.
다음으로 〈이爾〉는 극본·연출: 김태웅. 공연단체: 극단 연우무대·극단 우인. 초연 년도: 2000년 11월 18~28일. 초연 장소: 문예진흥원 예술극장 대극장. 출연: 김내하(연산군), 오만석

(공길), 이승훈(장생), 진경(장녹수), 조희봉(홍내관) 등. 수상: 2000년 한국연극협회 선정 올해의 연극 베스트 5, 작품상, 희곡상(김태웅), 신인연기자상(오만석). 2000년 한국연극평론가협회 선정 베스트 3. 2001년 동아연극상 작품상, 연기상(김내하 · 이승훈). 2001년 서울공연예술제 희곡상(김태웅). 이상의 정보도 예술로 홈페이지 예술지식 디렉토리 〈이〉 항목 참조. 이 연극의 대본은 김태웅, 『이―김태웅 희곡집 1』, 평민사, 2005로도 출간되었다.

19 그의 아명은 '무작금無作金'이었다. 치세 끝 무렵 그는 별감 최무작금이 자신의 아명과 같다면서 빨리 고치라고 명령했다(11.12.7정사).

20 『연산군일기』의 첫머리에 있는 총서總序에서는 연산군이 "어릴 때부터 학문을 좋아하지 않아서 동궁에 소속된 관원이 공부하기를 권계하자 매우 못마땅하게 여겼다"고 지적했다. 『연려실기술』에서도 "연산군은 날마다 유희만 일삼고 학문에는 전혀 마음을 두지 않았지만, 성종의 엄한 훈계를 두려워해 억지로 서연에 나왔다. 동궁의 관원이 열심을 다해 강의해도 모두 흘려들었다"고 혹평했다(권 6, 「연산조 고사본말」 연산군).

그러나 『연려실기술』은 『아성잡기鵝城雜記』를 인용해 "연산군이 본성을 잃은 것은 윤씨가 폐위된 데 기인한 것이며, 왕위에 처음 올랐을 때는 상당히 슬기롭고 총명한 임금으로 일컬어졌다"는 기록도 실었다(같은 부분). 최근 함규진 또한 세자 시절 연산군은 상당히 훌륭했으며, 아무리 엄격한 잣대를 들이댄다고 해도 임금의 그릇이 크게 모자라지는 않았다고 평가했다(『왕의 투쟁』, 82~86쪽).

21 서연에서 처음 배우는 책은 대체로 『소학』과 『효경』이었다(이석규, 「조선초기 서연연구」, 『역사학보』 110, 1986, 30쪽). 그 밖에도 『천자문』, 『유합類合』, 『훈몽자회訓蒙字會』, 『동몽선습童蒙先習』, 『격몽요결擊蒙要訣』 등이 주요한 교재였다(김문식 · 김정호, 『조선의 왕세자 교육』, 김영사, 2003, 98~105쪽).

22 김중권, 「朝鮮 經筵에서 燕山君의 讀書歷에 관한 考察」, 『서지학연구』 37, 2007, 92쪽 〈표 1〉 참조.

23 김종수, 「『孝宗東宮日記』를 통해 본 書筵 양상」, 『규장각』 31, 2007, 97~99쪽.

24 노관범, 「『英祖東宮日記』로 보는 王世弟의 書筵과 微視政治」, 『규장각』 33, 2008, 49~59쪽.

25 그는 향렴체香奩體와 옥대체玉臺體를 즐겼다고 한다(11.7.7경인). 연산군의 시 창작과 관련된 사항은 이상옥, 「燕山君의 詩的生活」, 『友石史學』 1, 1968; 이승녕, 「燕山君의 詩想의 고찰」, 『동방학지』 12, 1971; 신봉승, 「시인 연산군」, 선, 2000; 배규범, 「香奩과 虛無의 詩學―燕山君의 문학적 思惟를 중심으로」, 『어문연구』 123, 2004 등 참조.

26 연산군대의 출판과 관련된 사항은 김윤식, 「朝鮮 燕山朝의 書籍文化에 관한 考察」, 『서지학연구』 34, 2006 참조.

27 獻納崔潾啓曰, 臣屢侍書筵, 見世子學問日就, 須擇正人以輔養之. 又擇內官之謹愼者, 俾侍朝夕.

28 이하 성종 후반 연산군의 학문 태도와 관련된 서술은 김중권, 「조선조 경연에서 연산군의 독서력에 관한 고찰」, 88~93쪽.

29 권연웅, 「朝鮮 成宗朝의 經筵」, 『한국문화의 제문제』, 시사영어사, 1982, 68~69쪽.

30 傳于承政院曰, 世子學問, 非如諸生與同輩講論切磨, 但受書筵官句讀之訓而已. 古今事變興亡治亂之跡, 不可不知也, 而世子年今十七, 未解文理, 予甚憂之. 今後書筵官三日一次講論, 故讀微辭奧旨, 無不精釋可也.

31 司憲府持平閔願來啓曰, (…) 且臣等近日入參書筵, 觀世子學業, 前日所讀書, 非徒不能慣熟, 又多有錯誤處. 此無他, 近日停晝·夕講, 雖有未解之處, 未能時時講究質正故也. 翌日朝講, 雖或質正, 然豈若常常與僚屬相接, 有疑輒問乎. 前日侍講院請復晝·夕講, 上以爲酷熱慮生病. 臣意若以禮服見賓客師傅, 則果如上敎矣, 所疑之處, 以便服接見僚屬, 雖終日同處論下, 亦無妨. 世子春秋亦不少, 當惜寸陰, 以勤學問.

32 上曰, 世子今尙未通文理, 與講官久對講論甚當. (…) 傳于侍講院曰, (…) 近日世子果因身不快, 久闕書筵. (…) 自今朝講後入內, 以習其所讀之書, 食後除問安, 與書筵官從容講論, 而書筵官亦以嘉言善行, 諄諄敎誨, 以博其義理之趣可也.

33 司憲府掌令柳濱來啓曰, 臣於書筵, 伏覩世子, 讀前講之書, 語多羞澁, 似未該通, 又於聽受時, 不肯問辨. 世子春秋旣壯, 在恒人, 亦通文達理之時, 今直若此, 向學之心, 恐未至也. 臣意以爲, 一日所講, 必於翌日, 與諸賓客, 侍講官等, 相辨難盡通無礙, 然後復講他文, 以此爲式.

34 김희준, 「朝鮮前期 水陸齋의 設行」, 『호서사학』 30, 2001, 30~31쪽. 예컨대 세종 4년(1422) 5월 붕어한 태종에게 수륙재를 드렸다. 수륙재의 시행을 둘러싼 논란은 여러 연구가 주목한 바 있다. 특히 신석호, 「조선 성종시대의 신구대립」, 388~392쪽; Wagner, The Literati Purges, 36~39쪽; 김돈, 「제2장 燕山君代의 군신권력관계」, 44~46쪽; 송수환, 「갑자사화의 새 해석」, 116~119쪽 등 참조.

35 그 뒤에도 홍문관에서 계속 소문 작성을 거부하자 연산군은 앞으로 승정원에서 그 일을 담당하도록 지시했다(1.1.5기축). 그러나 실제로는 다른 문한 부서가 맡게 된 것으로 보인다. 보름 뒤 시강원侍講院 보덕輔德 이거李琚는 자신에게 그 임무를 맡기지 말아달라고 상소했다. 연산군은 "왕명을 모두 사피辭避하면 임금은 장차 어떻게 하란 말이냐"라고 한탄했다(1.1.19계묘).

36 盧思愼啓, 事有緩急, 今一飯佛, 而國之興亡, 在於朝夕, 則言之可也. 爲先王設齋, 皆祖宗朝故事, 不可以此爲崇佛也. (…) 坌集闕下, 論難不已, 臣甚非之. 臣意以爲, 大事外, 如此事, 不必答之.

37 그 뒤에도 수륙재는 지속된 것으로 보인다. 재위 1년 11월 8일(정해) 영경연사 어세겸이 대간의 반대를 수용해 중지하자고 건의하자 연산군은 "나도 무익하다고 생각하니 지내지 않는 것이 좋겠다"고 동의했다. 그러나 바로 그날 "다시 생각하니 조종조에서 시행해온 것이므로 폐지할 수 없다"고 번복했다.

38 조유형을 제외한 20명의 명단은 다음과 같다. 유희저柳希渚, 이윤탁李允濯, 심정沈貞, 이성동李成童, 유림柳琳, 성운成雲, 윤원尹源, 박광영朴光榮, 임희재任熙載, 유중익兪中翼, 김천령金千齡, 이광李光, 이윤식李允湜, 한효원韓效元, 김수경金壽卿, 성몽정成夢井, 안만복安萬福, 이광좌李光佐, 안석복安碩福, 김협金協.

참고로 이들 중에서 주목할 만한 족적을 남기는 사람들이 나왔다. 이성동은 중종 때 대사간을 역임하고 기묘사림의 일원으로 활동했으며, 역시 중종 때 성운은 병조판서, 한효원은 영의정, 성몽정은 이조참판으로 정국4등공신을 역임했다. 뒤에서도 언급하겠지만, 임희재는 임사홍의 아들로 무오사화 때 피화되어 갑자사화 때 처형되었다.

39 이 문제는 신석호,「조선 성종시대의 신구대립」, 392~394쪽; Wagner, *The Literati Purges*, 31~33쪽; 김돈,「제2장 연산군대의 군신권력관계」, 50~57쪽 등에서도 자세히 언급했다.

40 안우건은 대간의 탄핵으로 사직을 요청했지만 윤허되지 않았다(1.5.5정해).

41 신수근도 사직을 요청했지만 받아들여지지 않았다(1.5.28경술).

42 졸곡은 삼우제三虞祭를 지낸 뒤 수시로 애곡하는 것[無時哀哭]을 끝내기 위해 지내는 제사로 초상을 치른 3개월 뒤 강일剛日(간지가 갑甲·병丙·무戊·경庚·임壬에 해당하는 날)에 지내도록 되어 있다.

43 그러나 이자건은 여기서 만족하지 않고 윤은로를 약방제조에서 체직시켜야 한다고 주장했다(1.12.3임자). 이 요구는 윤허되지 않은 것으로 보인다.

44 한치례는 약 1년 반 뒤에 세상을 떠났다. 그의 졸기에서는 그가 매우 탐오해 다른 사람이 좋은 전장田莊과 노복을 갖고 있으면 온갖 계략을 써서 반드시 취득했다고 비판했다(5.2.8무술).

45 대간은 "전하께서 즉위하신 뒤 대간의 계청을 따르지 않은 것은 모두 외척과 관련된 일[臺諫啓, 殿下卽位以來, 臺諫所啓不從者, 皆外戚事]"이라고 말했다.

46 인물 정보는『한국민족문화대백과 사전』(www.aks.ac.kr)의 해당 항목을 참고했다. 아울러 필자는 이전의 저서에서 이철견을 세조비 정희왕후의 동생이라고 잘못 설명했는데(『사화와 반정의 시대』, 105쪽), 바로잡는다.

47 참고로 내시부의 조직은 다음과 같다. 상선尙膳(종2품, 2명), 상온尙醞(정3품 당상, 1명), 상다尙茶(정3품 당하, 1명), 상약尙藥(종3품, 2명), 상전尙傳(정4품, 2명), 상책尙冊(종4품, 3명), 상호尙弧(정5품, 4명), 상탕尙帑(종5품, 4명), 상세尙洗(정6품, 4명), 상촉尙燭(종6품, 4명), 상훤尙烜(정7품, 4명), 상설尙設(종7품, 6명), 상제尙除(정8품, 6명), 상문尙門(종8품, 5명), 상경尙更(정9품, 6명), 상원尙苑(종9품, 5명). 한우근 외,『譯註 經國大典(飜譯篇)』, 한국정신문화연구원, 1986, 68~70쪽.

48 그 뒤에도 연산군은 김효강에 대한 관심을 접지 않았고, 대간은 그것을 계속 저지했다. 연산군은 그에게 한 자급을 더했지만(3.12.25임진) 대간의 반대(3.12.26계사·27갑오; 4.1.4경자; 4.2.3기사)로 결국 취소했다(4.2.5신미). 1년 뒤에도 가자하려고 했지만 대간의 반대를 우려해 물품만 하사했다(5.3.13임신). 직첩을 다시 주고 궁궐의 사무를 감독시키려는 시도도 대간의 반대로 이루지 못했다(5.10.12무술; 5.10.13기해·19을사·21정미). 김효강이 70세가 넘은 나이로 충청도 서산西山에 살면서 병에 걸리자 연산군은 급히 의원을 보내 잘 보살피라고 지시했다(8.3.24병신).

49 한우근 외,『譯註 經國大典(飜譯篇)』, 4쪽.

50 傳曰, (…) 人君不得行一時之特恩乎. 若必事事而沮之, 則將使人君不得有爲, 而臣自爲之.

51 그러나 김효강과 비슷하게 봉보부인에 대한 연산군의 후원은 지속되었다. 연산군은 그녀가 병들자 아들(김세준金世俊·김세걸金世傑·김세정金世貞·김세호金世豪)과 사위(박예범朴

禮範)에게 녹봉과 품계를 하사해 위로했으며(3.2.20임진), 그녀가 사망하자 사흘 동안 조회를 정지했다(3.2.30임인). 또한 사후 3년 동안 녹봉을 주려고 했지만 의정부와 대간의 반대에 부딪히자 성종의 선례에 따라 1년만 주도록 결정했다(3.3.9신해).

국왕이 자신의 측근을 포상하고 후원하려는 의도와 행동은 자연스러울 수 있다. 그러나 연산군은 그 관심과 규모의 정도가 다른 국왕들보다 훨씬 컸다는 측면에 주목할 필요가 있다. 뒤에서 좀더 자세하게 논의하겠지만, 이것은 자존自尊의식과 밀접하게 관련되어 있는 문제라고 생각된다. 즉 연산군은 자신의 측근에게 주어지는 포상의 크기를 자신이 행사할 수 있는 권력의 규모와 직결시킨 것이었다. 그러나 측근들이 자신의 의도를 거스를 경우 다른 사람들보다 더욱 가혹하고 빈번하게 처벌했다는 사실 또한 눈여겨볼 만하다. 이것 역시 자존의식이 극도로 팽창해 나타난 결과로 볼 수 있다.

52 下御書于承政院曰, 予遣宦寺, 見廢妃之墓, 頹崩累年不修, 將出骸骨, 至食于狐狸. 雖士大夫之墓, 不宜如此, 而況千乘主之母乎. 人子之情, 所不忍聞, 須擇吉年月時遷葬. 其言不可者, 罪不容誅. (…) 且只祭俗節不可, 今後亦行朔望奠事, 竝錄于傳旨. (…) 今若有以此爲不可, 則是非予之臣也.

53 이 문제와 관련해 예조판서 성현, 참판 신종호, 참의 조숙기는 윤씨의 이름[諱]을 쓰되 '자친'이라고 표현하는 데 반대했지만, 원상들의 의견에 따라 '자친'이라고 쓰되 이름은 사용하지 않는 것으로 결정되었다(2.4.4신사·5임오).

54 傳曰, 廢妃有罪, 雖不得擧盛典, 遷墓在所可爲. 明年遷墓則今年不得不預定官員, 使治其事, 鈞敢言之, 必有其情. 若以爲臺諫而每加優容, 則權不在上. 大抵觀今之勢, 若鞫承政院, 則憲府必論啓, 若鞫憲府, 則諫院亦必論啓, 此豈可乎. (…) 臺諫之言, 可聽則聽之, 不必盡從. 近觀臺諫之勢, 事雖不可聽, 而强言不已, 若不得請, 則必謂予拒諫. 予之卽位, 僅一朞, 而每云言路塞矣, 予未知鞫一正言, 而人將箝口結舌何也. 臺諫亦是臣子, 而務使人君盡聽其言可乎. 然則權不在上, 而在臺閣矣. 以箝口結舌之弊, 較權歸臺閣之患, 則孰重孰輕. 予意謂危國之道, 在於權之下移矣. 鈞之情, 不可不問.

55 盧思愼追進立主廟議曰, (…) 廢妃雖曰得罪於先朝, 誕育聖躬, 君臨一國, 其功德詎有涯耶. (…) 在聖上爲母尊奉之禮, 固所自盡也. (…) 臣謂違先王一時之敎, 其失小, 待母後以庶人, 其失大, 所關豈不重乎. 臣聞其時有請置廢妃於別殿者, 成宗傳曰, 置之別殿, 則殊無譴責之意, 若其子主器, 則理宜追封, 成宗聖意方可知矣.

56 연은전은 덕종德宗의 위패를 봉안한 경복궁의 전각이다. 천신은 새로 거둔 과일이나 곡식을 조상이나 사직에 감사하는 뜻으로 먼저 올리는 의식이다.

57 이전에도 연산군은 내일이 폐비의 기일이니 소찬素饌을 들이라고 사옹원司饔院에 지시한 바 있다(1.8.14갑자).

58 정문형은 좌참찬으로 연산군대를 시작해 우찬성(1.3.20계묘)을 거쳐 판중추사에 임명되었다(1.5.11계사). 그는 노년을 이유로 치사致仕를 요청했지만 윤허를 받지 못했다가(1.12.26을해) 이때 우의정에 임명된 것이었다.

59 의정부와 육조판서를 중심으로 한 대신들은 네 차례에 걸쳐 의견을 올렸다. 이극돈·이계

동·여자신·윤효손·성세명(2.3.4임오); 병판 성준, 호판 이세좌, 예판 성현, 공판 신준
(2.3.15계사); 윤필상·윤호·신승선·어세겸·윤효손(2.3.29정미; 2.윤3.1무신).

60 아울러 궤장几杖도 하사했다(2.윤3.12기미).

61 掌令李守恭曰, (…) 三公燮理陰陽, 贊成貳公弘化, 今皆不人, 故有以致之也.

62 傳曰, 臺諫以三公爲不人, 予甚痛心. 三公與予共治者也, 而指三公爲不人, 是指予而言之也.
天之譴告, 實在寡躬, 豈由三公.

63 司諫崔溥等上疏曰, (…) 今之冠三公者, 慎承善其人也 儒弱類婦人, 當國大事, 邈無可否, 加
以疾病纏身, 曠職在家, 已閱數年. 是以論經燮理之位, 爲粥飯僧養病之地也. 其次有魚世謙, 才
學有可稱者, 自在先朝莅職不勤, 時人目爲午鼓堂上. (…) 又其次有韓致亨, 質美而未學者, 作相
之後, 政府所建白, 有停內苑築墻, 新蔘沙臺石, 纔二事而已. (…) 傳曰, (…) 吹毫覓疵, 數宰相之
失, 是數我罪也(아울러 3.2.15정해~17기축·19신묘도 참조). 이 사건 또한 신석호, 「조선 성종
시대의 신구대립」, 403쪽; Wagner, The Literati Purges, 38쪽; 송수환, 「甲子士禍의 새 해석」,
120쪽 등에서 주목한 바 있다.

64 前者司憲府上疏, (…) 其略曰, (…) 況掌銓衡者, 率皆貪無恥之徒, 注擬多非其人. 非姻婭則必
是至親, 專擅弄權, 別立新法. 臺諫駁之, 巧辭曲辨, 朝論崢嶸, 恬不知愧. (…) 伏望命遞其職, 以
祛亂政之弊.

65 尹弼商·鄭文炯·韓致亨·李克墩·成俊議 (…) 今銓曹遴選之際, (…) 臺諫從而駁之, 捃摭
前過, 得請後已. 故銓曹執簿呼名, 考其資格, 僅欲免己咎而已. (…) 委任以專, 唯在上裁, 非人臣
所得議也.

66 연산군 초반 노사신과 삼사의 대립은 신석호, 「조선 성종시대의 신구대립」, 388~408쪽; 에
드워드 와그너, 이훈상·손숙경 옮김, 「정치사적 입장에서 본 조선시대 사화의 성격」, 96~102
쪽 참조.

67 대신에 대한 탄핵과 관련해 이목은 그전에도 주목할 만한 인물이었다. 그는 성종 23년
(1492) 성균관 생원으로서 영의정 윤필상을 '간사한 귀신[奸鬼]'이라고 탄핵한 것이었다. 그러
나 이때는 우의정 허종, 이판 홍귀달 등 대신과 대간이 "실언이지만 유생이라는 지위를 감안해
용서하자"고 주청했으며 연산군도 동의해 처벌되지 않았다(성종23.12.4경자·5신축·11정미
~14경술).

68 領議政盧思愼書啓曰, (…) 近來臺諫雖小事, 務欲自勝, 爭論於上, 累日連月, 必勝而後已. 故
其弊漸至於主威不振, 臣常憂之, 無術而革弊. 頃承上敎, 臺諫等逆命下獄, 臣心以謂, 此實英主
之威斷, 方喜賀不暇, 何緣救此有罪之人乎. 此臣情素也, 伏惟上裁.

69 竊惟先儒有言, 政權不可一日不在朝廷. 不在朝廷則在臺閣, 不在臺閣則在宮闈. 在朝廷則治,
在臺閣則亂, 在宮闈則亡. 國家治亂興亡, 靡不由茲. 近來士習日非, 以告訐爲直, 陵上爲高, 不顧
事之輕重大小, 惟以己言爲聖經賢傳, 務欲自勝. 與人主頡頏相持, 連日累旬, 紛紛不止, 至於論
人之罪, 啓請不得, 則必捃摭平昔咎愆, 吹毛求疵, 陷之而後已. 自謂臺諫之體固當如是, 臺諫之
名, 由此益高, 傾危之習漸成, 忠厚之風日掃. 臺諫言之, 而弘文館繼之, 弘文館言之, 而大學生亦
繼之, 甲唱乙和, 狃以成習. 求疵於不疵, 造辭乎無辭, 人或異已, 輒加論毁. 醜?百端, 公卿大夫畏

其口, 而不敢可否於其間, 是豈盛世美事, 朝廷大體乎. 如此習尙, 古所未有, 至於我朝, 亦所未有. 若此習不已, 而權歸臺閣, 大臣杜口, 則朝廷之事, 豈不爲寒心哉. 老臣常憂時事至此, 以爲此弊非人臣所能遽革, 必明主留意, 然後可以去矣. 아울러 1. 7. 8기축도 참조.

70 이런 사례들은 그 논란의 진위와는 상관없이 노사신이 수령의 임명에 큰 영향력을 행사했다는 기록(1.1.26경술)을 뒷받침해주는 증거로 볼 수 있을 것이다.

71 그는 본관이 함안으로 자는 요경堯卿, 호는 옥봉玉峯이며 성종 23년(1492) 급제한 뒤 이조참판에까지 올랐다. 아버지는 조동호趙銅虎, 조부는 조려趙旅, 증조부는 조안趙安이고 외조부는 이증李增(본관 고성固城)이며 장인은 정희영鄭希英(본관 경주慶州)이다. 와그너・송준호, 『보주 문과방목』 참조.

72 노사신의 졸기인 이날의 실록 기사는 다음과 같다. 그 내용은 본문에서 말한 노사신의 태도를 잘 보여준다. "노사신은 금상(연산군―인용자)이 즉위한 초반에 수상이 되었다. 국왕이 대간에게 분노해 그들을 가두고 국문하려고 하자 노사신은 '기뻐 경하해 마지않는다'고 말했으며, 태학생이 수륙재 문제를 간언하자 그들을 귀양 보내려고 했을 때도 노사신은 찬성하니 사림들이 이를 갈았다. 그러나 그는 남을 해치려는 성품은 아니었다. 무오사화가 일어나자 윤필상, 유자광, 성준 등은 본래 청의하는 선비를 미워해 붕당으로 지목해 일망타진하려고 붕당으로 지목했다. 그러자 노사신은 홀로 강력히 구원하면서 '동한은 이름 있는 선비들을 금고했기 때문에 나라가 망했으니 아랫사람들이 청의를 발언하지 못하게 하면 안 된다고 저지했다. 많은 선비들이 그에 힘입어 목숨을 보전했다."

비슷한 내용은 『연려실기술』에도 나온다. "이목은 태학에 있던 시절 글을 올려 윤필상을 간귀라고 지목했고, 조순은 정언으로 있으면서 노사신을 논박했다. 이때(무오사화)에 와서 윤필상은 이목이 일찍이 김종직의 문하에서 가르침을 받았다는 이유로 모함해 죽였다. 그런 뒤 노사신에게 '조순도 죽여야 된다'고 말했지만, 노사신은 '그것이 무슨 말이냐'면서 끝내 듣지 않았다(권 6, 「연산조 고사본말」 무오사화戊午史禍. 『병진정사록』 인용-)."

73 사헌부에서 집의에 권주權柱, 장령에 이자건・이달선李達善, 지평에 유헌柳軒・박중간朴仲幹을 임명했고, 사간원에서 사간에 최한원崔漢源, 헌납에 정수鄭洙, 정언에 이주李胄・한훈韓訓을 임명했다.

74 동평관은 조선시대에 일본 사신들이 머물던 숙소로 왜관倭館이라고도 했으며, 서울 남부의 낙선방樂善坊(현재의 종로구 인사동)에 있었다.

75 그러나 성종이 음주와 활쏘기를 즐겼다는 비판도 눈여겨볼 만하다. 특히 연산군이 연락에 빠진 까닭은 성종 때부터 그것을 익숙하게 보아왔기 때문이라는 지적은 주목된다. 『연려실기술』 권 6, 「성종조 고사본말」. 『전언왕행록前言往行錄』 인용.

76 그 밖에도 병조 정랑 권수평權守平(1.2.1을묘), 지평 최부(1.2.13정묘), 승지 강구손(1.6.29경진), 예문관 봉교 강덕유姜德裕(3.6.5을해) 등의 발언을 대표적인 사례로 들 수 있다.

77 成宗卽位之初, 臺諫論事, 非但樂聞, 又從而褒奬之, 資窮者至陞堂上, 以培養直士之氣. 亦無有言事而被譴者, 故二十六年之間, 皆得盡言不諱. 近日論事臺諫, 亦前日所培養者. 殿下卽位之初, 無一事快從臺諫之言, 至於今日, 非但不從, 又從而囚繫之, 以罷職事, 以挫直士敢言之氣. 臣等深恐自此人皆以言爲諱, 殿下不得聞過, 國事日非矣. 此正宗社安危之機, 願留三思.

78 아울러 복합적인 사안일 경우 그들은 제기한 모든 주청이 받아들여지기를 요구했다. 그런 사례들은 매우 많지만, 예컨대 연산군 3년 11월 삼사는 정5품과 종6품의 내시직에 체아직遞兒職을 특설하는 문제와 관련해 그 1년 치 녹봉과 비용은 흉년에 한 고을을 구제할 수 있는 분량이라는 이유에서 한 달 넘게 반대하고 있었다. 결국 연산군은 윤허했는데, 그러자 삼사는 역시 그동안 탄원해오던 인사 문제(심미沈湄·이종호李宗灝의 서용 반대)로 즉시 전환했다(3.11.17 갑인·18을묘·27갑자 등).

79 弘文館上書曰, (…) 公卿大臣, 泯默依違, 其議得失, 唯務順從. 김돈 또한 (연산군 3년 2월) 좌의정 어세겸 스스로 당시의 삼정승은 경연의 고문에 응하고 수의收議를 받들며 견문을 아뢰는 정도의 위치에 있다면서 국가의 정령은 육경六卿이 분직하여 다스리고 삼공三公은 자리만 채우고 있을 따름이라는 심정을 토로했다고 지적했다(「제2장 연산군대의 군신권력관계」, 58쪽).

80 傳曰, 三公與君一體, 予何敢有疑. (…) 傳曰, 臺諫欲鞫三公, 是欲鞫我也. (…) 傳曰, 臺諫以三公爲不人, 予甚痛心. 三公與予共治者也, 而指三公爲不人, 是指予而言之也.

81 宰相之位, 非一朝驟陞, 歷事祖宗朝, 以至高位, 豈可以一言之失, 至於欲食其肉乎. 若以臺諫而優容, 終使臺諫獨言, 而大臣無所可否, 則國事將日非矣. 且人人皆曰, 我爲臺諫也, 雖極言大臣之事無害, 則終必至於不可救矣.

82 대표적으로 다음과 같은 기사를 들 수 있다. 近來臺諫如有所啓之事, 則務於自勝, 必勝而後已. 若爾則自當爲之耳, 何必進啓於予. (…) 予則不賢, 當推劾罪之. (…) 近來臺諫言事, 期於必聽, 權將在下. 故必鞫之(1.6.29경진). (…) 傳曰, 人主不能制臺諫, 則威權專在臺諫, 而不在於人主. 如此則何有紀綱乎. 爾等必以予爲幼主, 而有是言也(1.8.9기미).

83 함규진은 '언론과의 전쟁—연산군 엽기어록'이라는 제목으로 그런 발언을 모아놓았다(『왕의 투쟁』, 94쪽).

84 연산군은 왕권의 정당한 행사라고 생각했겠지만, 가자와 작상을 남발한 것은 사실인 것 같다. 연산군 2년 대사헌 구치곤丘致崐의 지적에 따르면 당시는 통정대부通政大夫(정3품 당상관)가 100여 명이고 가선嘉善대부(종2품) 이상도 70여 명이었다(2.12.9임오).

85 아울러 사옹원으로 운송한 풍저창의 백미 500여 석을 돌려보냈으며, 긴급하지 않은 영선을 모두 중단하라고 지시했다. 또한 경기도와 사복시에 잡아들이라고 명령한 노루와 붕어를 올리지 말게 했고, 내수사로 보낸 말 9필도 다시 사복시로 보냈으며, 외부의 시선을 피하려고 세운 후원後苑의 울타리도 모두 철거하라고 명령했다(3.6.29기해; 3.7.1경자).

86 홍문관의 언관화에 대해서는 최승희, 「弘文館의 성립경위」, 『朝鮮初期 言論史硏究』(『한국사연구』 5, 1970); 「弘文館의 言官化」, 같은 책(『조선시대사학보』 18, 2001); 최이돈, 『조선중기 사림정치 구조연구』, 28~63쪽 등 참조.

87 사화에 관련된 가장 치밀하고 깊이 있는 연구는 Wagner, *The Literati Purges*라고 생각한다. 특히 무오사화에 관련된 해석은 매우 날카롭고 설득력 있으며, 이 책에서도 많은 영향을 받았다.

88 坡平府院君尹弼商・宣城府院君盧思愼・右議政韓致亨・武靈君柳子光詣差備門, 請啓秘事, 令都承旨愼守勤掌出納, 史官不得與. (…) 已而, 義禁府經歷洪士灝・都事愼克成承命馳向慶尙道, 外人莫知爲何事.

89 김일손이 사초에 쓴 불미스러운 일은 이극돈이 불경을 잘 외운 덕에 전라도 관찰사가 되었다는 것과 정희왕후의 상례 중에 장흥長興의 관기官妓를 가까이했다는 것이었다.

90 김일손은 이극돈이 자신을 원망한다는 사실을 친형 김준손金駿孫의 사위인 진사 이공권李公權이 홍문관 교리 손자에게서 듣고 전해주었다고 진술했다(4.7.12병오).

91 며칠 뒤 국문을 받으면서 허반은 세조가 덕종의 상을 끝마친 뒤 권씨에게 육식을 권했는데 먹지 않으니 세조가 노하자 권씨가 달아났다고 전달했지만 말이 오가는 사이에 김일손이 착오를 일으켜 그렇게 썼다고 해명했다(4.7.20갑인). 『연려실기술』에서는 허반은 덕종의 소훈 윤씨라고 말했지만 김일손이 귀인 권씨로 착각했다고 적었다(권 6, 「연산조 고사본말」 무오사화. 『야언별집』 인용).

92 『연려실기술』에서는 대신들이 그런 원한 때문에 무오사화에 적극적으로 참여했다고 기록했다(권 6, 「연산조 고사본말」 무오당적 이목. 『명신록』 인용).

93 이후 중종 2년 윤정월 무오사화로 희생된 스승 김굉필의 원수를 갚으려는 목적에서 거사하려다가 모반의 혐의로 처형된 조광보趙光輔는 유자광이 무오사화의 원흉이라고 지목했다(중종2.윤1.27신미. 정두희, 『조광조』, 아카넷, 2000, 55쪽). 중종반정의 삼대장 중 한 사람으로 당시 이조판서였던 성희안도 관련자 중에서 사망한 사람으로는 이극돈을, 살아 있는 사람으로는 유자광을 사화의 핵심 인물로 지목했다(중종2.2.2병자. 정두희, 같은 책, 57쪽)

94 널리 알려진 대로 그것은 유자광이 경남 함양咸陽에 갔을 때 시를 지어 그곳에 있는 정자에 현판으로 걸었는데, 나중에 그곳 수령으로 온 김종직이 대노하면서 그것을 철거해 소각했다는 내용이다.

95 居久之, 乃謀於子光, 子光攘臂曰, 此豈遲疑之事乎, 卽往見盧思愼・尹弼商・韓致亨, 先敍受恩世祖不可忘之意, 以動其心然後, 乃言其事. 蓋思愼・弼商世廟寵臣, 致亨族連宮掖, 料其必從己, 故語之, 三人者果從之.

96 유자광은 국왕의 전교를 직접 작성하려다가 승지와 대신들에게 제지당했다(4.7.15기유). 도승지 강구손은 "지금 국옥鞫獄에는 위관委官과 의금부가 있지만 그 일을 힘써 주장하지 않았으며, 무령군만이 힘써 주장하고 있다"고 평가했다(4.7.18임자). 그러나 이극돈의 졸기에서는 이극돈이 수악首惡이라고 판단했다(9.2.27갑자).

97 子光猶恐治獄漸弛, 未盡己意, 日夜謀所以鍛鍊者, 一日自袖中抽出一卷書, 乃宗直文集也. 摘其中弔義帝文與述酒詩, 遍示諸推官曰, 此皆指世祖, 而馴孫之惡, 皆由宗直誨而成之也. 卽自爲註釋, 逐句而解之, 令王易知.

98 그 명단은 다음과 같다. 신종호・조위(김종직의 처남)・채수・김전金詮・최부・신용개申用漑・권경유・이계맹・이주李胄・이원・정석견・김심金諶・김흔金訢・표연말・유호인兪好仁・정여창・이창신・강백진・유순정柳順汀・권오복・박한주朴漢柱・김굉필・이승언李承彦・곽승화郭承華・장자건莊姉健.

99 이원李黿·표연말·정여창鄭汝昌 등은 김종직과의 관계를 부인했으며, 성중엄·윤효손·이목·임희재 등은 서로 공초 내용이 많이 엇갈렸다. 그들은 서로의 진술을 부정하거나 자신의 발언을 정정하기도 했다(4.7.24무오·25기미).

100 홍한의 사초에서는 "세조께서 화가化家(집권―인용자)를 모의해 몰래 무사들과 결탁했다"고 서술했다. 신종호의 사초에서는 "노산의 난에서 정창손 등이 제일 먼저 그들을 베자고 주청했는데, 노산이 비록 세조에게 죄를 지었지만 정창손 등은 그를 몸소 섬긴 사람으로서 차마 베자고 제창할 수 있겠는가"라고 썼다. 표연말의 사초에서는 "소릉을 헌 일은 문종을 크게 저버린 것"이라고 비판했다.

101 우선 윤필상 등은 「조의제문」은 그 의미가 매우 깊어 "충분을 부쳤다"는 김일손의 말이 없었다면 이해하기 어려웠을 것이라고 말했으며, 대사헌 강구손도 일찍이 그 글을 보았지만 그 뜻을 파악하지 못했다고 진술했다(4.7.16경술). 김종직의 제자로 지목된 표연말도 그 뜻을 해득하지 못했다고 말했다(4.7.18임자).
그러나 권오복은 「조의제문」은 간곡하고 침통[懇惻沈痛]해 사람들이 말하지 못한 부분을 말했기 때문에 사림士林들이 전해 외웠다고 상찬하면서(4.7.19계축) 의제義帝를 노산에 비유한 것이 맞다고 인정했다(4.7.22병진). 권경유도 김종직은 본래 충의에 불타는 사람이므로 의제를 위해 조문을 지었으며, 충의가 격렬해 읽는 사람들이 눈물을 흘렸다고 진술했지만(4.7.22병진) 단순히 의제를 추모한 글일 뿐 다른 의도는 없다고 판단했다(4.7.25기미). 즉 권오복을 제외하면 「조의제문」의 '깊은 의미'를 사전에 파악한 사람은 드물었으며, 유자광의 해설이나 그 밖의 도움에 힘입어서만 그 진의를 알 수 있었던 것이다. 이런 사실은 이 사건에서 「조의제문」이 왜곡 또는 확대 해석되었을 가능성을 암시한다는 측면에서 상당히 흥미롭다.
『연려실기술』에서는 「조의제문」이 분명히 뜻이 있어서 나온 것이라고 지적하면서 세조에 비판적이었으나 그 치세에 과거에 급제해 고관에 오른 김종직의 행위는 부끄러운 것이라고 힐난했다(권 6, 「연산조 고사본말」 무오당적 김종직. 『명재집明齋集』 인용). 참고로 「조의제문」에 대한 연구로는 이구의, 「佔畢齋 金宗直의 「弔義帝文」攷」, 『대동한문학』 8, 1996 ; 정상균, 「김종직의 「조의제시(문)」 연구」, 『고시가연구』 10, 2002 등이 있다.

102 時諸宰及臺諫·弘文館皆在坐, 忽有羅將十餘人持鐵鎖, 一時走入, 宰相以下莫不錯愕起立. 惟淸等受訊杖三十, 竝供無他情.

103 凡臺諫論事, 有當言者, 亦有不當言者. 今差臺諫, 當擇知大體者, 如前臺諫不肖者及年少者, 皆勿注擬. 其年雖老, 不知事體者, 亦不可用, 其以此意論銓曹.

104 사화가 종결된 뒤에도 김종직의 문집은 계속 색출해 소각했다(4.10.7기사).

105 이 표는 Wagner, The Literati Purges, 183쪽 주 60의 내용을 재정리한 것이다. 필자는 이전에 펴낸 박사논문과 저서에서도 이 표를 인용했는데, 약간의 오류가 있었다(김굉필의 형량을 사형으로 표기하고, 정승조鄭承祖를 정숭조鄭崇祖로 오기했다. 그 결과 〈표 7-2〉의 통계도 착오가 빚어졌다). 이번에 다시 검토해 정정했다. 저자와 독자께 사과드린다.

106 우선 연산군 4년 8월, 유자광이 남효온의 시를 근거로 안응세安應世·홍유손洪裕孫 등을 김종직 일파로 고발했고, 강응정姜應貞이 소학계小學契를 만들어 일군의 선비들과 교유한 사

실 등이 발각되어 처벌되었다(4.8.16기묘). 두 달 뒤에는 배목인裵目仁의 도당 문빈文彬 등 13명이 역모의 혐의로 능지처사되었다(4.10.6무진). 그 한 달 뒤에는 두 건의 역모가 보고되었다. 함경도 단천군端川郡 마곡역麻谷驛에 김종직 일파인 이종준의 벽서가 있다는 함경도 관찰사 이승건의 보고로 이종준과 무풍정 이총 등이 처벌되었다(4.11.11계묘; 4.윤11.17무인). 거의 비슷한 시기에는 충청도 천안에 사는 박원성朴元成이 유분柳汾·남계희南季禧 등 유학幼學들이 김종직을 찬양하고 유자광 등을 비판했다고 고변해 관련자들이 처벌되었다(4.11.30임술; 4.윤11.1임술·4을축~7무진·9경오·11임신·12계유).

107 대표적인 연구로는 瀨野馬熊, 「燕山朝の二大禍獄」, 378~379쪽; 신석호, 「조선 성종시대의 신구대립」, 409쪽; 이병휴, 『朝鮮前期 畿湖士林派研究』, 48쪽; 이태진, 「조선시대의 정치적 갈등과 그 해결」, 36쪽; 「士禍와 朋黨政治」, 한국사특강 편찬위원회 편, 『한국사특강』, 서울대출판부, 1990, 160쪽; 李丙燾, 『韓國儒學史』, 아세아문화사, 1987, 159쪽 등을 들 수 있다.

108 대표적인 연구자는 와그너다(The Literati Purges, 46~50쪽; 「정치사적 입장에서 본 李朝士禍의 성격」, 『역사학보』 85, 1980; 이훈상·손숙경 옮김, 「정치사적 입장에서 본 조선시대 사화의 성격」). 최근 진상원은 무오사화의 본질과 관련해서는 와그너의 견해가 가장 설득력 있다고 평가하면서 김종직 등의 신원은 단순히 사림파와 같은 특정 계층의 승리나 대두의 차원이 아닌 일종의 정치 담론의 측면에서 접근하는 방식이 더 적절할 것이라고 지적했다(「조선전기 정치사건의 처벌과 伸冤―김종직의 사례를 중심으로」, 『역사학보』 180, 2003, 80쪽).

109 居久之, 乃謀於子光, 子光攘臂曰, 此豈遲疑之事乎, 卽往見盧思愼·尹弼商·韓致亨, 先敍受恩世祖不可忘之意, 以動其心然後, 乃言其事, 蓋思愼·弼商世廟寵臣, 致亨族連官掖, 料其必從己, 故語之, 三人果皆從之, 而詣差備門內, 呼都承旨愼守勤, 耳語良久乃啓之. 初守勤之爲承旨也, 臺諫·侍從以爲外戚得權之漸, 力陳不可, 守勤銜之, 嘗語人曰, 朝廷是文臣掌中物, 我輩何爲. 至是群怨交集, 王又猜暴, 不喜學問, 尤惡文士乃曰, 要名慢上, 使我不得自由者, 皆此輩也, 常鬱鬱不樂, 欲一施快, 而未敢下手, 及聞子光等所啓, 以爲忠於國家, 獎待特厚, 命於南賓廳鞫囚. (…) 子光以獄事自任, (…) 今日是朝廷改排之時, 須有如此大處置, 不宜尋常以治之. (…) 子光猶恐治獄漸弛, 未盡己意, 日夜謀所以鍛鍊者, 一日自袖中抽出一卷書, 乃宗直文集也. 摘其中弔義帝文與述酒詩, 遍示諸推官曰, 此皆指世România, 而馴孫之惡, 皆由宗直誨而成之也. 卽自爲註釋, 逐句而解之, 令王易知. (…) 所以報咸陽之怨也. 子光欲乘王怒, 爲一網打盡之計, (…) 左右默然, 思愼搖手止之曰, 武靈何至爲此言耶. 獨不聞薰鋼之事乎. (…) 淸論之士, 宜在朝廷, 淸論之亡, 非國家之福, 武靈何言之謬耶. (…) 聞思愼言, 爲之少沮, 然意猶未快, 凡獄辭所連逮者, 必欲窮治不已. 思愼又止之曰, 當初吾輩所啓, 爲史事耳, 今枝葉蔓引, 不干於史事者囚繫日衆, 無乃非吾輩本意乎. 子光不悅. 及定罪之日, 思愼議獨不同. (…) 王從子光等議.

110 이런 노사신의 태도는 여러 측면에서 매우 이례적이었다고 평가할 수 있다. 무엇보다도, 앞서 보았듯이 그는 그동안 연산군에게 적극 호응해 삼사를 가장 직설적으로 비판해왔고, 그 결과 그들에게서 극단적인 공격을 받은 대신이었기 때문이다. 그러므로 사화에서 보여준 그의 태도는 사화의 확대에 유일하게 반대한 희소성이나 이전의 견해와 상반된다는 변이성의 측면에서뿐만 아니라 인간적으로 그런 균형적 태도를 보여주기 힘들 것이라는 개연성의 측면에서

도 이례적이었다.

이런 측면은 무오사화 직후 사망해 작성된 그의 졸기에서도 잘 드러나 있다. "그는 성종 때 정 승이 되었지만 건명건명建明한 바가 없었다. 금상이 즉위한 처음에 수상이 되었는데, 임금이 대간 에게 분노해 그들을 가두고 국문하려고 하자 노사신은 '이루 말할 수 없이 기쁘고 경하드린 다'고 말했다. 태학생이 불교를 배척하자 주상은 역시 노여워하며 유배 보내려고 했는데, 노사 신은 이번에도 찬성하니 사림들이 이를 갈았다. 그러나 그는 남을 기해하는 성품은 아니었다. 사옥史獄이 일어나자 윤필상·유자광·성준 등이 평소 청의淸議하는 선비들을 미워해 일거에 섬멸하려고 붕당으로 지목했는데, 노사신만이 힘써 그들을 구원했다. 많은 사류들이 그에 힘 입어 목숨을 보존했다(4.9.6신축)."

111 책을 시작하며 주 6 참조.

112 이런 측면과 관련된 가장 중요한 자료는 와그너와 송준호가 작성한 『조선문과방목』(일명 『조선조 지배 엘리트에 관한 연구』)일 것이다. 뛰어난 두 학자가 평생에 걸쳐 완성한 이 방대 하고 정교한 성과에 한국학계는 좀더 많은 관심을 기울일 필요가 있다고 생각한다. 그 연구에 대한 자세한 설명은 송만오, 「조선 지배층 추적에 이정표를 세운 에드워드 와그너 교수와 송준 호 교수의 공동연구」, 『한국사시민강좌』 46, 2010 참조.

113 김종직과 관련된 이러한 지적은 이수건, 『영남사림파의 형성』, 313쪽; 김영봉, 「佔畢齋 金 宗直의 관료문인적 성격」, 『연민학지』 3, 1995; 「조선전기 문인의 道學派·詞章派 구분에 대한 비판적 고찰」, 『동방학지』 110, 2000; 『金宗直 詩文學 硏究』, 이회, 2000, 126~136쪽; 김범, 「조 선전기 '훈구·사림세력' 연구의 재검토」, 89~90쪽 등 참조.

114 先是, 慶尙道觀察使李克均薦宏弼遺逸, 命除參奉(2.1.5갑신). 본관이 광주廣州인 이극균은 이극배·이극감·이극증·이극돈 등을 형제로 둔 가장 대표적인 '훈구 세력'의 한 사람이며 (이태진, 「15세기 후반기의 『鉅族』과 名族意識—『東國輿地勝覽』人物條의 分析을 통하여」, 『한국사론』 3, 서울대, 1976, 268~271쪽), 김굉필도 문묘에 배향된 대표적인 '사림 세력'이다. 함께 흥미로운 사실은 이극균이 주요한 '사림'인 이덕형李德馨(5대손)과 이준경李浚慶·이윤 경李潤慶(종증손)을 후손으로 두고 있다는 것이다(김범, 「『燃藜室記述』 인물조 주요인물의 혈 연관계와 官歷」, 252쪽). 조선시대 주요 가문의 혈연적 연속성과 관련된 논의는 와그너, 「李朝 士林問題에 관한 재검토」, 169~173쪽; 송웅섭, 「中宗代 己卯士林의 구성과 출신배경」, 163~171쪽 및 175~177쪽 등 참조.

115 吏曹判書姜希孟上書. (…) 其疏曰, (…) 鄭誠謹嘗爲司評, 以剪治繁劇聞, 及遭父喪, 喪事合 禮, 三年未嘗入京, 士林皆稱其孝(성종9.7.14계유). 현재의 통설에 따르면 이 두 사람 또한 '훈 구 세력'과 '사림 세력'으로 나눌 수 있다. 먼저 강희맹(본관 진주晋州)은 성종대 우의정과 좌 찬성, 이·병·형조판서를 역임한 고위 관료로서 매우 중요한 인물들과 혈연관계에 있던 대표 적인 훈구대신이라고 할 수 있다(그의 중요한 혈연관계는 다음과 같다. 강회백姜淮伯의 손자, 강석덕姜碩德의 아들, 강구손姜龜孫의 아버지, 강극성姜克誠의 4대조, 강희안姜希顔의 동생, 강맹경姜孟卿의 사촌, 김감金勘의 숙부, 안순安純의 손서, 심온의 외손, 김질·신숙주申叔舟 의 사돈. 김범, 같은 논문, 250쪽 참조). 정성근은 성종 17~18년 홍문관원으로서 유향소 복립과

낭관 자천제를 적극적으로 건의한 점을 근거로 '사림 세력'으로 분류되고 있다(최이돈, 『조선 중기 사림정치 구조연구』, 35쪽 및 132쪽).

제3장

1 연산군이 폐위된 날의 기록이므로 신중하게 읽어야 하지만 『연산군일기』에서는 그런 사실을 명확히 서술했다. "무오년의 주륙 이후 국왕의 뜻은 점차 방자해져 엄중한 형벌로 신하들을 억제하는 데만 주력하니 선비들의 기개가 날로 꺾여 바른 말로 극론하는 사람이 전혀 없게 되었다. 국왕은 더욱 꺼리는 바가 없게 되어 황음의 욕망을 발산했다(自戊午誅芟之後, 王志漸肆, 務以嚴刑制下, 士氣日索, 無敢有正言極論者. 王益無所憚, 多縱荒慾[12.9.2기묘])."

2 在成宗朝庫積盈溢, 至是告匱(3.3.16무오); 時王侈用無節(3.4.14을유). 각 능전陵殿에 소요되는 시탄柴炭도 상당한 부담이 되었다(3.10.20무자).

3 의정부는 산호 갓끈이 매우 비싸니 중지하자고 건의했다. 그러자 연산군은 왕자녀의 가례에 쓰려는 것이라고 해명하며 일시에 사기 어려우면 가례 때마다 바치게 하겠다며 물러났다. 그러나 수령이 백성에게 끼치는 폐단은 적지 않은데 의정부는 그것들을 말하지 않고 국왕이 하는 일만 논란하는 것은 무엇 때문이냐고 불만스러워했다(6.1.20을해).

4 4.12.3갑오(독수리 깃털과 화살깃); 5.6.28병진(소목); 5.7.1기미(개가죽·소가죽·자촉)·19정축(능주·수주·당분); 5.9.1무오(공작 날개)·2기미(흰고래 수염); 5.10.30병진(살아 있는 수달); 6.12.13계사(살아 있는 살쾡이); 7.2.11경인(살아 있는 여우); 5.11.14경오(감자); 6.3.8임술(백청밀); 5.12.9계사(소라로 만든 술잔)·14무술(수달 가죽); 6.1.20을해(산호 갓끈·소목·당귀 뿌리); 6.2.12병신(검은 말발굽)·13정유(구급주)·18임인(침향·금대); 6.3.13정묘(벌통) 등. 그 전에도 백단향白檀香과 강진향降眞香을 500근씩 바치라고 한 적이 있었다(2.9.2을사).

5 중종·명종대의 상황이지만, 당시 1년의 전세 수세액은 26~27만 석이었다고 한다(이재룡, 「제5장 朝鮮初期의 國家財政」, 『조선전기 경제구조연구』, 숭실대출판부, 1999).

6 이것은 8개월 전보다 훨씬 악화된 수치였다. 같은 해 3월에는 면포 1필로 쌀 3말도 바꾸지 못하는 상태라는 보고가 올라왔었다(8.3.4병자).
변원림은 연산군이 사치스럽지 않았다고 주장하면서 그 근거를 수치로 제시한 바 있다. 그녀의 기본 인식은 "연산군이 1년에 한 도의 세금도 쓰지 않았으니 사치했다고 보기 어렵다"는 문장에 담겨 있다고 생각된다(『연산군―그 허상과 실상』, 154쪽). 경상도의 경우 연산군 1년의 세납은 4만2000석이고 2년은 8만2000석이었으며, 전라도는 각각 7만여 석과 9만여 석이었다(2.11.7경술). 아울러 이런 판단이 타당한지는 차치하더라도 그녀는 그런 수치를 산출하는 데 중대한 오류를 저질렀다. 즉 "면포 1필로 쌀 2두를 살 수 있다고 했"다면서(같은 책, 147쪽) 이 기준을 토대로 계산했는데, 본문에서 보듯이 이것은 흉년이 들었을 때의 상황이다(이 기준은 성종 후반은 물론 연산군 8년에도 자주 제시되었다 [성종25.9.28계축; 8.3.25정유; 8.7.29기해; 8.8.6을사]).

7 청옥은 옥공玉工 송산松山을 함경도 단천군으로 보내 1000여 개를 캤으며(8.7.16병술) 마노석은 경상도 경주에서 진상하게 했다(9.5.13무인). 황금은 쓸 곳이 매우 많으니 일본에서 구매하도록 지시했으며(9.11.6기사) 은 30냥을 들이라고 하자 상의원에서는 다 쓰고 남은 것이 없다고 보고했다(9.6.16신해). 진주는 큰 것으로 3000개를 요구했다(10.2.23을묘).

8 각각 8.10.7병오; 8.10.8정미; 9.11.29임진 참조.

9 내수사에 관련된 주요 연구는 周藤吉之,「高麗朝より李朝初期に至る王室財政—特に私藏庫の研究」,『東方學志』10-1, 1939; 정현재,「鮮初 內需司 奴婢考」,『경북사학』3, 1981; 지승종,「조선전기 내수사의 성격과 내수사노비」,『한국학보』40, 1985; 송수환,「조선전기의 내수사」,『朝鮮前記 王室財政 硏究』, 집문당, 2001; 양택관,「조선전기 왕실의 토지소유와 경영」, 한국사론 53, 2007 등 참조.

10 예컨대 속공노비 중 건장한 사람 20명을 내수사에 소속시켰으며(3.3.2갑진) 쌀 200석과 벼 300석을 납입시켰다(8.10.12신해). 내수사의 확대와 관련된 사항은 송수환, 같은 논문, 258쪽 참조. 주요 사항은 갑자사화 이후 별좌 6명과 서제 30명을 늘렸고 곧이어 다시 서제 30명을 늘렸다. 11년 1월에는 호조판서와 형조판서를 제조로 차임해 해당 업무를 관장한 내관과 함께 논의해 처결케 하고 육조낭청 1명을 낭청으로 삼았다. 또한 내수사 겸별좌 4명을 모두 육조 낭청으로 차임케 해서 내수사의 권위를 더욱 높였다.

11 연산군대의 장인과 관련된 사항은 장경희,「燕山君朝 王室工藝品의 製作 硏究」,『重山 鄭德基博士 華甲紀念韓國史學論叢』, 1996 참조.

12 이이,『율곡전서』제5권,「만언봉사萬言封事」; 조헌,「동환봉사東還封事」의상십육조소擬上十六條疏 음식지절飮食之節; 박동량,『기재잡기寄齋雜記』권1, 역조구문歷朝舊聞 1; 송시열,『송자대전宋子大全』제5권, 기축봉사己丑封事 8월; 정약용,『경세유표』제11권, 지관수제地官修制 부공제賦貢制 7 등 참조.

13 4.9.11병오(아차산); 4.10.5정묘(정토산); 4.10.20임오(서산); 4.9.25경신; 5.1025신해(창릉·경릉); 6.10.15병신(대자산) 등. 창릉은 조선 제8대 국왕 예종과 계비 안순安順왕후 한씨韓氏의 능이고, 경릉은 추존된 덕종과 그의 비 소혜왕후 한씨의 능이다. 연산군에게 덕종은 조부이고 예종은 종조부였다. 모두 경기도 고양시 덕양구 서오릉 소재.

14 今爲下者, 皆懷自便之心, 朦朧啓之耳.

15 弘文館·臺諫, 凡予可爲之事則止之, 不可爲之事則勸之, 身或不平, 未御經筵則必勸之, 鍊兵所不得已之事, 而欲止之. 大抵諸臣外似謹正, 內實不直.

16 이때는 당양군唐陽君 홍상洪常이 제조로 임명되었다. 설치 직후 좌·우응방의 예비 응사預差鷹師를 번번마다 8명씩 늘리려고 했지만 무산되었다(3.4.5병자·7무인).

17 그 패의 재질과 규격은 자세히 규정되었다. 패는 오매烏梅나무를 사용해 둥근 모양으로 만들어 한쪽 면의 첫 줄에는 '내응사內鷹師', 가운데 줄에는 '응방식치산행鷹坊食治山行', 그리고 끝줄에는 천자문의 한 글자씩을 새겼으며, 다른 면에는 전자篆字로 앞쪽의 세 줄에 새긴 글자들을 화인火印으로 만들어 찍게 했다. 또 견고한 나무로 구군패驅軍牌·대졸패隊卒牌도 만들어 사용케 했다(10.4.12계묘).

18 연산군은 양이 어떻게 생겼는지 모르기 때문에 보려던 것이라고 변명했다.
19 이때는 관련자를 문책하라고 지시했다. 몇 달 전 연산군은 돼지 100마리를 내구內廐에서 기르게 했다(3.2.1계유).
20 나례에 대해서는 차순자,「조선초 궁중 나례 歌舞戲의 성격과 의미」,『한국문학논총』23, 1998; 정형호,「韓國 儺禮의 假面劇史的 意味 考察―연희 내용과 전승 집단을 중심으로」,『동아시아 고대학』2, 경인문화사, 2000; 윤아영,「고려말 조선초 궁정나례의 변천양상과 공연사적 의의」, 서울대 대학원 한국음악학과 박사논문, 2009 등 참조.
21 유명한 배우인 은손銀孫의 제자 중산仲山의 재주가 은손과 같은지 승지에게 살펴보고 오게 했으며(5.12.19계묘) 뛰어난 곡예사인 강경환姜景懽을 빨리 찾아오고 그처럼 능력 있는 사람을 물색하게 했다(5.12.20갑진).
22 3.12.28무신; 8.12.29정묘; 9.12.28신유(이상 인양전); 10.12.30병술(명정전); 11.11.9경인(강녕전); 11.12.16병인(경회루).
23 갈고羯鼓 2개, 필률觱篥 2개, 가야금 2개, 해금嵇琴 2개, 현금玄琴 2개, 큰 비파琵琶 2개, 박拍 1개, 북 2개였다.
24 傳曰, 昨日過飮失度, 人君敗德, 莫過於此, 汚穢史冊, 亦莫過於此. 君臣之間當以禮接之, 其可如此乎. 明日當御經筵, 然慙見大臣. (…) 昨日之事, 反覆思之, 非但取笑一時, 亦恐貽譏萬世(9.11.22을유).
25 "이때 주상이 혼암昏暗 패려悖戾하지는 않았는데, 성준 등은 국무를 맡은 대신으로서 아첨해 기쁘게 하고 뜻에 영합해 임금의 악행을 키웠다"는 사평도 주목할 만하다(9.8.29계해). 즉 재위 9년 무렵까지 연산군은 사치·사냥·연회·음행 등을 즐기기는 했지만 황음의 수준에는 이르지 않았다고 판단된다. 그런 현상은 갑자사화를 전후해서 본격적으로 나타나기 시작했다.
26 "연산군은 재위할 때 교외에 목책을 설치해 암·수말 수백 필이 교접하는 것을 구경하니 말들이 서로 차고 물어뜯고 싸우는 소리가 산골짜기를 진동했다. 연산군의 행동은 어떻게 망하지 않을 수 있었겠는가"(『성호사설』제11권, 인사문人事門 강도왕건江都王建).
27 연산군은 종부시宗簿寺의 여종 소명비笑明妃가 아름답다는 소문을 듣고 시녀로 들어오게 했다(10.3.10신미).
28 이현은 조선후기 신흥 상인들이 활동했던 상업지역으로 지금 서울시 종로 4가 부근이다(『한국민족문화대백과 사전』이현 참조). 목멱산은 지금의 남산이며, 백악산, 인왕산은 현재의 지명과 같다. 타락산은 지금 종로구, 동대문구, 성북구에 걸쳐 있는 낙산駱山이다.
29 王淫戲無道, 或於不時聚內人于後苑, 狂歌亂舞, 日以爲樂, 恐外人知之, 故臨壓之禁漸峻, 至毁撤山底人家.
30 김원모는 연산군 8년까지는 궁궐에 인접한 민가만을 철거 대상으로 삼았지만 연산군 9년부터는 호화로운 연회를 뜻대로 거행하기 위해서 철거시켰다고 지적했다(「含春苑考―宮闕 臨壓 家舍의 撤去를 中心으로」,『향토서울』22, 1964, 62쪽).
31 철거에 동의한 신하도 있었다. 영의정 성준은 "궁궐 담 밑의 인가에서 욕설하는 소리가 대

궐 안까지 들리며 후원을 환하게 내려다보기도 하니 헐지 않을 수 없다"고 찬성했다(9.11.20 계미).

32 부장은 8명을 더 늘리고, 1명당 군사 200명을 거느리게 했다.

33 무오사화 이후 삼사의 위상에 관련해서는 연구자들의 견해가 엇갈리고 있다. 먼저 권연웅은 무오사화 이후 삼사의 간쟁이 유명무실해져서 정치적인 기능을 거의 상실했다고 평가했다(「燕山朝의 經筵과 士禍」, 384쪽). 김돈도 무오사화 이후 언관언론이 위축되면서 조정의 정사가 연산군과 육조 중심으로 운영되었다고 보았다(「제2장 연산군대의 군신권력관계」, 67쪽).

하지만 와그너와 송수환의 시각은 조금 다르다. 와그너는 삼사가 무오사화를 거치면서 신중해진 결과 집요한 탄핵이나 과격한 언사는 이전보다 확실히 줄었다고 인정했지만, 그렇다고 해서 삼사가 위축된 것은 아니었으며, 국왕과 대신, 그리고 주요 사안들에 대한 언론활동을 계속 강력히 전개했다고 평가했다(The Literati Purges, 51쪽). 송수환도 비슷한 견해를 제시했다(「甲子士禍의 새 해석」, 123쪽). 필자는 이들의 견해에 동의한다.

34 직분을 지켜야 한다는 의미의 제목을 갖고 있는 서거정의 「수직론」은 유자광이 미천한 서얼 출신으로 1품에까지 올라 직분을 뛰어넘어 사람들을 탄핵하고 있는 점을 신랄하게 비판하면서, 그가 장차 분란을 일으킬 것을 경고한 글이다(5.1.22임오).

35 이상 유자광·임사홍에 관한 서술은 Wagner, The Literati Purges, 51~53쪽에 상세히 나와 있다.

36 이하 관련 내용은 권연웅, 「燕山朝의 經筵과 士禍」, 384쪽; 장학근, 「燕山君의 災異論에 대한 인식변화」, 21~23쪽 참조.

37 대간과 성준의 대립은 연산군 6년 4월에 다시 불거졌다. 성준은 박임종朴林宗과 이점李坫이 여러 핑계를 대면서 외직外職을 기피하는데도 대간이 사정私情에 따라 보호한다면서 처벌할 것을 요청한 것이다. 연산군은 이런 행동은 조정의 정사를 혼란시키는 술수라고 규정하면서 대간을 의금부에 하옥시켰다. 이 사건은 작년 손녀의 종을 하옥시킨 사건 당시 집의였던 이점에게 원한을 갖고 있던 성준이 대간에게 보복하려는 목적에서 고발한 것이었다(6.4.9임진·15무술).

38 관련 내용은 상당히 복잡하다. 요약하면 참판에 제수된 홍백경은 방출된 궁녀와 간음했고 승지 신수영과 한위韓偉는 외척이며, 사의司議 한세보韓世俌·이세회李世薈·권만형權曼衡은 이유 없이 특진되었다는 것이었다. 그 밖에도 은율殷栗현감 안방준安邦彦과 횡성橫城현감 최세성崔世省은 그 직무에 적당치 않은 인물이고 평안도 절도사 유순정은 지나친 포상을 받았으며, 그 밖에 또 13명이 내지內旨로 부당하게 임용되었다는 것이다. 대간은 여러 차례 이 문제를 논란한 끝에 가장 핵심적인 사안이었던 홍백경의 파직을 관철시켰다.

39 傳曰, 卿等必畏弘文館之議也, 卿等雖止於此, 其脅制宰相足矣.

40 (李)克均啓, 臺諫畏弘文館而言, 非獨臣言之, 朝廷亦言之矣(7.11.16경인); 右議政李克均辭職曰, (…) 但以臣違悖其已論, 詆辱極口, 往古來今, 未應有此事. 此風若長, 自公卿下至百執事, 惟弘文館之言是聽, 誰敢違耶(7.11.23정유).

41 Wagner, *The Literati Purges*, 53~54쪽. 연산군대의 여진과 관련된 논고로는 河內良弘,「燕山君時代の朝鮮と女眞」,『朝鮮學報』81, 1976; 김순남,「조선 燕山君代 여진의 동향과 대책」,『한국사연구』144, 2009 등 참조.

42 殿下遭變異, 可謂夥矣. 上帝之眷殿下, 亦云勤矣, 而事爲之著政令之下, 略無修省之實. (…) 臣等近觀殿下之所爲, 其於所謂恃太平, 亦云殆矣. 姑取一二言之. 綱目爲書, 卷帙雖多, 苟無作輟, 則不過一年之學耳. 殿下自在東宮, 已講周秦紀, 去今八九年, 尙未乞隋紀. 大臣·臺諫·侍從亟請開閣, 而或因愆和, 或因事故, 一年受講之日, 屈指無幾. (…) 奈何比年之間, 非甚凶荒, 而民自乏食, 操瓢丐貸者, 道路絡繹, 盜賊蜂起, 所在攻剽, 財不在於下可知. 度支經用不足, 權借軍資, 以贍其用, 其他應供之物, 又令引納於外, 以補其乏, 財不在於上可知. 旣不在上, 又不在下, 則今日之財, 果安歸歟. 當此上下俱乏之時, 而脫遇辛丑·乙巳之飢饉, 或有丁亥·己亥之兵革, 則臣等未知以何穀粟, 而活蒼生之命, 以何財力, 而濟軍興之費乎. 思之可謂寒心. 成宗季年, 倉廩充牣, 歲入之租, 分積於東西軍營, 義盈庫胡椒, 常貯千餘碩, 臣等耳目所視聞者如是. 擧此二者, 國用之殷富可知. 到今未十年, 而遽至於斯者, 抑未知何故也.

43 臺諫·弘文館各有其職, 今則臺諫所啓之事, 弘文館又從而言之. 然儕輩事則不言, 大臣事, 必皆論劾.

44 성종대 같은 관직의 재직 기간은 6.3개월이었다. 중종대의 수치는 3.3개월로 더욱 짧아졌다. 이런 변화의 의미와 관련된 서술은 김범,『사화와 반정의 시대』, 232~234쪽 참조.

45 다음 사례도 연산군의 기민한 정치적 판단력을 보여준다고 생각된다. 즉위 직후 중국 사신 김보金輔가 방문하자 연산군은 후원의 녹음대綠陰臺에서 잔치를 베풀었으며, 다음 달에는 다시 모화관에서 연회와 무예를 관람하려고 했다. 선왕의 삼년상을 치르고 있는 중이라면서 대간이 반대하자 연산군은 "이것은 황제를 공경하지 않는 능상 행위"라고 규정하면서 "국사가 제대로 되지 않는 것은 모두 대간 때문"이라면서 모두 체직하고 추국할 것을 하명했다(1.7.26 정미; 1.8.8.무오). 대간의 발언을 침범할 수 없는 권위인 황제에 대한 능상과 매개시켜 공격한 이 사례는 연산군이 상당한 정치적인 감각을 지니고 있었음을 보여준다.

46 Wagner, *The Literati Purges*, 53~56쪽.

47 나중에 연산군은 "앞서 정승들이 '큰 생선을 봉진하려면 백성에게 폐해가 있으므로 작은 생선을 올리게 하자'고 주청했지만 생선이 작으면 맛이 없다" 면서 "백성에게 끼치는 부담 때문에 임금의 진상을 생략할 수 있느냐" 고 반문했다(8.6.19기미).

48 時王崇寵私昵, 賜與太濫, 宴嬉無度. 仁粹王妃知不救止, 密諭韓致亨曰, 王之所爲, 如是不悛, 卿爲社稷重臣, 不能出死力匡救, 何顔見祖宗之靈於地下. 自後致亨與俊·克均, 多所規警.

49 其九日, 用度無藝. 今國家用度甚煩, 外間有軍資監變爲豐儲倉之語, 前旣啓之矣. 在祖宗朝府庫充溢, 今則豐儲旣已虛竭, 移用軍資之穀. 一年用度, 幾二萬餘碩, 田稅上納, 則前年因旱荒, 僅一萬四千餘碩, 如遇漕船風敗, 則又焉能保其必准其數乎.

50 當燕山政亂, 累以崇儉節用陳戒, 因此忤旨, 禍及身後.

51 時王欲大肆荒淫, 畏大臣莫敢發, 故先行誅殺以去之, 又欲得順己者.

52 이런 점을 볼 때도 이 시기 '훈구─사림 세력'을 도덕적인 선악 구도로 이분하는 것은 적절

치 않다고 생각한다.

53 然臺諫則知無不言, 故啓之如是耳. 臺諫之言, 無大小, 當優容採納, 其用與不用, 在上裁何如耳. 若敎以不必煩啓, 則臺諫雖有所懷, 不敢盡言於雷霆之下矣. 이때도 연산군은 대간에게는 건의해 폐단을 고쳤다는 이름을 얻으려는 의도가 없지 않다면서 동의하지 않았다.

54 예컨대 지평 허정許禎은 파평부원군 윤필상과 봉안군鳳安君 이봉李烽은 국왕이 하사하신 잔치에 사고를 핑계로 불참하고 광주목사 이균李鈞을 교외에서 전송했으니 국문하자고 탄핵해 윤허를 받았으며(6.9.10신유) 지평 방유령 등은 "대간이 말하면 대신들은 반드시 이의를 제기한다"면서 그들의 말은 믿을 수 없다고 비판하기도 했다(9.1.14임오).

55 갑자사화와 관련된 주요 연구로는 Wagner, *The Literati Purges*, 58~69쪽; 송수환, 「甲子士禍의 새 해석」 등 참조.

56 傳曰, (···) 今之臺諫, 則少有不合於己議, 則皆謂之非矣. 以此成風, 是所謂以是爲非, 以非爲是者矣(7.9.28계묘); 王曰, (···) 臺諫此習, 雖名爲公論, 實似操弄人君(7.11.12병술); 傳曰, (···) 近來臺諫, 雖小事, 若出於上, 則深論極言, 使上不得措手, 此何等風也(9.1.14임오); 傳于領事李克均曰, (···) 臺諫不察事之是非, 凡上之所爲, 例皆沮抑, 此風甚不美(9.2.26계해); 傳曰, 求言則不陳時弊, 而皆言自己之事, 不可也; 傳曰, (···) 且臺諫必皆以官爵猥濫爲言, 予雖不用(鄭)沈, 豈免猥濫之名. 官爵非臺諫自家器也(9.3.1무진).

57 傳曰, 沈順門行刑時, 令義禁府堂上諭之曰, 汝爲臺諫, 凡奸臣陵上之事, 略無彈劾, 乃言御衣短狹, 是釣名也(10.12.5신유); 傳曰, 予非厭諫, 今臺諫不計事體而不問是非, 而無不言之. (···) 近來士風漸薄, 自成宗末年, 至于今日, 遂成積弊而不革. (···) 不革此風, 則至後世益恣(9.3.14신사); 王曰, 上之所爲, 則皆指爲特恩, 下之所爲, 則皆托爲公論, 期於得請而後已, 予以一人, 何能勝衆. 反覆計之, 予之執心已牢, 不能回矣. 非獨今時, 自成宗朝亦有之(9.3.16계미).

58 물론 이 시기에도 연산군이 삼사의 탄핵에 맞서 대신을 옹호한 사례가 발견된다. 예컨대 대신은 공론을 따른다는 전제 아래 "대간이 국왕의 遊樂을 비판하는 것은 그래도 괜찮지만 삼정승의 국정 운영에 대해 불초하다고 한 것은 다스리지 않을 수 없다"고 지적한 기사를 들 수 있다(傳曰, 大抵臺諫雖微細之事, 每於論啓之時, 必日持公論而啓之. 政府於前日, 謂予以必聽臺諫之言者, 以其公論也. 今者啓請臺諫之罪者, 必有憾於臺諫之挾私也. 政府豈不熟計而言之[6.4.11갑오]; 傳曰, 臺諫論人君爲瑤臺, 酒池肉林之戱, 而下獄則謂之有妨於言路可也. 三公與議國政, 而謂之不肖, 其可不治乎[5.11.24경진]). 하지만 본문에서 서술하듯이 전체적으로는 연산군이 대신들에 대해 적대적 태도를 갖게 되었다고 생각된다. 그래야만 갑자사화의 양상을 순리적으로 설명할 수 있다.

59 이세좌 사건이 일어난 직후 연산군은 이런 행위를 감찰하라고 사헌부에 지시했다(9.12.16기유).

60 臺諫言之而不聽, 則政丞言之, 政丞言之而不聽, 則六曹言之. 爲下者務成其意, 末流之弊, 不可勝言. (···) 比來事出於上, 則期於得勝, 敢爭不已. 前此亦有臺諫, 而不如今時, 事事輒爭, 積成弊風也, 予甚憾慨. (···) 臺諫不計事體而言之, 大臣亦從而言之, 決不可聽也. 그 밖에도 비슷한 발언은 다음과 같다. 傳曰, 近來臺諫言事, 則弘文館·政院·六曹·政府, 必相營救, 習以成俗

(9.2.1무술); 傳曰, (…) 恩自上出, 故臺諫敢啓. (…) 政丞雖以予爲非, 斷不可聽. 臺諫言之而不聽, 則政丞言之, 政丞言之而不聽, 則六曹言之, 爲下者務成其意, 末流之弊, 不可勝言. (…) 臺諫不計事體而言之, 大臣亦從而言之, 決不可聽也(9.3.16계미].

61 이세좌·홍귀달 사건에 대한 서술은 송수환, 「갑자사화의 새 해석」, 125~127쪽; 한희숙, 「조선전기 이세좌의 생애와 갑자사화」 참조.

62 그 직후에도 연산군은, 자신의 자질이 용렬하다는 겸양의 맥락이기도 하지만, 나이가 어려 덕망이 없다는 한탄을 어제시로 토로한 바 있다(庸質臨臣十載回, 未敷寬政愧難裁. 朝無勉弼思宗社, 都自沖吾乏德恢[10.3.24=유]).

63 今朝廷·臺諫無一人言之, 是佐之子守義爲翰林, 守貞爲弘文館, 故畏勢不言耳. 守義等不宜居淸要之地, 其遞之. (…) 臺諫嗒無一言, 亦可罪耶. (…) 今觀臺諫有當論而不論, 有不當論而論之者, 臺諫豈盡同耶. 其中如有不善之人, 則敢以私憤相攻, 以及宰相豈可乎. 如此風俗, 日漸深痼, 固當救之於始.

64 이수형은 성종 23년(1492), 이수의는 연산군 8년(1502), 이수정은 연산군 7년에 각각 급제했다(와그녀·송준호, 『보주 문과방목』 참조). 이세좌의 가문과 관련된 사항은 이태진, 「15세기 후반기의 '鉅族'과 名族意識」, 268~271쪽; 박홍갑, 「16세기 전반기 정국 추이와 충주사림의 피화―광주이씨 克堪系를 중심으로」, 『사학연구』 79, 2005, 154쪽; 한희숙, 「조선전기 이세좌의 생애와 갑자사화」, 45~49쪽 등 참조.

65 그 밖에 처벌된 대간은 집의 김효간金效侃, 장령 유숭조柳崇祖·유희철柳希轍, 지평 강혼·김극핍金克愊, 사간 곽종원郭宗元, 헌납 정사걸鄭士傑, 정언 서후徐厚였다.

66 大抵今之臺諫, 見其根據, 宰相則畏焰而不言, 見其孤單無勢之人, 則必彈論不已, 非但臺諫爲然, 至於宰相, 亦無一人言之者. 以此繼而爲臺諫·宰相者, 交相朋黨, 使人主孤立於上, 若此不已, 則三韓久遠之王業, 必將墜矣. 前此戊午朋黨之徒, 旣被重典, 前車之覆, 亦當鑑矣, 餘風未殄, 猶有存者, 如此弊習, 不可不革. (…) 李世佐犯重罪被謫時, 宰相·臺諫畏忌其勢, 無一人言其輕譴者, 及其免放, 亦無一人言其速還者. 凡宰相以此驕傲皆曰, 某被謫未幾而還, 我雖被罪, 亦將不久而見放. 故貴達亦不之懲, 而語涉不恭, 今當鞫而抵罪. 연산군은 삼사가 세력 있는 사람을 두려워해 탄핵하지 않고, 대신은 삼사와 붕당을 이뤄 서로 비판하지 않는다는 요지의 비판을 그 뒤에도 여러 번 제기했다(10.3.12계유~16정축·29경인·30신묘).

67 予初出議懷墓過離多於成廟, 功亦重於三韓, 而二十餘之年, 長爲飢饉之魂, 不似禽獸求食自飽. 言念至此, 不覺痛迫中腸, 淚滂雙眸之極也. 予豈畏拒諫之名, 任忘慈親乎.

68 下御書曰, 不察妄議, 當廢后時, 在廷之臣忘生期諫可乎, 惜死順從可乎. 勿拘於人, 確論以啓. 仍傳曰, 以此爲題, 政院及弘文館各製論與律詩以進.

69 귀인 정씨(?~1504)에 관련된 사항은 〈표 1〉 성종의 비빈妃嬪과 그 관련 사항 및 지두환, 『성종대왕과 친인척』 3, 67~169쪽 참조.

70 王以母妃尹氏廢死, 由於嚴·鄭之讒, 夜縛嚴·鄭于宮庭, 手自亂擊踐踏之, 召㤎·悰, 指嚴·鄭曰, 撲此罪人. 㤎暗不知爲誰撲之, 悰心知其爲母, 不忍加杖. 王不之快, 令人亂撲, 備諸慘酷, 竟殺之. 王手劍立慈順王大妃寢殿外, 厲聲連叫曰, 速出庭下, 甚迫. 侍女皆散走, 大妃猶不出, 賴王妃愼氏追到力救, 得不危. 王捽桁·慴髪, 至仁粹大妃寢殿, 開戶辱之日, 此大妃愛孫, 所進觴可一嘗, 督桁進爵, 大妃不得已許之. 王又曰, 愛孫其無賜乎, 大妃驚, 遽取布二匹賜之. 王曰, 大妃何殺我母, 多有不遜之辭. 後令内需司取嚴·鄭屍, 裂而醢之, 散棄山野.

71 폐비할 때 승지는 홍귀달·김승경金承卿·이경동李瓊소·김계창金繼昌·채수·변수邊脩였고 주서는 신경申經·홍형洪洞, 사관 최진崔璡·이세영, 언문으로 번역한 사람은 채수·이창신·정성근이었다. 사사될 때 승지는 노공필·이세좌·성준·김세적金世勣·강자평姜子平·권건, 주서는 이승건·권주, 사관은 신복의辛服義·홍계원洪係元이었고 언문을 읽은 사람은 내관 안중경安仲敬이고 언문을 해독한 사람은 강자평이었다(10.윤4.17정축).

72 『연려실기술』권 6, 「갑자화적」에도 50명의 명단이 실려 있다.

73 예컨대 이극균·이세좌·윤필상·성준·한치형·어세겸의 동성 및 이성 8촌 족친을 처벌하거나(10.5.15갑진) 성준의 족친 중에서 어린이와 지방에 있어 체포하지 못한 사람을 제외하고 260명의 명단을 보고하자 70세가 넘은 형 성숙成俶만 제외하고는 모두 유배시킨 사례를 들 수 있다(10.5.29무오). 그 밖에도 홍언충·이극배·이극증·이극감·이극돈·이극균 등의 자자손손子子孫孫을 변방으로 축출해 영원히 돌아오지 못하게 했으며(10.10.22기묘) 이극균·이세좌·윤필상 등의 족친을 과거 응시에서 배제했다(10.11.24경술). 이극균·강형·한훈·이파·윤필상 등의 조부·숙부·조카 등도 부관참시하라고 지시했다(11.9.19경자). 의금부의 보고에 따르면 이세좌·윤필상·이파의 동성 팔촌, 이성 사촌으로 유배된 사람만도 203명이었다. 삼정승은 이런 상황을 볼 때 이극균 이하 30여 명의 친족은 얼마나 많을지 알 수 없으며 감옥에 모두 수용하기도 어려우니 친자녀만 신문하는 것이 어떻겠느냐고 건의하기도 했다(10.11.30병진).

74 강이온(9)과 강홍(12), 성준(90)과 성중온(89)·성경온(86), 엄산수(110)와 엄계(109)·엄회(111), 윤필상(133)과 윤숙(127)·윤위(130)·윤준(131), 이종(169)과 이원(160)·이총(173)·이간(134)·이정(168)·이첩(172), 이공신(136)과 이갹답(135), 소의 엄씨(92)와 이항(176)·이봉(144), 이세좌(152)와 이수형(156)·이수의(154)·이수정(155)·이수원(153), 이심원(158)과 이유녕(161), 정인석과 귀인 정씨(93)·정성(185)·정시(187). 괄호 안 숫자는 〈부표 갑자사화 피화인 명단〉의 일련 번호다. 이하 같음.

75 강형(11)·강겸(5), 곽종번(15)·곽종원(16), 김철문(48)·김내문(30), 소의 엄씨(92)·김소사(35), 성중온(89)·성경온(86), 소의 엄씨·엄계(109)·엄회(111), 윤숙(127)·윤위(130)·윤준(131), 이원(160)·이총(173)·이간(134)·이변(142)·이정(168)·이첩(172), 이항(176)·이봉(144), 이세좌(152)·이세걸(149), 이수형(156)·이수의(154)·이수정(155)·이수원(153), 이자견(165)·이자화(166), 귀인 정씨·정성(185)·정시(187).

76 강선(7)과 봉보부인 백씨(75).

77 성준(88)과 한형윤(223), 심회(103)와 심순문(102).

78 김종직과 강백진(6), 김승경(36)과 강형(11), 강형과 허반(226), 권류(19)와 이광조(137)·김희윤(51), 신용개(99)와 박은(69), 이세좌(152)와 양윤(105)·윤여해(128)·정현(195)·조영손(197), 이심원(158)과 유부(113).

79 강징(10)과 강흥(12), 성준(88)과 성현(90).
80 권류(19)와 권달수(18), 신징(100)과 신용개(99), 귀인 권씨(23)와 유지형(119), 이극균(138)과 이세좌(152)·이세걸(149).
81 나이를 알 수 있는 사람만을 대상으로 했으며, 사후에 처벌된 인원은 제외했다. 그런 인원은 모두 58명이었고 그들의 나이를 모두 더하면 2033세였다.
82 『경국대전』에 규정된 문반 경관직의 숫자는 이성무, 『조선초기 양반연구』, 일조각, 1980, 125쪽 참조.
83 『연려실기술』에서는 윤필상·한치형·한명회·정창손·어세겸·심회·이파·김승경·이세좌·권주·이극균·성준을 12간이라고 불렀다(권6, 「연산조 고사본말」. 『미수기언』 및 『풍암집화楓巖輯話』 인용).
84 다시 한번 강조하지만, '훈구―사림' 문제를 이해하는 데 가장 기본적으로 고려해야 할 사항은 광범하고 촘촘하게 구성되어 누대에 걸쳐 이어져왔고 그 뒤에도 이어진 양반의 혈연관계라고 생각한다.
85 자세한 사항은 10.3.13갑자~20신사; 10.4.7무술; 10.윤4.13계유 등 참조.
86 『대명률大明律』「모반대역조모반大逆條」에 따르면 해당 범죄에 저촉된 죄인은 주범과 종범을 가리지 않고 재산을 모두 몰수한다고 규정되었다(태종11.11.16계유). 실제로 태종 9년(1409) 이무李茂의 옥사에 연루된 윤목尹穆, 이빈李彬, 강사덕姜思德, 조희민趙希閔, 유기柳沂(태종9.10.2경자)와 이해 민무구閔無咎의 당여로 밝혀진 이지성李之誠의 재산을 몰수했다(태종10.4.1정유). 재산 몰수와 관련해서는 이덕일, 『조선왕 독살사건』 1, 다산초당, 2009, 211~218쪽도 참조.
87 적몰한 노비 중 3분의 2는 내수사로 보내고 나머지는 각 관서에 나누어주었다(10.5.9무술).
88 문간文侃의 집은 홍청 영관저영관雎에게 하사하기도 했다(11.2.2무오).
89 그 밖에도 성종의 후궁인 엄씨·정씨와 그 자녀, 그리고 한치형 같은 주요 대신들의 재산이 주요 몰수의 대상이 되었다(10.3.28기축; 10.4.17무신·22계축; 10.5.7병신).
90 윤필상의 졸기에서도 그가 억울하게 죽은 것은 슬프지만 재산이 많다는 사실은 인정했다(10.윤4.19기묘).
91 이종봉, 『한국중세도량형제연구』, 혜안, 2001, 135쪽.
92 현재와 당시를 동일한 기준에서 비교할 수는 없지만, 2009년 정부 예산은 274조였다(《조선일보》 2009. 12. 11). 2010년 현재 우리나라에서 가장 부유한 사람의 재산은 약 6조 7천억 원(72억 달러)이었는데(같은 신문, 2010. 3. 11) 이것은 정부 예산의 약 2.2퍼센트에 해당한다. 그러나 본문에서도 지적했듯이, 전세·역역·공납으로 분화된 조선시대의 세입 구조와 달리 지금의 예산은 총체적인 규모이므로 동일하게 비교하기는 어려울 것이다.
93 혜안전은 효사묘孝思廟를 승급시킨 것이다(10.4.1임진).
94 사면령은 갑자년에도 있었다(10.5.6을미).
95 11년 2월 당시 삼정승은 유순·허침·박숭질이었다(11.1.4경인).
96 惟予一人, 賴承丕緒, 實賴諸宰輔協心贊助. 外無邊警, 內無奸慝, 紀綱整肅, 朝野淸明, 斯亦可謂躋世昇平矣. (…) 邇者國家革舊更新, 剗薄爲淳, 今玆饋臣僚于闕庭, 非以重其下, 所以慶世道之底平也.

제4장

1 王既誅竄言者, 欲驗朝廷畏己, 召臺諫詰以四事, 臺諫相顧, 無敢爲異論. 王以謂得計, 益肆荒樂.
2 비슷한 사항은 『동각잡기東閣雜記』 하, 「본조선원보록」에도 실려 있다.
3 그 패의 양면에는 각각 승명과 중관(내관)이라는 글자가 새겨져 있었다(10.3.19경진).
4 그 밖에 외방 관원(100개)과 응방(1000개)에서 사용하는 승명패도 제작되었다(10.4.12계묘; 10.윤4.5을축).
5 관련 연구로는 장학근, 「燕山君의 災異論에 대한 인식변화」 참조.
6 그러나 이때도 사헌부가 최근 언사 때문에 오래 직무를 수행하지 않은 것도 한 원인이라면서 책임을 돌렸다.
7 傳旨議政府曰, 予自臨御以來, 政多闕失, 未厭天心, 災變屢作, 歲比不稔. 而今年早旱晚水, 稼穡卒瘁, 乃至漂沒廬舍, 民多壓溺, 災殄之甚, 近古所無. 而全羅·忠淸兩道地震, 平安郡邑, 雨雹傷稼. 又於本月京師地震, 有聲如雷, 上天動威, 譴告滋迫, 咎雖在予, 豈無所召. 念惟獄訟之間, 冤枉必多, 山林之下, 不無懷才抱屈之嘆. 其令中外, 疏決冤滯, 兼擧遺逸, 以副予側身之意.
8 그러나 다음 달 다시 우박이 내린 결과 회례연은 결국 거행되지 못했다(8.9.20기축).
9 承政院議禁傳播國事節目으로 啓曰, 一, 內間事及別敎承政院事, 勿令外人聞知. 一, 凡國事, 議政府錄事·司憲府·司諫院書吏外, 毋得傳寫. 政府·臺諫只自見知, 毋得傳說於人. 違者杖八十. 一, 承政院嚴守院門, 各司公事齋持錄事·書吏外, 毋許出入. 犯者杖一百. 一, 各司書吏請書國事者, 政府錄事·臺諫書吏許書者, 幷杖一百. 一, 各司官員只奉行承傳·甘結而已, 亦勿傳播於人. 違者幷杖八十.
10 연산군은 공사를 마친 뒤 거기에 동원된 장인 206명, 사령使令 36명, 군인 1112명에게 차등 있게 베와 쌀을 내렸다(12.5.23임인).
11 그 직전에도 황룡배라고 명시되지는 않았지만 한 척을 운반하는 데 500여 명이 동원된 배 수십 척을 끌어 경회루 연못에 띄웠다고 한다(12.2.7정사). 여기서도 배의 크기를 짐작할 수 있는데, 역시 일정한 과장으로 생각된다.
12 탕춘대와 관련된 사항은 『신증동국여지승람』 제3권, 「한성부」에도 실려 있다.
13 이 직후 망원정은 '수려정秀麗亭'으로 이름이 바뀌었다(12.8.11무오).
14 병판 임사홍의 보고에 따르면 각종 공사에 동원된 군사는 수천 명씩 수십 곳이었다(10.7.19정미).
15 변원림, 『연산군―그 허상과 실상』, 147~148쪽.
16 다른 부분에서는 수만 호라고 기록되었다(11.11.18기해). 철거가 이뤄진 주요 지역은 다음과 같다. 사도시 뒤편 고개~정업원(10.7.2경인). 양현고 위~도성 아래(10.7.3신묘). 동소문 안

홍덕동, 사섬시동, 성균관동 및 소격서, 장의문藏義門 안쪽(10.7.12경자). 신무문 밖 질병가~내불당 및 남산 아래(10.7.15계묘). 충훈부~타락산(10.7.16갑진). 망원정~광흥창(10.8.20정축). 잠두령蠶頭嶺·마포 일대(12.6.25계유; 12.7.1무인). 호조판서 이계남의 보고에 따르면 동·서편에서 철거한 인가는 990채였다(10.7.28병진).

17 구체적으로 충훈부~타락산, 제안대군 집~경양문景陽門, 관상감 고개~예빈시 등지였다(10.7.18갑진·21기유; 10.10.25임오).

18 時土木之役大興, 連年不休, 調發京外之民以赴其役, 飢凍僵死者相望. 董役之吏率多貪饕, 漁取物貨, 以資己私, 中外嗷嗷. (…) 時令嚴役苦, 軍人死者, 積屍街巷, 飢餓臨死者, 僵仆相望. 路傍居人, 欲免家前停屍之罪, 縛足倒曳, 傳至都城門外皆死. (…) 所撤家數萬, 漢城府刻期督撤, 或不能輸其材瓦, 棄不復顧. 人無所依, 環坐路傍, 吞聲飮泣. (…) 時王數親審城基, 輒刷人家, 士族婦女, 蒼黃顚仆於路, 與常人無別. 有老母者, 其子親負, 無子則令健婢擔負以避. 漢城府五部官員, 親執杖歐逐, 不能步而受笞者, 半是士族婦女也.

19 연산군대 금표와 관련된 연구는 정동일, 「燕山君 禁標碑 연구―大慈洞 禁標碑를 중심으로」, 『한성사학』 8, 1996 참조.

20 광릉동光陵洞에 사는 내수사 종 이부李夫와 녹양벌(綠楊坪)에 사는 내수사 종 감동甘同은 사는 곳이 모두 금표 안에 들어갔지만 그대로 살도록 했다(10.8.21무인).

21 이런 측면에 주목한 연구로는 한희숙, 「燕山君代 盜賊活動의 사회적 조명」, 『한국학연구』 6, 1996 참조.

22 王撤高陽·楊州·坡州·廣州·永平等地人家, 竪禁標, 蓬蒿彌望, 不見人烟. 士庶雖往祭墳墓, 如潛入敵境, 莫不憂懼, 至有不敢入者. (…) 京畿郡縣, 半入標內, 徭役倍於他道, 民不聊生, 守令侵漁百端, 不以爲恤. 由是扶老携弱, 轉移他道, 壯者聚爲群盜, 殺掠行路.

23 한 사례를 들면 선전관과 군기시 관원에게 금표에서 사냥을 시켰는데, 큰 호랑이 15마리와 곰·돼지·노루·사슴 등을 매우 많이 잡으니 크게 칭찬했다(11.2.8갑자).

24 물론 그때마다 신하들은 당연하다고 찬동했다.

25 연산군대 기녀 및 여악과 관련된 연구로는 권민정, 「연산조의 여악에 대한 고찰」, 『한국음악학논집』 1, 1990; 김은미, 「연산조의 장악원의 역사적 고찰」, 『한국음악학논집』 1, 1990; 육영임, 「연산군 무용사 연구―궁중무용을 중심으로」, 청주대 석사논문, 1995; 조광국, 「16세기 초엽 기녀제도 개편 양상―연산군 시대를 중심으로」, 『奎章閣』 23, 2000; 이애덕, 「조선시대 연산군의 여악제도에 관한 고찰」, 『대한무용학회』 50, 2007 등 참조.

26 연산군은 단오까지 모두 채우라고 지시했다(11.4.16신미).

27 포백척 1척은 약 46.66센티미터이므로 3척은 139.98센티미터 정도다. 1푼은 100분의 1척이므로 5푼은 2센티미터 정도가 된다(이종봉, 『한국중세도량형제연구』, 109쪽 참조).

28 뇌영원은 제안대군 이현李琄의 집으로 가흥청을 소속시킨 것이다(11.6.27경진).

29 연산군 12년 3월 27일(정미)에는 흥청악 1만 명에게 지급할 잡물과 그릇 등을 미리 마련하라는 지시가 기록되었는데, 1만 명은 1000명의 오기가 아닌가 생각된다. 아니면 나인과 방비房婢 등을 모두 포함한 숫자로 판단된다. 이런 부분도 『연산군일기』의 한 오류로 지적할 수 있

을 것이다.

30 처음에 연산군은 이조와 예조에 후궁의 칭호를 100~200개 지어 올리게 했다가 곧 170개로 조정했었다(10.2.28경신; 10.3.4을축 · 22계미).

다소 번거롭지만 이때 정해진 칭호를 나열하면 다음과 같다. 가인佳人, 재인才人, 여인麗人, 미인美人, 선인嬋人, 연인妍人, 미인媚人, 무인嫵人, 정인精人, 차인姹人, 혜인惠人, 묘인妙人, 빙인娉人, 정인婷人, 과인婑人, 옥인玉人, 정인靚人, 요인嫽人, 섬인孅人, 화인華人, 완인婉人, 연인孌人, 아인雅人, 열인悅人, 주인姝人, 명인明人, 휘인徽人, 요인窈人, 조인窕人, 의인懿人, 유인柔人, 석인碩人, 염인嬚人, 위인嬀人, 호인晧人, 영인穎人, 기인婍人, 순인純人, 수인粹人, 찬인粲人, 현인顯人, 교인姣人, 소인昭人, 작인婥人, 작인妁人, 비인賁人, 식인飾人, 휴인休人, 눈인嫩人, 연인憐人, 예인譽人, 요인耀人, 언인嫣人, 애인愛人, 행인幸人, 수인秀人, 진인珍人, 보인寶人, 태인娧人, 온인穩人, 장인粧人, 영인英人, 향인香人, 방인芳人, 요인燿人, 낭인郎人, 영인寧人, 연인嬿人, 한인嫻人, 농인穠人, 와인娃人, 옹인雍人, 야인冶人, 수인修人, 이인怡人, 희인姬人, 제인媞人, 혈인絜人, 분인粉人, 당인黨人, 형인馨人, 환인歡人, 선인鮮人, 현인儇人, 연인嫣人, 청인清人, 형인熒人, 저인著人, 의인儀人, 민인敏人, 엽인嬅人, 정인挺人, 추인趣人, 탁인卓人, 윤인潤人, 택인澤人, 운인雲人, 환인煥人, 창인昌人, 채인彩人, 선인選人, 관인冠人, 금인錦人, 신인信人, 윤인允人, 희인嬉人, 수인嫂人, 오인娛人, 아인嬰人, 나인娜人, 용인容人, 상인爽人, 매인邁人, 호인豪人, 준인俊人, 완인完人, 담인淡人, 은인誾人, 예인豫人, 갑인甲人, 을인乙人, 기인頎人, 난인蘭人, 춘인春人, 운인韻人, 장인章人, 단인丹人, 영인穎人, 성인誠人, 상인祥人, 서인瑞人, 정인禎人, 우인尤人, 경인瓊人, 도인都人(11.9.20신축).

31 그 뒤에는 면포 100필과 정포 50필을 주도록 축소되었는데, 재정 부족이 원인으로 추정된다(12.5.25갑진).

32 時興淸及淑媛 · 淑容之類, 被寵者多, 其家人各以其號, 書於牌面, 擇都城內大家, 釘於外門, 迫促驅出, 雖士大夫之家, 倉遑奔避, 財産亦皆棄而不收. 市井惡少輩, 重賂宮人, 假名親屬, 憑勢行刦, 橫恣中外, 擇人家可居者, 輒懸牌曰, 此某人內家也, 遂叫號墮突, 捽人妻妾, 無少顧忌. 其家人顚倒, 猶恐避走不及, 或重賂其人, 以求免. 由是無賴之徒, 假名作戲, 窺得賂遺, 無一人詣官訟詰.

33 원래 흥청에게는 보인이 5명이었지만(11.5.26경술) 늘어난 것으로 보인다.

34 특별한 사여라고 생각되는데 재위 12년 1월에는 5품 천과 31명, 6품 천과 16명, 지과 36명에게 금년 봄철 옷감 정포 416필, 면주綿紬 47필, 백저포 41필, 백면포 18필을 주라고 지시하기도 했다(12.1.3계미).

35 흥청 2명마다 솥[鼎], 냄비[鍋], 반안구飯案具(밥상을 차리는 데 쓰이는 도구), 화로, 질화로[土爐], 놋분[鍮盆], 오지분[陶盆], 놋대야 각 1개, 대·소 쟁반 4개, 놋요강[鍮溺器], 채도菜刀, 체[篩], 비[箒], 등잔대, 침석寢席, 침인寢茵(잠자리에 까는 거적), 무명요, 묵화병풍墨畵屛風 각 1개, 등유燈油 하루 2홉, 땔감 하루 70근, 숯[炭] 하루 1석石을 주도록 했다(11.1.3기축).

36 그녀를 애도하는 연산군의 마음은 절절하게 표현되었다(11.9.16정유). "너무나 애달파서 눈물 걷기 어렵고, 슬픔이 깊으니 잠도 오지 않네. 마음이 어지러워 애끓는 듯하니, 이 때문에

생명이 상하겠구나[悼極難收淚, 悲深睡不成. 心紛腸似斷, 從此覺傷生].”

37 이런 액수는 상황에 따라 약간 가감되었던 것 같다. 거의 같은 시기에 천과흥청의 아버지인 청풍淸風군수 송담宋譚에게는 면포 100필, 포 50필, 백저포·주紬 각 20필, 호초 5두를 하사했다(11.8.12갑자). 아울러 1년 뒤 그가 사망하자 부의도 내렸다(12.8.28을해).

38 회환에 관련해서는 박평식, 「조선전기 兩界지방의 '回換制'와 곡물유통」, 『學林』 14, 1992; 양택관, 「조선전기 왕실의 토지소유와 경영」, 48~49쪽 참조.

39 실제로 곱게 단장하지 않은 기녀 9명은 하옥되기도 했다(10.5.26을묘).

40 그때 일정한 대책을 마련하기는 했다. 연산군은 앞으로 이런 사람들에게 식량을 주고 출신 지역에서 그 분량을 받게 했다.

41 기록에 나타난 명단은 다음과 같다. 박천博川군수 이명필李明弼, 영흥판관永興判官 조옥현趙玉峴, 길성吉城현감 지한조池漢祖, 수원水原판관 우하손禹賀孫, 문의文義현감 조계하曹繼夏(12.6.5계축), 선산善山부사 남경南憬, 전주全州판관 송함宋諴, 성주星州목사 민반閔泮, 판관 박의창朴義昌, 창원昌原부사 정옥형鄭玉衡(12.6.14입시), 안변安邊부사 권주權輳, 문천文川군수 정숭덕鄭崇德(12.6.15계해), 함흥咸興판관 임만근林萬根, 영광靈光군수 윤후尹逅, 남원南原부사 강숙회姜淑淮, 순천順天부사 홍임洪任, 광양光陽현감 이열李洌, 영해寧海부사 김익겸金益謙(12.6.16갑자), 진주晉州목사 이승원李承元, 합천陜川군수 박항朴恒, 정주定州판관 김려영金麗英, 영변寧邊판관 한윤륜韓倫, 안주安州목사 윤흥신尹興莘, 평양平壤판관 유계선柳繼先, 거제巨濟현령 금치함琴致諴, 성천成川부사 정극인鄭克仁, 울산蔚山군수 이계의李繼義, 경주慶州부윤 예충년芮忠年, 강서江西현령 정계함鄭啓諴(12.6.17을축), 장흥長興부사 신계원愼繼源, 김해金海부사 황관黃瓘, 강계江界부사 김중진金仲珍(12.6.21기사) 등.

42 이 전례에 따라 하루 뒤 같은 직함을 가진 임숭재에게도 노비 10구를 하사했다(11.8.11계해). 임숭재와 관련해서도 변원림은 『연산군일기』의 신빙성을 의심했다(『연산군—그 허상과 실상』, 165쪽). 그녀는 연산군이 재위 11년 12월 15일(을축)에 임숭재에게 미녀와 좋은 말을 구해오라고 했는데 임숭재는 같은 해 11월 1일(임오)에 사망했으므로 그런 명령은 성립될 수 없다는 논리를 판단의 근거로 내세웠다. 그러나 그녀가 제시한 12월 15일의 관련 내용은 사평이므로 반드시 그때 일어났다고 보기 어려우며, 글의 맥락상 이전에 있었던 일을 말한 것으로 보는 쪽이 좀더 합당하다고 생각된다.

43 傳曰, 古有三千宮女, 宮闕之內, 必須人物衆多. 如繼平之數准一千, 又有房婢, 是皆蕩滌邪穢, 保太平之氣象也. 大抵宮禁之事爲重, 凡事先上而後下, 爲上之事, 當百倍於下, 使下之人, 不得措其手足爾. 今後一應在下不緊之費, 可減者減之, 以補繼平等類支供之用.

44 남객男客 1000여 명, 여객 280여 명이나 된 경우도 있었다(11.5.5기축).

45 궁인들이 대규모로 동원된 잔치는 다음과 같다. 100명(10.5.8정유; 10.11.28을인), 500명(12.1.4갑신), 1000명(11.2.23기묘; 12.7.3경진), 1500명(12.6.21기사·22경오·26갑술).

46 대표적으로 신동준(『연산군을 위한 변명』, 216~238쪽)과 변원림(『연산군—그 허상과 실상』, 180~183쪽), 이덕일(『조선왕 독살사건』 1, 190~191쪽) 등이 그런 견해를 제시했다.

47 〈월산대군 신도비〉는 현재 경기도박물관(용인시 기흥구)에 소장되어 있으며 성종 20년

(1489) 임사홍이 지었다. 〈박중선 신도비〉도 성종 21년 임사홍이 지었으며, 경기도 남양주시 와부읍 도곡리 산 31번지 소재하고 있다. 두 비문의 내용은 국립문화재연구소 한국금석문 종합영상정보시스템(http://gsm.nricp.go.kr)에 제공되어 있는 자료를 이용했다.

48 변원림(『연산군』, 180~183쪽)과 이덕일(『조선왕 독살사건』 1, 190~191쪽)도 그렇게 판단했다.

49 瀨野馬熊,「燕山朝の二大禍獄」; 오종록,「왜 연산군은 왜 폭군이 되었을까」,『내일을 여는 역사』 4, 2000, 10쪽은 경제 문제를 갑자사화의 가장 커다란 원인으로 파악했다.

50 예컨대 과천현감 장유張維는 어선에 쓸 노루를 바치지 못했고(11.7.14경유) 상의원 관원은 거울을 기한 안에 만들지 못했으며(11.7.18신축) 사축서 관원은 소를 늦게 바친 죄목(11.12.21 신미)으로 각각 추국당했다.

51 時供進小或稽緩, 王必罪那, 百不一貸. 守令畏罪, 專以侵漁供獻爲急, 無意恤民. 民之存業者, 十室九亡, 村里爲墟, 蓬蒿彌目. 그 밖에도 공납의 폐단을 기록한 기사는 10.5.10기해; 10.11.11 정유; 11.3.25경술; 11.11.28기유 · 29경술; 11.12.25을해 등이 대표적이다.

52 그러나 이런 추숭 조처는 중종 반정 이후 다시 원래대로 격하되었다. 1969년 회묘는 서삼릉 내역으로 이장되었다.

53 아울러『연려실기술』권6,「연산조 고사본말」병인정국丙寅靖國 추대중종推戴中宗도 참조.

54 연산군은 현재 강화도 교동 고구리古龜里에 위리안치圍籬安置되었던 것으로 파악되고 있다(남달우,「조선시대 廢君 및 宗親의 流配-喬桐 지역을 중심으로」,『仁荷史學』 9, 2002, 69~70쪽).

55 『연려실기술』권6,「연산조 고사본말」병인정국 추대중종.

56 予自嗣服之後, 病不離身, 接群臣之日少, 居深宮之時多, 未知民之疾苦, 未聞忠直之言, 食不甘味, 寢不安席, 如飮濁水, 如食臭肉. (…) 然一疾向歇, 一疾又生, 雖非臥痛, 氣運沈困, 食不前減, 寢不穩眠. 醫雖診脈, 藥無一效, 停藥調理. 연산군은 이런 증세의 심각성에 아랑곳하지 않고 경연 참석을 강권하는 신하들에 대한 불편한 심기를 담아 시로 표현하기도 했다. "기침과 열이 심하고 계속 피곤해, 말똥말똥 밤새도록 잠 못 이루네. 간관들은 종사의 중요함은 생각지 않고 상소를 올릴 때마다 경연에 나오라고 강권하네(下御製詩曰, 咳深煩多困氣緜, 耿耿終夜未能眠. 諫官不念宗社重, 每上疏章勸經筵[2.11.23병인])."

57 신동준은 연산군이 독살되었을 가능성이 크다고 추정했다(『연산군을 위한 변명』, 447~449쪽). 명시하지는 않았지만, 이덕일도 저서의 제목과 서술의 분위기에서 그런 인상을 주었다(『조선왕 독살사건』 1).

58 이 부분의 서술과 표는 지두환,『연산군과 친인척』, 159~450쪽을 많이 참고했다.

59 사슴과 관련된 일화는『연려실기술』에서 좀더 자세히 언급되었다. 세자 시절 연산군은 성종이 기르던 사향 사슴이 자신을 핥자 발로 찼다. 그러자 성종은 "짐승이 사람을 따르는데 어찌 그리 잔인하냐"고 질책했는데, 그 뒤 연산군은 즉위한 당일 직접 그 사슴을 쏘아 죽였다(『연려실기술』권6,「연산조고사본말」.『오산설림』인용). 아울러 송당松堂 박영朴英은 그 광

경을 보고 연산군의 폭정을 짐작해 병을 핑계로 시골로 돌아갔다고 한다(같은 부분,『명신록』 인용).

60 王於成宗, 每事必反之. 雖陽稱成宗聖德, 心實忌之, 群下若讚成宗聖德, 便不悅. 至末年, 視成宗如讐仇.

61 연산군은 처용무를 매우 좋아했고 솜씨도 훌륭했던 것 같다. 그는 기녀들에게 처용무를 가르쳐 잔치 때마다 공연하게 했으며 술에 취하면 스스로도 자주 추었다(10.12.13기사; 11.4.7임술; 11.11.3갑신). 그가 처용무를 추면서 죽은 사람이 우는 모습을 하면 흥청들이 모두 울었다고 한다(12.1.2임오).

62 이때 연산군이 의정부·육조의 대신들을 불러 상제를 의논한 것으로 보아 상태는 매우 위중했던 것으로 판단된다.

63 傳曰, 大行大妃雖臨朝已久, 於國別無可稱之事, 但以慈親事之而已. 若安順王后則是大統也, 不可與此同, 其令差隆於懿敬大王, 差殺於安順王后則甚合情理. (…) 凡喪事自有等殺. 今大行以情言之則慈親, 以義言之則義絶. 凡事必情義相合然後可也. 其以不成喪制定議何如.

64 王旣短昭惠王后喪, 不行國忌, 殺二弟, 分其妾于諸君, 使亂之後, 竝廢三年通喪, 綱常盡滅矣.

65 성종을 발인發靷할 때 문무백관은 물론 백성들도 모두 통곡했다는 모습은 그런 측면을 잘 보여준다. 讀訖, 群臣哭盡哀. 禮畢, 梓宮遂發. 侍衛之人, 下至輿臺·賤隷, 莫不垂涕. 留都百官, 設祖奠於興仁門外拜辭. 儒生耆老, 亦皆痛哭. 雖盲人緇徒, 不令而來會者, 不可勝數(1.4.2을묘).

66 執義金硡曰, (…) 近者, 成均館儒生等, 蒙成培養之恩. 故能盡言不諱. 至於發引之日, 雖四學迷少之儒, 皆痛哭失聲, 哀出至誠, 其所以知愛其君者, 專是成宗培養之功也.

67 가장 대표적인 기사는 다음을 들 수 있다. 弘文館副提學朴處綸等上疏曰, (…) 我成宗禮遇臺諫, 寵待侍從, 樂育儒生, 以培養直氣, 虛懷聽受. 故臺諫·侍從以至大學生, 莫不直言敢諫, 有論一事, 而疏數十上者, 劾一人, 而待命旬月者. 當是時, 上下一心, 言路洞開, 正人行其志, 邪臣秘其術, 以致二十六年大平之治. 此思慣所親炙, 而目覩者也(1.7.25병오).

68 김돈 또한 "연산군이 성종조에 마련된 대전체제를 秕政을 자행하는 과정에서 대대적으로 변질시켰던 것은 생부生父 성종에 대한 상대적인 열등의식과 여기서 기인하는 반발감도 일정한 영향을 주었다고 보여진다"고 지적한 바 있다(『조선전기 군신권력관계 연구』, 90~92쪽).

69 "국왕은 두어 해 전부터 광질狂疾을 얻어 때로 한밤에 부르짖으며 일어나 후원을 달렸다. 또 무당굿을 좋아해 스스로 무당이 되어 음악을 연주하고 노래하고 춤추면서 폐비가 와 붙은 형상을 했으며, 백악사白岳祠에 자주 올라가 굿을 했다. 궁중에서는 폐비가 빌미가 되었다고 했다(11.9.15병신)."

70 심순문은 처형되지는 않고 유배 보내졌다가 연산군이 폐위되기 직전 석방되었다(12.1.20경자).

71 익명서에 관련된 사항은 강신항,「燕山君 諺文禁壓에 대한 揷疑—國語學史上에 미친 영향의 有無를 중심으로」,『진단학보』24, 1963, 39~49쪽 참조.

72 연산군의 언문 금지에 관련된 사항은 강신항, 같은 논문 참조. 그는 연산군의 조처가 언문의 사용 침체와는 무관하다고 논증했다.

갑자사화 피화인 명단

순번	이름	생몰년	형량	피화 당시 나이	문과	관직(품계)	비고
1	가야지可也之	?~1504	사형	–	–	–	제용감 침선비針線婢
2	가은금加隱今	?~1504	사형	–	–	–	–
3	감순신甘順信	?~?	유배	–	–	–	–
4	감시손甘始孫	?~1504	사형	–	–	가리假吏	–
5	강겸姜謙	?~1504	사형	–	1480(성종 11)	교리(정5)	무오피화. 강형의 동생
6	강백진康伯珍	?~1504	사형	–	1477(성종 8)	사간(종3)	무오피화. 김종직의 사위
7	강선姜善	?~?	유배	–	–	–	봉보부인 백씨의 남편
8	강숙돌姜叔突	?~1515	유배	–	1492(성종 23)	사간(종3)	–
9	강이온姜利溫	?~1504	사형	–	–	진사	강홍의 아버지
10	강징姜澂	1466~1536	종천	38	1494(성종 25)	승지(정3)	강홍의 사촌
11	강형姜詗	?~1504	사형	–	1490(성종 21)	대사간(정3)	강겸의 형. 김승경의 사위. 허반의 장인
12	강홍姜洪	?~?	유배	–	1502(연산 8)	정자(정9)	강이온의 아들. 강징의 사촌
13	거을온巨乙溫	?~?	유배	–	–	–	–
14	경세창慶世昌	?~?	유배	–	1494(성종 25)	장령(정4)	–
15	곽종번郭宗蕃	?~1504	사형	–	1490(성종 21)	장령(정4)	곽종원의 형
16	곽종원郭宗元	?~1504	사형	–	1485(성종 16)	사간(종3)	곽종번의 동생. 아들은 변방 충군
17	구성具誠	?~1504	사형	–	–	우후虞侯(종3)	자식·형제 유배
18	권달수權達手	1469~1504	옥사	35	1492(성종 23)	–	교리(정5)
19	권류權瑠	?~?	부관참시	–	1483(성종 14)	집의(종3)	권달수의 숙부. 사위 이광조李光祖·김희윤金希尹 유배
20	권주權柱	1457~1505	사형	48	1481(성종 12)	부제학(정3)	자식들은 섬에 위리안치. 형제자매 귀양
21	권헌權憲	~1504	옥사	–	1501(연산 7)	지평(정5)	권제權踶의 증손. 권람權擥의 손자
22	권홍權弘	1467~1516	유배	37	1497(연산 3)	집의(종3)	–
23	귀인貴人 권씨權氏	?~?	폐서인	–	–	–	–
24	김경조金敬祖	?~?	유배	–	1462(세조 8)	우후(종3)	–
25	김관金寬	?~?	유배	–	1497(연산 3)	정언(정6)	–
26	김굉필金宏弼	1454~1504	사형	50	–	형조좌랑(정6)	–
27	김극핍金克愊	1472~1531	유배	32	1498(연산 4)	지평(정5)	김겸광金謙光의 아들
28	김극회金克恢	?~?	유배	–	–	사복시정(정3)	–
29	김근사金謹思	1466~1539	유배	38	1494(성종 25)	장령(정4)	김감金勘의 조카

- 비고 : •표는 사후死後.

순번	이름	생몰년	형량	피화 당시 나이	문과	관직(품계)	비고
30	김내문金乃文	?~?	유배	-	1501(연산 7)	저작(정8)	김철문의 동생
31	김동金同	?~1504	사형	-	-	강녕부정江寧副正 이기李祺의 노비	-
32	김세필金世弼	1473~1533	유배	31	1496(연산 1)	집의(종3)	-
33	김숙정金淑貞	?~?	유배	-	1481(성종 12)	장령(정4)	-
34	김순손金舜孫	?~1504	사형	-	-	내관	-
35	김소사金召史	?~?	유배	-	-	-	엄씨의 누이
36	김승경金升卿	1430~1493	부관참시	63(*)	1456(세조 2)	대사헌(종2)	강형의 장인
37	김양보金良輔	?~?	종천	-	-	정자(정9)	-
38	김양진金楊震	1467~1535	유배	37	1497(연산 3)	부수찬(종6)	-
39	김언평金彦平	?~1514	유배	-	1496(연산 2)	정언(정6)	-
40	김우증金友曾	?~?	충군	-	-	현감(종6)	-
41	김응기金應箕	1455~1519	유배	49	1477(성종 8)	예조판서(정2)	-
42	김의장金義將	?~1504	사형	-	-	내관(?)	-
43	김인령金引齡	1462~1504	사형	42	1497(연산 3)	지평(정5)	-
44	김제신金悌臣	1438~1499	부관참시	61(*)	1462(세조 8)	예조참판(종2)	아들은 변방 충군
45	김지金祉	?~?	유배	-	1497(연산 3)	장령(정4)	-
46	김처선金處善	?~1504	사형	-	-	내관부인도 내사 복시에 정역	-
47	김천령金千齡	1469~1503	부관참시	34(*)	1496(연산2)	직제학(정3)	-
48	김철문金綴文	?~?	유배	-	1496(연산 2)	지평(정5)	김내문의 형
49	김청金淸	?~?	유배	-	-	내관	-
50	김취인金就仁	?~1504	사형	-	-	내관	-
51	김희윤金希尹	?~?	유배	-	-	-	권류의 사위
52	남곤南袞	1471~1527	유배	33	1494(성종 25)	부제학(정3)	-
53	남세주南世周	1445~1504	사형	59	1487(성종 18)	전한(종3)	-
54	남효온南孝溫	1454~1492	부관참시	38(*)	-	-	아들 사형
55	돌비[石乙非]	?~?	유배	-	-	관비	-
56	두대豆大	?~1504	사형	-	-	전언典言(종7)	-
57	막장莫藏	?~?	유배	-	-	-	여천위礪川尉 집 여종
58	말금末今	?~?	유배	-	-	-	엄씨의 서누이. 허칙동許則同의 아내
59	물단勿丹	?~?	유배	-	-	-	계성군桂城君 집 여종
60	미장수未長守	?~1504	사형	-	-	-	-

순번	이름	생몰년	형량	피화 당시 나이	문과	관직(품계)	비고
61	박간朴幹	?~?	유배	–	–	내관	–
62	박권朴權	?~?	종천	–	1492(성종 23)	정언(정6)	–
63	박광영朴光榮	1463~1537	유배	41	1498(연산 4)	수찬(정5)	–
64	박서朴恕	?~?	유배	–	–	내관	–
65	박순무朴純茂	?~?	종천	–	–	내관(?)	–
66	박소영朴紹榮	1465~1518	유배	39	1485(성종 16)	직제학(정3)	–
67	박안성朴安性	1438~1512	유배	66	1459(세조 5)	형조판서(정2)	박원형朴元亨의 아들
68	박유경朴有慶	?~?	유배	–	–	내관	–
69	박은朴誾	1479~1504	사형	25	1496(연산 2)	수찬(정5)	신용개의 사위
70	박의영朴義榮	1456~1519	유배	48	1482(성종 13)	대사간(정3)	–
71	박인朴蘭	?~1504	사형	–	–	–	–
72	박인손朴仁孫	?~?	유배	–	–	내관	–
73	박직종朴直宗	?~1504	사형	–	–	–	–
74	박한주朴漢柱	1459~1504	사형	45	1485(성종 16)	헌납(정5)	아들은 종천
75	백씨白氏	?~?	부관참시	–	–	–	성종의 봉보부인
76	변형량卞亨良	?~1504	사형	–	1501(연산 7)	정자(정9)	–
77	북간北間	?~?	유배	–	–	–	여천위臨川尉 집 여종
78	서경생徐敬生	?~?	유배	–	–	내관	–
79	서득관徐得寬	?~1504	사형	–	–	내관	–
80	서산보徐山甫	?~?	부관참시	–	1486(성종 17)	장령(정4)	–
81	서수진徐壽眞	?~?	유배	–	–	내관	–
82	서후徐厚	?~?	유배	–	1498(연산 4)	정언(정6)	–
83	석을장石乙莊	?~1504	사형	–	–	–	–
84	설맹손薛孟孫	?~?	종천	–	–	내관	–
85	설충薛忠	?~?	유배	–	–	내관	–
86	성경온成景溫	1463~1506	사형	43	1503(연산 9)	병조정랑(정5)	성종의 아들. 성중온의 동생
87	성세정成世貞	1460~1524	유배	44	1489(성종 20)	사간(종3)	중전 신씨愼氏의 친족
88	성준成俊	1436~1504	사형	68	1459(세조 5)	영의정(정1)	성현의 사촌. 한형윤의 외조
89	성중온成仲溫	?~1506	사형	–	1496(연산 2)	지평(정5)	성준의 아들. 성경온의 형
90	성현成俔	1439~1504	사형	65	1462(세조 8)	참찬(정2)	성준의 사촌
91	성희철成希哲	?~?	유배	–	1496(연산 2)	정언(정6)	–

순번	이름	생몰년	형량	피화 당시 나이	문과	관직(품계)	비고
92	소의昭儀 엄씨嚴氏	?~1504	사형	–	–	–	성종의 후궁. 은소이銀召伊. 엄씨의 딸 한경침韓景琛의 처 귀양
93	소의 정씨鄭氏	?~1504	사형	–	–	–	성종의 후궁. 정금이鄭金伊
94	송여해宋汝諧	1452~1510	유배	52	1494(성종 25)	헌납(정5)	
95	송흠宋欽	?~1504	사형	–	–	부수찬(종6)	
96	수근비水斤非	?~?	귀양	–	–	궁인	
97	신봉로申奉盧	?~?	유배	–	1495(연산 1)	정언(정6)	
98	신온信溫	?~1504	사형	–	–	승려	
99	신용개申用漑	1463~1519	유배	41	1488(성종 19)	도승지(정3)	박은의 장인. 신숙주의 손자. 신징의 조카
100	신징申澄	?~1504	사형	–	1492(성종 23)	정언(정6)	아들은 종천. 신숙주의 조카. 신용개의 삼촌
101	심담沈淡	?~1504	옥사	–	–	판관(종5)	–
102	심순문沈順門	1465~1504	사형	39	1495(연산 1)	교리(정5)	심회의 손자. 심온沈溫의 증손
103	심회沈澮	1418~1493	부관참시	75(*)	–	영의정(정1)	심순문의 조부. 심온의 아들
104	안윤덕安潤德	1447~1535	유배	57	1483(성종 14)	관찰사(종2)	–
105	양윤梁潤	?~?	유배	–	–	–	이세좌의 사위
106	어리니於里尼	?~1504	사형	–	–	–	성종의 봉보부인
107	어리덕於里德	?~?	유배	–	–	–	여천위驪川尉 집 여종 10
108	어세겸魚世謙	1430~1500	부관참시	70(*)	1456(세조 2)	좌의정(정1)	
109	엄계嚴誡	?~1504	사형	–	–	–	소의 엄씨의 오빠. 엄산수의 아들
110	엄산수嚴山壽	?~1504	사형	–	–	–	소의 엄씨 · 엄계 · 엄회의 아버지
111	엄회嚴誨	?~1504	사형	–	–	–	소의 엄씨의 오빠. 엄산수의 아들
112	원여元畬	?~?	유배	–	–	주부(종6)	–
113	유부柳溥	?~?	유배	–	1501(연산 7)	박사(정7)	이심원의 사위. 유순정柳順汀의 조카
114	유빈柳濱	?~1509	유배	–	1483(성종 14)	관찰사(종2)	아들은 충군
115	유세진柳世珍	?~?	유배	–	–	–	–
116	유세침柳世琛	?~1511	유배	–	1490(성종 21)	대사간(정3)	–
117	유숭조柳崇祖	1452~1512	유배	52	1489(성종 20)	장령(정4)	–
118	유인귀柳仁貴	1463~1531	유배	41	1496(연산 2)	정언(정6)	–
119	유지형柳之亨	?~?	유배	–	–	–	귀인 권씨의 조카
120	유집柳輯	?~1504	사형	–	–	정랑(정5)	–
121	유헌柳軒	1462~1506	유배	42	1489(성종 20)	대사간(정3)	유영경柳永慶의 증조

순번	이름	생몰년	형량	피화 당시 나이	문과	관직(품계)	비고
122	유희저柳希渚	1460~?	유배	-	1496(연산 2)	지평(정5)	유순정의 조카
123	유희철柳希轍	1453~1514	유배	51	1495(연산 1)	정언(정6)	-
124	윤민尹慜	?~?	부관참시	-	1453(단종 1)	대사간(정3)	-
125	윤석尹晳	1435~1503	부관참시	68(*)	1466(세조 12)	사간(종3)	-
126	윤석보尹碩輔	?~1505	유배(사망)	-	1472(성종 3)	대사간(정3)	-
127	윤숙尹淑	?~1504	사형	-	-	-	윤필상의 아들. 윤위·윤준의 형제
128	윤여해尹汝諧	1480~1546	유배	24	-	-	이세좌의 사위
129	윤원尹源	?~?	유배	-	1495(연산 1)	정언(정6)	-
130	윤위尹偉	?~1504	사형	-	-	-	윤필상의 아들. 윤숙·윤준의 형제
131	윤준尹俊	?~1504	사형	-	-	-	윤필상의 아들. 윤숙·윤의의 형제
132	윤채尹埰	?~?	효수	-	-	주부(종6)	-
133	윤필상尹弼商	1427~1504	사형	77	1450(세종 32)	영의정(정1)	-
134	이간李揀	?~1504	사형	-	-	-	이종의 아들. 이총의 동생. 이변의 형
135	이각답李㗎畓	?~?	종천	-	-	-	이공신李公信의 아들
136	이공신李公信	?~1505	사형	-	-	-	김처선의 양자. 부인은 내사 복시에 정역. 아들도 유배
137	이광조李光祖	?~?	유배	-	-	-	권류權瑠의 사위
138	이극균李克均	1437~1504	사형	67	1456(세조 2)	좌의정(정1)	이세좌·이세걸의 숙부. 이덕형李德馨의 5대조
139	이극량李克良	?~?	충군	-	-	내관	-
140	이덕숭李德崇	1432~1504	사형	72	1462(세조 8)	관찰사(종2)	-
141	이맥李陌	1455~1528	유배	49	1498(연산 4)	장령(정4)	-
142	이변李忭	?~1504	사형	-	-	-	이종의 아들. 이총·이간의 동생
143	이병정李秉正	?~?	충군	-	-	동지중추(종2)	-
144	이봉李芃	?~1504	사형	-	-	-	소의 정씨의 아들. 이항의 동생
145	이사공李思恭	1468~1512	유배	36	1495(연산 1)	장령(정4)	-
146	이사균李思鈞	1471~1536	유배	33	1498(연산 4)	부수찬(종6)	-
147	이사부李似父	?~?	유배	-	-	내관	-
148	이사침李思琛	?~1504	사형	-	-	-	-
149	이세걸李世傑	1463~1504	사형	41	1492(성종 23)	이조정랑(정5)	이세좌의 동생. 이극균의 조카
150	이세영李世英	?~1510	유배	-	1477(성종 8)	대사헌(종2)	-

순번	이름	생몰년	형량	피화 당시 나이	문과	관직(품계)	비고
151	이세인李世仁	1452~1516	유배	52	1486(성종 17)	부제학(정3)	-
152	이세좌李世佐	1445~1504	사형	59	1477(성종 8)	예조판서(정2)	이극균의 조카. 이세걸의 형. 이수원·이수의·이수정·이수형의 아버지. 양윤·윤여해·정현·조영손의 장인
153	이수원李守元	?~1504	사형	-	-	-	이세좌의 아들. 이수의·이수정·이수형의 형제
154	이수의李守義	1474~1504	사형	30	1502(연산 8)	한림(정9)	이세좌의 아들. 이수정의 형. 이수형의 동생
155	이수정李守貞	1477~1504	사형	27	1501(연산 7)	수찬(정5)	이세좌의 아들. 이수형·이수의의 동생. 이준경李浚慶의 아버지
156	이수형李守亨	1470~1504	사형	34	1492(성종 23)	사인(정4)	이세좌의 아들. 이수의·이수정의 형.
157	이승건李承健	1452~1502	부관참시	50(*)	1480(성종 11)	관찰사(종2)	-
158	이심원李深源	1454~1504	사형	50	-	주계부정朱溪副正(종3)	형제들 모두 유배. 이유녕의 아버지. 유부의 장인
159	이오을李吾乙	?~1504	사형	-	-	-	-
160	이원李援	?~1504	사형	-	-	-	이종의 아들. 이총의 형
161	이유녕李幼寧	?~1504	사형	-	1496(연산 2)	지평(정5)	이심원의 아들
162	이윤걸李允傑	?~1504	사형	-	-	-	-
163	이의손李懿孫	?~?	유배	-	1483(성종 14)	유생	-
164	이인형李仁亨	1436~1497	부관참시	61(*)	1468(세조 14)	대사헌(종2)	-
165	이자견李自堅	1454~1529	유배	50	1486(성종 17)	유생	이자화의 형
166	이자화李自華	?~1520	유배	-	1496(연산 2)	교리(정5)	이자견의 동생
167	이장곤李長坤	1474~1519	유배	30	1502(연산 8)	교리(정5)	-
168	이정李挺	?~1504	사형	-	-	-	이종의 아들. 이총의 동생
169	이종李䥨	?~1504	사형	-	-	-	우산군牛山君. 이원·이총·이간·이정·이첩의 아버지
170	이주李冑	?~1504	사형	-	1488(성종 19)	정언(정6)	-
171	이철균李鐵均	1450~1514	유배	54	1496(연산 2)	정언(정6)	-
172	이첩李捷	?~1504	사형	-	-	-	이종의 아들. 이총의 동생
173	이총李摠	?~1504	사형	-	-	-	-

순번	이름	생몰년	형량	피화 당시 나이	문과	관직(품계)	비고
174	이파李坡	1434~1486	부관참시	52(*)	1451(문종 1)	찬성(종1)	-
175	이팽손李彭孫	?~1504	장사杖死	-	-	-	-
176	이항李沆	?~1504	사형	-	-	-	귀인 정씨의 아들. 이봉의 형
177	이행李荇	1478~1534	유배	26	1495(연산 1)	부응교(종4)	이기李芑의 동생
178	이현보李賢輔	1467~1555	유배	37	1498(연산 4)	정언(정6)	-
179	임희재任熙載	1472~1504	사형	32	1498(연산 4)	정자(정9)	임사홍의 아들
180	장순손張順孫	1453~1534	유배	51	1485(성종 16)	부응교(종4)	-
181	장준보張俊輔	?~1504	사형	-	-	내관	-
182	전향田香	?~?	유배	-	-	-	궁인
183	정붕鄭鵬	1467~1512	유배	37	1492(성종 23)	교리(정5)	-
184	정사걸鄭士傑	?~?	유배	-	1492(성종 23)	헌납(정5)	-
185	정성鄭鋮	?~1504	사형	-	-	-	귀인 정씨·정시의 형제
186	정성근鄭誠謹	?~1504	사형	-	1474(성종 5)	승지(정3)	-
187	정시鄭斌	?~1504	사형	-	-	-	귀인 정씨·정성의 형제
188	정여창鄭汝昌	1450~1504	사형	54	1490(성종 21)	한림(정9)	-
189	정옥경鄭玉京	?~1504	사형	-	-	악공	-
190	정인인鄭麟仁	?~1504	사형	-	1498(연산 4)	부제학(정3)	-
191	정인석鄭仁石	?~1504	사형	-	-	-	귀인 정씨·정성·정시의 아버지
192	정진鄭溱	?~1504	사형	-	-	생원	-
193	정창손鄭昌孫	1402~1487	부관참시85(*)	-	1426(세종 8)	영의정(정1)	-
194	정침鄭沈	1473~1516	유배	31	1498(연산 4)	헌납(정5)	-
195	정현鄭鉉	?~?	유배	-	-	감찰(종6)	이세좌의 사위
196	조세당曺世唐	?~?	유배	-	1492(성종 23)	정언(정6)	-
197	조영손趙永孫	?~?	유배	-	-	-	이세좌의 사위
198	조위曺偉	1454~1503	부관참시	49(*)	1474(성종 5)	호조참판(종2)	-
199	조유형趙有亨	?~?	유배	-	1498(연산 4)	정언(정6)	-
200	조지서趙之瑞	1454~1504	사형	50	1474(성종 5)	어사御史	-
201	조효안趙孝安	?~?	유배	-	-	내관	-
202	종규從鬼	?~?	유배	-	-	-	진산대군晉山大君 집 여종
203	지언池彦	?~1504	사형	-	-	-	-
204	최린崔潾	?~?	유배	-	1478(성종 9)	대사간(정3)	-
205	최부崔溥	1454~1504	사형	50	1482(성종 13)	응교(정4)	-
206	최세걸崔世傑	1458~1503	부관참시	45(*)	1486(성종 17)	헌납(정5)	최만리崔萬理의 손자

순번	이름	생몰년	형량	피화 당시 나이	문과	관직(품계)	비고
207	최수연崔水淵	崔湊	사형	-	-	내관	-
208	최숙근崔叔謹	崔湊	사형	-	-	-	-
209	최숙생崔淑生	1457~1520	유배	47	1492(성종 23)	응교(정4)	-
210	최침崔沈	?~?	유배	-	-	내관	-
211	최한원崔漢源	?~?	유배	-	1480(성종 11)	대사헌(종2)	-
212	추강월秋江月	?~?	정역	-	-	-	기녀
213	탁치손卓致孫	?~?	유배	-	-	내관	-
214	표연말表沿沫	1449~1498	부관참시	49(*)	1472(성종 3)	사간(종3)	-
215	하계증河繼曾	?~?	유배	-	1498(연산 4)	정언(정6)	-
216	한곤韓崑	?~1504	사형	-	-	-	-
217	한기韓紀의 처	?~?	유배	-	-	-	귀인 정씨의 딸
218	한명회韓明澮	1415~1487	부관참시	72(*)	-	영의정(정1)	-
219	한세충韓世忠	?~1504	사형	-	-	-	-
220	한수韓邃	?~1504	사형	-	-	-	한치형의 서자
221	한충인韓忠仁	?~?	종천	-	-	절도사(종2)	한훈의 아버지. 성중온의 장인. 성준의 사돈
222	한치형韓致亨	1434~1502	부관참시	68(*)	-	영의정(정1)	-
223	한형윤韓亨允	1470~1532	유배	34	1492(성종 23)	이조참판(종2)	성준의 외손. 한계미韓繼美의 손자. 한계희韓繼禧의 종손
224	한훈韓訓	?~1504	사형	-	1494(성종 25)	정언(정6)	한충인의 아들
225	허밀許諡	?~?	유배	-	-	-	숙의 권씨의 조카
226	허반許磐	?~1498	부관참시	-	1498(연산 4)	정자(정9)	강형의 사위
227	현내원玄乃元	?~?	사형	-	-	서리書吏	-
228	현비玄非	?~?	변방 정속	-	-	-	이성군利城君 집 여종
229	홍귀달洪貴達	1438~1504	사형	66	1461(세조 7)	이조판서(정2)	홍언국·홍언충의 아버지
230	홍상洪常	1457~1513	유배	-	-	-	덕종의 부마
231	홍세필洪世弼	?~?	사형	-	-	-	홍식의 아들
232	홍수洪脩	?~?	유배	-	-	정언(정6)	-
233	홍식洪湜	1449~1504	사형	55	1483(성종 14)	승지(정3)	-
234	홍언국洪彦國	?~?	유배	-	-	-	홍귀달의 아들. 홍언충의 동생
235	홍언충洪彦忠	1473~1504	사형	31	1495(연산 1)	교리(정5)	홍귀달의 아들. 홍언국의 형
236	홍한洪澣	1451~1498	부관참시	47(*)	1485(성종 16)	부제학(정3)	-
237	황귀천黃貴千	?~1504	사형	-	-	-	-
238	황성창黃誠昌	?~?	유배	-	1491(성종 22)	집의(종3)	황희黃喜의 증손
239	효동비孝同非	?~?	정속	-	-	-	계성군桂城君 집 여종

참고문헌

〈자료〉
『성종실록』,『연산군일기』,『동각잡기』,『성호사설』,『신증동국여지승람』,『연려실기술』
와그너 · 송준호,『보주 문과방목』(www.koreaa2z.com/munkwa)
한국학중앙연구원,『한국민족문화대백과 사전』(www.aks.ac.kr)
국립문화재연구소 한국금석문 종합영상정보시스템(http://gsm.nricp.go.kr)

〈논저〉
강신항,「燕山君 諺文禁壓에 대한 揷疑―國語學史上에 미친 영향의 有無를 중심으로」,『진단학보』 24, 1963
강영주,「박종화의 역사소설」,『논문집』 18, 상명대, 1986
고석호,『월탄 박종화 역사소설연구』, 성균관대 박사논문, 2003
권민정,「연산조의 여악에 대한 고찰」,『한국음악학논집』 1, 1990
권연웅,「朝鮮 成宗朝의 經筵」,『한국문화의 제문제』, 시사영어사, 1982
_____,「燕山朝의 經筵과 士禍」,『九谷 黃鍾東敎授 停年紀念 史學論叢』, 1994
김경록,「中宗反正이후 承襲外交와 朝明關係」,『한국문화』 40, 2007
김경수,「燕山君日記 編纂官에 대한 一考察」, 重山 鄭德基博士 華甲紀念韓國史學論叢, 1996
김 돈,『조선전기 군신권력관계 연구』, 서울대출판부, 1997
김동호,『한국영화 70년 대표작 200선』, 한국영화진흥공사, 1989
김문식 · 김정호,『조선의 왕세자 교육』, 김영사, 2003
김 범,『사화와 반정의 시대』, 역사비평사, 2007
_____,「『燃藜室記述』 인물조 주요인물의 혈연관계와 官歷―朝鮮 太祖~仁祖代 지배 세력의 연속성과 그 의미」,『대동문화연구』 41, 2002
_____,「조선전기 '훈구 · 사림 세력' 연구의 재검토」,『한국사학보』 15, 2003
_____,「朝鮮王朝實錄에 나타난 '勳舊'의 用例와 그 분석」,『동방학지』 134, 2006
김성우,『조선중기 국가와 사족』, 역사비평사, 2001

김소영,「사모의 멜로드라마」,『근대성의 유령들』, 씨앗을뿌리는사람들, 2000
김순남,「조선 燕山君代 여진의 동향과 대책」,『한국사연구』144, 2009
김원모,「含春苑考—宮闕 臨壓家舍의 撤去를 中心으로」,『향토서울』22, 1964
김윤식,「朝鮮 燕山朝의 書籍文化에 관한 考察」,『서지학연구』34, 2006
김은미,「연산조의 장악원의 역사적 고찰」,『한국음악학논집』1, 1990
김인숙,『조선4대사화』, 느낌이있는책, 2009
김종수,「『孝宗東宮日記』를 통해 본 書筵 양상」,『규장각』31, 2007
김중권,「朝鮮朝 經筵에서 燕山君의 讀書歷에 관한 考察」,『서지학연구』37, 2007
김태웅,『이—김태웅 희곡집 1』, 평민사, 2005
김희준,「朝鮮前期 水陸齋의 設行」,『호서사학』30, 2001
남달우,「조선시대 廢君 및 宗親의 流配—喬桐 지역을 중심으로」,『仁荷史學』9, 2002
남지대,「朝鮮 成宗代의 대간언론」,『한국사론』12, 1985
노관범,「『英祖東宮日記』로 보는 王世弟의 書筵과 微視政治」,『규장각』33, 2008
류재엽,『한국근대 역사소설연구』, 국학자료원, 2002
민현구,「고려말·조선초의 영웅담에 담긴 역사성—김성한의 소설『이성계』를 중심으로」,『한국사 시민강좌』41, 일조각, 2007
박유희,「한국 사극영화 장르 관습의 형성에 관한 일고찰—'신필름'의〈연산군〉연작을 중심으로」,『문학과영상』제9권 2호, 2008
박평식,「조선전기 兩界지방의 '回換制'와 곡물유통」,『學林』14, 1992
박영규,『한권으로 읽는 조선왕실계보』, 웅진지식하우스, 2008
변원림,『연산군—그 허상과 실상』, 일지사, 2008
박홍갑,「16세기 전반기 정국 추이와 충주사림의 피화—광주이씨 克堪系를 중심으로」,『사학연구』79, 2005
배규범,「香奩과 虛無의 詩學—燕山君의 문학적 思惟를 중심으로」,『어문연구』123, 2004
송만오,「조선 지배층 추적에 이정표를 세운 에드워드 와그너 교수와 송준호 교수의 공동연구」,『한국사시민강좌』46, 2010
송백헌,「朴鍾和 歷史小說研究」,『論文集』10권 2호, 충남대 인문과학연구소, 1983
송수환,「甲子士禍의 새 해석」,『사학연구』57, 1999
송웅섭,「中宗代 己卯士林의 구성과 출신배경」,『한국사론』45, 서울대, 2001
신동준,『연산군을 위한 변명—폭군의 멍에를 벗긴다』, 지식산업사, 2003
_____,「서평: 진정한 의미의 '연산군을 위한 변명'—변원림,『연산군—그 허상과 실상』」,『신동아』2008년 9월호
신석호,「조선 성종시대의 신구대립」,『신석호 전집』1, 신서원, 1996(「朝鮮成宗時代の新舊對立」,『近代朝鮮史研究』1, 朝鮮總督府, 1944)
신명호,「연산군—한 세상 내 마음대로 원을 풀리라」,『왕을 위한 변명』, 김영사, 2009
신봉승,『시인 연산군』, 선, 2000

신천식,「제5장 연산군의 교육탄압정책과 과거운영」,『조선전기 교육개혁과 과거운영』, 경인 문화사, 1999
안진수,「역사의 부담과 작인성의 딜레마」,『대중서사연구』 17, 2007
양동안,「소설『태백산맥』속의 대한민국」,『한국사 시민강좌』 41, 일조각, 2007
양택관,「조선전기 왕실의 토지소유와 경영」,『한국사론』 53, 서울대 국사학과, 2007
에드워드 와그너, 이훈상·손숙경 옮김,『조선왕조 사회의 성취와 귀속』, 일조각, 2007
여호규,「고구려 드라마 열풍의 허虛와 실實—드라마 〈주몽〉을 중심으로」,『한국사 시민강좌』 41, 일조각, 2007
오수창,「國王과 臣僚의 역학관계」, 한국역사연구회 17세기 정치사 연구반,『조선중기 정치와 정책』, 아카넷, 2003
오종록,「왜 연산군은 폭군이 되었을까」,『내일을 여는 역사』 4, 2000
_____,「조선시대의 왕」,『역사비평』 54, 2001
오항녕,『조선의 힘』, 역사비평사, 2010
육영임,「연산군 무용사 연구—궁중무용을 중심으로」, 청주대 석사논문, 1995
윤병로,「월탄 박종화의 역사소설론」,『대동문화연구』 10, 1975
_____,「월탄 박종화의『금삼의 피』론」,『대동문화연구』 30, 1995
윤아영,「고려말 조선초 궁정나례의 변천양상과 공연사적 의의」, 서울대 대학원 한국음악학과 박사논문, 2009
윤정란,『조선 왕비 오백년사—왕비를 알면 조선의 역사가 보인다』, 이가출판사, 2008
_____,『조선왕비 독살사건』, 다산초당, 2009
이구의,「佔畢齋 金宗直의「弔義帝文」攷」,『대동한문학』 8, 1996
이덕일,『조선왕 독살사건』 1, 다산초당, 2009
이민웅,「역사 소설에 그려진 이순신」,『한국사 시민강좌』 41, 일조각, 2007
이병도,『韓國儒學史』, 아세아문화사, 1987
이병휴,『朝鮮前期 畿湖士林派研究』, 일조각, 1984
_____,「사림 세력의 진출과 사화」, 국사편찬위원회 편,『한국사』 28, 1996
이봉춘,「연산군의 排佛策과 그 추이의 성격」,『불교학보』 29, 1992
이상옥,「燕山君의 詩的生活」,『友石史學』 1, 1968
이석규,「조선초기 서연연구」,『역사학보』 110, 1986
_____,「연산군·중종대 求言의 성격 변화와 그 의미」,『사학연구』 88, 2007
이성무,『조선초기 양반연구』, 일조각, 1980
_____,『조선왕조실록 어떤 책인가』, 동방미디어, 1999
_____,「조선시대의 王權」,『조선의 사회와 사상』, 일조각, 1999
이수광,『왕과 나, 김처선』, 눈과마음(스쿨타운), 2007
이숭녕,「燕山君의 詩想의 고찰」,『동방학지』 12, 1971
이애덕,「조선시대 연산군의 여악제도에 관한 고찰」,『대한무용학회』 50, 2007

이재룡, 「제5장 朝鮮初期의 國家財政」, 『조선전기 경제구조연구』, 숭실대출판부, 1999(『한국사』 24, 국사편찬위원회, 1994)
이재호, 「朝鮮朝 臺諫의 기능의 변천」, 『조선정치제도 연구』, 일조각, 1995
이종봉, 『한국중세도량형제연구』, 혜안, 2001
이태진, 「15세기 후반기의 '鉅族'과 名族意識―『東國輿地勝覽』人物條의 分析을 통하여」, 『한국사론』 3, 서울대, 1976
_____, 「조선시대의 정치적 갈등과 그 해결―士禍와 黨爭을 중심으로」, 이태진 편, 『조선시대 정치사의 재조명』, 범조사, 1985
_____, 「士禍와 朋黨政治」, 한국사특강 편찬위원회 편, 『한국사특강』, 서울대출판부, 1990
_____, 「조선왕조의 유교정치와 왕권」, 『東亞史上의 왕권』, 한울아카데미, 1993
_____, 「역사 소설 속의 명성황후 이미지―정비석의 역사 소설 『민비』의 경우」, 『한국사 시민강좌』 41, 일조각, 2007
이한우, 『성종, 조선의 태평을 누리다』, 해냄, 2006
이현진, 「朝鮮前期 昭陵復位論의 추이와 그 의미」, 『조선시대사학보』 23, 2002
_____, 「연산군대 廟制論의 논의과정과 그 의미」, 『역사와 경계』 60, 2006
이홍렬, 「대간제도의 法制史的 고찰」, 『사총』 5, 1960
임중웅, 『다시 보는 조선왕조 왕비열전』, 석천미디어, 2002
_____, 『새롭게 꾸민 왕비열전』, 선영사, 2003
장경희, 「燕山君朝 王室工藝品의 製作 研究」, 重山 鄭德基博士 華甲紀念韓國史學論叢, 1996
장학근, 「燕山君의 災異論에 대한 인식변화―君權・言權 논쟁을 중심으로」, 『경남사학』 7, 1995
장희흥, 『조선시대 정치권력과 환관』, 경인문화사, 2006
_____, 「燕山君代 宦官政策과 內侍府의 위상강화」, 『경주사학』 21, 2002
정동일, 「燕山君 禁標碑 연구―大慈洞 禁標碑를 중심으로」, 『한성사학』 8, 1996
정두희, 『조선시대의 대간연구』, 일조각, 1994
_____, 『조광조』, 아카넷, 2000
_____, 『왕조의 얼굴―조선왕조의 건국사에 대한 새로운 이해』, 서강대출판부, 2010
_____, 「朝鮮前期 支配勢力의 형성과 변천―그 研究史的인 성과와 과제」, 朱甫暾 외, 『한국사회발전사론』, 일조각, 1992
_____, 「〈단종애사〉와 텔레비전 드라마 〈한명회〉」, 『한국사 시민강좌』 41, 일조각, 2007
정상균, 「김종직의 「조의제시(문)」연구」, 『고시가연구』 10, 2002
정현재, 「鮮初 內需司 奴婢考」, 『경북사학』 3, 1981
정형호, 「韓國 儺禮의 假面劇史的 意味 考察―연희 내용과 전승 집단을 중심으로」, 『동아시아 고대학』 2, 경인문화사, 2000
제임스 B. 팔레, 김범 옮김, 『유교적 경세론과 조선의 제도들―유형원과 조선후기』 1・2, 산처럼, 2008

조광국, 「16세기 초엽 기녀제도 개편 양상-연산군 시대를 중심으로」, 『奎章閣』 23, 2000
조규일, 『월탄 박종화 역사소설연구』, 성균관대 박사논문, 1988
_____, 「박종화 역사소설의 가공인물 연구(1)」, 『한민족문화연구』 3, 1998
_____, 「박종화 역사소설연구(3)」, 『한민족문화연구』 9, 2001
조효순, 「조선시대 기녀복식의 사치와 그 영향」, 『명지대 논문집』 15, 1984
지두환, 『성종대왕과 친인척』 1~5, 역사문화, 2007
_____, 『연산군과 친인척』, 역사문화, 2008
지승종, 「朝鮮前記 內需司의 性格과 內需司奴婢」, 『한국학보』 40, 1985
진상원, 「조선전기 정치사건의 처벌과 伸寃-김종직의 사례를 중심으로」, 『역사학보』 180, 2003
차순자, 「조선초 궁중 나례 歌舞戲의 성격과 의미」, 『한국문학논총』 23, 1998
차용걸, 「朝鮮王朝實錄의 編纂態度와 史官의 歷史意識(朝鮮前期)」, 『韓國史論』 6, 국사편찬위원회, 1979
최선경, 『왕을 낳은 후궁들』, 김영사, 2007
최승희, 『朝鮮初期 言論史硏究』, 지식산업사, 2004
최이돈, 『조선중기 사림정치 구조연구』, 일조각, 1994
_____, 「조선중기의 비리 문제와 士禍」, 『한국사 시민강좌』 22, 1998
최정운, 「조선시대의 민중세계를 다룬 소설 『임꺽정』의 공(功)과 과(過)」, 『한국사 시민강좌』 41, 일조각, 2007
_____, 「조선왕조의 관료적 군주제」, 조선시대사학회 편, 『동양 삼국의 왕권과 관료제』, 국학자료원, 1998
한명기, 『광해군』, 역사비평사, 2000
한옥수, 「조선왕조시대의 여성복식의 금제고찰」, 『인문학연구』 17, 강원대, 1982
한우근 외, 『譯註 經國大典(飜譯篇)』, 한국정신문화연구원, 1986
한희숙, 「燕山君代 盜賊活動의 사회적 조명」, 『한국학연구』 6, 1996
_____, 「조선초기 성종비 윤씨 폐비·폐출 논의 과정」, 『한국인물사연구』 4, 2005
_____, 「조선 성종대 폐비 윤씨 賜死사건」, 『한국인물사연구』 6, 2006
_____, 「연산군대 폐비 윤씨 追封尊崇 과정과 갑자사화」, 『한국인물사연구』 10, 2008
_____, 「조선전기 이세좌의 생애와 갑자사화」, 『조선시대사학보』 50, 2009
함규진, 『왕의 투쟁-조선의 왕, 그 고독한 정치투쟁의 권력자』, 페이퍼로드, 2007
허재일, 「朝鮮王朝에 있어서 士禍發生의 政治社會的 背景에 관한 考察」, 『學術誌』 25, 건국대, 1981
홍순창, 「士禍와 黨爭과의 관계」, 『대구사학』 7·8, 1973
瀨野馬熊, 「燕山朝の二大禍獄」, 『瀨野馬熊遺稿』, 1936
周藤吉之, 「高麗朝より李朝初期に至る王室財政-特に私藏庫の硏究」, 『史學雜誌』 10-1, 1939
河內良弘, 「燕山君時代の朝鮮と女眞」, 『朝鮮學報』 81, 1976

Wagner, Edward W, *The Literati Purges: Political Conflict in Early Yi Dynasty*, Cambridge: East
    Asian Research Center, Harvard University, 1974

찾아보기

ㄱ

가야지加也之 267
가운래駕雲來 292
가학선駕鶴仙 326
가흥청假興淸 283, 284~285, 289~290, 292
갑자사화甲子士禍 24~27, 65, 73~74, 139, 174, 177~178, 190, 192, 199, 201, 203, 212, 214, 216, 220, 221~222, 224~228, 234~240, 242~244, 248, 250~251, 253, 267, 274, 282, 305, 307, 309, 320, 325, 327, 329, 333
갑자육간 243, 245
강겸姜謙 140
강경서姜景敍 116, 183
강계동姜繼同 291
강구손姜龜孫 110, 114, 184
『강목綱目』 85, 208
『강목신증綱目新增』 88
강응姜凝 291
강이온姜利溫 258
강희맹姜希孟 172
거사擧舍 295
검충檢忠 290
『경국대전經國大典』 31~32, 41, 62, 128, 322, 331~333
계유정난癸酉靖難 41
계평繼平 262, 284~285, 292, 295
고세보高世輔 294
고완관考頑官 280

공안상정청貢案詳定廳 184
공혜왕후恭惠王后 37, 39, 41, 43, 52
곽종원郭宗元 328
광한선廣寒仙 193
『광해군일기』 69, 75
광희 283~284, 286, 289
『교홍기嬌紅記』 286
구수영具壽永 317
구치관具致寬 42
권건權健 97
권경우權景祐 55, 57, 59
권경희權景禧 89
권달수權達手 109
권람權擥 147, 240, 317
권벌權橃 70
권세형權世衡 328
권인손權仁孫 296
권제權踶 240
권주權柱 325
권필權韠 296
『금삼錦衫의 피』 76, 79
김광후金光厚 180
기구驥猳 279
김감金勘 183, 241
김겸광金謙光 240
김공저金公著 294
김국광金國光 42, 49
김부金府 325
김사원金士元 200
김선金瑄 326

김소부리金小夫里 291
김수동金壽童 130, 317
김양보金良輔 187
김언평金彦平 328
김인후金麟厚 206
김일손金馹孫 129, 146~151, 154~156, 158~161, 164, 166~168, 173, 205, 265, 333
김제신金悌臣 116
김종서金宗瑞 147
김종직金宗直 129, 146~147, 151, 154~161, 164~169, 172~173, 202, 205, 219, 221, 333
김진석金晉錫 98
김효강金孝江 102~103, 114
김흥수金興守 294

ㄴ

나례儺禮 190, 267, 296
낙동산락동산樂同産 287
낙산사洛山寺 102~103
남혜南憓 127
남효온南孝溫 53, 147
내관 87, 91, 97, 101~102, 179, 200, 222, 225, 235, 255, 257~258, 263, 287, 301, 319, 325~326
내명부內命婦 103
내수사內需司 102~103, 183, 193, 201, 212~213, 238, 272, 275~276
내한매耐寒梅 327
노공필盧公弼 114, 127
노물재盧物載 118
노사신盧思愼 95~96, 109~110, 112, 116, 118~119, 122~131, 149~150, 154, 156, 166~168, 179, 216, 218

노한盧閈 118
녹각성鹿角城 271
녹각책鹿角柵 271
녹양춘綠楊春 287
『논어』 84~85
뇌영원雷英院 285, 289, 326
능상凌上 24, 94, 101, 131, 134, 138, 140~142, 160, 164, 173, 177, 206, 220, 222, 224~226, 228, 231, 235, 237, 239, 245, 253, 261, 282, 322~324, 332

ㄷ

단경端敬왕후 317
단종端宗 27, 36, 41, 44, 79, 118, 147, 297
『당시고취唐詩鼓吹』 86
『당음시堂音詩』 86
당파성론黨派性論 33
『당현시唐賢詩』 86
대중래대중래待重來 292
『대학』 84
덕종德宗 42, 46, 147, 320
두계춘杜溪春 292
두탕호청사杜蕩護淸司 286

ㅁ

마천목馬天牧 38
만림홍滿林紅 292
만세산萬歲山 269~270
망원정 168, 172, 294, 297
『맹자』 84, 128
모화관慕華館 58, 225, 268~269, 278
무산아巫山兒 292
무오사화戊午士禍 93, 94, 111, 119,

126~127, 129, 131~132, 143~145, 149, 151, 161, 165, 169, 171, 176~179, 201~203, 205~208, 211, 217, 219~222, 225, 227, 229, 231, 240, 243, 256, 265, 324, 333
문절文節 57
문종文宗 27, 36, 41, 44, 53
『문한유선文翰類選』88
미장수未長守 253
민수복閔壽福 157~158
민이閔頤 90
민자방閔子芳 226

ㅂ

박건朴楗 110, 114, 212, 259, 325
박동량朴東亮 184
박성림朴成林 319
박숭질朴崇質 97, 296~297
박승은朴承恩 225
박안성朴安性 114, 116, 241
박연희 79
박영번朴英蕃 57
박원종朴元宗 53, 202~204, 296, 311
박원형朴元亨 241
박은朴誾 243
박종화朴鍾和 76~77
박중선 297~298
박처륜朴處倫 130
반정反正 27, 69, 75, 82, 184, 222, 227, 247, 249, 296, 310~312, 317, 331
변성邊成 296
별응패別鷹牌 279
보려대補旅隊 280
봉보부인奉保夫人 97, 102~104, 332
부화赴和 284

분경奔競 253

ㅅ

사간원司諫院 31, 38, 108, 255, 262, 264
사림 세력 33~34, 165, 169, 172, 222
사비四非 46~47
사육신死六臣 147
사초史草 70, 146~150, 154~156, 161, 164~168, 173, 265
사헌부司憲府 31, 36, 46, 57, 108, 116, 198, 200, 205~206, 211, 219, 246, 255, 258, 262, 264, 327
삼사 26, 31~32, 34, 47, 57, 62, 94~104, 106~112, 114~119, 122~144, 148, 150~151, 157~160, 164~165, 168~169, 172~173, 176~178, 183, 201~213, 219~221, 223~224, 226~227, 231, 234, 239, 241~244, 252, 254, 259, 262, 298, 322~324, 328~329, 332~334, 336
삼월三月 46~47
『삼체시三體詩』86
『상서尙書』84, 90, 133
『서상기西廂記』86
서상월西廂月 292
서후徐厚 328
석동石同 46
성건成健 54
성세명成世明 70
성제成帝 283
성종成宗 26, 31~32, 34~35, 37~39, 41, 43~65, 82~83, 85~95, 98~102, 104~107, 109~110, 118, 126, 129, 131~135, 142, 149, 154, 156, 160, 180, 192, 196, 203, 207, 209~210, 217, 222, 224, 229, 236~238, 296, 298, 300, 307~308, 312,

316, 318~319, 322~324, 332
성준成俊 97, 110, 113~114, 117, 125, 169, 180~181, 184, 191, 204~207, 212~215, 217, 219, 226, 236, 243~246, 259, 327
성중엄成重淹 147, 149
성현成俔 91, 95, 97, 244, 260
성희안成希顔 70, 311
세조世祖 31, 36~37, 39, 41~44, 53, 61, 74, 96, 100, 118, 146~147, 154~156, 166~167, 179, 198, 229, 298, 316
소릉昭陵 147
『소미통감小微通鑑』 84, 89
『소설 연산군』 77
소옥진笑玉眞 292
소용 정씨 46
소진주笑眞珠 292, 327
소혜왕후昭惠王后(인수대비仁粹大妃) 55, 101, 214, 237, 320~321
『속고취續鼓吹』 86
속홍續紅 284
손비장孫比長 59
손순효孫舜孝 55
손주孫澍 95
송시열宋時烈 184
송질宋軼 96
『송현시宋賢詩』 86
수렴청정垂簾聽政 44, 51
수륙재水陸齋 94~96, 112, 119, 122, 332
「수직론守職論」 205
순간택旬揀擇 292
숙의 권씨 46, 147
숙의 엄씨 46
숙화淑華 284, 291
「술주시述酒詩」 155, 167
승명패承命牌 258, 266

『승정원일기承政院日記』 69, 245
『시경詩經』 84, 89
『시림광기詩林廣記』 86
식민사학 33
신극성愼克成 145
신분身分 23~24, 63, 242, 257, 284
신분제도 23~24
신수겸愼守謙 311, 317
신수근愼守勤 98, 100, 140, 145, 166, 168, 173, 203, 311, 317
신수영愼守英 202~203, 246, 311, 317
신숙주申叔舟 36, 38, 41~42, 44, 241
신승선愼承善 112~115, 119, 140, 203~204, 246, 316
신씨 35, 37, 46~48, 58, 111, 235, 237, 312, 315~317
신유공안 184, 300
신장申檣 38
신주申澍 41, 109
신준申浚 114, 212
신평申枰 36, 38
심회沈澮 49, 58, 241, 243
『십구사략十九史略』 84, 89

○
안우건安友騫 98
안의성安義成 290
안침安琛 116, 146, 161, 224
안중경安仲敬 225
양돌석梁乭石 280
양반兩班 23~25, 242
양희지楊熙止 91
어세겸魚世謙 60, 114~116, 140, 161, 166, 217~218, 243
엄산수嚴山壽 243

여원麗媛 284
『연려실기술』 76
『연산군일기』 69~70, 73~74, 154, 158, 166, 193, 237, 247, 268, 270
〈연산일기〉 79, 81
〈연산군―장한사모 편〉 79
여완麗婉 290
연방원 285
열무閱武 58, 189, 328
『영규율수瀛奎律髓』 86
완사선浣沙仙 292
〈왕의 남자〉 79, 81
왕정王政 23~24, 30, 37, 61~62, 154, 184, 201, 222, 267, 305, 322, 332, 335
외척 36, 97~101, 111~112, 119, 166, 199, 202~204, 207, 246, 332
용구龍廐 279
운구雲廐 279
운 평 269, 283~284, 286~287, 289, 291~294, 326~327
원각사圓覺寺 262, 283
『원시체요元詩體要』 86
월산군月山君 42
원상院相 41, 44, 126, 137
월하매月下梅 290
유계종柳繼宗 325
유빈柳濱 92
유순柳洵 116, 146, 161, 181, 219, 282, 317
유순정柳順汀 241, 311, 317
유숭조柳崇祖 328
유영경柳永慶 241
유윤겸柳允謙 57, 88
유인호柳仁濠 54
유자광柳子光 145, 151, 154~155, 166~168, 204~205, 325, 328

유점사楡岾寺 102
유지柳輊 114, 117
유헌柳軒 241, 328
유희저柳希渚 327
유희철柳希轍 241, 328
육조六曹 32, 44, 48, 50, 57~58, 113~114, 117~118, 136, 141, 164, 186, 224~225, 227, 244, 254
윤곤尹坤 52
윤구尹遘 38, 46~47, 58, 105, 235
윤기견 35~38, 105
윤득룡尹得龍 36
윤반尹磻 41
윤사로尹師路 41
윤삼산尹三山 52
윤순尹珣 296
윤여해尹汝諧 242
윤우尹遇 37, 59, 235, 246
윤은로尹殷老 99~101, 296
윤은보尹殷輔 328
윤응尹應 36
윤자운尹子雲 42
윤탄尹坦 97, 100, 149
윤탕로尹湯老 99, 101, 119, 139, 202~203, 246
윤해尹邂 37
윤호尹壕 37, 53, 100, 105, 113, 125
윤후尹逅 37, 59, 235
윤희尹禧 36
응방 188~189, 224, 279~280
응시생應時生 292
의경대왕懿敬大王 320
의경세자懿敬世子 42
의정부議政府 32, 37, 44, 48, 50, 57~58, 102, 104, 106, 114, 117, 142, 164, 180, 186~187, 198, 212~213, 225, 230, 244,

246, 254, 257, 264~265, 306, 327
의초義超 98
〈이爾〉 81
이개똥李介叱同 290
이계맹李繼孟 327
이과李顆 165
이극감李克堪 229
이극균李克均 157, 172, 181, 191, 204, 208, 212~215, 217, 219, 229, 236, 241, 243~245
이기李芑 241
이길분李吉芬 46~47
이덕형李德馨 241
이덕형李德亨 187
이맥李陌 327
이목李穆 96, 119, 147, 149
이사공李思恭 200
이사사李師師 283
이성달李成達 187
이세걸李世傑 292, 326
이세영李世英 88, 230
이세좌李世佐 58, 114, 116, 224, 227~231, 234, 238, 243~244, 252, 292, 326, 328
이수공李守恭 114, 117
이수의李守義 229
이수정李守貞 229, 243
이수형李守亨 229
이승건李承健 139
이승소李承召 37~38, 64
이신李愼 296
이열李烈 187
이오을李吾乙 253
이온李蒀 37
이원李原 53
이유녕李幼寧 328

이유청李惟淸 99, 157~158
이의李誼 98
이의손李懿孫 98, 194
이이李珥 184
이익李瀷 192
이인손李仁孫 229
이자건李自健 236, 327
이자견李自堅 98
이자화李自華 96
이쟁李𨄔 246, 276, 296
이중식李仲植 273
이집李諿 130
이철견李鐵堅 97~98, 100, 119, 149
이파李坡 98, 243, 246
이현보李賢輔 327
이황李韹 312, 317
인구麟厩 279~280
인목대비仁穆大妃 79
「일기세초지도日記洗草之圖」 70
임사홍 140~141, 149, 204~205, 241, 311
임영대군臨瀛大君 316

ᄌ
자수궁慈壽宮 47, 198
잘산군乽山君 39, 42~43
장녹수張綠水 310, 317
장단長湍 59, 269
자순대비慈順大妃 237, 328
장순왕후章順王后 41~43
장의사臟義寺 96, 269
『장화록藏花錄』 285
장희빈張禧嬪 79
적선아謫仙兒 33, 92
『전등신화』 86
『전등여화剪燈餘話』 86

전비田非 310
전전관典錢官 280
점마點馬별감 280
정난정鄭蘭貞 79
정돈鄭敦 280
정문형鄭文炯 54, 91, 113~114, 117, 125, 157, 169, 217~218
정분鄭苯 147
정비석鄭飛石 77
정사걸鄭士傑 328
정석견鄭錫堅 97~98, 119, 149
정성근鄭誠謹 100, 172
정약용丁若鏞 184
정업원淨業院 193, 195, 197
정인석鄭仁碩 243
정인인鄭麟仁 175, 226
정창손 47, 49, 58, 243
정체성론停滯性論 33
정치적 정립 구도 34, 125~126, 129, 132, 322, 332~334
정호鄭灝 97
정현貞顯왕후 37, 43, 53, 64, 95, 100~101, 237, 312
정희량鄭希良 96
정희왕후貞熹王后 42, 44~47, 51~52, 87, 99~100
제안대군齊安大君 42
조비연趙飛燕 283
조석문曺錫文 42
조선왕조실록 68
조순趙舜 128, 131, 218
조위曺偉 89, 156
조유형趙有亨 96
「조의제문弔義帝文」 146~147, 151, 154~157, 167
조준방調隼坊 280

조지서趙之瑞 105~106
조헌趙憲 184
주치형朱致亨 280
『중용』 84
지언池彦 253
진성대군晉成大君 311~312
진향원趁香院 285
집람원集藍院 285

ㅊ

채란彩鸞 291
채수蔡壽 35, 55, 57, 59
채홍採紅 284
천무청遷撫廳 271
철가인 안접제조撤家人安接提調 272
철종哲宗 79
청요직淸要職 32, 229, 255
총률摠律 283, 293
최공崔恭 258
최린崔潾 87
최만리崔萬理 241
최부崔溥 97~98, 115, 117
최숙생崔淑生 192
최한원崔漢源 328
최항崔恒 42
최호우崔好謣 325
최호원崔灝元 59
추비전패追飛電牌 301
『춘추春秋』 84, 88~90, 185, 265
충철위衝鐵衛 280, 310
취홍원聚紅院 285, 289

ㅌ

탕춘정蕩春亭 269

ㅍ

폐비 45, 48, 50, 53~55, 57, 59~62, 106, 226, 238~239, 307, 315~317, 322, 325
폐비 윤씨 35, 38~39, 52~53, 64, 76, 81, 105~109, 111, 127, 139, 228, 235, 249, 268, 307
표연말表沿沫 129, 156

ㅎ

하계증河繼曾 225, 325
하옥정河玉貞 292
하종해河宗海 294
한명회韓明澮 37, 39, 41, 44, 49, 53, 55, 57~58, 64, 172, 243
한아閑娥 284
한치례韓致禮 99, 101, 140, 157
한치형韓致亨 110, 114~115, 117, 130, 145, 154, 156, 166, 169, 180~181, 207, 212~215, 217~219, 225, 243, 245~246, 259, 327~328
함방원含芳院 285
해응관解鷹官 280
허종許琮 47
허한패許閑牌 254, 266
현종玄宗 282
호화고護花庫 286
「호화첨춘기護花添春記」 286
홍귀달洪貴達 97, 140, 161, 212, 227~228, 231, 234, 238, 244, 252
홍문관弘文館 31, 59, 109, 111, 124, 133, 142, 148, 158, 166, 187, 189, 204~208, 210, 217~218, 224, 229~230, 236, 252, 262, 268, 306
홍백경洪伯慶 206, 296
홍사호洪士灝 145

홍언국洪彦國 231
홍윤성洪允成 42
홍한洪瀚 91, 156
황보인皇甫仁 147
『황제 연산군』 79
회묘懷墓 110, 236, 307
회릉懷陵 307
『효빈집效顰集』 86
효사묘孝思廟 110, 235~236, 307
훈구대신勳舊大臣 31, 44, 169, 172, 225
'훈구―사림' 문제 33, 130, 172, 222, 243, 336
훈구 세력 34, 149, 165, 169, 172
휘종徽宗 283
흡려洽黎 284
흥천사興天寺 279
흥청興淸 193, 269, 280, 283~289, 297

연산군—그 인간과 시대의 내면
ⓒ 김범 2010

1판 1쇄 2010년 9월 1일
1판 6쇄 2022년 10월 13일

지은이 김 범
펴낸이 강성민
편집장 이은혜
편집 박은아 곽우정 김지수
마케팅 정민호 이숙재 김도윤 한민아 정진아 이민경 정유선 김수인
브랜딩 함유지 함근아 김희숙 고보미 박민재 박진희 정승민
제작 강신은 김동욱 임현식

펴낸곳 (주)글항아리 | 출판등록 2009년 1월 19일 제406-2009-000002호

주소 10881 경기도 파주시 회동길 210
전자우편 bookpot@hanmail.net
전화번호 031-955-2696(마케팅) 031-955-8898(편집부)
팩스 031-955-2557

ISBN 978-89-93905-35-9 03900

이 책의 판권은 지은이와 글항아리에 있습니다.
이 책 내용의 전부 또는 일부를 재사용하려면 반드시 양측의 서면 동의를 받아야 합니다.

잘못된 책은 구입하신 서점에서 교환해드립니다.
기타 교환 문의 031-955-2661, 3580

www.geulhangari.com